21世纪应用型本科系列教材·文化产业类

文化经纪理论与实务

第三版

肖春晔　胡晓明　编著

中山大学出版社

·广州·

版权所有　翻印必究

图书在版编目（CIP）数据

文化经纪理论与实务/肖春晔，胡晓明编著．—3 版．—广州：中山大学出版社，2021.1
(21 世纪应用型本科系列教材·文化产业类)
ISBN 978 – 7 – 306 – 06997 – 9

Ⅰ. 文… Ⅱ. ①肖… ②胡… Ⅲ. 文化市场—经纪人—高等学校—教材 Ⅳ. ①G114

中国版本图书馆 CIP 数据核字（2020）第 194083 号

WENHUA JINGJI LILUN YU SHIWU

出 版 人：	王天琪
策划编辑：	邹岚萍
责任编辑：	邹岚萍
封面设计：	林绵华
责任校对：	王　璞
责任技编：	何雅涛
出版发行：	中山大学出版社
电　　话：	编辑部 020 – 84111996，84111997，84113349，84110779
	发行部 020 – 84111998，84111981，84111160
地　　址：	广州市新港西路 135 号
邮　　编：	510275　传　真：020 – 84036565
网　　址：	http://www.zsup.com.cn　E-mail：zdcbs@ mail.sysu.edu.cn
印 刷 者：	佛山市浩文彩色印刷有限公司
规　　格：	787mm×960mm　1/16　20.25 印张　436 千字
版次印次：	2009 年 11 月第 1 版　2014 年 4 月第 2 版　2021 年 1 月第 3 版
	2024 年 1 月第 13 次印刷
印　　数：	40001～43000 册　　定　价：48.00 元

如发现本书因印装质量影响阅读，请与出版社发行部联系调换

内 容 提 要

近年来,随着国际文化交流的深入以及我国文化产业的迅速发展,在全球范围内,文化产业已经成为 21 世纪最有发展前景和最具市场潜力的新兴行业之一,文化经纪人也因此成为国际上公认的"金领职业"。中国文化产业培养专业的文化经纪人已是大势所趋。

本教材系统论述了文化经纪理论及文化经纪实践,对中外文化经纪人的现状、文化经纪人的素质、文化经纪活动、文化经纪合同、明星经纪人、音乐经纪人、模特经纪人、演出经纪人、艺术品经纪人、体育经纪人、出版经纪人等进行了详尽阐述。同时,为了帮助学生和其他读者加深对文化经纪的理解,本教材还收录了美国国际管理集团、好莱坞经纪公司 CAA,英国苏富比拍卖行,日本杰尼斯事务所,韩国 SM 公司,中国香港 TVB、英皇集团,中国内地华谊兄弟传媒集团、新丝路模特经纪公司等文化经纪案例,并提供了实用性较强的业务知识以供参考,以期提高我国文化经纪人从业素质,促进文化经纪人行业发展。

本教材可以作为高等院校文化产业管理、艺术管理、新闻传播学、公共事业管理、国际文化贸易、电影学、艺术学、音乐学、美术学、表演学、经纪学等专业的教材或教学参考书,也可作为文化经纪研究者和从业人员、文化经纪爱好者的参考资料。

第三版前言

2009年11月《文化经纪理论与实务》面世，2014年4月又出版了第二版，均获得多所高校文化产业管理、艺术管理等专业师生的认可，十多年来一直作为相关专业课程的教材和参考资料。为进一步提高本教材的质量，我们在第二版的基础上做了改版。

一、更新和补充案例

对CAA、TVB、SM、杰尼斯、华谊兄弟等案例做了相应的修改，并增加了"延伸阅读"部分。部分案例和资料也做了更新和替换，如，第五章明星经纪人，新增延伸阅读《中国内地艺人经纪行业发展模式盘点》，第六章音乐经纪人，新增案例《混沌中成长的独立音乐经纪人》，第七章模特经纪人，新增案例《"新丝路"带来的新思路》。第八章演出经纪人，新增资料链接《艺人包装策划整体项目方案》，第十章体育经纪人，原案例《解密李娜传奇及其背后的经纪人团队》更换为《守护NBA亿万薪资市场的体育经纪人》。希望通过这些鲜活的案例，使读者对文化经纪人的解读能更全面和深入。

二、更新部分章节内容

随着科技的进步和社会的发展，明星的表演领域和传播载体也愈加宽泛，原第五章影视明星经纪人扩展为明星经纪人。此外，随着网络经济的兴起，互联网造星时代的到来，网红明星化的进程也在不断加速。网红虽早为大众所熟知，但通过网络平台将网红打造成偶像明星、融入主流文化的行为才刚刚开始，因此在第五章增加了"明星与网红"一节。在其他章节中，有关文化经纪各门类的发展现状等内容也做了部分修改。

三、更新和替换资料

在"附录"部分，鉴于《经纪人管理办法》于2016年被国家工商行政管理总局废止，故本版中也相应删除。此外，《营业性演出管理条例》更新为2016年修订实施的文件，《营业性演出管理条例实施细则》更新为2017年修订实施的文件，《艺术品经营管理办法》替换《美术品经营管理办法》，《国际足联球员经纪人规则》替换《上海市体育经纪人管理试行办法》。增加了 2016 年修订的《出版管理条例》。

肖春晔　胡晓明
2020 年 4 月 23 日

第二版前言

2009年11月《文化经纪理论与实务》面世后,获得国内开设文化产业管理、艺术管理、艺术学等相关专业高校师生的认可,5年来一直作为相关课程的教材和参考资料使用。同时,本教材也成为全国多地文化经纪人资格证考试培训教材,产生了一定的影响力。为进一步改进教材的质量,我们推出了第二版,本版在第一版的基础上,主要做了以下修订。

一、更新和补充案例

为了提高本教材的可读性,在第一版中,我们选取了好莱坞CAA、日本杰尼斯事务所、韩国SM公司、中国香港TVB、华谊兄弟、橙天娱乐、新丝路等国内外著名文化经纪公司等案例。虽然案例是鲜活的,但其变化和发展也很大,需要适时跟进。比如:

CAA近年在中国的业务发展非常快,第二版即增加了"CAA在中国:好莱坞法则,中国生存之道"的内容。

关于好莱坞四家顶级文化经纪公司的介绍,随着Endeavor——奋进精英经纪公司的崛起,第二版在这一部分增加了内容,变成了"好莱坞五大文化经纪公司"一览。

2014年1月7日,香港原TVB董事局主席邵逸夫不幸去世,没有邵逸夫的TVB也许不复当年的精彩。第二版对香港TVB案例的改动主要体现在TVB内陆发展格局及TVB借视频网站再现影响的内容上。

内地第一文化经纪公司华谊兄弟公司,全面投入传媒领域,投资及运营领域涉及广告、电影、电视剧、艺人经纪、音乐、体育等,在这些领域都取得了骄人成绩。时至今日,华谊兄弟为完善产业链,参股掌趣科技,涉足手机游戏;引进Hello Kitty娱乐公司进军动漫;与史玉柱合作进军网游;花巨资打造华谊兄弟文化城,欲建中国迪士尼乐园。这次改版,我们对华谊兄弟的案例做了全面改动。也许若干年后,我们能听到华谊兄弟并购好莱坞的喜讯。

第十章体育经纪人的案例也将《田亮与经纪人刘韬》换成了《解密李娜传奇和其背后的经纪人团队》。

二、完善了部分章节

根据文化经纪人资格考试培训班学员的要求，鉴于第一版书画经纪人一章内容过于狭窄，第二版扩充为艺术品经纪人，相应地，"附录"部分也增加了《美术品经营管理办法》。

三、增加和更换了新的资料

应学生的要求，添加了文化经纪相关课程论文范例《明星品牌传播的媒体选择及策略分析》作为资料链接，供大学本科生撰写毕业论文时借鉴。在"附录"部分，《营业性演出管理条例实施细则》更新为2009年修订实施的文件，《演出经纪人资格认定实施办法》换成2013年3月1日起施行的《演出经纪人员管理办法》。

对文化经纪理论和实务的探究不可能穷尽，希望读者能够以本教材为参考，认真研究国内外文化经纪公司的发展历程及前沿"战报"。通过文化经纪案例的学习，掌握文化经纪的业务发展模式。

胡晓明　肖春晔

2014年2月23日

目 录

第一章 文化经纪导论 ... 1
第一节 文化经纪相关概念 ... 1
第二节 经纪人与文化经纪人 ... 7
- 资料链接 一、好莱坞知名文化经纪公司 ... 15
- 　　　　 二、韩国四大文化经纪公司 ... 21
- 经典案例 迈克尔·奥维茨与CAA ... 24
- 延伸阅读 好莱坞大经纪CAA如何"包揽"传媒业 ... 30

第二章 文化经纪人概述 ... 34
第一节 中外文化经纪人现状 ... 34
第二节 文化经纪人的素质、作用及职能 ... 36
- 经典案例 喜多川和他的"杰尼斯王国" ... 43

第三章 文化经纪活动 ... 46
第一节 文化经纪活动的主要内容及程序 ... 46
第二节 文化经纪活动的策略 ... 51
第三节 文化经纪业务技巧 ... 57
- 经典案例 韩国SM经纪公司 ... 63

第四章 文化经纪合同 ... 69
第一节 文化经纪合同及其种类 ... 69
第二节 文化经纪合同的签订及效力 ... 72
- 资料链接 文化经纪合同范本 ... 75
- 　　　　 一、演艺经纪合同（经纪人） ... 75
- 　　　　 二、演艺经纪代理加盟合同 ... 79

第五章　明星经纪人 ……………………………………………… 82
第一节　明星与明星制 …………………………………………… 82
第二节　明星研究 ………………………………………………… 88
第三节　明星经纪人与明星形象包装 …………………………… 95
第四节　明星广告代言 …………………………………………… 98
第五节　明星与网红 ……………………………………………… 103
　　资料链接　中国内地主要艺人经纪公司 ……………………… 113
　　经典案例　香港 TVB …………………………………………… 115
　　延伸阅读　一、TVB 艺人能否在"新港剧"时代重现辉煌 …… 123
　　　　　　　二、华谊兄弟传媒集团 ……………………………… 125
　　　　　　　三、中国内地艺人经纪行业发展模式盘点 ………… 134

第六章　音乐经纪人 ……………………………………………… 139
第一节　音乐的相关概念 ………………………………………… 139
第二节　音乐经纪人概述 ………………………………………… 144
第三节　音乐经纪的包装程序 …………………………………… 150
　　经典案例　一、混沌中成长的独立音乐经纪人 ……………… 152
　　　　　　　二、香港英皇 ………………………………………… 158

第七章　模特经纪人 ……………………………………………… 163
第一节　模特的概念和种类 ……………………………………… 163
第二节　模特大赛 ………………………………………………… 165
第三节　模特经纪人概述 ………………………………………… 172
第四节　模特经纪合同 …………………………………………… 179
　　资料链接　全球十大模特经纪公司 …………………………… 182
　　经典案例　"新丝路"带来的新思路 …………………………… 184

第八章　演出经纪人 ……………………………………………… 188
第一节　演出的相关概念 ………………………………………… 188
第二节　演出市场 ………………………………………………… 190
第三节　演出经纪人概述 ………………………………………… 195
　　资料链接　艺人包装策划整体项目方案 ……………………… 201

第九章　艺术品经纪人·······205
第一节　艺术和艺术品·······205
第二节　艺术品市场·······207
第三节　艺术品经纪人概述·······214
  资料链接　一、中国主要艺术品拍卖机构一览·······222
      二、国内外知名画廊一览·······223
  经典案例　一、苏富比：拍卖业的百年传奇、百年标本·······224
      二、英国收藏家萨奇和他的画廊·······227

第十章　体育经纪人·······231
第一节　体育经纪人概述·······231
第二节　体育经纪人管理·······236
第三节　运动员经纪·······243
  资料链接　国际管理集团·······249
  经典案例　一、美国体育商业化传奇：马克·迈克马克与
        IMG 帝国·······252
      二、守护 NBA 亿万薪资市场的体育经纪人·······254

第十一章　出版经纪人·······258
第一节　出版概述·······258
第二节　出版经纪人的历史和发展·······259
第三节　出版经纪人的活动特点·······264
第四节　西方出版经纪人的工作·······266
  经典案例　"哈利·波特"与布鲁姆斯伯里出版公司·······268

附录·······273
  一、演出经纪人管理办法·······273
  二、营业性演出管理条例（2016 年修订版）·······275
  三、营业性演出管理条例实施细则（2017 年修订版）·······283
  四、艺术品经营管理办法·······290
  五、国际足联球员经纪人规则·······293
  六、出版管理条例（2016 年修订版）·······298

参考文献·······308

第一章 文化经纪导论

经常会有人问：文化经纪人是干什么的？是不是就是影视明星经纪人？要掌握文化经纪人的相关知识，必须先了解与文化经纪人相关的一些基本概念。文化经纪业发展的前提是文化产业、文化市场的繁荣，以及文化产品向文化商品的转换。因此，文化经纪导论的主要内容是让我们了解什么是文化，什么是文化产业，什么是文化市场，什么是文化商品，什么是文化经纪人。

第一节 文化经纪相关概念

一、文化

（一）文化的概念

什么是文化？据专家考证，"文化"是中国语言系统中古已有之的词汇。

"文"的本义，指各色交错的纹理。"文"有若干引申义：其一，包括语言文字在内的各种象征符号，进而具体化为文物典籍、礼乐制度；其二，由伦理之说导出彩画、装饰、人为修养之义；其三，在前两层意义之上，更导出美、善、德行之义。

"化"，本义为改易、生成、造化。如，《庄子·逍遥游》曰："化而为鸟，其名曰鹏。"《易·系辞下》云："男女构精，万物化生。"等等。归纳以上诸说，"化"是指事物形态或性质的改变，同时，引申为教行迁善之义。

"文"与"化"并联使用，最早见之于战国末年儒生编辑的《易·贲卦·象传》："刚柔交错，天文也。文明以止，人文也。观乎天文，以察时变；观乎人文，以化成天下。"这段话里的"文"，即从纹理之义演化而来。日月往来交错文饰于天，即"天文"，亦即天道自然规律。同样，"人文"，指人伦社会规律，即社会生活中人与人之间纵横交织的关系，如君臣、父子、夫妇、兄弟、朋友，构成复杂网络，具有纹理表象。这段话是说，治国者须观察天文，以明了时序之变化，又须观察人文，使天下之人均能遵从文明礼仪，行为止其所当止。在这里,"人文"与"化成天下"紧密联系,"以文教化"的思想已十分明确。

文化定义现象主要体现为文化定义的观点众多。被称为人类学之父的英国人类学家爱德华·泰勒在《原始文化》中给文化下了一个著名的定义:文化是一个复杂的总体,包括知识、信仰、艺术、道德、法律、风俗,以及人类在社会生活里所得的一切能力与习惯。①

近代思想家梁启超在《什么是文化》中称,"文化者,人类心能所开释出来之有价值的共业也",这一"共业"包含众多领域,诸如知识的(语言、哲学、科学、教育)、规范的(道德、法律、信仰)、艺术的(文学、美术、音乐、舞蹈、戏剧)、器用的(生产工具、日用器皿以及制造它们的技术)、社会的(制度、组织、风俗习惯)等。②

在文化的定义方面,社会学家与人类学家所下的最为相近。美国社会学家戴维·波普诺在分析文化定义时认为,社会学家与人类学家对文化的共同定义是:文化是人类群体或社会的共享成果,这些共有产物不仅包括价值观、语言、知识,而且包括物质对象。

除此以外,在文化定义中,还有一种与之密切相关的现象,就是在对文化进行区别和划分时存在着各种不同的观点。

关于文化的区分,最为常见的说法就是广义文化和狭义文化,也有人把它们称为大文化和小文化。

广义的"文化",着眼于人类与一般动物、人类社会与自然界的本质区别,着眼于人类卓立于自然的独特的生存方式,其涵盖面非常广泛,所以又被称作"大文化"。与之相对应的,是狭义的"文化"。狭义的"文化"排除人类社会—历史生活中关于物质创造活动及其结果的部分,专注于精神创造活动及其结果,所以又被称作"小文化"。因此,广义的文化是指人类在社会历史发展过程中所创造的物质财富和精神财富的总和。狭义的文化特指精神财富,一般而言,凡涉及精神创造领域的文化现象均属狭义文化。

文化哲学把文化结构区分为物质文化、制度文化、精神文化三个层面。物质文化实际是指人在物质生产活动中所创造的全部物质产品,以及创造这些物品的手段、工艺、方法等。制度文化是人们为反映和确定一定的社会关系并对这些关系进行整合和调控而建立的一整套规范体系。精神文化也称为观念文化,是以心理、观念、理论形态存在的文化,它包括两个部分:一是存在于人

---

① 冯天瑜、何晓明、周积明:《中华文化史》,上海人民出版社 1999 年版,第 16 页。
② 梁启超:《什么是文化》,《时事新报》副刊《学灯》,1922 年 12 月 7 日。转引自冯天瑜、何晓明、周积明:《中华文化史》,上海人民出版社 1999 年版,第 23 页。

心中的文化心态、文化心理、文化观念、文化思想、文化信念等；二是已经理论化、对象化的思想理论体系，即客观化的思想。

在较近的文化研究中，对文化的区分出现了高雅文化、精英文化、通俗文化、大众文化、流行文化、产业文化、商业文化等新概念，并且迅速拥有了大量的专家学者和论著。此外，在各个学科领域内都有相应的文化概念，如政治文化、经济文化、企业文化、行政文化、管理文化、法律文化等。

（二）文化的基本特点

文化定义现象所反映的文化对其与人类及社会的密切关联度，不仅揭示了文化与人类社会进程的关系，而且揭示了文化与人类社会整体的联系，这种联系涉及社会的各个层面和领域，同时揭示了文化对人类每一个个体的权利、利益、自由、生存状况的关注。文化具有以下基本特点：

1. 全民性。文化是人类在同自然界作斗争的过程中运用智慧创造出来的精神财富。
2. 民族性。文化是一个民族、地区、国家文明和进步的结晶，带有鲜明的民族性的烙印。
3. 时代性。文化既是历史的，又是现实的。
4. 科学性。文化的延续和活力，在于它在保持自身个性的同时，又能吸纳不同民族的不同特点，使自身更加丰富多彩。随着时代的进步，有的文化消亡了，有的文化积淀得更加气势磅礴，这说明文化具有很强的科学性。

对文化经纪人来说，认识文化广义和狭义的定义及文化的基本特点非常必要。文化经纪人是在文化领域尤其是狭义的文化领域进行经营活动的，文化艺术等精神产品是文化经纪人的经营对象。

二、文化产业

（一）文化产业的概念

文化产业这一术语产生于20世纪初。它最初出现在西方马克思主义流派——法兰克福学派代表人物霍克海默和阿多诺合著的《启蒙辩证法》一书中，英语名称为culture industry，汉语译为文化工业或文化产业。文化产业作为一种特殊的文化形态和特殊的经济形态，影响了人们对文化产业的本质把握，不同国家从不同角度对文化产业产生了不同的理解。

联合国教科文组织关于文化产业的定义如下：文化产业就是按照工业标准，生产、再生产、储存以及分配文化产品和服务的一系列活动。这是从文化产品的工业标准化生产、流通、分配、消费的角度进行界定，这一定义只包括可以由工业化生产并符合四个特征（即系列化、标准化、生产过程分工精细化和消费的大众化）的产品（如书籍、报刊等印刷品和电子出版物有声制品、视听制品等）及其相关服务，而不包括舞台演出和造型艺术的生产与服务。

事实上，世界各国对文化产业并没有一个统一的说法。美国没有文化产业的提法，一般只说版权产业，这主要是从文化产品具有知识产权的角度进行界定的。日本政府则认为，凡是与文化相关联的产业都属于文化产业，除传统的演出、展览、新闻出版外，还包括休闲娱乐、广播影视、体育、旅游等，他们称之为内容产业，更强调内容的精神属性。

2018年4月2日，国家统计局颁布了新修订的《文化及相关产业分类》标准，对"文化及相关产业"的界定是：为社会公众提供文化产品和文化相关产品的生产活动的集合。

尽管世界各国对文化产业从不同角度进行了不同的定义，但文化产品的精神性、娱乐性等基本特征不变，因此，文化产业是指对具有精神性、娱乐性的文化产品的生产、流通和消费活动。

（二）文化产业的分类

《文化及相关产业分类》将文化及相关产业划分为三层。第一层为大类，共9个；第二层为中类，共43个；第三层为小类，共146个。

第一层　文化核心和相关领域

一、新闻信息服务：新闻、报纸、广播电视、互联网信息服务等；

二、内容创作生产：出版、影视节目制作、表演、工艺美术品制作、数字内容服务等；

三、创意设计服务：广告、设计服务等；

四、文化传播渠道：出版物发行、影视节目传输、艺术表演平台、艺术品拍卖及代理、美术品销售等；

五、文化投资运营：投资与资产管理、运营管理等；

六、文化娱乐休闲服务：娱乐、景区游览、休闲观光服务等；

七、文化辅助生产和中介服务：文化辅助用品制作、印刷复印、版权服务、会议展览、文化经纪代理服务、文化设备（用品）出租服务、文化科研培训服务等；

八、文化装备生产：印刷设备制造、广播电影电视设备制造及销售、演艺设备制造及销售、游乐游艺设备制造等；

九、文化消费终端生产：文具制造及销售、玩具、节庆用品制造，信息服务终端制造及销售等；

以上第一至第六类为文化核心领域，第七至第九类为文化相关领域。

第二层与第三层（略）。

根据以上分类，我国文化及相关产业的范围包括：①以文化为核心内容，为直接满足人们的精神需要而进行的创作、制造、传播、展示等文化产品（包括货物和服务）的生产活动。具体包括新闻信息服务、内容创作生产、创意设计服务、文化传播渠道、文化投资运营和文化娱乐休闲服务等活动。②为实现文化产品的生产活动所需的文化辅助生产和中介服务、文化装备生产和文化消费终端生产（包括制造和销售）等活动。

掌握文化产业概念以及分类对文化经纪人来说是必需的。当影视、出版、书画等精神性产品按照工业标准，被生产、再生产、储存以及分配时，文化产品已经进入生产、流通、分配、消费的各个环节，文化经纪人就是文化产业各个环节的中介人，而作家、编剧、导演、制片人、书画家、影视明星、雕塑家、工艺美术家、舞蹈家、节目主持人、模特、音乐家、体育明星等则成为经纪人的主要经营对象。

三、文化市场

（一）市场的概念和特征

市场属于商品经济的范畴，是商品交换和商品买卖的场所，亦指商品行销的区域。它的一般特征是：

1. 市场拥有主体和客体。市场必须有商品出售者和购买者，二者构成市场的主体；同时，市场要有可供交换的一定量的商品、劳务和货币，这些构成市场的客体。
2. 市场的中心活动内容是商品买卖。市场商品供求关系的任何变动都会在商品的交易过程中反映出来。
3. 市场容量的大小取决于消费者、购买者和购买动机三个要素。
4. 市场是商品竞争的场所。

（二）文化市场的概念

文化市场，是指按价值规律进行文化艺术产品交换和提供有偿文化服务活动的领域或场所，是文化艺术产品生产和消费的中介。文化市场由文化产品和文化服务的提供者与消费者（即市场主体）、文化商品和文化服务（即市场客体）两部分组成。

（三）文化市场的范围和分类

文化市场分类的方法很多。按照地域划分，可以分为国内文化市场和国际文化市场；按照存在形态划分，可以分为实物形态文化市场和行为形态文化市场；按照文化产品功能划分，可以分为欣赏型文化市场和娱乐型文化市场。本书主要按照产业性质，将文化市场分为以下 11 种类型。

1. 艺术演出市场。是指以文化活动形式提供艺术产品并以商品形式进入流通领域实现交换的场所。

2. 书刊市场。是指新闻出版部门编辑出版的图书、报纸和刊物通过总发行、批发、零售等环节与消费者进行交换的场所。

3. 文化娱乐市场。是指以商品形式向人们提供文化娱乐服务、以娱乐场所的服务质量和设施设备档次进行不同消费交换的场所。

4. 音像市场。是指音像制品的生产、销售、出租和放映部门用音像制品与消费者进行交换的场所。

5. 电影市场。是指电影制片厂、电影发行公司、电影院用影片与消费者进行交换的场所。

6. 艺术品市场。是指各种艺术品以商品形式进入流通领域进行交换的场所。

7. 文物市场。是指以商品形式交换文物的场所。

8. 艺术培训市场。是指学校教育之外的社会上以有偿服务形式进行艺术教育的场所。

9. 对外文化交流市场。是指一国与世界其他国家或地区之间以有偿的形式进行文化交换的场所。

10. 网络文化市场。是基于网络平台进行文化内容的生产、创作、运营和传播的场所，属于文化市场的新成员。

11. 动漫游戏市场。是指以漫画、动画、电子游戏为表现形式，包含动漫图书、影视、舞台剧和基于新媒体传播展示的动漫游戏产品，以及与动漫形象相关的衍生产品的生产、销售和传播的场所。

文化经纪人在电影市场充当电影明星经纪人，在文物市场充当文物经纪人，在书刊市场充当出版经纪人，在对外文化交流市场充当国际文化经纪人，等等，从这个意义上说，文化市场是文化经纪人以商品形式为社会提供精神产品、文化艺术娱乐服务的流通领域或场所。

四、文化商品

（一）文化产品与文化商品的概念

1. 文化产品。即在文化生产中产生的承载文化信息的物品或劳动服务。
2. 文化商品。是指为交换而生产，用来满足不同消费者学习、审美或娱乐需求的文艺产品或劳动服务，即用来进行交换的文化产品。文化商品具有商品的一般属性，即它同样是使用价值和价值的统一体。

（二）文化商品的特点

文化商品是用来交换的文化产品，它除了具有一般商品的特点外，还具有自身的特殊性，概括地讲主要有以下五点。

1. 具有意识形态和商品的双重属性。意识形态性是文化商品所独有的，这就决定了文化商品的生产不仅要遵循经济规律，还要遵循艺术创作规律，追求文艺作品的精神价值和艺术价值，创造较高的社会效益。

2. 文化商品的消费具有无限的空间性和持久的流传性。文化商品是一种物质形态的精神产品，它的思想内涵与内在情感一旦被人们所掌握或接受，将超越时空，无限地传播，具有巨大的辐射力。

3. 原创性。文化商品是一种以"内容为王"的精神文化产品，因此，高质量的原创性是其生命力的核心所在。

4. 形象性。文化商品以具体生动的文化艺术形象来反映社会生活和表现社会生活，形象性是文化商品的重要特征之一。文化商品也具有敏感性，表现为作为商品的文化艺术产品是社会生活在艺术家头脑中的反映，能迅速地反映现实生活中人们普遍关心和思考的热点问题，并引起人们广泛的关注。

5. 复杂性。其复杂性表现在两个方面：一方面是指文化商品结构的复杂性，另一方面是指生产文化商品的精神生产劳动的复杂性。

第二节　经纪人与文化经纪人

一、经纪人的概念、分类及活动特点

（一）经纪人的概念

关于经纪人的概念，虽然各种辞书和不同学者表述众说纷纭，但其核心观点是一致的。

按照《辞海》（第六版）的说法，经纪人是"在买卖双方间充当介绍人而获取佣金的中间商人"[①]。

2004年的《经纪人管理办法》指出："经纪人是指在经济活动中，以收取

---

① 夏征农、陈至立主编：《辞海》（第六版），上海辞书出版社2010年版，第949页。

佣金为目的，为促成他人交易而从事居间、行纪或者代理等经纪业务的自然人、法人和其他经济组织。"虽然该办法已于2016年被废止，但是对理解经纪人以收取佣金、促成交易为目的的中介服务行为的本质依然有效。

要为经纪人下准确定义，必须抓住其本质特征。经纪人系指在市场上为交易双方充当中介、收取合理佣金、与客户之间并无连续性关系的商人。也就是说，经纪人本身不占有商品，只是从事中介活动，同客户之间也不需要保持连续关系，并且通过中介活动获取一定佣金。经纪人可以是个体、合伙人、公司以及其他法人组织，即从事经纪活动的人包括自然人和法人。

（二）经纪人概念鉴别

人们经常把经纪人混同于代理人、行纪人、居间人、经销商，经纪人涵盖居间人、行纪人和代理人，但它们之间有着严格的区分。为此，正确地理解经纪人的概念，必须把经纪人与代理人、行纪人、居间人、经销商区分开来。

1. 经纪人与代理人。代理，又称为委托，是指代理人在代理权限内以被代理人的名义从事民事活动。作为代理人，必须有企业委托，以所代理的企业的名义，在一定时空范围内从事市场交易活动。代理人的种类很多，有媒介代理人、总代理人、普通代理人、上级代理人等。不管是什么性质的代理人，其与经纪人的区别是很明显的。

（1）经纪人是以自己的名义从事经纪活动的，其法律后果必须由当事人自己承担；而代理人则是以委托人的名义从事代理活动，代理行为的法律后果由委托人承担。

（2）经纪人的服务范围广泛，可以为任何人从事中介活动。经纪人分居间经纪人、行纪经纪人与代理经纪人，居间经纪人与当事人之间没有固定联系，大多是一次性的；行纪经纪人、代理经纪人与当事人的关系比较固定，而代理人则只能为特定的委托人进行媒介活动，其服务范围较窄，与当事人之间往往是一种较固定的、连续性的关系。

（3）经纪人从事经纪活动，并不受时空条件限制；而代理人则要受商号委托，在一定范围内以商号名义从事某些市场活动。

（4）经纪人需要对供求双方负有诚实媒介等方面的对等义务；而代理人则应按委托人的需求从事代理业务，他对第三人不享有任何权利，也不承担任何义务，只对委托人一方尽其义务。

（5）经纪人从事经纪活动是为了获取一定报酬，收益性是经纪活动的重要特征；而代理可以是有偿的，也可以是无偿的。

（6）经纪人既不占有商品，也不拥有货币，只是提供服务，不直接从事经营活动；而大多数代理人要直接经手商品，代办一些业务，例如代办货物运输等。

（7）经纪人没有任何代理权，不能代理委托人进行任何活动；而代理人或多或少地拥有一定的代理权。

从上述几点可以看出，代理人与经纪人二者有各自的优势。经纪人具有灵活性、活动范围广等优势；而代理人具有代理权，一般信誉度较高，佣金较丰厚。因此，在实际生活中，有许多人既从事经纪活动，又从事代理活动，一身二任。虽然一个人可以同时成为经纪人、代理人，但在某一具体活动中，其身份的区别还是很明显的，一人身兼二任，不等于经纪人与代理人的区别就因此而消失。

2. 经纪人与行纪人。行纪是指经纪机构受委托人的委托，以自己的名义与第三方进行交易，并承担规定的法律责任的商业行为。行纪人，是指以自己的名义但是从委托人的角度考虑并进行动产买卖或其他商业交易、然后接受报酬的一种营业人。从形式上看，行纪与自营很相似，但是除经纪机构自己购买受委托物的情况外，大多数情况下经纪机构都未取得交易商品的所有权，而是依据委托人的委托进行活动。从事行纪活动的经纪人员拥有的权利较大，承担的责任也较重。在通常情况下，经纪机构与委托人之间有长期固定的合作关系。

经纪人与行纪人的区别主要有以下几点。

（1）经纪人主要是从自己最大化收益的角度来考虑是否进行交易，以及为谁充当媒介，尽管有时也可接受他人的委托；而行纪人则需要完全为委托人考虑并做出是否交易的决策。

（2）经纪人一般不与交易中的任何一方进行直接交易，只是从中撮合并提供信息和服务，使委托人和第三方之间达成买卖行为；而行纪人接受委托后，以自己名义与第三方进行交易，权利、义务以及法律后果由行纪人承担，且委托人与第三方并不发生直接法律关系。

3. 经纪人与经销商。经销商是指从事商品交易业务、在商品买卖过程中拥有商品的所有权（买断制造商的产品或服务）的中间商。经销商包括批发商和零售商。经销商与经纪人的区别主要有以下几点。

（1）经纪人一般不拥有商品的所有权，无经营风险，也不从当事人的任何一方领取固定薪金；而经销商则拥有商品的所有权，要自行承担经营后果以及风险。

（2）经纪人与市场交易当事人中的任何一方都没有固定性的关系；而经销商与供货商之间经常有固定的联系。

（3）经纪人为买卖双方充当中介，使双方之间订立合同从而发生法律关系；而经销商的商品买方和卖方之间并无直接的法律关系，经销商与商品卖方之间以及经销商与第三人之间的合同关系都是个别的买卖合同，互不干涉。

4. 经纪人与居间人。根据居间人与当事人约定一方为另一方订约的中介、另一方交付酬金的契约，"一方"就是居间人，"另一方"就是委托人。居间人的范围比经纪人要广，除了包括经纪人外，还包括代理人和信托人。

（三）经纪人分类

经纪人是商品生产和市场经济的产物，从不同角度考察，经纪人的种类也是有所区别的。

1. 按服务内容的性质划分。

（1）特殊经纪人。又叫交易所经纪人，是指具有法定资格，向交易所交纳保证金，在交易所内代客进行买卖并取得佣金的中间商人。如从事金融、保险、证券、期货、科技、房地产等特殊行业的商品交易的专业经纪人。

（2）一般经纪人。又叫"居间人"，是指从事国家允许公开交易、不属于特殊行业商品交易的中间商，其主要经济活动就是为商品的买卖双方牵线搭桥，从而促使买卖成交。

2. 按服务行业划分的经纪人。

（1）商品交易经纪人。包括日用商品经纪人（如家电、药品、糖酒等）、生产资料经纪人（如钢材、木材、水泥、种子等）、农副产品经纪人（如畜禽、水产、蔬菜瓜果等）、土特产经纪人等。

（2）金融市场经纪人。包括证券经纪人、外汇经纪人、投资经纪人、税收经纪人、保险经纪人等。

（3）技术经纪人。包括技术转让经纪人、技术咨询经纪人、科技开发经纪人、专利经纪人等。

（4）文化经纪人。包括出版经纪人、文物经纪人、演出经纪人、旅游经纪人、影视经纪人、体育经纪人、模特经纪人等。

（5）房地产经纪人。包括土地交易经纪人、商品房经纪人、地产经纪人等。

（6）期货市场经纪人。包括商品期货经纪人和金融期货经纪人。商品期货又分为农产品期货、金属期货和能源期货等，金融期货包括股指期货和国债期货等。

3. 按地域标准划分。

（1）乡镇经纪人。是以县镇乡为依托，主要从事农、林、牧、副、渔中介活动的经纪人。在党的十一届三中全会以后农村兴起的改革浪潮中，他们是推动农村商品经济发展的先导者，是我国农村经济改革的重要力量。

（2）城市经纪人。是以大城市为依托、主要从事工业品生产资料和生产要素中介活动的经纪公司与经纪人,他们首先发迹并活跃于沿海经济开放地区,继而向内地辐射。

(3) 边贸经纪人。他们以我国边界线为依托,大都是当地居民,与周边国家的居民有着长期的交往,了解对方的习俗、语言和需求。随着我国对外开放的深入,他们的活动从小宗的易货交易、边境集贸活动向两国间的经贸合作等大项目发展,成为我国与周边国家贸易和合作的中介。

(4) 跨国经纪人。亦称为国际经纪人。伴随着国际贸易、投资以及跨国文教体育活动的增加,一批熟悉国际经济规则和掌握大量的国际经济信息并且充分了解各国环境的人,他们充分利用这些资源,专门从事国与国之间的经贸、文化、教育、体育等的中介活动。随着我国经济国际化的进程加快,对跨国经纪人的需求也越来越大。

4. 按所有制归属划分。

(1) 国有所有制经纪人(中介服务机构为公有制)。国有所有制企业也即全民所有制企业,其所有权归国家的主人——全国人民所有。

(2) 集体所有制经纪人(中介服务机构为集体所有或股份制形式共存)。集体所有权的主体是各个集体组织,其所有权归属于各集体组织,包括农村社区、城镇社区和各类专业集体经济组织等。

(3) 私营经纪人(中介服务机构为私人所有)。私营企业资产归私人所有,是营利性的经济组织。

5. 从法律角度划分。

(1) 合法经纪人。是指那些经工商管理部门批准的,并持有营业执照、按章纳税、奉公守法的个体经纪人和经纪组织。

(2) 非法经纪人。是指以坑、蒙、拐、骗获取暴利,偷税漏税的个体经纪人和经纪组织。

对前者,我们要保护和发展;对后者,我们要坚决取缔,严重的还要处以行政、司法制裁。

6. 以职业特征划分的经纪人。这类经纪人(即经纪执业人员)具体分为两种。

(1) 专职经纪人。是指那些没有其他职业、以经纪活动所得佣金作为其收入基本来源的经纪人,他们往往在经纪公司执业或自己独立从事经纪活动。

(2) 兼职经纪人。此类经纪人并不以经纪业务为唯一工作,同时还从事非经纪人的商品买卖和其他业务活动。

7. 根据组成特点划分的经纪人。

(1) 挂牌经纪人。是指有组织形式、由企业法人授权、并在其合法经营范围内从事业务活动的经纪人。

(2) 不挂牌经纪人。这类经纪人一般没有组织形式，相对来说，其来源较复杂，也不便于管理；而且，他们在流通领域从事中介业务时，缺乏必要的指导，因而行为不够规范，容易发生法律纠纷，当事各方的合法权益因此也很难得到相应保障。

8. 依据组织形式划分的经纪人。

(1) 个体经纪人。个体经纪人是由个人投资设立从事经纪活动的组织机构，创业者个人要对其机构债务承担无限责任。

(2) 合伙经纪人。是指两个或两个以上的个人联合从事经纪活动的合伙组织。按照《中华人民共和国民法通则》的规定，合伙组织可以有字号，可以在银行开立账户，合伙人之间对合伙债务负连带清偿责任。

(3) 法人经纪人。是指从事经纪活动的企业、公司等法人组织。法人经纪人可以是专职的，也可以是兼职的。一般说来，法人经纪人规模较大，人员较多，凝聚力强，并且有很大的影响力和很高的知名度。

总之，商品生产越发达，市场经济越繁荣，各行各业、各型各类的经纪人就越多，分工就越细，这是社会发展的必然结果。

(四) 经纪活动的特点

1. 经纪活动主体的广泛性。经纪活动属于市场经济范畴，是市场经济的伴生物。由于市场活动纷繁复杂，商品名目繁多，其供给与需求也千差万别，这就为经纪活动提供了广泛的活动空间。可以说，市场上有多少种商品和服务，就存在多少种经纪活动，以便在供求双方之间建立联系。因此，经纪活动要与市场范围大体上相适应。从事经纪活动的主体即经纪人类别也是相当广泛的，既可以是自然人，也可以是合伙关系，还可以是法人，只要能为市场供给和需求双方提供中介服务，都可以成为经纪人。

2. 经纪主体只提供服务，不从事直接经营。如果经纪人在经纪活动过程中发现了有利的市场机会，且自己直接购买或销售，以获取最大利润，而不是限于收取佣金，其经纪服务则变为经营性行为，其经纪性质也变成经营性质，这在许多国家都是禁止的。因此，经纪活动并不包括实物性交易。即使在股票市场、期货市场上允许自由买卖，也需严格遵守代理买卖优先的原则，因此，不能把经纪人理解成"倒爷"。

3. 经纪人不占有商品，不拥有货币。经纪人介入交易并非自己亲自买卖商品，他对买方或卖方的货币和商品没有留用权、抵押权，也不拥有所有权、使用权。

4. 经纪活动报酬具有"佣金"特征。经纪活动提供服务，这种服务也同其他服务一样，具有一定的价值和使用价值，具有商品属性，因此，提供此种服务的经纪人就应该向享受此种服务的供求双方收取一定的报酬，通常被称为佣金。佣金是经纪人从事经纪活动的基本动力，如果没有佣金，经纪人是很难生存和发展下去的，因此，必须承认经纪佣金的合法性和积极性。

5. 经纪活动的隐蔽性和非连续性。在经纪活动过程中，经纪人一般不会将其委托人的信息告知对方。在签订经济合同、交易成功之前，如果经纪人仍未告知对方委托人是谁，那么经纪人则负有履行合同的义务。在一般情况下，经纪人与对方接触时，应声明自己是经纪人。在交易达成时，应告知对方委托人是谁，否则往往会使对方误认为经纪人就是合同当事人，实际上有欺骗的性质，《中华人民共和国合同法》（以下简称《合同法》）称此种现象为意思表示不真实。另外，没有登记、领取营业执照的经纪活动，属于无照经纪的地下经纪活动，这在我国是不允许的。因为这种经纪活动没有签订经纪合同，没有任何经纪记录和账目发票，一般多收取现金作为佣金，所以难以查实。经纪活动还具有非连续性的特点。经纪活动往往是就某一特定业务提供服务，尤其是居间经纪人与委托人之间并无长期的、固定的合作关系，一项业务完成，委托关系即告终止。地下经纪活动的这一特点更为明显，经纪人没有固定场所，没有对外公开使用的名称，有利即上，无利则休，经常是"流动式作战"。

6. 经纪人不独立承担民事责任。在经纪活动中，经纪人为供求双方提供签约机会，经纪人本身不参加签约，只是在其中起沟通信息、撮合成交的作用。即使以后供求双方发生纠纷，相应的法律责任也是由供求双方当事人承担，经纪人并不承担。

二、文化经纪人的概念及分类

文化经纪人是经纪人中的一种，是指与文化市场相关的众多行业的经纪人群体，即在出版、影视、演出、艺术品、文物等市场上为供求双方充当媒介而收取佣金的经纪人。

由于与文化市场相关的众多行业如出版、影视、演出、艺术品、文物等存在明显的行业特点，从某种意义上讲，"隔行如隔山"，因此有必要对文化经纪人进行领域细分，如出版经纪人、影视经纪人、演出经纪人、模特经纪人、音乐经纪人、体育经纪人、艺术品经纪人等。

一般而言，文化经纪人大致可以按照以下类型划分。

（一）按经纪活动方式划分

1. 文化居间经纪人。以自己的名义为他人提供交易机会或促成他人之间的交易，是传统概念上的中间人，其主要活动方式是牵线搭桥、提供信息。其业务特征是：

（1）居间业务的行为是民事法律行为。依法取得经纪资格的经纪人按照委托人的委托，在委托人与第三方进行经济往来、订立和执行合同的过程中，必须依法进行中介服务活动。

（2）居间业务行为是以签订居间合同来实施的。经纪人在进行居间业务活动时，必须依据法规规定与委托人签订合同，从而确立双方的权利义务关系。

2. 文化行纪经纪人。受委托人委托，以自己的名义与第三方进行交易，并承担相应的法律责任。其业务特征是：

（1）行纪业务的实施人是能独立承担民事责任的企业法人。

（2）行纪业务是从事行纪业务的企业法人以自己的名义进行的行纪业务活动。

（3）行纪业务行为是一种为委托人而经营或服务的业务，是通过签订行纪合同来实施的。

（4）行纪人为委托人购销的文化商品所有权属于委托人。如行纪业务代购文化商品，货款交委托人，行纪人只收取一定的佣金。

3. 文化代理经纪人。受委托人委托，以委托人的名义与第三方进行交易，并由委托人承担相应的法律责任。这类经纪人主要起代理的作用。其业务特征是：

（1）代理行为是具有法律意义的行为，是民事法律行为的一种。

（2）代理行为是在代理权限内通过合同方式授予而实施的行为。

（3）代理行为是以被代理人的意志和名义进行代理活动。

（4）代理行为的法律效果直接归属被代理人。

（二）按组织形式划分

1. 个体文化经纪人。个体文化经纪人是以自己的名义独立从事经纪活动，并以个人的全部财产承担无限责任。

2. 合伙文化经纪人。是指具有经纪资格证书的两个以上合伙组织，以经纪人事务所的方式或其他合伙形式从事经纪业务，是由各合伙人订立合伙协议、共同出资、合伙经营、共享收益、共担风险，并对合伙企业债务承担无限连带责任的营利性组织。

3. 文化经纪公司。是依据《中华人民共和国公司法》成立的从事文化经纪业务、承担有限责任的企业法人，在经登记机关核准的经营范围从事文化经纪活动。

4. 其他文化经纪组织形式。由于目前文化市场管理尚不十分规范，实际上，国内许多广告公司、咨询公司、文化传播公司，还有外国一些个体经纪人或小型公司也见缝插针，介入中国的文化市场从事文化经纪活动。

资料链接 >>>

一、好莱坞知名文化经纪公司

好莱坞经纪人的定义在加州劳动法（以下称"劳动法"）有明确的规定："'人才经纪'指在求职过程中，从事于帮助艺术家或者艺术家们获得工作或者承诺提供工作机会的个人或公司。"对于经纪人所服务的艺术家，劳动法也有相关的定义，简而言之，艺术家是指电影、电视、戏剧、广播以及其他娱乐行业的各种人才。单从定义来看，好莱坞经纪人作为中介机构，其主要职能是为自己代理的客户获得工作。然而，在好莱坞的娱乐业，这一职能在具体的运作中又演化为各种不同的行为方式。如果具体地来界定经纪行为，则包含两个方面：首先，毫无疑问，经纪行为的目的就是为了获得佣金。劳动法对于经纪人付出劳动后获取佣金也有明确的规定。其次，是为了促成他人交易。经纪人在其中扮演一个中介的角色，代表委托人行事，促成相关组织和个人（买卖双方）之间的交易，使得各方利益实现最大化。劳动法对经纪人的定义仅泛指帮助客户获得工作这一点。在好莱坞，经纪人的经纪行为还可具体引申为就雇佣合同进行谈判、出售剧本、帮助寻求资金，或在共同为某一项目工作的两个或多个公司之间担任联络人等。

（一）CAA——创新艺术家经纪公司

英文全名：Creative Artists Agency
创建时间：1975 年
员工总数：约 100 个经纪人
总部所在地：洛杉矶世纪城
重要客户：史蒂文·斯皮尔伯格、威尔·史密斯、欧普拉·温弗瑞、勒布朗·詹姆斯
主营业务：电影、电视、体育

CAA 是公认的全球最有权势也最令人生畏的经纪公司，其网罗了电影、电视、音乐、体育界的一大批巨星，包括电影导演史蒂文·斯皮尔伯格、电影明星威尔·史密斯、布拉德·皮特、乔治·克鲁尼、电视名嘴欧普拉·温弗瑞、职业体育明星勒布朗·詹姆斯、佩顿·曼宁等。因其对华语电影业的渗透，这家公司在我国电影业也很有名气，它在北京设有驻中国办事处，李安、吴宇森、成龙和王家卫都是其客户。

CAA 创立于 1975 年，其过程颇有戏剧性。当时，业界老大威廉·莫里斯经纪公司的五个还没有混出名堂的年轻经纪人迈克尔·奥维茨、朗·梅耶、马丁·鲍姆、威廉·哈勃和罗兰·帕金斯在聚餐时，发现大家都对公司的僵硬体制（主要是经纪人论资排辈）相当不满，都有意创建自己的经纪公司，五个人一拍即合。然而，新公司尚未创办，他们就被公司开除了。于是五个人靠着 36000 美元的贷款和 21000 美元的存款，还有两辆汽车，就把 CAA 给创办起来了。

20 世纪 80 年代后期，CAA 已经成为经纪业的"怪兽"，年收入达 9000 万美元。公司的实际管理者迈克尔·奥维茨希望公司对电影业能有更大的影响力。他的王牌是：捆绑销售。具体说来，就是导演、编剧和演员都是他的客户，他一旦找好项目，就把选好的主创阵容连同剧本一起卖给制片厂，这么一来，制片厂就失去了很多权力，比如挑选导演或主

演，而CAA则变得越来越有权势。

当迈克尔·奥维茨大权在握后，他又决定让自己的导演和演员赚更多的片酬，并且要从票房中分红。这引起制片厂主管的极大反感，却又无可奈何，只能向他屈服。据说此举引发了好莱坞的一波片酬上涨潮。因超级强势，迈克尔·奥维茨在20世纪90年代初期连续三年被《首映》杂志评为好莱坞最有权力的人物。

1995年，CAA的两巨头迈克尔·奥维茨和朗·梅耶分别跳槽去了迪士尼和环球，公司不可避免地陷入混乱，重要客户纷纷流失。这甚至引发了一场悲剧——匆忙中被提拔到管理层的合伙人杰·马龙尼开始吸毒，东窗事发后被开除，然后自杀。

但CAA还是稳住了阵脚，而且仍然是无可争议的经纪业老大，年收入约3亿美元。而有史以来最卖座的25部影片中，有14部是其客户导演的。2006年，CAA进军职业体育，签下了勒布朗·詹姆斯、C. 罗纳尔多等一大批明星运动员。2007年，CAA搬进位于洛杉矶世城区被人称作"死星"的新办公大楼，熟悉"星球大战"系列的人都知道，"死星"意味着强大而不可战胜。

2009年3月，CAA被一家媒体评为"全球最具创意的50家公司"，其他入选的还有苹果、谷歌和奥巴马的竞选团队等，这家媒体对CAA的获奖评语是：好莱坞有两类人，CAA和其他人。

在各个细分领域，CAA都处在领跑地位。

在电影领域，CAA历年来成绩显赫，它拥有超过70%的好莱坞一线明星，包括布拉特·皮特、汤姆·克鲁斯等，以及詹姆斯·卡梅隆、史蒂芬·斯皮尔伯格等大导演；在中国最卖座的进口影片如《阿凡达》、《盗梦空间》、"哈利·波特"系列、《变形金刚》、《功夫熊猫》等都与CAA有着密不可分的联系。2015年最卖座的20部电影中，有14部的主演来自CAA签约艺人。CAA总在奥斯卡上独领风骚。在过去10年奥斯卡的八大奖项中，CAA旗下艺人所获奖项连续超过第二至第五名对手所代理艺人获奖数的总和。2015年第87届奥斯卡，由CAA整合的作品《鸟人》独揽最佳影片、最佳导演和最佳原创剧本、最佳摄影四项大奖，成为大赢家。

在电视领域，CAA参与了许多广受欢迎的电视节目主创、制片和演出，包括《权利的游戏》《嘻哈帝国》《生活大爆炸》《傲骨贤妻》《纸牌屋》等。迄今为止，CAA在电视网和有线电视平台代理的电视剧集超过240部。黄金档电视剧中，超过1/3的主要演员来自CAA签约艺人。CAA电视编剧、制片人和演员在互联网、有线电视、流媒体、动画节目、深夜脱口秀、电视电影、真人秀，以及美国许多其他本土或国际电视节目平台中做着幕前幕后的种种工作，"几乎控制了所有美国人的遥控器"。

在音乐领域，CAA的地位同样不可撼动，旗下艺人从当红歌手贾斯汀·比伯，到老牌巨星玛丽亚·凯莉，涉及的音乐类型从摇滚、R&B、饶舌到乡村音乐甚至宗教音乐，几乎无所不包。每年在全美演唱会市场的份额是从第二名到第十名的经纪公司之和的双倍。2011年，CAA旗下歌手在格莱美上斩获了28个重要奖项。

CAA同样长于体育经纪，在棒球、橄榄球、冰球、篮球和足球等领域代理着超过1000位世界顶级的运动员。和传统的体育代理不同，CAA还能为运动员提供更多竞技场以外的授权、代言、慈善、电子游戏等领域的商机。曾帮助大卫·贝克汉姆签下5年价值2.5亿美元的全球形象营销合同，并且一手策划了 NBA 迈阿密三巨头的横空出世。

此外，CAA 还与许多作家、记者和版权管理机构积极合作，仅 2014 年就售出了 90 多本书籍的影视版权；开展了电影融资业务，为各种无制片厂的投资者提供独立电影制作的机会；借助娱乐产业帮助企业开展市场营销，如可口可乐、通用汽车等著名品牌正享受着来自 CAA 的服务。

（二）WMA——威廉·莫里斯经纪公司

英文全名：William Morris Agency
创建时间：1898 年
员工总数：约 150 个经纪人
总部所在地：洛杉矶贝弗利山
重要客户：克林特·伊斯特伍德、丹泽尔·华盛顿、康多莉扎·赖斯、娜塔莉·波特曼
主营业务：电影、电视、出版

WMA 是经纪业的百年老店，五大经纪家族的另外四家加在一起也没有它年头长。WMA 的实力也的确配得上它的历史，不仅年收入（为 3 亿美元）与另一个巨无霸 CAA 相当，仅在美国国内就设立了 3 个分部（总部在洛杉矶），而且在海外还有两个办事处，分别设在了上海和伦敦。WMA 与老冤家 CAA 一样，旗下明星如云，包括迈克尔·贝、克林特·伊斯特伍德、丹泽尔·华盛顿、梅尔·吉布森和娜塔莉·波特曼。

WMA 创建于 1898 年。创始人威廉·莫里斯原名泽尔曼·莫希斯，1882 年，也就是他 9 岁那年，跟着家人从德国移民到美国纽约，很快，他就把自己的名字改成了美国化的威廉·莫里斯。他以代理杂耍表演艺人起家，当电影业逐渐成为大众娱乐、取代了杂耍之后，他就把重心转向了电影业。20 世纪 20 年代的电影明星查理·卓别林、主演第一部有声电影《爵士歌王》的艾尔·乔生都是他公司的客户。黄金时代的明星克拉克·盖博、朱迪·嘉兰和马龙·白兰度也都把自己的事业交到了 WMA 的手上。

20 世纪 60 年代，WMA 从兴起不久的电视业赚到了大钱，公司 60% 的收入都来自这棵新摇钱树。到 60 年代后期，WMA 每年可以从电视业拿到 700 万美元。

WMA 还创建了著名的收发室培训系统，这是这家公司训练新人的地方。CAA 的 5 个创始人、迪士尼前任董事长迈克尔·艾斯纳、娱乐业大亨巴里·迪勒、梦工厂动画公司总裁杰弗里·卡曾伯格，还有很多娱乐业的大人物，都是在 WMA 的收发室上的职业生涯的最初一课。后来，各大经纪公司也都模仿 WMA，设立了自己的收发室。

20 世纪 70 年代，WMA 开始自满起来。他们认为，自己的名气会让所有娱乐业的精英主动送上门来，而事实也是如此。1975 年，迈克尔·奥维茨等五人从 WMA 离开，创建了一家新的经纪公司——CAA。但最初这对 WMA 影响不大，毕竟迈克尔·奥维茨这些人不过是新人，很难吸引重要的客户。即便此后几年中，CAA 快速发展，WMA 也岿然不动。当时的一种说法是：WMA 是最大的，而 CAA 是最热的。但到了 20 世纪 80 年代，CAA 挖角速度加快。1986 年，WMA 的掌门人斯坦·卡门逝世，公司的几大竞争对手趁机抢走了很多客户，不过这也没能让它伤了元气。

到了 1995 年，CAA 的两大巨头迈克尔·奥维茨和朗·梅耶先后离职，WMA 总算报了一箭之仇，签走了乌比·戈德堡和希尔维斯特·史泰龙等多个 CAA 的重量级明星。

WMA 最近几年的大手笔有，帮助通用汽车公司把多款主打产品移植到公司的客户迈克尔·贝导演的卖座影片《变形金刚》中。

为了与老对手 CAA 竞争，WMA 也把办事处开到了中国，不过，与 CAA 不同的是，WMA 的办事处在上海而不是北京。中国明星中，章子怡和刘亦菲都是 WMA 的客户。

（三）ICM——国际创新管理公司

英文全名：International Creative Management

创建时间：1975 年

员工总数：约 170 个经纪人

总部所在地：洛杉矶星座大道

重要客户：碧昂丝·诺尔斯、哈莉·贝瑞、克里斯·洛克

主营业务：电影、电视、音乐、出版、新媒体

ICM 与业界的另一巨头 CAA 同创立于 1975 年，这两家公司加上老牌巨无霸 WMA，是好莱坞仅有的三家 10% 经纪公司，意思是敢于从客户的收入中收取 10% 的佣金，其地位之高可见一斑。ICM 还是好莱坞经纪业五大家族中唯一公司名称上有"国际"这个词的，而且这个词也并非只是装装门面，ICM 很擅长经营国际业务，在伦敦、巴黎、马德里和罗马都设有办事处，帮助旗下明星开拓国际市场。20 世纪 90 年代中期是 ICM 最辉煌的时期，公司年收入超过 1 亿美元，拥有梅尔·吉布森、阿诺德·施瓦辛格这些知名演员。1975 年，马文·约瑟夫森把创新管理协会和国际著名经纪公司两家经纪公司合二为一，这家新公司就是 ICM。成立之初，ICM 是上市公司约瑟夫森国际公司的子公司。马文·约瑟夫森并非经纪业的圈内人，他此举不过是看到经纪业很有赚头，想进来大捞一把。然而，新公司的多数精力都花在了人事纷争上，同年创立的 CAA 则趁机崛起。

直到 1980 年，毕业于加州伯克利分校的经纪人杰弗里·伯格当了总裁，ICM 才算回到正确的轨道上。1986 年，ICM 趁着威廉·莫里斯在掌门人斯坦·卡门逝世后群龙无首的机会，抢下成堆的明星，大发其财。1987—1988 财政年度，ICM 的收入高达 5600 万美元，在 80 年代，对一家经纪公司来说，这是个非常惊人的数字。1988 年，马文·约瑟夫森把公司私有化，他和公司的几位高级管理者以 7000 万美元买下了 60% 的股份，几年后，他把自己的股份又卖给了合伙人。

20 世纪 90 年代，ICM 已是好莱坞的顶级玩家。CAA 的两位合伙人迈克尔·奥维茨和朗·梅耶接连跳槽，分别掌管迪士尼和环球，ICM 趁乱将多位知名演员收入旗下。此外，他们还开发了公司客户，说服美国运通公司担任保罗·麦卡特尼的美国巡回演唱会的赞助商。ICM 的一大业绩是为客户阿诺德·施瓦辛格、埃迪·墨菲和梅尔·吉布森争取到 2000 万美元的片酬，并把业务扩展到了欧洲几个大国的出版、剧院和电视新闻业。当时就有业内人士断言，ICM 因为规模过于巨大，到头来反而会不知所措。而 ICM 的应对之策就是继续扩张，一连买下好几家音乐经纪公司，将 U2 等音乐明星收入旗下。虽然有意进军制片业务，但受制于反垄断法，ICM 还是留在了经纪业。在与 CAA 的挖角大战中，ICM 虽挖到

了导演雷尼·哈林和女明星高迪·霍恩，但也失去了喜剧明星比利·克里斯托和埃迪·墨菲。

1998年，南希·约瑟夫森成为ICM的联合总裁，这也是女性第一次攀到好莱坞顶级经纪公司的金字塔塔尖。南希·约瑟夫森是ICM创始人马文·约瑟夫森的女儿、前娱乐业律师，1986年进入这家公司。她最了不起的业绩是把《六人行》打包卖给了美国全国广播公司。

2006年，随着南希·约瑟夫森的离开，ICM失去了好几个重要客户，包括朱丽娅·罗伯茨和卡梅隆·迪亚兹。

（四）UTA——联合精英经纪公司

英文全名：United Talent Agency
创建时间：1991年
员工总数：约100个经纪人
总部所在地：洛杉矶贝弗利山
重要客户：约翰尼·德普、哈里森·福特、科恩兄弟、詹妮弗·洛佩兹
主营业务：电影、电视、音乐、出版、计算机和视频游戏、时尚

UTA创建于1991年，是好莱坞五大经纪公司中的后起之秀，由鲍尔·班尼戴克和领先艺术家两家中型经纪公司合并而成。创建之初，UTA只有26个经纪人，客户亦仅限于电影明星、电影导演和电视界的精英。而在20年后，不仅经纪人总数扩大至约100人，而且业务扩展到娱乐业的所有领域，包括职业体育、音乐、视频游戏。很多好莱坞一线明星都是UTA的客户。

合并之前，鲍尔·班尼戴克和领先艺术家都是在业内颇受尊重的中型公司。鲍尔·班尼戴克是威廉·莫里斯公司的资深经纪人马蒂·鲍尔和著名的娱乐业律师彼得·班尼戴克在1985年开办的，主攻电影业。领先艺术家创建于1980年，创始人是吉姆·伯库斯和加里·库塞，专长是电视业，代理开发了一批热门电视剧，如《辛普森一家》《神奇年代》和《婚后，和孩子们》。这些电视剧为领先艺术家带来丰厚的利润。

然而，在好莱坞，在CAA、WMA和ICM这些经纪业巨无霸的夹缝中，中型公司的生存并不容易，于是鲍尔·班尼戴克和领先艺术家合并起来，意欲把自己也打造成巨无霸。成立后的第二年，UTA挖走了主要竞争对手ITA（互联精英经纪公司）的6个经纪人，他们带来了劳拉·邓恩和斯汀这些明星，UTA开始初具规模。1995年，流行音乐明星迈克尔·杰克逊弃CAA转投UTA，这在好莱坞算是一个明确的信号：UTA是一家蒸蒸日上的经纪公司。1996年，UTA看准独立电影正在兴起，率先设立了独立电影部门，帮助独立电影人筹拍影片，并提供融资服务。此后，UTA的竞争对手如CAA、ICM也纷纷效仿，成立了自己的独立电影部门。然而，同年，UTA也因为合伙人加文·鲍隆（热门电视剧《宋飞传》的经纪人）对下属女经纪人的性骚扰事件而决定抛弃加文·鲍隆，但加文·鲍隆并不肯轻易认罪，他结束了与公司的合同。而UTA花了几年时间才摆脱这起丑闻的影响。为了抚平该事件对员工造成的心理创伤，UTA甚至雇请了一个专职的心理医师。1998年，UTA从CAA挖来大牌女经纪人特蕾西·雅各布斯，因为她手里攥着一张好牌：约翰尼·德普。

接着，UTA 在电视业做成了一件大事，赢得了极高的声誉——签下了大卫·蔡斯创制的《黑道家族》，最初这套电视剧没有电视网愿意播放，后在 UTA 的努力下，终于落户 HBO 电视网，成为热播剧。

2000 年之后，UTA 继续拓展新业务，先是扩充了音乐部门，而后又设立了预订和旅游部门。而在 CBS 的《幸存者》节目大热之后，UTA 决定也要在这类电视节目中分一杯羹，于是创建了另类电视节目部门，帮助客户推出《谁想成为百万富翁》等节目，并从英国引进了很受欢迎的节目《超级保姆》。2005 年，UTA 又在旧金山设立办事处，专攻获利丰厚的视频游戏。

在人员变更频繁的好莱坞，UTA 不免也被竞争对手挖角。即便如此，UTA 仍稳居经纪业五大家族之列。

（五）Endeavor——奋进精英经纪公司

英文全名：Endeavor Talent Agency

创建时间：1995 年

员工总数：约 275 人，其中有 84 个是经纪人（包括 26 个合伙人）

总部所在地：洛杉矶贝弗利山

重要客户：马特·达蒙、蒂娜·费、梅赛德斯-奔驰、欧莱雅

主营业务：电影、电视、出版行业精英人才代理、融资、营销

Endeavor 是好莱坞经纪行业五大家族中的菜鸟，虽然只有十几年的历史，却大有后来居上的势头，旗下不仅有马特·达蒙、罗伯特·德尼罗、凯拉·奈特莉和杰西卡·阿尔巴这些电影明星，更在电视业呼风唤雨。2008 年，一家从事电视业行销的网站进行的独立研究表明，Endeavor 已经把电视界的半数精英揽于麾下。2007—2008 季，51% 的首播剧都是 Endeavor 的客户制作的，其中就包括在我国很有观众缘的《丑女贝蒂》《越狱》《我为喜剧狂》和《英雄》，而在新剧中，这一比例更上升至令五大家族的另外四家胆寒的 58%。

Endeavor 创建于 1995 年 3 月。ICM 的一次内讧（也被形容为"午夜政变"）导致 4 个羽翼已经丰满的经纪人阿里·艾曼纽尔、大卫·格林布拉特、里克·罗森和汤姆·斯特瑞克勒出走，他们跑到好莱坞贝弗利山，创建了自己的公司，这就是 Endeavor。第二年，3 个来自 CAA 的经纪人成为公司的新合伙人，他们带来了亚当·桑德勒这样级别的明星，对一家刚刚起步的经纪公司来说，这无异于雪中送炭。

在接下来的 8 年时间里，在帕特里克·怀特塞尔的带领下，Endeavor 强势而又戏剧性地扩大了自己的好莱坞领地，签下了马特·达蒙、本·阿弗莱克、休·杰克曼、朱迪·劳和克里斯蒂安·贝尔这些明星，从而跻身于好莱坞经纪业的五大家族之列。

Endeavor 可谓 ICM 的冤家对头，这家新公司的发展壮大总是与 ICM 的失血紧密相连。2006 年，一手打造了热门情景喜剧《六人行》的 ICM 总裁南希·约瑟夫森决意出走，很快她就被 Endeavor "迎娶"过来。不久，ICM 又有两个经纪人马特·梭罗和罗伯特·纽曼投奔 Endeavor，他们带来了好几位大腕级的导演，包括丹尼·保尔、巴兹·鲁尔曼、罗伯特·罗德里格兹和吉尔摩·德尔·托罗。2008 年，Endeavor 从主要对手 UTA 那里挖来 4 个重量级经纪人，这让公司的喜剧部门大为欣喜，因为他们现在手里可都是本·斯蒂勒、杰

克·布莱克这样级别的明星。

Endeavor 不仅为成名的导演和演员寻找合适的项目，而且在独立电影和偏门电影的开发上也眼光独到，《女巫布莱尔》《华氏 911》《阳光小美女》这些影片能够投入拍摄都与这家公司的大力推动有关。在 2007 年第 79 届奥斯卡颁奖典礼上，Endeavor 大出风头，5 部获得最佳改编剧本奖提名影片的编剧全部是它的客户。此外，以《阳光小美女》擒下最佳原创剧本奖的迈克尔·恩特也来自 Endeavor。

要了解 Endeavor 的故事，最简便的方式就是找 HBO 的热门系列电视剧"明星伙伴"来看。Endeavor 几个客户共同打造了这套电视剧，而且细节准确到位。担任执行制片人的马克·沃尔伯格就是该剧男主角文斯·蔡斯的原型，而剧中专横跋扈的大牌经纪人阿里·戈德的原型就是 Endeavor 创始人之一的阿里·艾曼纽尔，其中阿里跳槽一集（《采采蝇》）几乎等同于 Endeavor 创业故事的纪录片。

2009 年 4 月，美国五大演艺经纪公司中的两家——有着百年历史的 WMA 和成立 14 年的 Endeavor 经纪公司宣布合并，合并后的新公司被命名为 William Morris Endeavor（WME）Entertainment。两家公司的业务涵盖电影、电视、音乐、剧场、出版、广告、体育、营销和线下制作等众多领域。

2013 年，WME 在银湖资本的帮助下，以 20.3 亿美元的价格购买了体育和模特经纪的大块头 IMG，双方组建联合公司 WME－IMG，再一次加强了自己巨无霸的地位。

2016 年，WME－IMG 重返好莱坞巨头经纪公司地位，击败中国的华人文化和万达集团，用 40 亿美元的天价收购了全球最大的综合格斗组织 UFC。

经过这几轮的成长，WME－IMG 成为全美最大的娱乐和体育经纪公司之一，旗下的签约艺人既包括昆汀、本·阿弗莱克这样的好莱坞明星，也有科比·布莱恩特、小威廉姆斯、李娜这样的顶级运动员。

（资料来源：《群雄争鹿，好莱坞五大经纪公司一览》，https://yule.sohu.com/20090312/n263169786.shtml）

二、韩国四大文化经纪公司

韩国娱乐产业在世界范围内的影响力都是非常大的，而这其中最主要的原因就是经纪公司的发展，其严格的管理系统和培训模式为其造就了无数国际知名偶像。

（一）李秀满与 SM 公司

李秀满 1971 年 6 月推出歌曲《4 月和 5 月》进入演艺界，1977 年凭借《幸福》被评选为韩国十大歌星之一。李秀满毕业于首尔大学农业机械系，为了继承书香门第的衣钵，曾于 1981 年留学美国加利福尼亚大学攻读计算机工程系。回国后，他使用电脑技术制作唱片，并在仁川月尾岛海边开了一家叫作"海明威"的咖啡屋。李秀满靠积累的资金于 1989 年成立"SM 策划公司"（以下简称"SM"），正式进入唱片业。2000 年 4 月，SM 登记注册了 Kosdaq，发行股票，成为韩国第一个文化娱乐股份公司。

SM 全称是 SM Entertainment，关于 SM 缩写正确的解释不是其创办人李秀满的名字，而是 Star Museum 的缩写，意思是明星博物馆。SM 首先推出的歌手就是韩国男子五人组合 H. O. T.，它也是韩流传入中国和日本的主力之一，随后又选出女子三人组合 S. E. S.，也大获成功。由于当时 dance 曲风十分吃香，因此，这时的 SM 也凭借这两个组合一跃成为韩国乐坛的老大。

此后，SM 又成功推出了 Fly to the sky、BOA（宝儿）、Dana、The trax、东方神起、天上智喜、Super Junior、张力尹等，其间推荐的几个组合因为市场反应不好而被提早结束宣传，并停止了活动。SM 之所以可以如此迅速地雪藏歌手，从侧面可以看出其人才储备之雄厚。想从 SM 正式出道需要很强的实力和出众的外貌，而且一般要歌舞兼备。当然，从 SM 离开的歌手也不鲜见。SM 具有鬼斧神工的包装功力以及出名的"魔鬼式"训练，可以说从 SM 出道的歌手一般都是工作时间最长的。

当时刚出道的 H. O. T. 就以新潮、时尚、前卫的形象吸引了韩国众多青少年的眼光。随着《战士的后代》《狼和羊》等专辑的先后发行，H. O. T. 创造了一个又一个歌坛神话，同时也成为韩国 20 世纪 90 年代后期最具代表性的"文化商品"，主导了韩国演唱舞蹈组合的发展方向，而五名各具特色的成员也成了韩国歌坛上一道独特的风景线。

前卫而幽默的文熙俊具有出色的爆发力和过人的才华，极强的舞动力和压倒群雄的领导气质使他不但成为 H. O. T. 现场秀的压轴表演者，更成为无可替代的组合队长。安七炫给人的第一印象也许只能用"俊美"来形容，清秀的五官、彬彬有礼的贵族气质让他注定成为组合中最受欢迎的成员，而深厚的唱功和出色的舞姿又使他在队中的主唱地位不可动摇。平日少言寡语的张佑赫凭借精彩的舞蹈技艺吸引了歌迷的喜爱，舞蹈似乎成了他生命的一部分，难度再大的动作也完全能应付自如，成为 H. O. T. 的领舞当之无愧。形象时而叛逆、时而可爱的安胜浩，更为人熟知的名字是 Tony，在美国的生活使他英文流利，所以也责无旁贷地担当起 H. O. T. 中的英文 Rapper。组合中年纪最小、个子却最高的李在元似乎最容易被人忽视，但是这个动不动就会脸红、容易害羞的大男孩做事却极为认真，透出与年龄不太相符的稳重。而他最可爱的地方就是他孩子般的笑容。

超炫的舞台造型、劲爆的台风、出色的演唱、卓越的舞技、前卫而独树一帜的包装及精心的幕后策划，年轻的 H. O. T. 走在世界流行音乐的前沿地带，但这并不影响他们品学兼优的好学生形象。H. O. T 的歌舞一直引导着韩国流行潮流，个个能歌善舞也是他们被众多乐迷喜欢的原因，当然还有他们有点另类但依然乖巧的外形。而在 H. O. T. 的歌声中充满了青少年对未来的憧憬、向往和不愿受束缚的心情，极易获得年轻人的共鸣。

创办至今，SM 旗下有许多高人气偶像团体，如少女时代、EXO、Super Junior 以及 Red Velvet 等，宝儿、李沇熹等也都曾是 SM 旗下的艺人。

（二）YG 公司

全称是 YG Entertainment（以下简称"YG"），它是韩国最大的 Hip-Pop 唱片公司，也可以说是韩国口碑最好的公司之一。YG 成立于 1996 年，它的老板杨铉锡和李秀满一样也是大明星——韩国以前最有名的"徐太志与孩子们"组合成员之一。YG 一直行走于 Hip-Pop 市场也正是因为有杨铉锡，"徐太志与孩子们"组合可以说是韩国 Hip-Pop 风的鼻祖，在这之前韩国人并不喜欢 Hip-Pop，正是这个组合的出现才使 Hip-Pop 类型的音乐真正深入人心。

YG拥有整套造星团队，包括录制、音乐发行、艺人的包装等，同时也拥有最好的制作人、词曲作者、歌手和最具创造力的策划团队。YG以Hip-Pop音乐为主流，推出过的著名艺人有JinuSean、ITYM、Lexy、Masta Wu等，他们引领着韩国的Hip-Pop界。除此以外，YG还成功地推出了包括SE7EN、Swi.T、辉星、BigMama、Gummy等在内的R&B风格的歌手。目前，在韩国众多的娱乐公司中，YG拥有数量庞大的艺人。因为他们对旗下的每个艺人的事业都尽力做到支持，从策划到制作，因此成为许多新人的首选。2008年韩国最红火的组合BigBang就是YG精心选拔出来的。

BigBang以及红遍全球的PSY（鸟叔）都是YG精心策划和推广的结果。日本是其国际市场最大的收入来源，YG一直以来将精力集中投放在日本市场。但在2012年PSY（鸟叔）红遍全球、BigBang在广州和上海举行的演唱会引起轰动后，YG也开始进军中国市场。

（三）JYP公司

全称是JYP Entertainment（以下简称"JYP"）。JYP名字是老板朴振英的英文缩写，数年前，以热情的舞蹈和深厚的演唱势力在MV中出现的朴振英还仅仅是一名歌手。数年后，他从舞者到歌手，从歌手到作曲家，从作曲家到总策划，不知不觉已经成为"朴振英社团"的领导人，引导他旗下的成员在歌坛占据一片天地。在他的严格训练下，Gog、Rain、星、Noel、林贞熙以及之前因《我是男人》《成人礼》而走红的朴志润早已成为韩国乐坛的中坚歌手或是最值得期待的新人，JYP则成为韩国最大的"梦工厂"。

从小酷爱舞蹈的朴振英，拥有延世大学地质学和政治学的双硕士学位。他以歌手出道，但是梦想成为音乐制作人的他在稍有名气之后，开始策划建造属于自己的"梦工厂"。1997年11月，朴振英在家族成员及朋友的帮助下，以5000万韩元注册了一家名为"泰宏"的小型经纪公司，这就是JYP的前身，当然，旗下歌手也只有朴振英自己。公司成立之初，朴振英将全部心力贡献于韩国音乐的开发与制作事业，以音乐的先进化和全球化为目标，力求充分结合韩国海内外的音乐优势，拓展韩国的流行音乐，为韩国的民族文化步入国际领域竭尽所能。2001年4月，泰宏公司正式更名为JYP，并适应潮流，将之前的家族经营模式改为股份制企业，同时成功融资35亿韩元。

完美的品质和一流的音乐制作水准，有赖于经验丰富的专业人员。JYP改革成功后，分为唱片企划部、海外事业部、产业联系部三大部门。

唱片企划部：负责新人发掘以及现有歌手的唱片制作。该部门又分为作业室、练习室、录音室以及公司艺人宿舍等多个单独的活动部门。该部门作为JYP培养歌手的摇篮，多年来成绩斐然，备受海内外众多音乐人士的关注。该部门通过仔细钻研唱片市场、歌手的特点等，制作出众多大卖唱片，为韩国流行音乐进入主流音乐市场提供了一定的发展空间。其制作的唱片在艺术和商业两个层面均取得了较大成功，并在中韩两国形成强烈的JYP风格。

海外事业部：专门负责公司签约歌手的海外唱片宣传。

产业联系部：专门负责开发音乐、音乐录影带、广告、影视作品等多种衍生产业的衔接。

此外，除了制作出色的音乐外，JYP 在平面设计领域也赢得了极高的荣誉。2002 年 5 月，JYP 正式成立平面设计室，全面包揽了 JYP 所出版的音像制品的唱片封套、宣传品、JYP 网站以及明星广告的设计工作，更进一步地为音乐界、广告界以及公司的企业宣传服务。

与此同时，随着网络和电信事业逐渐大众化，JYP 投入 200 亿资金与 SK 电信合作，全力开发 Mobile Art 产业。这种新型的宣传媒体，不但具备了电影的纪实性，而且还具备了音乐和图片混合使用的独特性，它通过手机显示屏原汁原味地再现高清新版的 MV 和其他动态画面，包括电影。这项投资当初遭到众多人的反对，但是，经过多方面调查后，朴振荣毅然签下合约书。事实证明，这一具有"杀伤力"的做法已经让韩国所有手机用户每天至少看 5 小时的手机屏幕。

JYP 旗下有许多著名偶像团体，比如 Twice、ITZY、GOT7、2PM、2AM 以及 miss A 等，演员歌手方面则有宣美、裴秀智、朴智敏等。

（四）C-jeS 公司

C-jeS 公司于 2009 年 12 月 22 日成立，社长白昌洙，成立时注册资金 3 亿韩元，旗下仅有金在中、朴有天、金俊秀三人组合的 JYJ 和 6 名工作人员，是韩国少有的与艺人以口头合同和签作品合同的形式代理艺人经纪业务的娱乐公司。虽然公司成立的时间不长，但旗下有许多实力派歌手和演员，比如金在中、朴有天、薛景求、崔岷植、李政宰等人，后三位被韩国人称为"演技之神"。

（资料来源：https://yule.sohu.com/20090312/n263169786.shtml；http://www.ytsports.cn/news-14550.html，2017 – 08 – 11；https://www.phb123.com/qiye/37974.html，2019 – 10 – 18）

经典案例 >>>>

迈克尔·奥维茨与 CAA

在好莱坞电影中，汤姆·汉克斯、汤姆·克鲁斯、朱丽娅·罗伯茨、妮可·基德曼等明星都是绝对的主角，他们以精湛的演技为全世界塑造了一个个深入人心的角色。

但在好莱坞，他们都只是一枚棋子，就像电影中的道具一样，一切由幕后大手摆布。事实上，不要说单个的演艺明星，就连时代华纳、迪士尼、米高梅等电影巨头对这只大手都敬三分，怕三分，又恨三分。这只控制着绝大多数影星及导演、能随时在整个好莱坞翻云覆雨的大手正是创新艺术家经纪公司（Creative Artists Agency，CAA）创始人迈克尔·奥维茨。

一、CAA 与好莱坞

CAA 是好莱坞艺人的"老板"，好莱坞最权威的《首映式消息》称之为"好莱坞最有影响力的机构"之一，也有媒体称之为"好莱坞的'黑客帝国'"，因为公司的经纪人就像电影中戴墨镜、着黑色套装的密探一样，设计并控制着几乎所有艺人的演艺生涯。

乍听起来，这样的描述有些夸张，但事实确实如此，尤其是在美国的电影与电视领域。

以电影为例，好莱坞 2/3 左右的一线明星都签在 CAA 旗下，全明星阵容庞大，多达几百位，如果再加上音乐人、作家等，CAA 签约艺人总数过千。

CAA 在好莱坞的巨大影响力还不仅仅在于签约艺人知名度极高，自身规模极大，还因为公司旗下艺人门类齐全、组织严密。CAA 旗下不仅有汤姆·汉克斯、汤姆·克鲁斯等明星，还有斯皮尔伯格等著名导演，以及非常优秀的制片人、剧本作家等，可以说，时代华纳如果想投资一部电影，从剧本到电影后期制作，CAA 能提供全套班底，而且都是顶级人选。这正是电影巨头怕 CAA 的地方，因为 CAA 通常不提供单独的艺人服务，而是整体作战，用演员就必须用 CAA 的剧本、导演、制片人，而且要出大价钱，有时候 CAA 还要求对电影收入提成。因此，电影巨头经常抱怨说，正是 CAA 的捆绑销售拉高了电影的人力成本。

CAA 创立于 1975 年，并不是美国成立最早的演艺经纪公司。但是，在如今的好莱坞，CAA 是当之无愧的王者，只用 30 年就完成了对手历经百年也未能成就的传奇。近年来，在奥斯卡奖八大奖项中，CAA 旗下艺人所获奖项连续超过第二名到第五名对手所代理艺人获奖数的总和。同时，据《洛杉矶时报》的调查文章，全球电影票房有将近一半都是来自 CAA 导演所执导的影片，这个数字也相当于与 CAA 实力最接近的三个对手经纪公司影片数之和。

在 CAA 起家的电视节目制作领域，情况更是如此。CAA 所代理的电视节目总量超过第二名与第三名之和，如《人人都爱雷蒙德》《疯狂主妇》《急诊室的故事》《幸存者》《白宫精英》《犯罪现场》《审判艾米》《单身汉》《大卫夜间秀》《美国偶像》等美国最受欢迎的电视剧节目。尤其是在晚间娱乐节目与电视电影剧方面，CAA 的电视编剧、制片人和其麾下艺人几乎吸引着所有美国人的眼球。

除了电影、电视，CAA 在音乐领域也已经无人能及。

在 CAA 旗下，不仅有麦当娜、碧昂丝、贾斯汀、桑塔纳、摇滚小子、艾力克·克莱普顿、野兽男孩等诸多有影响力的歌手与乐队，而且从摇滚乐歌手、流行歌手、另类音乐歌手、乡村乐歌手到宗教音乐、拉丁音乐以及 R&B 歌手，几乎无所不包。不仅如此，CAA 旗下还有大量的顶级音乐制作人及演出经纪人。

在电影、电视和音乐领域占据绝对领导地位之后，CAA 又将手伸向了体育经纪，进一步压缩了对手经纪公司的生存空间。CAA 的对手们只能眼看着其在好莱坞渐成独霸之势，却无力阻挡，唯有避其锋芒，转向一个相对薄弱的细分领域，等待其露出破绽时再绝地反击。究其原因，并非是 CAA 的对手们无心无力，而是迈克尔·奥维茨所设计的模式几近完美，而 CAA 的接班人又稳扎稳打，使 CAA 一步步成为一架越来越强大的战车，以至于当奥维茨本人多年后重操旧业也未能再现传奇，并惨败在他自己创立和打造的 CAA 脚下。

CAA 创造了一个传奇，一个至今仍在继续、无人颠覆的传奇。

在成就 CAA 的同时，奥维茨本人也成为好莱坞唯一的、至今无人能超越的明星经纪人，曾连续 3 年当选为"好莱坞最具影响力的人"，无论是迪士尼的 CEO 兼主席艾思纳、新闻集团的 CEO 兼主席默多克，维亚康姆的雷石东、美国在线的列文等传媒大鳄，还是导演斯皮尔伯格，都未能打破奥维茨这一纪录。

二、CAA 经营模式分析

1. "沃尔玛+微软"模式。奥维茨发起的一场经纪革命叫"打包"服务,更形象的翻译应该是捆绑销售。过去,电视台要制作一个节目,既要找主持人,又要找演员,还要找制片人、剧本作家,等等,总之,需要和一大批不同的经纪人打交道。

就在这个大家已经习惯的模式中,天才奥维茨有一个惊人发现:如果有一家经纪公司能把节目的所有艺人备齐,不仅电视台省心,经纪公司也将一改过去的被动追星,变成主动做项目。这样一来,经纪与明星之间的关系就从经纪公司"伺候"明星变成了明星充当经纪公司项目的"棋子"。经纪人就从明星的"保姆"一下子变成了明星的"玩家"、从明星的"佣人"一下子变成了明星的"皇帝"。

让明星俯首称臣没那么容易,但在奥维茨面前,他们非常乐意。因为与革命一起到来的,还有奥维茨的两大法宝,每一样都让明星无法抗拒。

第一,奥维茨大幅度降低佣金比例,他将 CAA 的佣金标准从行业惯用的 10% 降到 6%,又从 6% 降到 5%,后来降到 3%,这一招无疑相当于演艺经纪行业的"沃尔玛革命"。

第二,也是最重要的一点,CAA 的"棋子"不是一两个明星,而是一个完整的项目:从节目策划,到作家、编剧、制片人,再到导演、演员,全部备齐。

早在几年前,当其他经纪公司还在单纯地追星时,奥维茨早已把电视节目与电影需要的每一个位置上的顶尖人才都招揽到 CAA 旗下。如此一来,与电视台或电影公司谈判时,奥维茨就有筹码要求对方:用 CAA 的演员,必须用 CAA 的导演、制片人、剧作家等全套人员。面对奥维茨的"捆绑",对方用也得用,不用也得用,因为,除了 CAA,在好莱坞很难再找到同样水准的项目与阵容。不仅如此,他们还得为奥维茨的"捆绑"出高价,高到让人不敢想象。

在奥维茨手中,CAA 的很多优秀演员一部电影的演出费用从 100 万美元涨到 500 万美元,又从 500 万美元涨到 1000 万美元,甚至更多。这对一流演员来说,也是以前不敢想的天文数字。

当奥维茨使出这两招,好莱坞大批明星都开始转投 CAA 旗下。仅仅从 1985—1989 年,CAA 签约的演员就增加了几百人,公司捆绑销售出 150 多部电影,以及占美国市场近 1/3 的电视热播节目。

仿佛一夜之间,好莱坞变成了 CAA 的天下,以前名不见经传的奥维茨成了好莱坞的大佬,1990 年,44 岁的奥维茨被评为"好莱坞影响力最大的人",并连续 3 年获此殊荣,至今仍无人打破这一纪录。

奥维茨的高超之处不仅在于他超凡的个人魅力、过人的谈判能力,以及在好莱坞巨大的影响力,还在于他非同寻常的经营与管理能力,不仅在位期间 CAA 在好莱坞一股独大,离任十多年至今,CAA 仍像一架不倒的战车,一往无前,畅行无阻。

2. "整体划一"模式。奥维茨做事非常高调,但做人却非常低调。奥维茨长期游走在一群一线明星之间能深藏不露,除了做人低调,还与他独特的经营管理理念有关。

CAA 原是一家人人平等的机构,但由于奥维茨能力突出,从 1979 年起,他就正式被举荐为公司总裁,成为名正言顺的领导。到 1986 年底,随着合伙人鲍姆的退休,以及随后合伙人伯金斯的离任,奥维茨成为 CAA 绝对的领导,因为两人离开时都将股权转让给了奥维茨，使他在CAA的股权达到55%。

奥维茨身为公司领导兼经纪人，不仅没有一点个人英雄主义，反而以身作则，领导大家团队作战。

对内，所有人都只有身份，没有头衔，人人平等。办公室都不挂牌子，会议室与接待室谁都随时可以使用，连工资单都是按姓氏字母排列。

对外，不管是电影首映式，还是颁奖典礼，CAA经纪人出席公众场合总是三五成群，并且露面时，不仅统一着装，而且用"同一个声音"说话。因为奥维茨既为公司制定了统一严格的培训，又着重培养了整体划一的公司文化。

CAA崛起之后，很多对手想从CAA挖经纪人，结果不是挖不动，就是只挖去一颗"螺丝钉"，因为CAA的演艺人员都归一个团队代理，而不是某一个人，即便是一线明星，大部分服务也都由公司提供。

报纸如果想打探CAA的经营之秘也很难，因为所有经纪人接受采访时口径统一。同时，奥维茨坚持CAA的私营合伙性质，坚决不上市。

所以，在外人眼里，CAA像一座城堡，CAA员工像一群战士，你永远只能看到战士在战斗，但看不到作战方案。

由于团队作战，同样数量的演艺人员经纪业务，CAA只需要对手1/3的经纪人。到如今，CAA代理的演艺人员数量是排名第二经纪公司的3~5倍，但与对方的经纪人数量不相上下。

3. 设置"背叛成本"模式。奥维茨不给大家设头衔，倡导人人平等，并不意味着员工的收入也整体划一。

CAA除了针对一些一线明星培养几位明星经纪人外，从不给某个喜欢单独表演的人发奖金，以便让绝大多数员工都能集中精力处理客户的事情，然后根据项目收入，多劳多得。对那些善于领导团队成员开展协作的员工，CAA还有单独的奖励，CAA一名普通员工曾因为团队表现突出而得到50万美元奖金。

奥维茨自己当年是与其他4位天才级经纪人背叛了威廉·莫里斯经纪公司才有了今天，这是CAA的大幸，但对威廉·莫里斯来说，这5人的背叛无异于放虎归山，后患无穷。为了避免同样的故事再次上演，奥维茨除了强调团队文化之外，还精心地为CAA各位部门经理与明星经纪人设置了"背叛成本"。这个所谓的"背叛成本"其实就是经纪人一旦自立门户，与CAA竞争时将面临三道门槛。

第一道门槛，每个经纪人在CAA工作期间，都是团队运作，信息共享。虽然有时指定一位专属经纪人为一线明星工作，但此经纪人也只负责部分工作，大部分工作仍由公司完成。如此一来，即便经纪人想自立门户，一线明星也不会跟他一个人走。

第二道门槛是收入。奥维茨他们当年离职时，年薪只有五六万美元，最高的也只有15万美元。而在CAA，经纪人的收入是分很多等级的，刚入行的邮件处理人员月薪可能只有1000美元，还不够养活自己，但成为正式的经纪人后，收入翻五六倍，如此一级级攀升。如果做到部门负责人与明星经纪人，年收入超过100万美元。

100万美元意味着什么？要知道，以奥维茨这样的天才，到1981年，也就是创立CAA整整6年之后，他的年收入才达到50万美元，到1988年，也就是创业13年之后，他的年收入才超过100万美元。显然，背叛就是先放弃100万美元的现成的年收入，然后花十多年去没日没夜地挑战奥维茨创下的纪录。

而第三道门槛则又进一步提高了背叛者挑战的难度。因为从作家到编剧，从导演到演员，从音乐人到制片人，绝大部分知名演艺人员都已经投到CAA旗下，背叛者几乎已经不可能再聚齐做大项目的资源，在电视台与电影巨头面前也就很难有资格叫价，最多只能拉几个名演员打一点高级零工而已。

正是因为这三道"紧箍咒"，CAA自创立30多年来，没有高层人士集体出走，即便1995年创始人梅耶另谋高就，奥维茨本人随后挂职而去，CAA也只是稍微颤动了一下，很快又坚如钢铁般地继续前进。

4. "华尔街+麦迪逊大街"模式。1985年，刚好是CAA创业10周年，奥维茨找到已经名扬天下的建筑设计师贝聿铭，请他为CAA设计一座自己的办公大楼。

1987年12月，CAA的大楼动工了，但对于此时已经把演艺经纪行业做到极致、在好莱坞已无对手的奥维茨来说，仅仅一座大楼、一个CAA、一个演艺经纪行业，甚至仅仅局限于好莱坞，舞台都有点小了。奥维茨需要一个更大的舞台，然而这个世界从来都不缺少舞台。

1988年，日本电子巨头索尼主动找到奥维茨，希望他能担任公司的特殊咨询师，因为索尼准备进军好莱坞，所以需要入股或全盘收购一家大型电影制片厂。

从理论上说，这不是奥维茨的本行，大型并购是华尔街花旗、美林、高盛等投资银行的专长，但奥维茨接受了这个挑战。

奥维茨先是找到了环球影视公司的上级MCA公司，但对方要价80亿美元，因为公司旗下除了环球影视，还有房地产和主题公园，这对当时身价只有160亿美元的索尼来说有点难以承受。

并购MCA未成，考虑并购哥伦比亚广播公司（CBS），经过评估，奥维茨将其电影娱乐公司定价为34亿美元，索尼对这个价格也非常认可。1989年10月，双方正式签约，索尼以34亿美元成功收购哥伦比亚电影娱乐公司，成为日本公司有史以来在好莱坞也是在整个美国最大的一桩并购。

交易完成后，奥维茨得到800万美元的佣金，这对个人咨询来说是一笔罕见的收入，对奥维茨来说，这是他施展才华的又一个舞台。

据说索尼在交易完成后，曾邀请奥维茨出任哥伦比亚电影娱乐公司的总裁，还想把他的CAA也收购过来，一并归他运营，但可能是因为奥维茨当时还舍不得自己辛苦打拼出来的王国，双方最终没有谈拢。

奥维茨做完这笔34亿美元的生意之后，一笔更大的生意马上找上门来。1989年10月，同属日本的松下电器找到奥维茨，表示也想进军好莱坞，而且备有120亿美元现金和130亿美元债券。

奥维茨向松下推荐的是大到索尼吃不下的MCA，但由于规模大，涉及利益集团多，加上媒体的关注、同行的嫉妒，以及大卫·格芬等好莱坞不少大佬的不安，甚至反向操作，松下与MCA的联姻变得像是"不可能完成的任务"。

为了完成这桩交易，奥维茨几乎完全抛下了CAA，秘密而又频繁地穿梭在日本与美国之间，为躲避媒体的追踪，减少节外生枝，他连给公司和朋友打电话的时间都精心设计。

一年之后，这桩在外人看起来不可能完成的交易完成了。1990年9月，松下宣布以65.9亿美元并购MCA。

奥维茨这一年没有白忙，交易完成后，他个人从中得到4000万美元的酬金，成为不仅令好莱坞妒忌也令华尔街吃醋的大明星。

1993年，法国的里昂莱斯信贷银行找到奥维茨，请他为旗下的米高梅电影公司和联合艺术家公司出谋划策，因为公司以娱乐业的投资正遭到批评，不知道是进是退。经奥维茨把脉之后，很快将这两大电影公司原来的管家全部换掉，而且他物色的新管家不负众望，将这两大电影公司先后扭亏为盈。

1995年，当松下电器发现好莱坞并不好玩时，奥维茨又成功把MCA介绍给了西格拉姆公司，这让外界再一次惊呼：奥维茨把电影巨头玩于股掌之中。

奥维茨的能量一旦完全迸发，他能震动的可不仅仅是好莱坞与华尔街，垄断美国广告业的麦迪逊大街也未能幸免。

早在1991年，当人们还在为奥维茨牵线的索尼与松下两笔巨额交易惊叹时，可口可乐公司宣布，将把公司广告交给CAA代理，这几乎是打了麦迪逊大街上各大广告公司一记耳光，尤其是与可口可乐合作长达40年的麦肯－埃瑞克森广告公司非常震惊。

CAA为可口可乐制作的广告非常成功。对可口可乐来说，公司从百事可乐手中收复了一定的市场份额；对CAA来说，公司很快又收获了一个重量级客户：耐克。1993年1月19日，耐克宣布将由CAA代理公司广告，同时还开展多方面合作。CAA再一次震动了麦迪逊大街。

三、后奥维茨时代

到1995年CAA创立20周年的时候，公司已成为好莱坞整个演艺经纪行业的旗帜。奥维茨本人则连续3年当选好莱坞最有影响力的人。

接下来，他做什么？

答案可能有点出人意料，他垮了，他垮在事业与影响力达到巅峰之后个人的狂妄与别人的嫉妒之下。

本来，奥维茨用20年时间打下江山，接下来只要用1/3的精力就能使CAA立于不败之地，但奥维茨不愿意这样，他需要新的挑战。

作为演艺经纪公司，受行业本性所限，CAA做得再好、规模再大，也不过是几百名经纪人，年利润几亿美元，无法与迪士尼、环球影视、维亚康姆等员工数万、年收入数百亿美元的巨头相比。

如果能担任这些巨头的总裁，指挥成千上万的员工，支配数百亿美元的资源，对奥维茨来说多少还算是挑战。

刚开始，奥维茨对这样的挑战兴趣并不高，但经不起巨头们的反复邀请、媒体无尽的猜测，尤其是两位合伙人的"捷足先登"。

1994年，当年与奥维茨一起创业的伯金斯宣布离开CAA，自己创办一家制片公司，因为他也是一个喜欢挑战的人，不想40多岁就开始在奥维茨的光环下养老。

更大的刺激来自梅耶。

当年，正是一心想从威廉·莫里斯独立出来的梅耶拉拢奥维茨，并组织另外三位天才经纪人创办了 CAA。1995 年，梅耶决定离开 CAA，如果这只是令奥维茨伤感，那么，梅耶即将担任的职务则很让奥维茨痛心：梅耶即将担任 MCA 电影、电视、主题公园及音乐部总裁兼首席运营官。而此时奥维茨本人正在跟环球影视的母公司 MCA 谈判，报界也天天在盛传他本人将担任 MCA 的总裁。

MCA 挖走梅耶，当然不完全是 MCA 或者梅耶的主意，这里有好莱坞复杂的斗争，但这一招无疑相当于整个好莱坞给了奥维茨一记耳光。

让奥维茨脸上发烧的还不只这些，报纸天天盛传他本人即将离开 CAA，CAA 即将解散，年轻主管们准备集体跳槽，等等，谣言四起。

奥维茨决定结束这一切，而此时，他多年的好友、时任迪士尼 CEO 兼董事会主席的艾斯纳递来橄榄枝，请他担任迪士尼总裁，全权负责迪士尼的所有媒体与娱乐产业。

外界普遍以为，奥维茨不会接受。但 1995 年 8 月，奥维茨正式宣布，他将辞去 CAA 的一切职务，转让 CAA 的全部股份，然后出任迪士尼总裁。

1997 年 1 月，上任 14 个月后，奥维茨被"赶出"了迪士尼，作为补偿，艾斯纳同意补给他 1.2 亿美元报酬，但董事会不同意，三方闹得不可开交，最后打了 7 年官司也没扯清。

奥维茨就这样从权力巅峰一下子变成了流浪汉。此时，如果他重返 CAA，现任接班人肯定不会拒绝，但对奥维茨来说，这实在没面子，而且容易被人扣上只会干演艺经纪这顶帽子。

奥维茨在家休养了一年，但实在闲得难受。1998 年，他再度出山，入股一家新成立的房地产开发基金，随后又购买了加拿大一家娱乐公司 12% 的股权，成为执行委员会主席。

但这样的生活平淡无奇，52 岁的奥维茨最终决定重操旧业——再开一家演艺经纪公司。1998 年，他与两位朋友合伙成立了艺术家管理集团（Artists Management Group，AMG）。

其实，奥维茨有一个很大的计划，他本想在 CAA 模式的基础上更进一步，提供从电影明星到投资商都一站购齐的服务，但实施计划的第一步就是拥有大量的优秀艺人与经纪人，最快捷的方式就是从 CAA 挖角。但奥维茨挖角失败，第一步走不通，他的宏伟计划也就此流产。

2001 年，奥维茨坚持几年之后，最终将 AMG 转手，本人也从此彻底退出演艺经纪行业。

（改编自 [美] 罗伯特·斯雷特：《好莱坞首席明星代理人——迈克尔·奥维茨传》，海南出版社 2001 年版；《奥维茨：百亿美元经营顶级明星》，载《竞争力》2006 年第 11 期）

延伸阅读 >>>

好莱坞大经纪 CAA 如何"包揽"传媒业

你以为经纪公司只是"管"明星的？这种看法未免太天真了！

事实上，以 CAA 为代表的好莱坞"大经纪"模式，目光锁定之处不仅在娱乐界，整个泛传媒业态都被悉数收入囊中。明星经纪、体育经纪、影视音乐等数字内容生产均有它们涉足的身影。

创建于1975年的CAA，仅用20年时间就赶超了好莱坞另一家百年老字号WME（William Morris Endeavor），一跃成为行业的标杆。前20年，CAA在传统艺人经纪模式的厚墙上，创新式地打开一道缺口。在传奇创始人迈克尔·奥维茨开创了第一代辉煌之后，现任总裁Richard Lovett带领新20年的CAA持续性地开拓新疆土，捍卫领头羊的地位。

一、王牌操盘术：打包一切

新生代CAA能从竞争激烈的好莱坞战场上杀出一条大道，离不开packaging模式，即项目打包或者说捆绑销售。在这一模式出现之前，娱乐经纪圈盛行的还是"1VS1"的单点作战打法，但CAA大胆地放出了新招：敲定剧本与编剧，嵌入合适的演员，包括找好导演、制片人，这一系列工作完成后，一个全套的项目包裹就诞生了。

当完整的项目包拿出来放在制片厂面前，这种能花钱就省时省力的模式立刻受到大家的欢迎。尤其是在CAA几乎包揽市场头号的导演、编剧、演员之后，这种包裹式项目的质量就愈发得到保证。

《生活大爆炸》《纸牌屋》《权力的游戏》等一批美剧迷们的心头肉都是在CAA的操办下面世的。2010年，奥斯卡所有获奖人都是CAA的签约客户，这个"大满贯"为项目打包模式又添上一顶"王冠"。而这一王牌模式自然也延续到CAA之后拓展的影视、娱乐业务之中，成为行业的经典。打包式的聚合与销售创意、信息、人力资源或许也可说是大经纪模式的一种雏形。

二、运营之核心："共享"思维

王牌模式的背后凝结了整个团队的心血。尽管CAA有着不少像Bryan Lourd这样手握布拉德·皮特、乔治·克鲁尼的金牌经纪人，但公司的核心竞争力并不局限于个人，而是取决于整体的协同作战，背后支撑的核心理念便是"资源共享"的运作思维。

在CAA，签约的明星客户享受的不仅是来自某个经纪人手头上的行业资源，还有全公司聚拢所有长板尽所能为其搭建的全行业优质通道。争取客户利益最大化一方面是各部门的共识，也凝聚起了内部的力量。"共享"思维正是支撑"项目打包"模式的坚固地基，尤疑也是CAA保持生命力的创新之处。

三、持续造血：多元化发展

当然，纯靠影视经纪业务来养活，受挫的风险也大，CAA规避的方式则是进行多元性的造血。

1. 延伸经纪主业触角，多维度发展全媒体生态。经纪业务作为CAA发家致富的主要产业，自然是不可丢弃的。过去从影视业务抽取10%的佣金足够CAA滋润地生活，但随着DVD销售的垮台、电视业务的不乐观以及明星报酬的缩水，CAA也开始考虑跳出好莱坞圈子寻找新的商机。

1998年，CAA创建了营销公司进行品牌推广，为可口可乐等公司定制广告服务。2012年，CAA为墨西哥连锁餐厅Chipotle制作的动画短片 *Back to the Start* 还获得了金狮奖。

从2006年起，CAA开始进军体育经纪，瞄准了National Football League（简称NFL），签下VIP级的球员Peyton Manning等；足球业务上也敲定了贝克汉姆等多位大咖。据《福布斯》杂志显示，2015年CAA管理的职业运动员合同金额已超过64亿美元。除此以外，运动广告的推广、体育场冠名权的销售等业务 CAA 也都接。

另外，CAA 还入局了科技产业，组建投资公司 Evolution Media Capital，助力娱乐融资、签约美国前副总统拜登开拓政治领域业务等。面对各种新商业的拓展，管理合伙人 Michael Rubel 表示："我们开各种各样的公司核心在于为客户提供新机会。"

2. 人才队伍的多样化组建。回过头再看影视这一块主攻领域，拥有 1800 多名员工，签约汤姆·汉克斯、威廉·史密斯等明星大咖的 CAA 占据了好莱坞大半壁江山，但它并没有在这种强势地位下丧失丰富的创造性，原因之一是得益于内部团队人才的丰富程度。

3. 分羹一杯中国市场。2005 年，CAA 在北京设立了中国工作室，成功开展综合性娱乐业务。其间，CAA 深度参与了几乎所有主要的中美合作电影，并为超过 75 部中文电影进行了组盘、销售或融资。2016 年初，CAA 与芒果 TV 达成战略合作伙伴关系，开拓中国内容市场；2017 年 4 月，CAA 又与国内专注于传媒娱乐、互联网科技与媒体以及现场娱乐与生活方式领域的投资基金华人文化产业投资基金（CMC Capital Partners，简称 CMC）成立"CAA 中国"。"CAA 中国"由 CAA 控股，集合 CAA 在演艺与体育领域的强大资源与经验，以及华人文化在大中华地区的庞大网络与人脉，成为世界级媒介与娱乐平台。从 2005 年设立中国工作室到 2017 年成立"CAA 中国"，CAA 已帮助来自中国的资金在英语内容上投资了超过 5 亿美元。

四、大经纪模式成蔓延趋势

我国经纪运作近年来涌现了不少效仿日韩的造星模式，在经历了保姆式、工作室等模式之后，目前这一产业正处于过渡期的一片混沌之中。当 CAA 高调入局中国市场，或许可以期待智能化大经纪时代的到来。

一是艺人与经纪公司的关系将产生变革，平等的合作式沟通将受到推崇。无论是以往经纪公司一手包办的操作，还是明星雇佣职业人打理演艺事业，一方强一方弱的上下层级从长期来看终究难以为继，合约精神会渐渐成为双方的共识。

二是互联网思维当先，用户体验的重要度升级。传统的艺人经纪代理正相继转变思维，公司的运作在寻求建立"大平台"的概念，即需综合分析艺人所面临的市场，以更智能化的运转，提升每一个将演艺事业托付于此的用户的信任感、参与度。CAA 式的以"客户"代称签约艺人的含义也会在互联网浪潮下得到深化。

三是发挥整合营销优势，由个人价值建立上升为整体品牌塑造。于经纪公司而言，当意识到艺人经纪代理不仅是情感的黏合、更是一门理性的生意时，整合营销就显得尤为重要。比如跨界、多维度地运用手头的资源为艺人争取利益，就像 CAA 根据 NBA 球星 Dwyane Wade 的新书来出售电视节目。当打造某一个金牌经纪人不再是手中唯一希望握住的王牌后，背倚整个平台产出品牌效应就得到了生长的机会，这不仅能带来单方面效益的提升，更是聚合艺人、演艺等各方优质资源换取"长生"的智慧。

大经纪模式正在成为蔓延的趋势，供其生存的传媒业态在这种涌动的变化之中又会有何新生样貌？

毫无疑问，媒体的各项资源将朝着大规模整合的方向迈进。正如 CAA 发挥长板协同效应一般，媒体业的生存仅靠单枪匹马难以挑战整个沙场，有机地拼接行业内的资源既便捷了对接方，又能为受众提供更丰富的选择。Discovery 投资的一家聚合 NowThis、The Dodo

等媒体而组建的新公司 Group Nine Media，统一了与广告商的接洽，同时又将内容生产的资源有效地聚集在一起，这隐藏的也是一种大经纪的生存之道。

资源的聚合之下，对全能人才的需求也开始"野蛮生长"。艺人的多栖发展常态化，同时对经纪人、经纪团队的整体素质要求也在提高，能在影视、音乐、体育、商业等多重方向做出专业规划的人才正变得越来越抢手。

当然，最终的走向还是媒体业进击专业化，催生一个完善高效的体系。一手大握丰盛资源，背后武装"最强大脑"与"最佳执行力"，文娱产业下诞生的大经纪模式能够培养出的积极生态，想必也是整个媒体产业渴求培养的沃土。

（资料来源：腾讯新闻—全媒派，https://news.qq.com/original/dujiabianyi/caadajingji.html，2017 – 05 – 22）

第二章　文化经纪人概述

在文化经纪人的教学中，学生问得最多的几个问题是：学文化经纪人专业能找到工作吗？文化经纪人的职业前景如何？如何成为一名合格（或者优秀）的文化经纪人？

随着近年来国际文化交流的深入以及中国文化产业的迅速发展，在全球范围内，文化经纪人也成为国际上公认的"金领职业"。

第一节　中外文化经纪人现状

一、西方文化经纪人现状

在西方国家，文化经纪人，包括各种类型的演员权益代理人和各式演出商，已经形成一种社会化的行业。通常，他们的产生和存在具有两个前提，其一，代理对象必须是可以支配自己艺术活动的独立从业者，亦即自由职业者；其二，经纪人必须是经过注册登记的法人机构，能独立承担民事责任。艺人与经纪人的关系是契约关系，双方签订合同，经纪人根据合同推荐或安排艺人艺术活动，付给其报酬，同时提取一定的佣金——中介费。经纪人（法人机构）必须依法成立，守法经营，照章纳税。

在西方，文化经纪人是一种举足轻重的职业。成功的文化经纪人往往可以凭借自己的影响，把原本默默无闻的艺人推向事业成功的顶峰。那么，他们究竟是一群什么样的人？为什么能有如此翻云覆雨的本领？

一个合格的文化经纪人应该具备相当的经济实力、运作能力和艺术眼光。艺术家作为具有一定特殊性的群体，其工作性质要求他们对艺术创作必须全身心投入。对创作的专注，使得相当一部分艺术家的经济收入只有靠出卖艺术作品获得。但是，艺术市场的运作本身又是一项很复杂的商业活动，艺术家们往往因时间、精力、财力所限而难以驾驭，于是文化经纪人应运而生。

有眼光的文化经纪人通常会对自己看好的艺术家及其作品实行各种形式的买断经营。当然，也有其他形式的合作。然而，无论哪种合作形式，先期经济实力的支撑都至关重要。具体到市场运作，更是对经纪人实力与能力的双重考验。

成功的文化经纪人有敏锐的市场观察能力与广泛的社会交往能力，他们能准确地判断该艺术家所适合涉足的市场层面，为艺术家策划诸如出画册、办展览等艺术经营活动的最佳时机，他们还会恰到好处地利用各种媒体对艺术家进行推介，直至适时地买与卖。说到底，文化经纪人凭借其艺术品位，调动自身各种社会关系，采取适当的经营手段，让更多的人认识、欣赏直至接受他所经纪的艺术家及其创作。

二、中国文化经纪人现状

20世纪80年代以来，我国逐渐由计划经济向市场经济转轨，文化市场也逐渐活跃，人们的文化需求日益多样化，原有的供求方式、供求网络已不适应市场的发展，于是文化经纪人出现了。至今文化经纪人已经发展了几十年，但总体情况仍不尽如人意，当然，这里有制度缺失造成的诸多不规范，比如，从业人员无章可循，不懂操作规则，即使有一些约定俗成的行规，也往往因为弹性太大、漏洞太多且不具法律效力而名存实亡，等等，但更重要的原因在于从业人员的素质低下。以对外交流为例，不少经纪人是从对外宣传口改行过来的，有外语优势，但缺乏传统文化的根基，在实际交流中主要充当翻译角色。还有的经纪人是演员出身，虽有从艺经验和艺术素养，但外语、公关以及相关的法律常识等方面存在不足。在全球化背景下，要想使我国文化经纪业立于不败之地，就必须努力提高文化经纪人的素质，与国际接轨。

为适应社会主义市场经济发展的需要，我国经纪人队伍迅速发展壮大，成为市场经济发展不可缺少的重要力量，如房地产业、证券业等行业经纪人都比较成熟。但文化市场经纪人队伍一直以来力量比较薄弱。文化行业是特殊的行业，文化市场也是特殊类型的市场。而随着文化产业的发展，文化产业化需要的不仅是有一定文化素质、技能的文化经纪专业人才，而且需要善于组织、策划、管理文化活动，激活文化本体活力并能使文化产生更大社会效益和经济效益的文化经营管理人才，事实证明，优秀文化经纪人才短缺是制约当前文化产业发展的瓶颈。

目前，我国的文化经纪人行业呈现出市场集中度较低的特点，多以小规模经纪公司和个体户形式存在，尚处于起步阶段，这必然存在一定的弊端。结合美国、日本、韩国等国和香港地区文化经纪人的发展情况，我国内地的文化经纪行业和市场还有很大的增长空间。我国文化经纪人的培养，大多是通过有关部门不定期地举行集中培训的方式进行，尚未形成规模，特别是影视经纪人、艺术品经纪人、模特经纪人等人才亟须专业、规范的培训。因此，在普通高校和职业院校设置文化经纪人专业,培养大量的具有较高文化水平、拥有丰富专业知识的复合型经纪人才,是解决这一人才缺口的良好途径。

值得一提的是,国家人力资源和社会保障部在新修订的《国家职业分类大典》(2015年版)中,首次将"文化经纪人"纳入其中。[①] 这不仅意味着文化经纪人从此有了合法独立的职业地位,同时也为全面规范文化经纪市场、建立科学有效的文化经纪人职业发展机制奠定了坚实基础。

第二节 文化经纪人的素质、作用及职能

一、文化经纪人的素质

为了对文化经纪人有一个直观的认识,我们先来看看北京某著名文化经纪公司招聘文化经纪人的启事。

1. 任职要求。
(1) 品貌端正,形象气质良好;
(2) 有较强的协调、公关、沟通、社交能力;
(3) 良好的职业道德及文化素养;
(4) 热爱娱乐传媒行业,并有一定的人脉和行业资源;
(5) 对开发培养公司演艺新人有较明确的方向及执行能力;
(6) 良好的团队沟通能力及较强的凝聚力。
2. 岗位职责。
(1) 负责公司审核和挑选演艺新人及艺人;
(2) 为演艺新人制定训练、培养、推广及生涯发展规划;
(3) 负责面试、评估演艺新人,以及与其签署合作事宜;
(4) 负责演艺新人市场开发活动、形象代言、广告拍摄等相关工作的安排;
(5) 协调及完善演艺新人管理制度和相关流程;
(6) 负责对接行业资源,协助所属艺人的发展;
(7) 帮助所属艺人承接通告及演出事宜。

文化经纪人既是文化市场的代表,又是交易双方的顾问。文化经纪人的素

---

① 袁京:《〈职业分类大典〉颁布》,《北京日报》2015年8月5日。

质决定其提供服务的水平,一般来说,对文化经纪人的素质要求主要有两方面。

(一) 良好的职业素养

不可否认,在文化市场中,一些经纪人的行为经常受到社会舆论的指责,究其原因,很大程度上是由于他们缺乏良好的职业素养,以不正当手段获取暴利,严重损害了国家、集体和个人的利益,严重损害了经纪人的社会形象。文化经纪人的职业性质决定文化经纪人应当与文化工作者建立相互信赖、互利共赢的关系,真心实意地为他们提供中介服务,并具备良好的职业道德。

1. 坚持诚信原则。诚实和信誉作为市场经济的道德规范,文化经纪人必须遵守;公开经纪活动的收入,守法纳税;对待业务协作关系和承诺言行一致,一诺千金;对雇员和合作伙伴公平公正,一视同仁;等等。

文化经纪人绝不能依仗经济实力或政治权力挟持、逼迫他人。在经济交往中,当事人都应按照自己的意愿进行交往,绝不允许文化经纪人采用欺诈的手段或乘人之危谋取利益。

在文化中介过程中,文化经纪人必须以诚信立身处世,比如主动对工作中的失误和差错承担责任,避免相互推诿和指责。

2. 忧患意识和进取意识相结合。文化经纪人的忧患意识是发自内心的,是和自己的财产、信誉、事业等个人利益紧密联系在一起的。这种危机感,迫使他们在项目投资开发上只能成功,不能失败。因此,文化经纪人非常注重投资的回报率和回报期限。从这个意义上讲,经纪人的价值取向是单一的、明确的,即追求利益的最大化。这种价值取向必然要求文化经纪人具有强烈的事业规划和发展意识。

3. 坚韧不拔的毅力。文化经纪人在文化项目的申请、组织和工作安排的过程中,需要得到各级主管部门的批准,以及社会各界的帮助和支持,这些都要求经纪人多方奔走,百般游说,其间不管经历多少曲折,也不管遭遇多少误解,都要坚持不懈,直至实现自己的奋斗目标。

(二) 专业素质和技能

1. 充分了解文化消费者。消费者的文化需求是文化市场的导向,文化经纪人必须了解消费者的文化需求和文化消费特征,才能够为他们提供适合的文化产品。经纪人应该有意识地让文化产品进入各种有意义的活动中,出现于各类时效性极强的现代传媒上,这样更有益于揭示文化艺术品的价值,给消费者以提示,促进其购买。

(1) 了解消费者的文化心理需求。

1) 了解文化消费倾向。文化经纪人必须了解人们的文化需求和文化消费倾向，并且了解影响这些文化市场需求的社会经济发展状况、政治、文化、科技、教育水平以及宗教信仰等因素。

2）了解文化消费层次。文化经纪人必须明确不同层次的目标顾客群体，做到有的放矢，满足不同收入阶层和不同品位人群的文化生活需要。

3）了解文化消费心理。文化经纪人要准确地把握消费者的文化消费心理，使文化产品适销对路，有效地激发消费者的消费动机和欲望。

（2）对社会新潮文化的敏锐性。文化经纪人必须具有敏锐的文化市场洞察力，努力把握社会文化时尚的脉搏。那些能获得重大反响的文化项目常常反映了社会心理的变化和人们共同关注的社会焦点，因此，经纪人必须善于捕捉这些社会热点，追逐社会时尚，并将其贯穿于文化经纪活动中，只有这样，才能够很好地烘托所选择的文化活动的主题，收到良好的社会效益和经济效益，否则只会事倍功半。

（3）超前的文化市场意识。文化经纪人要具有超前的市场意识和坚定的信念，搜集和掌握潜在客户的相关情报，抓住每一个结识潜在客户的机会，并且要养成随时发掘潜在客户的习惯。针对所掌握的潜在客户的情报，挖掘并整理符合客户和自身发展目的与现实利益的文化信息。

（4）文化市场的信息意识。文化经纪人要善于捕捉和传递各类与文化市场相关的信息，不仅要懂得信息的重要性，而且要了解信息的时效性和真实性。文化经纪人要时时注意收集市场信息，否则，在文化传播中，其中介作用就失去了赖以生存的基础。

2. 全面的文化艺术专业知识。文化经纪人不仅要精通中介领域的专业知识，而且要成为文化艺术的行家里手，只有这样，才能与文艺创作者产生共同语言，才能与他们建立良好、长久的关系。

（1）深厚的文化素养。文化经纪人应当对自己所从事的某一文化行业的行情十分熟悉。比如，出版业经纪人除了对书刊发行渠道、销售网络以及出版业整体发展状况有准确的把握之外，还要具备较高的文化素养，这样才能判断不同种类图书的文化价值和读者群体的特点，使其经纪活动的社会效益和经济效益达到最大化。

（2）较高的审美情趣。文化经纪人的艺术修养十分重要。以演出经纪市场为例，无论是对节目的选择、舞美的设计、新人的选拔，还是服装的确定，都以经纪人的审美情趣为依托。高雅的审美情趣能推出令人耳目一新、引领文化消费潮流的项目；反之，则很难取得预期的社会反响。

3. 出色的公关能力。

（1）文化产品的市场宣传能力。文化经纪人不仅要具备一定的文化专业知识，而且要懂得现代市场学，尤其是广告学。文化经纪人的经纪活动往往和广告业有紧密的联系,这与他们的职业特点有关。文化经纪人经常与文艺创作者联系,通过广告实现其社会价值。但文化经纪人必须明白,劣质的广告可以毁掉一个艺术家,也可以断送一个明星的前途。因此,文化经纪人必须以认真负责的态度对待广告内容的审核,对采用何种媒体、做出什么风格的广告要提出可操作性的意见,尽最大努力来维护和提升客户的形象。

(2)树立良好的公众形象。文化经纪人通过一系列公关活动,帮助客户树立良好的社会形象,提高其社会知名度。公关活动的形式要结合实际情况,灵活多样,不能生搬硬套。例如,让客户参与各种公益活动,利用新闻媒介进行宣传,等等。有些公关活动不一定以收益为唯一衡量标准,而是通过这些活动树立经纪人自身的形象,提高社会知名度。文化经纪人应当为客户制定规范的行为准则,尽量避免不利于客户形象的情况出现。

(3)较强的社会交际能力。文化经纪人不仅需要与客户团结一致、齐心协力,还需要社会各界积极支持、参与与合作。这就要求经纪人为人随和、待人宽厚、谈吐幽默,善于与不同层次的人交朋友。总之,文化经纪人必须做到对内形成团结和睦的氛围,对外维护集体和本人良好的社会形象,形成广泛的社会网络,为日后的文化经纪活动打下良好的社会基础。

4. 一定的经营管理能力。成功的文化经纪人应该是一名出色的经营管理人才。

(1)高度的效益意识。文化经纪人作为文化市场的中间人,只有其参与的文化活动能创造一定的社会效益和经济效益,才能算是成功。对演出经纪人来说,演出的经济效益是文化院团和文化经纪人获得社会认可的重要标志。文化经纪人必须善于评估风险,准确把握演出的经济收益,并在演出的过程中不断降低成本、减少消耗。否则,演出的社会效果再好,院团和文化经纪人都可能因失去经济支撑而陷入生存困境。

(2)风险意识。文化经纪活动具有一定的风险性,其成功与否不仅取决于经纪人的努力,还取决于经纪人无法左右的客观条件,如文化市场的变化、国家政策的调整等,这些都可能使整个文化活动功败垂成,缺乏风险意识和心理承受能力的经纪人很难担此重任。风险意识越强的经纪人,越是敢承担风险很大而收益也相应丰厚的活动。同时,风险意识也迫使经纪人时刻保持清醒的头脑,在决策时要谨慎,在安排时要周密。

(3)把握文化项目的内在价值。能够准确地判断文化作品的价值标准是文化经纪人在市场中生存的特有技能。艺术性强的作品,其商业价值就大,但这并不等于说,商业价值大的作品艺术价值也高。但是,文化经纪人对社会效益和经济效益都比较好的文化创作活动有着不可忽视的市场推广作用。

(4)敏捷的商业头脑与锐利的市场眼光。只有头脑敏捷、目光锐利,才能掌握广大文化消费者的偏好,才能在此基础上进行成功的中介服务,才可能既获得消费者的肯定,又获得良好的社会效益和经济效益,这是一名优秀的文化经纪人必备的素质之一。文化经纪人不能仅仅专注于文化产品本身,而且还要把目光瞄准目标市场,要以一种强烈的市场观念去发现、迎合或引导文化消费者的偏好。

文化市场经纪人必须对市场中的"大众消费"心理进行预测,必须积极主动地去消费人群中摸底,深入文化市场的不同层次做调查,这样才能使项目的开展适应文化市场需求,为文化工作者提供新颖的选题,确保其经纪活动的圆满成功。

(5)财务知识。文化经纪人也要追求经济效益,因此,既要按照投入产出的原则计算成本,又要按照市场供求规律制定价格。文化经纪人只有具备较强的经济核算能力,才能形成较强的竞争实力,在市场中立于不败之地。

任何投资都有风险,超前性投资,意味着风险更大。因此,文化经纪人在进行文化项目投资时,不仅要具备战略决策的魄力,还应具有务实的投资技巧,这样才能筑起抵御风险的防线。

(6)高度的法律意识。如今,在我国文化界,官司诉讼不断,成为新闻媒介的热点,文化名人们为维护自己的正当权益纷纷拿起法律武器。由于他们时间和精力有限,往往是由其文化经纪人出面,为其委托律师,进行相关的法律诉讼,这就要求文化经纪人必须具有高度的法律意识,熟悉并能运用法律武器为委托人排忧解难。具体地说,就是要求文化经纪人充分了解有关经纪活动的法律法规,了解国家法律严令禁止的行为,不得危害国家、集体和他人的利益。置国家的严令于不顾,以身试法,实为经纪人之大忌。

文化经纪活动应当在法律许可范围之内进行。文化经纪人必须了解《中华人民共和国著作权法》《伯尔尼公约》《世界版权公约》《中华人民共和国文物保护法》《中华人民共和国专利法》《计算机软件保护条例》《营业性演出管理条例实施细则》《中华人民共和国民法典》《中华人民共和国反不正当竞争法》《中华人民共和国消费者权益保护法》《中华人民共和国公司法》《中华人民共和国合同法》等法律法规。

二、文化经纪人的作用

(一)文化与市场的纽带

目前,我国文化市场还处在发展的初级阶段,还没有形成统一的大市场,市场分裂和市场分割的局面仍然存在,这种状况不利于社会主义文化市场的发展和完善。因此,文化经纪人的存在不仅是必要的,而且可以成为促进文化市场发展的催化剂。因为文化经纪人掌握了大量的反映市场需求的文化信息，并且他们往往拥有广泛的社会关系、灵活的公关技巧和灵敏的市场嗅觉，因此，能够把分散的、独立的单个市场连接起来，形成统一的大市场，促进社会主义文化市场的发展和完善。

（二）文化市场发展的动力

文化创作强调个性化、独特性。每位创作者都渴望公众充分理解其作品。在艺术家的创作过程之外，还存在中介的再创造空间。文化经纪人的任务就是对文化创作者的劳动成果进行市场推广，其运作本身就是一系列颇有远见的创意的结果。艺术作品可以具有多重价值，强调艺术家个人的特殊表达方式是适应现代文化发展的趋势。

（三）世界文化交流的桥梁

目前，外国的文化资本和文化产品越来越多地进入我国文化市场，国际文化交流与合作更加活跃，不同文化的相互渗透将更加深入，西方的社会政治理念、道德价值观念等也对人们的世界观、人生观产生影响。对此，我们在继承中华民族优秀传统文化的前提下，既要吸收外来文化的精髓，又要抵制腐朽文化的侵蚀。这也需要大量高素质的文化经纪人通过他们的工作，向世人展示中国文化的巨大魅力，在世界范围内提高我国文化产品的市场竞争力和市场占有率。

三、文化经纪人的职能

（一）文化信息服务

文化信息服务是文化经纪人的一项基本职能，在市场经济条件下，信息就是生命。文化经纪人的信息服务一般包括文化信息收集、文化信息处理和文化信息传递三个方面的内容。

1. 文化信息收集。信息收集是信息服务的准备阶段。信息收集的方法和渠道主要包括：①报纸杂志、电视广播、互联网中有关的文化信息，将它们分类收集，如剪贴、摘录等。②如信息挖掘、访问、调查、咨询等。

在收集文化信息的过程中，尤其要注意信息资料的有效保存和不断更新。信息资料的保存实际上就是自己劳动价值的保存。文化经纪人不仅要防止信息的损坏或遗失，还要防止信息的泄漏。信息资料的更新就是信息资料的再收集，是确保信息价值的手段，因此，文化经纪人所掌握的信息应当是市场上最新的。

2. 文化信息处理。文化信息处理是信息服务的必要保证，包括两个过程：

（1）信息简单处理。即将收集的信息资料进行分类排列和组合。如按不同的文化风格进行分类，按不同的地区进行分类，按不同时间进行分类，等等。

（2）信息加工处理。即在对信息分类做简单处理的基础上，需要对各类信息进行必要的分析。如，有些信息资料并不是可以直接使用的，需要重新整合；有些信息资料相互之间不吻合，需要重新核对；有些信息资料需做进一步的分析和研究，以得出一些新的信息资料。

在文化信息处理过程中，尤其要注意信息的客观性，切忌加入处理者的主观愿望，更不能凭空想象。特别是在对既有信息进行推论时，要注意推论的逻辑性和客观依据，只有这样，信息的处理才是有价值的。

3. 文化信息传递。文化信息传递是信息服务的关键阶段，也是实质服务阶段。在这一阶段，文化经纪人需要将收集和处理的信息资料及时、准确、完整地传递到急需的客户手中，以完成应尽的职责。

（二）中介服务

文化经纪人的中介服务是创造价值的服务性劳动，通过中介服务，可以提高文化市场的整体效益，沟通和促进文化市场经济的正常运行，活跃和繁荣文化市场。

1. 文化经纪人的中介服务突出表现为提高了市场的组织化程度。由于文化市场主体众多，组织化程度低，文化经纪人的介入能够使市场秩序规范化、合理化。

2. 文化经纪人的中介服务提高了文化市场的交易效率，降低了文化市场的交易费用。文化经纪人以其熟练的专业知识和社会化服务，利用自身的信息和知识优势，为供需双方穿针引线，牵线搭桥，从而加速了文化市场的流通，降低了市场交易费用，大大节约了社会劳动。

3. 文化经纪人的中介服务进一步扩大了文化市场交换的广度和深度，深化了文化市场的社会分工，促进了文化资源配置的优化，为文化信息传播提供了有利条件。

4. 文化经纪人的中介服务可以提高客户的知名度，为客户树立良好的社会公众形象，使客户的形象社会化。

（三）代理服务

文化经纪人的代理服务是根据委托人的授权、代表委托人进行一系列文化活动的行为，由此产生的权利和义务直接对委托人发生效力。

1. 通过文化经纪人的代理服务，可以使代理的文化活动合法化。凡属于民事法律所禁止的文化活动，文化经纪人依照法律规定，可以拒绝进行，并提醒委托人其所委托的文化活动的非法性，以此净化文化代理服务市场。

2. 文化经纪人的代理服务可以明确双方的权利和义务。文化经纪人是以委托人的名义实施文化经纪活动的，所产生的经济行为后果由委托人承担，但代理行为必须是在授权范围内的行为。

3. 文化经纪人在进行代理服务活动时，可以在授权范围内独立表现自己的意志，使文化经纪活动呈现出个性化的特点。

经典案例 >>>

喜多川和他的"杰尼斯王国"

日本迎来令和元年还不到两个月，一手缔造了平成时代众多知名偶像团体的"杰尼斯事务所"社长约翰尼·喜多川（Johnny H. Kitagawa）因病于2019年7月9日辞世。而在他身后矗立着的则是拥有近百位偶像艺人以及几乎囊括全产业链的日本知名娱乐公司——杰尼斯事务所（以下简称"杰尼斯"）。

杰尼斯在日本甚至亚洲娱乐圈的地位无人能出其右，其卓越的江湖地位自然要归功于其旗下艺人独树一帜的高人气——木村拓哉（SMAP）、中居正广（SMAP）、长濑智也（TOKIO）、松本润（岚）、樱井翔（岚）、二宫和也（岚）、堂本刚（KinKi Kids）、山下智久、泷泽秀明……从20世纪80年代至今，日本最具影响力的男性偶像团体几乎全部出自杰尼斯事务所。这一切的创造者正是直到去世仍然担任社长一职的喜多川，尽管常年身处幕后，但喜多川本人同样也是一位颇具传奇色彩的人物。

喜多川是日裔美国人，于1931年10月23日出生于洛杉矶。由于他的父亲为真言宗美国分会的负责人，日常管理着一家大型寺院，这些日本寺院大多成为后来日本艺人来美表演的场所。喜多川就利用业余时间在东京宝冢剧场洛杉矶分公司打工，并成为助理音乐制作人，因此与美空云雀等日本演歌艺人建立了联系。

第二次世界大战之后，喜多川来到日本工作，他判断随着日本经济的高速发展，歌舞艺人一定会越来越受欢迎。之后，因为被电影《西区故事》感动的喜多川决定进军娱乐圈，1962年4月，喜多川从早前成立的棒球队中挑选了四名年轻的男孩子组成了团体，并以自己的名字命名为"杰尼斯"（通称"初代杰尼斯"）。

最初，喜多川所甄选团体的经纪合约都由"新艺能学院"负责。1962年6月，杰尼斯事务所成立，喜多川的姐姐玛丽随后也进入事务所担任财务经理。

事务所初期推出了Four Leaves、乡广美、田野近、涩柿子队、少年队、光GENJI等知名男子偶像团体，但因为早期喜多川一直坚持以轻快的舞台表演为主，使得公司的发展不甚理想。而随着电视在日本家庭的普及，越来越多普通人的日常娱乐生活都集中在了那一小块荧幕上，这也使得人们对偶像的要求发生了相应变化——"完美偶像"逐渐让人厌倦，粉丝也希望能够看到那些偶像更具人性的一面。

也正是因为成功觉察并对应到了这一变化的趋势，杰尼斯事务所于20世纪80年代后期起真正打响名气。杰尼斯先后推出SMAP、TOKIO、KinKi Kids、岚、泷与翼、KAT-TUN、Hey! Say! JUMP等组合，几乎是以一己之力垄断了日本男性偶像团体这一行业。

通过电视剧、综艺节目和音乐的表演，木村拓哉领衔的SMAP在日本以及整个亚洲获得了独一无二的地位，并且成为明星中非常具有亲和力的存在。SMAP的服装也与前辈艺人有所不同，既不是GENJI那种浮夸的华丽风，也不是近藤真彦那种具有强烈对抗意识的风格，而是当时年轻人真正会尝试穿着的服装风格。

同时，通过展示成员的"人设"，向粉丝兜售并不完美的偶像形象，SMAP的这种风格成为日本新世纪以来偶像的标准配备，也成为杰尼斯后来偶像培养的风格典范，从而造就了杰尼斯男偶像在日本的绝对统治力。

相对于如今更像是工业流水线般的"偶像生产"，杰尼斯最大的特点便是其早期创造的偶像培养政策：将所有出道前的偶像训练生称为"Johnnys Jr"。

在Johnnys Jr获得出道机会之前，他们都会在前辈的表演舞台上充当伴舞、背景等，以获取舞台经验和人气。杰尼斯的这套培养方法类似于日本传统的宝冢歌剧团，故而也有"男版宝冢"的称号。Johnnys Jr的组合有时获得的关注度足以发行单曲或制作个人演唱会，但原则上，只有得到喜多川的许可、发行了自己专属的出道单曲，才算正式的杰尼斯出道偶像组合。

而除了以传统的歌剧团方式培养旗下偶像的政策外，杰尼斯更为熟知的则是极其严苛的艺人保护策略。原则上，杰尼斯旗下艺人几乎没有婚姻方面的自主权，而在2018年之前，杰尼斯旗下艺人不准使用社交网站，偶像团体们被禁止使用自己的名字创立社交网站账号。杰尼斯艺人通过官方网站"Johnny's Web"与粉丝联系。粉丝们可以每月付费浏览偶像们在网上的留言和日记，当然，艺人们是不准与粉丝互动讨论的。

最为人诟病的规定还要属杰尼斯对旗下艺人肖像权的严格保护。基于日本法规对肖像权非常细致的规定，杰尼斯几乎是在法律框架下将这一规定运用到了极致。杰尼斯艺人的照片（包括写真、新闻图片、资料图）是不允许被媒体发布到网络上的，即便是获得了采访机会的正规新闻媒体，在活动现场拍到了杰尼斯艺人的照片，也不允许在自家网站上进行发布。也正是因为这一规定，在过去出现了非常多啼笑皆非的场景。比如，杰尼斯艺人参演的影视作品宣传活动，现场图片中绝不会出现这位艺人，甚至连他们参演电影的宣传海报上也不能出现人物形象。

也正是得益于如此严苛的艺人保护机制，杰尼斯作为一家企业，能够将每一位艺人所带来的收入最大化。杰尼斯不单只有庞大的艺人培养系统，其分支还包括唱片公司、音乐著作权管理公司、演唱会制作公司、电影公司、剧院。

而其在粉丝的管理运营上更可谓是鼻祖。杰尼斯拥有自己的Fan Club运营公司、Johnny's关联名录、日历企划制作公司、偶像商品企划、发行公司，因此杰尼斯旗下艺人的周边非常之完善，从巨蛋巡回演唱会，到偶像的新单新专，再到例行的应援品生写真和贴纸，这一完整的偶像产业链每年便可以为杰尼斯创造上千亿日元的收入。

毫无疑问，正是喜多川为杰尼斯制定的划时代战略，真正将偶像经济打造成为一项产业。但即便是再拥有超前的意识，时至今日，喜多川已然是一位出生于"二战"前的耄耋老人了。进入新千年后，面对互联网对各个行业的改造，杰尼斯的反应显得过于迟缓，而旗下当红团体接二连三的解散无疑更是雪上加霜。

2016年，被称为日本"国民团体"的SMAP在一年内快速解散，之后稻垣吾郎、草彅刚、香取慎吾三人更是离开杰尼斯，签约前SMAP经纪人饭岛三智成立的新公司CULEN。伴随着SMAP的解散，杰尼斯高层严重的内斗与人员矛盾逐渐浮出水面。

更为关键的是最近几年杰尼斯面临旗下艺人青黄不接、人气团体则不断减员的窘境。屋漏偏逢连夜雨，2019年初，作为目前杰尼斯旗下顶梁柱的岚宣布将在2020年12月31日停止团体活动。种种迹象都显示出这家历史悠久的行业巨头，正在面临着其历史上的最大危机。

这其中一方面自然有杰尼斯多年来坚持的原则逐渐与时代脱节的问题，另一方面，于新时代下，粉丝对偶像的追逐同样有了新的需求。伴随着流媒体与社交网络成长起来的新一代年轻人很难再像过去一样接受"饥饿营销"，亲切的互动体验取代了神秘感的塑造。而基于传统唱片产业发展起来的杰尼斯至今都不愿意将其音乐版权售卖给流媒体平台，更遑论推出数字专辑。

好在杰尼斯也并未一意孤行，最近几年多有传言称，早前转向幕后的泷泽秀明或有可能成为喜多川社长的接班人，而在泷泽秀明越来越多地参与日常管理之后，杰尼斯也一改过去过于保守的态度，在某些环节已经开始做出"渐进式"的改良。

最典型的莫过于在2018年先是解禁了艺人的网络肖像权，随后两位知名偶像山下智久与木村拓哉更是先后在新浪微博开通了个人社交账号，同时杰尼斯官网也进行了全面升级，将过去艺人模糊的个人图片全部换成了高清大图，并且视频素材也都支持一键分享至社交媒体。

进入2019年，杰尼斯的一波操作则被粉丝戏称为"杰尼斯终于通网了"，2月杰尼斯官方宣布推出虚拟偶像，虚拟偶像每天晚上9点半左右在Showroom上进行直播，甚至可以线上实时与粉丝互动。

进入令和时代之后，杰尼斯更进一步。5月1日杰尼斯官方宣布开设Johnny's Online Shop，并在5月6日正式上线。在该网店上线的商品有明星写真、2018年相册、2018年live写真集等。毫无疑问，对于仅在日本全国开设了四家并且日常大排长龙的J shop实体店来说，网店的开设自然会让更多粉丝更容易购买到偶像周边。

早前在接任island社长时，泷泽秀明也曾提到："今后还将面向亚洲、北美打造周边网店、网上综艺。"显然，以他为首的年轻管理层正在不断让杰尼斯的各项业务与互联网相结合。

随着喜多川老社长的离去，杰尼斯需要在失去创始人庇护的情况下独自前行。而面对新时代的变化，适时而快速地做出应变，或许才能让这一行业巨头在未来继续保持其活力与竞争力。

（改编自微信公众号ID：wowjiemian，作者：彭郑子岩，2019年7月10日）

第三章 文化经纪活动

文化经纪活动，简单理解，就是文化经纪人所要开展的各项工作，对文化经纪活动的研究就是文化经纪人工作方式的理论升华，主要包括文化经纪人的工作内容、工作程序、策略及业务技巧，文化经纪活动的特点及环节，对它们的研究对理性认识文化经纪人的具体工作具有理论指导意义。

第一节 文化经纪活动的主要内容及程序

一、文化经纪人活动的主要内容

（一）传递文化市场信息

传递文化市场信息是文化经纪人的基本职能。在文化经纪活动中，文化经纪人接受供给或需求中一方委托后，就要带着供给或需求一方的信息去寻找相应的需求方或供给方，把该信息提供给需要交易的另一方，促使买卖双方有交流的机会，撮合买卖双方的交易。交易达成后，文化经纪人或者文化经纪组织则依据法律收取相应的佣金。在这个过程中，文化经纪人或者文化经纪组织传递的信息是至关重要的一个因素。

（二）代表委托方进行谈判

文化经纪人通过提供信息将供求双方联系在一起，但不一定能使双方很快达成一致。在交易过程中，对某些条件双方可能会有较大的分歧，在这种情况下，文化经纪人可以代表委托方与交易方进行谈判，但是这种谈判必须在委托方的授权范围之内进行，如果超越授权范围，必须事前征得委托方的同意，并将谈判情况及时向委托方通报，否则，由此产生的相应法律后果由文化经纪人自负。

(三) 提供咨询服务

在有些情况下，交易者会存在对某些商务、法律等事宜不熟悉的情况，这个时候，文化经纪人可以提供咨询，并协助办理有关手续。例如，为委托方提供文化艺术信息反馈、法律咨询等，或者协助文化交易者进行文化市场调查等工作。

(四) 草拟相关文件

文化经纪人可以根据委托方的意思表示进行经纪活动中有关文件的草拟工作。但由于交易文件具有法律效力，涉及双方当事人的经济利益，因此，交易文件虽可由文化经纪人代为草拟，但必须与当事人协商后最终确定，并由当事人签名盖章。

(五) 为交易提供有效保证

在市场经济条件下，文化经纪人的经纪活动通常还可以作为一种保障交易安全的方法，起着经济担保的作用。在文化经纪活动中，经常会出现买卖双方互不信任的情况，这个时候经纪人可以发挥一定的作用，交易双方可以通过经纪人转交文化产品交易款，以及提供相关文化产品或服务，经纪人在其中起的是担保作用。经纪人的这种担保作用不是负连带赔偿责任的担保，而是以信誉保证交易的完成。

二、文化经纪人活动的程序

(一) 确定文化经纪项目

文化经纪人所选择的文化经纪项目来源一般可分为自我开发、外部引进和政府委托三大类。根据市场经济原则，文化经纪人选择有利可图的文化经纪项目，在为社会提供文化产品的同时，实现自身利益的最大化。从盈利情况看，自我开发和外部引进的文化经纪项目大多利润比较丰厚；政府部门的委托项目则大多盈利较低。但是文化经纪人可以通过完成委派任务，与政府相关机构建立良好的合作关系，提高文化经纪人的知名度，为将来的文化经纪活动奠定良好的基础。确定文化经纪项目要分以下几个步骤进行。

1. 收集筛选文化市场信息。文化经纪人的工作是否出色取决于自己是否比别人掌握更多的文化市场信息，文化市场信息是文化经纪人的资源和资本，因而获取和整理文化市场信息是文化经纪人的一项关键工作。

(1) 搜集、获取实用的文化市场信息。在信息时代，获取信息的渠道很多，优秀的文化经纪人必须保持敏感的神经，在信息海洋中捕捉最有价值的信息。对文化经纪人来说，实用的文化市场信息一般有：国家文化政策法规信息，文化产业相关信息，文化科技及金融相关信息，文化消费群体信息，文化经纪对象及潜在经纪对象的相关信息，社会、政治、文化动态信息，文化产业项目信息，等等。

（2）筛选、加工和整理信息。一般通过分析、归纳、对比等方式筛选出适用信息，再分类排序、存储、总结、评估，把有用的信息按用途归类，用于对文化经纪对象的确定或谈判业务以及其他文化经纪业务。

2. 确定文化经纪对象或文化经纪项目。文化经纪对象与经纪项目的确定是全部文化经纪经营业务的开端，经纪对象、经纪项目选择正确与否，直接关系到整个文化经纪经营业务的成败。确定合适的文化经纪对象、经纪项目要注意以下几点：

（1）调查文化市场。文化经纪人的经纪对象比较复杂，不同于一般商品流通市场的经纪对象仅限于有形产品，他们可能是个体的演员、书画家，也可能是艺术表演团体，还可能是一次大型文化活动。那么，作为文化经纪人，就必须通过系统的文化市场调查，找准文化市场定位，采取相关策略，以此获取丰厚的收入及持续的回报。

（2）客观评价自身能力和文化市场机会。人们容易对当前市场认可的文化项目产生趋同的判断，但不可能每个文化经纪人都经纪同一个经纪对象。因此，成熟的文化经纪人应该客观地评价自身能力和社会关系背景，尽可能把握好文化商机，选择适合自己能力的经纪项目。同时，对文化市场需求与文化市场机遇也要有客观的评价，不能盲目确定文化经纪对象。

（3）开发潜在的文化市场需求。优秀的文化经纪人应该具有长远眼光，能够洞察文化产品的生命周期，发现未来的、潜在的文化市场机遇。文化市场不同于一般的商品市场，其需求往往是潜在的，它需要外在力量的强化才可能明确下来，因此，如何发现、引导、强化、开发潜在的文化市场需求，是文化经纪人成功的关键。

3. 坚持宁少勿多、宁精勿滥的文化经纪原则。文化经纪人在选择经纪对象时，要根据自己对文化市场的了解程度和自身的实力，选择最有把握成功的经纪对象，做到宁少毋多、宁缺毋滥。

4. 树立品牌形象。文化经纪人应在工作中逐渐培养品牌意识，也就是经纪对象的定位策略，以树立文化经纪人的公众形象，形成一种无形资产——商誉。

（二）制订文化经纪项目实施计划

文化中介项目一旦确定下来，文化经纪人必须拟订一个详尽的计划，主要包括以下四个方面。

1. 选择文化市场环境。文化市场环境的好坏优劣是决定项目成败的前提。文化经纪人在选择文化市场环境时，既要考虑项目推广的效果，又要考虑项目推出所需的投资。

2. 对文化项目的风险、收益进行评估。文化经纪人在确定项目种类和数量后，必须对项目的成本进行评估，精心安排项目的实施程序，因为处置稍有不当，便会增加项目成本。

3. 做好计划的执行与监督工作。在执行项目的过程中，文化经纪人必须加强事前和现场的监督，严格把关，确保文化项目的质量、进度与效益。

4. 制订详细的文化市场推广计划。文化经纪人在前期工作准备结束后，切不可忽略广告宣传工作。要充分利用网络、电视台、广播、报纸、新闻发布会和广告，吸引公众的注意力，给他们留下深刻的印象，以争取更多的客户。

（三）筹集项目资金

通常，文化经纪项目经费主要来源于商业赞助费、广告和项目商业收入。一般来说，文化经纪人和企事业单位之间往往保持着密切的横向联系，企事业单位提供商业赞助的情况普遍存在，其形式除了支付广告费外，也可以是直接购买一部分文化产品或演出门票发给本单位职员或有关客户工作人员。

（四）编制文化项目预算

文化经纪人从事每一项文化经纪活动，都要编制详尽的文化项目预算，以确保自身经济效益的实现。费用支出主要包括文化场所设备的租金、工作人员的工资、广告费用的支出、餐饮费、文化项目的设计和施工费用等。经纪人必须尽量降低成本，提高经济效益。

文化项目的直接费用或成本，是指在文化活动中发生的与具体文化产品相关的或可明确纳入某个具体文化产品中的费用或成本，一般说来可归为以下几部分：①创作成本，是指文化团体为了确定文化项目、文化形式、文化产品、文化创作等而发生的费用，一般包括文化项目创作费用、策划费用、筹建费用、论证费用、再创作费用等。②宣传促销与宣传费用（含广告费用）。③其他相关费用。如相关文化活动的行政和后勤支出等。

（五）业务商谈

文化项目的谈判是文化经纪人工作的一项主要内容。从确定项目开始，经纪人就要与各主管部门、场所设备的提供者、各类演出人员进行谈判，这项工作一直要持续到整个文化活动结束。在谈判过程中要注意两点。

1. 确定好谈判时的报价。文化经纪人与合作对象谈判的核心问题是价格问题，即文化经纪人的报价是否为对方所接受。在谈判之前，经纪人通常要做大量深入细致的调查工作，从而确定同类文化活动的总利润、同类场所设备的租金和各类演出人员的费用水平，然后提出一个持之有据、易为对方接受的报价。

2. 谈判时要树立良好的形象。文化经纪人在谈判过程中要努力树立精明、宽厚、大度的形象。经纪人表现不精明，则容易被客户牵着鼻子走；表现太精明，凡事斤斤计较，吃不得亏，则不利于长期合作。

（六）签订合同

以文艺演出项目为例，为保证演出过程中各个环节的良好衔接，文化经纪人必须和有关方面包括与院团机构、剧院场所、音响设备的所有者以及所有演出人员签订合同。合同内容包括甲乙双方必须承担的责任，履约地点、时间和条件，预付订金及违约责任，等等。

（七）合同的执行

当合同签订之后，就进入合同的执行阶段。有了好的项目，关键在于执行，要加强执行力度，加强合同的实施与监督力度，才能确保项目的顺利完成。

（八）代理权的终止

完成合同中规定的项目，文化经纪人的代理权即告终止，或者进入下一个文化项目的运作。但是，代理权的终止，除了项目完成以外，还存在其他终止代理权的情况。《中华人民共和国民法通则》第六十九条规定，有下列情形之一的，委托代理权自动终止：①代理期间届满或者代理事务完成；②被代理人取消委托或者代理人辞去委托；③代理人死亡；④代理人丧失民事行为能力；⑤作为被代理人或者代理人的法人终止。

（九）取得佣金

文化经纪人开展文化经纪活动的目的就是获得应有的报酬——佣金。

佣金作为提供中介服务的报酬，应该在文化经纪合同中明确规定。按通常的惯例，佣金的数量标准一般都是按交易成交额一定的百分比来确定。

（十）总结和评估管理

一个文化经纪项目结束后，文化经纪人要对该项目进行全面的业务总结，主要有以下四个方面的工作要做。

1. 将有关文化经纪项目档案归档。即对本项目的确定、谈判、合同签订以及合同执行的整个过程存档备查。

2. 总结经验。文化经纪人在每个经纪项目完成后，都会发现每个经纪项目的特殊之处，应及时将之总结出来，并以备忘录或公司内部通讯的形式进行交流，以引起组织内部的关注。无论是成功经验还是失败教训，都要进行总结，其目的是为了做好以后的项目。

3. 评估文化项目的社会效益和经济效益。对社会效益的评估可以从活动知名度、影响力、轰动效应、社会舆论、消费者意见反馈等角度来考虑。

4. 建立相应的激励制度。通过一系列的评估总结，对经纪项目执行人给予适当的奖励，这是文化经纪人激励制度的重要组成部分。激励机制能调动组织内从业人员的工作激情，有利于提高文化经纪人员的素质和业绩。

（十一）与客户建立良好的发展关系

文化经纪人的客户关系包括开拓潜在客户，巩固现有客户。经纪人应与客户建立良好的合作关系，以求达到长期合作的目的。

1. 不断开拓和发展新客户是文化经纪人成功的关键。与各类新客户建立良好关系，有利于迅速提高经纪人的知名度。

2. 与现有客户建立并且始终保持密切的合作关系。这是为了降低客户的开发成本，在文化市场中树立和维持自己良好的形象。

第二节 文化经纪活动的策略

作为文化经纪人，一定要认识到文化经纪工作的性质和作用，不仅要认识到开发文化经纪项目的重要性，而且要考虑在提高客户的经济效益的同时如何提高自己的佣金、使自己的付出得到更多的报偿等问题。因此，研究文化经纪人在文化经纪活动过程中的策略与技巧很有必要，当然，这一切均应在遵守国家法律法规及经纪人职业道德的前提下进行。

一、谈判中的信息策略

(一) 充足的信息是赢得谈判的基础

在所有的谈判中,信息资料是取得谈判成功的重要基础。

1. 整理和准备好谈判中要使用的资料。谈判之前要事先做好几个方案,以备在谈判使用时更具说服力。

2. 收集和整理对方信息,主要是了解对方的真实需求、谈判的诚意、对方的基本情况以及对方的谈判权限和底线等。

3. 收集对方谈判人员的个人情况及相关信息。谈判是双方不断由对立走向协调的过程,谈判人员的工作态度、作风、性格、爱好都是影响谈判进行的因素。多收集对方谈判人员的相关信息,对谈判成功十分有益。

4. 了解市场因素的变化。主要是了解与经纪对象有关的市场供需情况、市场竞争情况及相关环境因素的变化。文化经纪人所掌握的市场信息越丰富,越有利于掌握谈判的主动权。

(二) 要掌握获得文化市场信息的技巧

作为文化市场的中介人,为了保障中介经营的信誉,提高经纪项目的成功率,文化经纪人必须在委托方与第三方成交之前,获得更多的文化市场信息,只有掌握了第一手文化市场信息,方能在谈判中赢得主动。

1. 应调查的文化市场信息。

(1) 文化市场供方或文化科技成果持有者的信誉保证。在文化市场上,低级趣味的图书、娱乐产品经常出现,因此,文化经纪人必须对文化市场供方的文化科技成果持有者的历史、现状、信誉度、知名度等做充分的调查。

(2) 文化市场供方的文化产品质量或文化科技成果的可行性。如果是演出,就要调查演出院团的级别及演出质量;如果是图书出版,就要调查出版单位是否具备国家出版管理部门的资格认证。

(3) 文化市场供方产品的价格。要调查文化产品的性价比以及市场上同类文化产品的价格,从而做到心中有数。

(4) 文化市场供方的售后服务。调查供方是否建立了完善的文化产品或文化服务的售后服务系统,如果建立了,还要调查该系统存在哪些弱点。

2. 获得文化市场信息的方法。

(1) 资料收集法。即从报刊、业务简报、会议文件、互联网以及人们交流中所提供的文化商业行情、市场信息、科研成果等内容中采集和筛选自己所需的资料,对这些资料加以分析研究,从而得出更为正确的结论。

（2）访谈法。这是根据调查目的，对文化市场相关的客户进行访谈以获取信息的一种方式。通过访谈的方式，经纪人可以从直接客户和非直接客户处获取有效的市场信息。访谈可以与客户直接面对面交流，也可以电话或者网络交流。

（3）观察法。这种方法一般不与被调查者直接接触，而是通过间接方式客观地搜集资料。

3. 获取文化市场信息的技巧。

（1）通过专业技巧获取有效信息。经纪人在收集信息时不要使用"取舍标准"，而实行"采用标准"。一般人都有"获得容易丢弃难"的心理障碍，实行"采用标准"，就更能符合一般人的心理状态。"采用标准"，并非一开始就使用，而是资料收集到某一程度后，再根据"为何这样做"而实行，这时资料收集就具有实用性。

（2）获取真实的文化产品质量。经纪人要善于识别真伪，通过调查了解市场和客户，获取信息背后真实的文化产品质量。

二、维护自身利益的策略

文化经纪人依靠提供有价值的信息、良好的服务取得佣金，这使得文化经纪人处于一种非常特殊的地位。供需双方在成交之前，经纪人的地位举足轻重，双方都离不开他。例如，演员很难直接找剧组要求参加表演，剧组也很难找到合适的演员，而必须通过文化经纪人去中介。一旦双方见了面，达成协议，经纪人就可能成为多余的人，这种经历和危险是每个文化经纪人在中介过程中经常面临的。为了避免这种不愉快的事情发生，文化经纪人必须掌握以下策略。

（一）了解当事人的品质

文化经纪人应当对合作双方的人品，合作单位的性质、信誉有一定的了解。如果对方信誉好，那么，经纪人就可以放心进行中介；否则，最好不要白费力气。

（二）在合作过程中，多对事少对人

如果文化经纪人不能及时了解合作方的信誉度，特别是对合作双方都不甚了解，在合作过程中就要多对事少对人，将双方符号化，做好中介人，在双方之间传递信息，而不要涉及与这些信息有关的具体的人和单位。

（三）尽可能在合作中掌握主动权

文化经纪人在合作中要积极主动地为合作方提供服务，为双方提供有用的信息，促进与客户的合作。一般不安排双方当事人直接见面，更多的时候需要三方一起参与谈判，这样，经纪人才能在合作中掌握主动权。

三、赢得谈判的技巧

谈判是一门科学，更是一门艺术。通过谈判，阐述各方的观点，达成一个双方都基本满意的协议。文化经纪人通过谈判，在完成委托方交给的任务、获得佣金的同时，也使第三方的需要得到了满足。

（一）对谈判成功充满信心

文化经纪人对谈判成功充满了信心，其心态则可端正，在谈判桌上就会显示出一种良好的精神状态，不但是对自己或伙伴的一种鼓舞，同时会使谈判对手的心理受到正面影响。

（二）对谈判中的困难有充分的认识

文化经纪人对谈判的艰巨性和可能遇到的困难要做好充分的准备。比如，由于文化市场供方要价高、需方报价低等矛盾，在谈判席上形成冲突是正常的，解决冲突就需要时间和耐心。

（三）排除心理因素的干扰

每个人都生活在一个特定的社会环境之中，必然会受到社会生活中各种矛盾的困扰，并因此表现得焦躁不安、易怒等。如果文化经纪人带着这样的情绪去谈判，往往会把对方一句正常的话、一个并无恶意的举动看作对自己的挑战，就会产生一种不必要的联想，从而使谈判进程受到不利的影响。

（四）对谈判过程进行有效的调节

谈判过程从开端、发展、高潮直至结束，充满不确定性，甚至针对麦芒，因此，谈判双方的心理难免会染上一层紧张色彩。为了消除这种紧张心理，文化经纪人可以从双方都感兴趣的话题入手，逐步切入项目的主题，尽量为整个谈判过程营造一种轻松、愉快的气氛。

（五）有效掌握谈判的进度

文化经纪人在文化经纪项目谈判过程中，如果让谈判双方各谈各的观点，不能有效掌握谈判的进度，就会浪费时间。对谈判进度的把握，如何陈述很关键。

1. 陈述要透彻，表达要清楚。文化经纪人在谈判过程中，陈述条理要清晰，围绕文化项目相关内容的内在逻辑进行，切忌不分主次，东拉西扯。

2. 陈述要尽量简练。文化经纪人在向对方阐述文化项目内容等相关事项时要有很强的概括力，对双方均了解的情况可以避而不谈。

3. 掌握共同点，缩小分歧。文化经纪人应及时抓住谈判中双方的不同点，寻求双方的共同点。在谈判过程中，一方面缩小分歧，另一方面加强共识，集中精力寻找解决矛盾的突破口。

（六）控制好谈判高潮

文化经纪项目的谈判高潮是指谈判的交锋状态，对其控制要做好以下工作。

1. 抓住促成交易的时机。在谈判高潮时期，交易双方都已经提出了条件，如果文化经纪人敏锐地抓住时机，就能够尽快促使文化经纪项目的谈判成功。

2. 控制自己的情绪。在谈判进入高潮时，文化经纪人要控制自己的情绪。因为谈判交锋时，对方也许会提出无理要求，也许会在语言上无意伤人，这时人的情绪容易激动，在这种情况下，文化经纪人要保持头脑冷静，注意文明用语，以显示对谈判方的尊重。

3. 活跃谈判气氛。为了缓和气氛，调节双方的紧张心理，文化经纪人如果能适时得体地说一两句幽默的话，则可以活跃谈判的气氛。

（七）促成谈判成功的关键策略

1. 时机运用策略。谈判中在选择场合的时候，还需要考虑到客户的关注点，商讨细节提要求时，抓准时机也是谈判成功的关键。

2. 利益让步策略。谈判中秉承互惠共利的原则，有时为了在其他方面获得更大的利益，需要适时做些让步，就某一条件做一些退让或提出其他的交换条件，以达到谈判的最佳效果。

3. 以诚取胜策略。谈判过程中应以诚恳坦率的态度对待客户，才会成功。

在谈判达成协议后，谈判双方应用文字的形式确定下来。如有必要，签订协议前还可以请律师过目，以避免在日后的工作中引起不必要的争端。

（八）谈判中的心理误区

1. 隐蔽的假设。由于心理定式的作用，人们往往对现实易形成种种假设，主要表现形式有以下两种：①"我们的方案是唯一公平合理而且切实可行"

的假设。如果文化经纪人的头脑中事先假定只有一条路，自然就会画地为牢，不利于谈判的顺利开展。②"我们熟知一切"的假设。由于文化经纪人在文化经纪项目谈判前已经做了大量的调查，因此便自认为已经非常了解对方了。

2. 对权威盲目崇拜。有些谈判者往往利用人们崇拜名人、领导、长者、专家的心理，拉大旗做虎皮，使你对他产生敬畏感。由于对权威的盲目崇拜，人们常常接受了不合理的限制却不自觉，而且也不去想办法改变它。例如，权力限制："团长、院长开会出差去了，只有他们才能批准这个演员是否能组台演出"；规定限制："我很想同意你的报价，但是团里规定不能这么办"；技术限制："这是名家执导的片子"，或"这是某某专家的意见和看法"。

3. 利益陷阱。文化经纪人在谈判时一定要特别谨慎，越是看到有利可图，越要警惕，以防上当，以免捡了芝麻丢了西瓜。

四、处理危机的策略

作为合法的文化经纪人，都有自己的主管部门，在收费、履约方面均有明确的规定，这为保护文化经纪人的权益提供了保障。但是，在实际的文化经纪项目运作过程中，危机时刻存在，这就要求文化经纪人始终保持高度警惕。一般来说，预防和处理危机要采取以下步骤。

1. 调查双方的信誉度。在合作之前，要对合作双方的信誉度进行深入调查，而不能轻信双方的自我介绍。

2. 收取押金。在交易双方达成初步交易意向的情况下，为获得一定的经济保证，文化经纪人可以根据交易金额的大小，事先向双方收取一定数额的押金。一般来说押金占文化经纪人佣金的1/3。

3. 争取主动。在交易双方见面后或初步签订意向书后，文化经纪人就处于被动地位了，很容易会被抛弃，这时，文化经纪人要尽量采取一些措施来争取主动权，例如，与双方多见面，多沟通，多从侧面了解项目进展，而不是被动等待。

4. 及时采取补救措施。如果文化经纪人被委托方抛弃，就要考虑采取补救措施。一般情况下，可以采取以下的方法：①求助社会舆论监督；②寻求法律援助。

第三节　文化经纪业务技巧

一、社会交往的技巧

（一）相互介绍的技巧

1. 首先介绍职位较高的人或重要人物的姓名。
2. 每个人的姓名只需介绍一次。
3. 如果有可能，介绍个人有关的一些情况，如兴趣、爱好、专长等。
4. 介绍时通常的程序为：把年轻的介绍给年长的；把职位低的介绍给职位高的；把男士介绍给女士；把主人介绍给客人。
5. 自我介绍。在没有人为你做介绍时，应主动自我介绍。自我介绍时要面带微笑，态度谦逊；语言表达要清晰、流畅，最好同时递上名片。
6. 介绍后，起身并走上前，目视对方，要表现得神情愉快，或面带笑容；握手，向对方致意，并重复一遍被介绍人的姓名。

（二）握手的技巧

在古代，双方相见时，彼此伸出右手，表示没有武器，没有敌意，愿意彼此建立友好关系。在现代社会，握手是彼此之间互相信任的象征。握手时要注意以下细节及技巧。

1. 宾主之间，主人先伸手；上下级之间，职位高的人先伸手；老幼之间，年长的先伸手；男女之间，女士先伸手；如对方没有注意上述礼节，经纪人应先伸手。
2. 握手时一般应脱下手套以右手相握，手伸出时稍带角度，双方手掌的虎口处应互相接触。
3. 握手时要注视对方，面带笑容。
4. 握手时用力要适度，不能太轻，也不能太重。

需要提及的是，商务场合，一般不赞成"拥抱式握手"，即用双手去握对方的手，否则会有虚伪的嫌疑。

（三）使用名片的技巧

名片是经纪人介绍自己、保持联系、进行交际的一种有效方式。

1. 交换名片一般应在私下进行。

2. 出示或接受名片时应面带微笑，并双手递上或接受名片，同时应稍稍欠身，以示尊重。

3. 如果你的职位有变化，出示名片时可以这样说："这是我的新名片。"如果你想要得到对方的名片，你可以说："如果方便的话，是否可以给我一张您的名片？"

4. 出示名片时可以说："这是我的名片，今后如果有问题，尽管打电话给我。"

5. 如果你向一位长期客户出示名片，你可以说："您有我的名片吗？"或"我一直想给您一张名片"。

6. 通常是职位高的或年长的先主动出示名片。如果他们没有这样做，你应先出示名片，然后再向其索要名片。

7. 接受名片时要微笑着说"谢谢"，并一定要仔细地看一遍，使对方感到你对他的名片感兴趣。适当时还可以稍加评论，如："您在连云港，花果山也在那里，是吗？"

8. 名片应妥善放置，不要在名片上写字，不要在名片上放东西。

9. 当其他人向你索要名片时，若自己没有准备或不愿交换，可以说："对不起，我的名片用完了"或"对不起，我忘带了"。

（四）打电话的技巧

1. 使用电话一般是预约时间或通知事情，不要在电话中讨论业务或介绍产品和服务。

2. 要报出打电话人的姓名。

3. 通话时要注意礼貌和措辞，称呼对方要加头衔，无论男女，不可直呼其名。

4. 要询问对方此时打电话是否方便。

5. 用清晰而愉快的声音打电话，这样可以显示说话人的职业风度与亲和力，愉悦电话交谈的气氛。

6. 妥善组织通话内容，语言要精练，尽量缩短通话时间，重点内容可以重复一遍。

7. 结束通话时，要把谈过的内容适当地总结一下，不要把问题搁置起来。

8. 最后应用客套话以示热情。

9. 放电话时动作要轻，以免对方误以为你在摔电话。

（五）网络社交的技巧

在互联网时代，网络社交已经成为一种必不可少的交际方式，在进行网络社交时要注意以下两点。

1. 少说多听，信任第一。想要了解与你交往的人，可以深入他的领域，专业地与之对话，或者找到一个丰富而有深度的共同点，这样双方就易于交流并留下深刻的印象。在获取资讯的过程中，尽量做一个好的听众，不要发表太多的言论。信任是与他人接近的关键。信任对方，把他们当作一个普通人而不是明星。擅于交际的人，不是在打造网络，而是在结交朋友。广泛收获是自然的结果，而非精心设计的目标。

2. 先给予，后索取。与交往的人建立初步联系后，要让别人记住你，跟进是关键。可以通过链接个人的博客或者微信号、在推特上特别提到他们，或者分享对他们有益的文章链接，或者只是简单地联系一下，让他们知道你的关心。你必须在初创的朋友和关系网络中保持可见度和活跃度。80%的关系是通过小联系来维持的，要把小联系纳入你的日常工作范围。真诚地关心别人，尽力帮助他们，在向别人索取之前我们需要先付出。

多了解对方，信任对方，然后尽己所能帮助对方，这是我们建立和培养牢固的人际关系的前提，也是成功网络社交的关键。

二、赠送礼品及礼仪卡的技巧

（一）赠送礼品的技巧

1. 赠送礼品前的注意事项。
（1）送礼的客观环境。如在谈判中送礼，则易被人误认为行贿。
（2）受礼人的喜好，如口味、爱好等。
（3）礼品的类型以及礼品的选择要符合当地的风俗、习惯。
（4）了解有关公司或部门赠送礼品的政策或惯例。
（5）切忌有附带条件地送礼，否则是不礼貌的，而且会带来不良的后果。
2. 赠送礼品时应考虑的事项。
（1）彼此的关系。
（2）送礼的理由。
（3）赠送礼品的时机。可选择个人事件如生日、晋升等。
（4）赠送礼品的场合。可选择家庭场合、私人场合、公众场合、节日场合等。

（二）赠送礼仪卡的技巧

礼仪卡可以很好地表达谢意，是人们长期保持联络和表达思念之情的最佳方式。几乎在任何情况下，即使在不方便送礼的情况下，都可以送礼仪卡，甚至有时送礼仪卡比送礼品更明智。

礼仪卡的赠送应注意以下三点。

1. 礼仪卡的赠送应及时，否则就失去了意义。
2. 受卡人的姓名、称呼要正确。
3. 礼仪卡上的附言要由送卡人亲自书写并签名。

三、经纪业务技巧

（一）发掘和寻找客户的技巧

拥有客户是经纪活动获得成功的关键，可从如下途径寻找客户。

1. 通过报纸、杂志、电视、广播、互联网等媒介得到有关客户的信息和资料。
2. 通过老客户的介绍和推荐结识新客户。
3. 通过同学、朋友等关系结识新朋友，发掘潜在客户。
4. 参加交易会、博览会、展览会、发布会等会展活动结识新客户。
5. 加入有关交流或协作组织。
6. 参加诸如联谊会、恳谈会等社交活动，从中结识新客户。
7. 通过信息服务机构如咨询公司、信息网络组织等获得客户信息。

（二）报价技巧

报价的技巧包括以下五个方面。

1. 争取先报价。
2. 报价时应果断，不要犹豫、迟疑。
3. 牢记让步是绝对的，不让步是相对的。
4. 不轻易表露希望成交的强烈愿望。
5. 按质论价，对供需双方负责。

（三）拒绝的技巧

1. 先同情后拒绝。如果对方提出的要求因限于条件一时无法满足，可采取该策略。
2. 诱导对方自我否定。如："对于你刚才提出的问题，如果换了你，应该如何回答？"
3. 含糊其词。对不容易回答的问题，可采取模棱两可的方法做出回答。如："这笔交易的最终效益要视交易是否进展顺利。"
4. 拖延。如："此事还需进一步调查，等最后结果出来后再讨论怎样处理,如何?"

5. 笑而不答。对一些难以说清楚的或不需要多解释的问题,可以笑代答。

6. 装聋作哑。对一些对自己完全不利、任何解释都无法令对方满意的问题,可以装作没有听见。

7. 推脱。如:"此事要和领导商量,现在恐怕难以决定。"

(四) 履行经纪业务的技巧

具体来说,履行经纪业务技巧要做到如下八点。

1. 要保持一个良好的形象。如,对履行经纪合同时充满自信,并有条不紊地推进业务发展,不要给委托人或其他客户以疲惫不堪、杂乱无章的印象,要忙而不乱,处变不惊。

2. 拥有一个好的理由来落实你的经纪业务。找到更多的正当的理由和合理的原因认真地对待你的买家是为上策。同时,不要轻易地说出一个价格,价格要有根据做支撑。

3. 要有能力说服委托人。可通过以下几个方面让对方感到你会给予委托人最大的帮助。

(1) 给出一个公正的市场调查结果。

(2) 联系并说服买家。

(3) 有一个大致的市场策略。

(4) 在不同的买家面前有区别地介绍委托人的业务及特征。

4. 要尽可能多地了解你的委托人,而不是局限于演出业务范围,其目的是为了更好地提供经纪业务服务。

5. 保守商业秘密。成功的文化经纪人从来不会向外界炫耀自己,更不会披露有关经纪业务的商业秘密。

6. 对文化项目的包装要会用巧劲。

7. 要懂一些财税知识。

8. 学会与媒体打交道。

四、自我保护的技巧

技巧来源于经验,来源于对法律、法规的深刻理解和应用。文化经纪人要想保护自己,应从以下八点着手。

1. 认真学习有关法律、法规知识,利用法律作为自己正当利益的保护伞。

2. 从事经纪业务时,必须持有合法有效的证件或授权委托书等证明,以及符合现行财务制度要求的收费手续。

3. 尽可能了解供需双方的信誉、信用等背景。

4. 订立一个明确完善的经纪合同，在合同中要对双方的权利和义务等有关事项做出明确详细的规定，可在经纪合同中订立"订金"条款，或另外单独订立一份订金合同，明确规定委托方应在合同履行前向经纪人先付一部分费用。

5. 签订专有经纪权合同或独家经纪合同，明确规定经纪人享有对某项业务独占或排他的经纪权利。

6. 可以在订立经纪合同后，从委托方先行取得部分或全部佣金，以降低被弃的风险。

7. 公证处代管佣金是一种行之有效的方法。在佣金的支付办法上，改变双方直接先期支付的做法，而是在一定期限内（具体期限可由双方商定）由公证处代管，到期后，若双方无争议，公证处将代管的佣金连同代管期间的利息一并转给经纪人；若有争议，则由公证处继续代管，直到争议解决。

8. 牢牢记住不该做的经纪业务一定不要去做。经纪人在开展经纪业务中，不得有下列行为：①明知委托人或合同他方没有履约能力，而为其进行经纪；②故意提供不实信息或虚假信息，损害合同各方的利益；③采取胁迫、商业贿赂等非法手段；④与合同一方串通，损害合同另一方利益；⑤使用非经纪专用发票。

五、文化经纪包装策略

良好的文化经纪包装可以为艺人树立起独特的品牌形象或某方面的偶像形象，提高市场竞争力，从而创造出高水平的社会效益或经济效益。包装策略主要包括：

1. **视觉冲击包装**。让人有与众不同的感觉，给人以强烈的视觉冲击。

2. **亲和力包装**。突出亲和力可以增强与文化消费者的密切关系，让文化消费者迅速适应并接受。

3. **群体包装**。优点是可以突出实力。例如，对演艺人员和节目进行集体包装，令人应接不暇，强烈感受其实力。缺点是个人不突出，不适宜推出新的文化产品或文化服务。

4. **轮番轰炸包装**。是指在决定对某些文化产品或服务进行重点包装后、在各种媒体上短时间进行密集宣传的策略。

5. **系列包装**。按计划有步骤地进行包装宣传，逐步深入，使品牌或经纪对象深入人心。

6. **偶像包装**。这是经纪公司常使用的一种包装方法，目的是突出演艺人员的主要优势，树立偶像形象。常用粉丝见面会、联谊会、写真集签售活动、宣传海报和媒体报道等方式进行包装。

7. 特殊包装。突出个性和另类，进行组合宣传包装，有时也会收到良好的效果。

经典案例 >>>

韩国SM经纪公司

在韩国有"星工厂"之称的SM公司（以下简称"SM"）创始人李秀满20世纪70年代初涉歌坛，是当时非常著名的歌手。退居幕后之后，凭借其敏锐的眼光，于1989年创办了SM娱乐文化公司，开创了韩国娱乐公司的新时代。SM的名字是Star Museum的缩写，意为"明星博物馆、名人殿堂"，李秀满虽然是创始人，但他不是SM的法人代表及社长，他是股东和制作总监。

一、SM发展历程

1998年，SM把旗下的H.O.T. S.E.S介绍到中国、日本，掀起了亚洲"韩流"热潮。2000年4月，SM登记注册了KOSDAQ，发行股票，成为韩国第一个娱乐文化股份公司。2001年，SM培养的宝儿（BoA）又在日本跻身最受欢迎的歌手行列。2002年12月，SM与日本的Fandango Japan（Yoshimoto集团和Kddi的合资公司）、Yoshimoto集团以及Avex共同创立了网络娱乐公司——Fandango Korea，在网络与移动通信迅速发展的时代，将主要负责为大众开发数字信息资源。为进入中国娱乐市场，SM早在2005年就在中国设立了分公司，与2001年成立的SM日本分公司一起，共同构建亚洲地区的娱乐网络。2014年SM宣布与百度达成战略合作关系。

二、SM主要管理人员

李秀满凭借敏锐的眼光，成为韩国第一位看到年轻偶像的力量、看到国内的孩子们需要本土偶像的人。他在1996年组成超级男孩组合H.O.T.并获得成功，H.O.T.是韩国本土最有市场的组合，他们卖出了1亿张CD。

李秀满的妙举在于将娱乐工业化。他为了开创新的娱乐文化而成立SM，并将其公司上市，那时韩国还没有摇滚乐，没有将乐队的母带拿到电视台或广播公司去播放的历史，李秀满克隆了国外偶像的创造过程，他做起了造星工程，造出了曾红极一时的H.O.T.和S.E.S.等。换句话说，韩国原本很少音乐元素，而李秀满用他"造星"方面的才能改变了这个局面，因此，他还被称为韩国音乐"教父"。

李秀满推出的偶像往往是从成千上万的录音带中挑选出来的，偶然也会在大街上找来一些孩子，然后让他们接受两年或更长时间的音乐、舞蹈课程的专门训练，再作为偶像推出。瞄准亚洲市场后，他还加入了语言训练。

三、SM旗下艺人

（一）三代天团

SM能有今天的地位，很大一部分是由其推出的组合缔造的。第一代的H.O.T.和S.E.S.，第二代的神话（Shinhwa）（BoA也是这个时期的），第三代的东方神起（TVXQ!），三代天团帮助SM称霸娱乐界10年。

H. O. T.——不用多说，韩国第一个真正意义上的偶像组合、永恒的传奇，在娱乐界只手遮天，呼风唤雨，从1996年出道到2001年解散，韩国乐坛就是他们的天下，是他们带来了全新的韩国娱乐时代，是他们将韩流带向了全亚洲，是他们影响了整整一代年轻人的生活轨迹。

S. E. S.——1997年出道，2002年解散。Bada（Sea）的声音，Eugen的美丽，Shoo的活泼，特殊的魅力吸引了所有人的目光，韩国第一女子偶像组合的地位至今无法动摇。Fin. K. L. 虽然在当年可以和S. E. S. 一论高下，互争长短，但在S. E. S. 解散后逐渐注重成员个人发展，这个组合并无发展，单就成就而言并未超越S. E. S.。

神话——1998年出道至今，韩国最长寿的组合。神话是H. O. T. 推出两年后SM推出的第三组艺人，以独特的rap和舞蹈为特色。与H. O. T. 和S. E. S. 一出道就大红有所不同，他们的出道并不顺利，在H. O. T. 巨大光环下，神话的压力很大，他们在推出第二辑后，才渐渐受到关注，从第四辑开始获得音乐上的肯定，推出第七辑时终于获得了梦寐以求的大奖，站在了韩国乐坛的最顶端。男性魅力风格是他们独一无二的标签，不可复制。而他们最为人们津津乐道的就是成员之间的感情，8年没有成员交替，在组合聚散如家常便饭的韩国乐坛本身就是一个"神话"。

东方神起成员有：U-Know（郑允浩），Max（沈昌珉），Hero（金在中，2009年解约），Micky（朴有天，2009年解约），Xiah（金俊秀，2009年解约）。

（二）其他艺人

BoA——SM的招牌明星。

Fly to the Sky——SM推出的第四组艺人，韩国最早挑战R&B风格的二人组合。也许是因为风格和SM整体上有出入，这一组合一直没有红起来。转签新公司后，发行了6辑专辑，人气开始上升。

天上智喜——2005年推出的女子演唱组合。成员有：天舞Stephanie（金宝京），上美Lina（李志妍），智声Sunday（秦宝拉），喜悦Dana（洪成美）。

Super Junior——2005年推出的男子演唱组合。成员有：利特LeeTeuk/朴正洙（bai），金希澈（Hee Chul），韩庚（Han Geng/Han Kyung，2009年解约），崔始源（Siwon），金丽旭（Ryeowook），金基范（Kibum），李晟敏（SungMin），李赫在/恩赫/银赫）（Eunhyuk），李东海（Dong Hea），艺声/金钟云（Yesung），强仁/金英云Kangin，申东熙（Shindong），圭贤KyuHyun。

少女时代——2007年推出的女子演唱组合。成员有：金泰妍（Taeyeon），郑秀妍（Jessica Jung），李顺圭（Sunny），黄美英（Tiffany Young），金孝渊（Hyoyeon），权俞利（Yuri），崔秀英（Soo Young），林允儿（Yoona），徐珠贤（Seohyun）。

f（x）——2009年推出的女子演唱组合。成员有：宋茜（Victoria），刘逸云（Amber），朴善怜（Luna）和郑秀晶（Krystal）。

NCT——2016年推出的大型男子组合，主要成员文泰一（Taeil），徐英浩（Johnny），李泰容（TaeYong），中本悠太（Yuta），钱锟（Kun），金道英（DoYoung），李永钦（Ten），郑在玹（JaeHyun），董思成（Winwin），金廷祐（Jung-woo），黄旭熙（Lucas），李马克（Mark），黄仁俊（Renjun），李帝努（Jeno），李东赫（楷灿），罗渽民（Jaemin），

钟辰乐（Chenle）、朴志晟（Jisung）。

四、SM造星运作模式

SM能在诸多强劲对手中独占鳌头，完全是凭借公司领导层的独具慧眼和完整专业的运作体系，才创造出享誉亚洲歌坛的著名歌手。

SM下设部门：发掘"未来之星"的选秀部；训练新人的"Starlight Academy"培训部；把握市场走向、体现歌手风格、营造逼真视觉感的唱片生产部；进行录音和后期制作的唱片制作部；进行宣传销售的市场营销部；联系媒体对歌手进行推广的宣传部；发掘歌手的潜在价值、企划广告演唱会的代理部。

第一步：选秀和培训（选秀部、培训部）。

在20世纪90年代初的时候，SM还是把这两个环节分得十分清楚。

在这一步骤中，公司要求做到以下几点：

第一，明星低龄化。偶像低龄化已成为全球的普遍现象。从行业利润上说，低龄出道可以为公司多演几年多赚钱，而且识才越早，包装的成本越低，可塑性越强，有利于公司培训；从行业特色上分析，娱乐业是年轻人的行业，只有年轻的才是新鲜的、夺目的。

第二，严格训练。这是孩子们成名必须经过的阶段。韩国的任何一家娱乐公司在制造偶像时，不仅要求艺人具备成为偶像的天分，同时要求艺人接受严格的后期训练。SM更是如此。

第三，足够的重视。虽然训练十分严格艰苦，但是公司对新人的重视程度还是相当高的。在资金方面，SM不惜花大量金钱对艺人进行全方位的培训。在人力方面，公司会配备最出色的老师、词曲作者和歌谣界元老级的人物对新人进行指点。

第四，大量组合出击。组合是经纪公司最喜欢也最擅长制造的娱乐产物。SM就曾成功推出多个组合，如H.O.T.、S.E.S.、神话、东方神起、天上智喜、Super Junior等。

第二步：制作（唱片生产、制作部）。

从造星机制中产生出来的韩国艺人一般没有多少个人自由，由于很小就接受公司培训，他们的演唱风格根据个人特点在培训的时候就已确定下来，不太可能根据个人喜好更改。尤其在刚出道时，就算很有创作天赋，也不会发布歌手自己创作的作品。每首歌和每个造型都是公司根据发展目标精心打造的。

制作精良，融入多种流行元素。SM从一开始就致力于制作适合整个亚洲市场、符合亚洲年轻人追求的音乐。在包装和推广艺人之前，公司通常会不惜花费时间仔细分析当地文化、音乐等各种流行元素，把它们融入韩国艺人的风格中，从而最大程度地规避风险。

融入当地元素。如果公司决定让某艺人进入亚洲市场，首先是训练语言。

第三步：营销（市场营销部、宣传部）。

其实在整个造星机制中，明星的制造过程就与普通产品从选料、加工、成品、检验合格到营销、交易、确立品牌效应的过程完全一致。而营销应该是整个造星过程中的重中之重。SM在艺人的商业推广上也是奇招百出。

1. 确定目标消费者。这一过程包括三个步骤：市场细分、目标市场选择以及市场定位。在这方面韩国娱乐公司做得非常到位。SM在每推出一位新人之前，都会制订详细的计划。

2. 设计营销组合。

(1) 产品方面。娱乐业的产品跟电视等媒介产品一样具有特殊性。一是艺人是娱乐公司的产品，二是艺人的唱片也是公司产品，而唱片的销售依赖于艺人本身，因此，艺人是最重要的产品。首先，质量是第一位的，通过严格的培训，这一问题可以得到很好的解决。最好的例证是，在韩国的各种娱乐节目中，艺人都能即兴唱歌或者即兴改编。其次，针对这一产品，公司需要设计不同路线，对其进行包装。针对目标市场，根据市场定位设计每位艺人的路线，突出其特点以区别于其他产品，因此很多形容词都成为艺人的代名词。除了外貌外，韩星的衣着发型也十分考究，公司花大价钱对其进行包装，有专门的服装顾问；出道久一些的前辈都拥有自己的美容室，专门负责其美容和发型。因此，韩星经常引领时尚潮流，是青少年模仿的对象。从这方面引起注意，也增加了艺人的知名程度。

对第二产品——唱片的包装就在于编曲、唱片的封面海报以及附带内容等。为了进一步发掘潜在产品，SM 每逢寒暑两季都会发行一张合辑，合辑中公司全体艺人共同演唱的主打曲目及 MV 都成了歌迷们在寒暑假期间最期待的音乐作品。MV 中，艺人们快乐地打闹、玩耍，展现出一幅其乐融融的"SM 全家福"。

(2) 定价方面。分为两部分。首先是艺人。这完全体现在艺人的身价上，就是他们签约公司时的价格。一般艺人的身价取决于其在市场上的知名度，但是这一知名度具有事后性，公司在签约时占据有利位置，因而大多数是不平等的。为了防止艺人一走红就跳槽，一直以来 SM 和所属艺人签订合同时都明确规定，若是艺人违反合约，必须交纳违约金和赔偿金。而且 SM 的违约金和赔偿金数额庞大，甚至高出通常规定的 3～5 倍，所以给所属艺人带来了很大的压力，在签约期间跳槽几乎是不可能的。其次是唱片。唱片是普通商品，其定价按一般方法进行。唱片收益分成几方面，普通的韩国歌手卖出一张唱片可得 100 韩元，但组合就需要平分。

(3) 分销方面。这主要是针对艺人的产出作品而言。例如售卖唱片的渠道，如何铺货，在网络上的渠道如何。在各大唱片销售商店上货，并根据回扣，让该商店把唱片放到醒目位置，张贴海报，等等。而 SM 已经形成了自己的唱片销售渠道，定期上货。随着网络的大力发展，网络 mp3 下载也成为一个新的盈利增长点，因此，网络成为各大唱片公司的新渠道和新战场。

(4) 促销方面。对公司而言，不仅要创造优质的商品，还应当把产品的优点告诉顾客，准确地在顾客心目中树立起该品牌的形象。要做到这一点，必须巧妙地运用广告、销售促进和公共关系等大众传播手段。

方式一：广告。参加电视台（主要是韩国三大电视台——KBS、MBC、SBS）各种节目，增加曝光率。艺人走红的主要途径就是在娱乐媒体上曝光，包括打进排行榜。由电视台控制的排行榜提供了一种衡量组合是否流行的可见的准绳。而多上电视，新歌才能跻身这些榜单中。有些人认为这些榜单有利于那些经常在电视上露面的歌手，CD 的销售量和歌迷的投票只占韩国少部分的榜单，这一切都显示上电视比做其他任何事情都更重要。最重要的是能出现在 MBC、KBS、SBS 的 20 个甚至更多的电视节目中，有时只是在几大电视台播放歌手的 MTV。这里的节目主要包括以下两种：首先是歌谣节目。据调查结果显示，SM 娱乐、YG、I-STAR、国际音乐、IVY 音乐 SIDUS 等前 10 家企划公司所属歌手在 KBS《音乐 bank》、SBS《人气歌谣》、MBC《音乐营地》等歌谣节目中出演次数就超过了全体歌手出演次数的40%。其中又以 SM 所属歌手出演次数最多。其次是娱乐节目。如《情书》、X-MAN、Happy Together、《夜心万万》《万元的幸福》《女杰》、MBC 电视台的情景系列剧、NonStop SBS 的反转剧等。明星参加电视台的娱乐节目可以达到双赢。一方面，艺人通过节目提高了知名度，宣传了唱片。韩国的娱乐节目做得相当成熟，明星也相当配合，自然的状态让大众可以进一步了解明星的性格、人品、特长等方方面面。另一方面，电视台通过艺人的知名度来提高收视率。由于明星的出演，粉丝们必然每期都看，因此用这种方式可以锁定观众群。电视台能够和艺人这样全面地合作，而最根本的是他们都有营销理念，明白现在观众或者说歌迷是他们生存的根本。因此，不管是节目设置还是明星的配合，都很注重从观众的角度出发考虑。通过合作的方式，双方都可以达到各自的目的。除了传统媒体外，各娱乐公司对新媒体的关注越来越多。各个娱乐公司在网络上都加大了对艺人的宣传力度。几乎每个明星都有自己的个人主页，这里不仅有最新的官方消息，而且有艺人的留言，可以通过网络与大家进行互动交流。此外，还要把一些新歌放到网上，以进一步扩大宣传的范围。

方式二：销售促进。现场签售是一个特别好的例子。能够与明星亲密接触，得到明星的签名，对歌迷来说无异于商场打五折，其诱惑力是很大的。此外，在唱片中附赠艺人的写真也是一种常用的促销方式。精心打造的限量版唱片对忠诚的歌迷而言同样是一种极大的诱惑，在限量版中往往都会有些从未发布或者更加隐私的东西来满足歌迷的欲望。

方式三：公共关系。可以通过公益活动、特别活动来实现目标，但最主要的是利用好新闻。前两个比较容易理解，一般来说出新专辑的时候会有专辑发布会，年末会有歌迷见面会，生日时也会举办小型的生日派对，有时是和歌迷一起过的。通过一些慈善义演或者捐助等义举可以树立良好形象，留下好的口碑。歌迷见面会十分随机，而义举则完全依靠艺人的觉悟，显然是没有意识到公共关系的重要性。公共关系中最有力的工具就是新闻，不仅要利用好现有的新闻，必要时还需制造新闻。这里不是说要制造假新闻，而是通过行动引起关注，从而达到制造新闻的目的。在这点上就要对网络无比重视，因为网络新闻的更新速度最快，目前许多消息都是最先从网络爆出来的。

方式四：参加各种奖项的评选。这一方式是这一行业所独有的促销方式。首先，权威奖项对歌手来说是对实力的充分肯定，通过这些奖项可以增加观众的关注度，确保人气。各个娱乐公司对此十分重视，其中也不乏黑幕。

第四步：回收投资的印钞机（代理部）。

通过上面一系列的措施，公司投入了大量人力、物力、财力打造明星，当然，其成本也是相当大的。与其他产业规律一样，高成本势必意味着高收益，SM 在不惜花费高昂运作成本包装偶像时，同样获得了羡煞旁人的收益。

艺人被捧红后，其自身价值变得相当大。在韩国，几乎所有的娱乐公司都更看重开源，就是相关产品的开发。名气是娱乐公司一笔巨大的无形资产，公司都是想尽办法把名气的效用发挥到极致。比如，每年推出各种限量版、改版唱片，让歌迷反复购买；在国内外开各种演唱会；让艺人接拍各种广告，成为产品代言人；在可能的情况下接拍韩国偶像剧；到电视台当主持人；等等，而这些活动的收入大都被公司拿走。

正是 SM 正确的运作模式，促进了市场与艺人产品间的良性循环，因此，随着艺人名气的进一步提高，不仅促进了一系列链接产品的出售，更大大提升了公司的知名度，乃至开辟了整个亚洲娱乐界。

（改编自陈思进，《韩国最大经纪公司 SM 造星运作机制分析》，https：//www.qianzhan.com/analyst/detail/329/140526 – b686464a_4.html）

第四章　文化经纪合同

随着文化市场的日益繁荣，文化经纪人从事的文化经纪活动范围越来越广泛，在文化经纪活动中，由于牵涉各方的权利义务及利益分配等法律问题，因此，依法签订文化经纪合同变得越来越重要。

第一节　文化经纪合同及其种类

文化经纪合同是指在文化经纪活动过程中，平等主体的自然人、法人、其他组织之间就文化项目交易设立、变更、终止权利义务关系的协议。

一、委托合同

（一）委托合同概述

委托合同是委托人和受托人约定、由受托人处理委托人事务的合同。委托与代理关系有所不同，委托关系的存在是办理委托事项的前提，办理委托事项形式有多种，代理只是其一，行纪、居间等也都是由委托关系产生的。委托只涉及委托人和受托人之间的关系，而代理则涉及与第三人的关系。

委托分为特别委托与概括委托。特别委托是指委托人将特定的一项或数项事务逐项地委托给受托人处理，也就是将委托的事项一件一件地分清列明。概括委托是指委托人将一切事务概括地委托给受托人处理，例如，委托他人处理营业上的一切事务。特别委托中的"特定事务"与概括委托中的"一切事务"区别的标准在于是否对委托事项有明确、具体的表述。特别委托中的"特定事务"包含具体的委托事项，每个委托事项的内容一一列明，而概括委托中没有明确说明具体的委托事项，委托人只是笼统指示受托人处理与某一活动相关的一切可能发生的事项，至于这些事项的具体内容是什么，不做具体规定。

委托人可以特别委托受托人处理一项或者数项事务，也可以概括委托受托人处理一切事务，但具有人身属性的事项，如结婚、离婚、收养子女等，不适用于委托合同。

(二) 委托事务的处理

受托人应当按照委托人的指示处理委托事务。需要变更委托人指示的,应当经委托人同意;因情况紧急,难以和委托人取得联系的,受托人应当妥善处理委托事务,但事后应当将该情况及时报告委托人。

受托人应当亲自处理委托事务。经委托人同意,受托人可以转委托。转委托经同意的,委托人可以就委托事务直接指示转委托的第三人,受托人仅就第三人的选任以及对第三人的指示承担责任。转委托未经同意的,受托人应当对转委托的第三人的行为承担责任,但在紧急情况下,受托人为维护委托人的利益需要转委托的除外。

受托人应当按照委托人的要求,报告委托事务的处理情况。委托合同终止时,受托人应当报告委托事务的结果。受托人处理委托事务取得的财产,应当转交给委托人。

(三) 费用与报酬

委托人应当预付处理委托事务的费用。受托人为处理委托事务垫付必要的费用的,委托人应当偿还该费用及其利息。受托人完成委托事务的,委托人应当向其支付报酬。因不可归责于受托人的事由,致使委托合同解除或者委托事务不能完成的,委托人应当向受托人支付相应的报酬。当事人另有约定的,按照其约定。

(四) 损失赔偿

有偿的委托合同,因受托人的过错给委托人造成损失的,委托人可以要求赔偿损失。无偿的委托合同,因受托人的故意或者重大过失,给委托人造成损失的,委托人可以要求赔偿损失。受托人超越权限给委托人造成损失的,应当赔偿其损失。

受托人处理委托事务时,因不可归责于自己的事由受到损失的,可以向委托人要求赔偿损失。委托人经受托人同意,可以在受托人之外委托第三人处理委托事务,因此给受托人造成损失的,受托人可以向委托人要求赔偿损失。

两个以上的受托人共同处理委托事务的,对委托人承担连带责任。

(五) 委托合同的终止

委托合同的终止,分为因合同解除而终止和因法定原因而终止两种情况。

委托人或者受托人可以随时解除委托合同。因解除合同给对方造成损失的,除不可归责于该当事人的事由以外,应当赔偿损失。

委托人或者受托人死亡、丧失民事行为能力或者破产的,委托合同终止,但当事人另有约定或者根据委托事务的性质不宜终止的除外。

因委托人死亡、丧失民事行为能力或者破产，致使委托合同终止将损害委托人利益的，在委托人的继承人、法定代理人或者清算组织承受委托事务之前，受托人应当继续处理委托事务。

因受托人死亡、丧失民事行为能力或者破产，致使委托合同终止的，受托人的继承人、法定代理人或者清算组织应当及时通知委托人。因委托合同终止将损害委托人利益的，在委托人做出善后处理之前，受托人的继承人、法定代理人或者清算组织应当采取必要措施。

二、行纪合同

（一）行纪合同概述

行纪合同是行纪人以自己的名义为委托人从事贸易活动、委托人支付报酬的合同。行纪合同与委托合同有许多共同之处，广义上讲属于委托合同的一种。所以《合同法》规定，该法对行纪合同没有规定的，适用其有关委托合同的规定。

行纪合同与委托合同的主要区别在于：

（1）行纪合同的适用范围仅为贸易活动，而委托合同的适用范围广泛，包括各种可以委托的事项。

（2）行纪人应以自己的名义与第三人订立合同，而委托合同的受托人可以以委托人或者自己的名义订立合同，如以自己的名义订立合同，则负有披露义务。

（3）行纪合同为有偿合同；而委托合同可以是有偿的，也可以是无偿的。

（4）行纪人处理委托事务支出的费用，除非当事人另有约定，应自行承担，而委托合同的受托人的费用由委托人承担。

（二）双方当事人的权利义务

行纪人占有委托物的，应当妥善保管委托物。委托物交付给行纪人时有瑕疵的，经委托人同意，行纪人可以处分该物；和委托人不能及时取得联系的，行纪人可以合理处分。

行纪人在行纪中以低于委托人指定的价格卖出或者以高于委托人指定的价格买入的，应当经委托人同意。未经委托人同意，行纪人补偿其差额的，该买卖对委托人发生效力。行纪人以高于委托人指定的价格卖出或者以低于委托人指定的价格买入的，可以按照约定增加报酬。没有约定或者约定不明确，依照《合同法》有关规定仍不能确定的，该利益属于委托人。委托人对价格有特别指示的，行纪人不得违背该指示卖出或者买入。

行纪人卖出或者买入具有市场定价的商品，除非委托人有相反的意思表示，行纪人自己可以作为买受人或者出卖人。此时，行纪人仍然可以要求委托人支付报酬。

行纪人按照约定买入委托物，委托人应当及时受领。经行纪人催告，委托人无正当理由拒绝受领的，行纪人可依法提存委托物。

委托物不能卖出或者委托人撤回出卖，经行纪人催告，委托人不取回或者不处分该物的，行纪人可依法提存委托物。

行纪人与第三人订立合同的，行纪人对该合同直接享有权利、承担义务。第三人不履行义务致使委托人受到损害的，行纪人应当承担损害赔偿责任，但行纪人与委托人另有约定的除外。

行纪人完成或者部分完成委托事务的，委托人应当向其支付相应的报酬。委托人逾期不支付报酬的，行纪人对委托物享有留置权，但当事人另有约定的除外。

三、居间合同

居间合同是居间人向委托人报告订立合同的机会或者提供订立合同的媒介服务、委托人支付报酬的合同。居间行为分为两种情况：其一是受委托报告订立合同的机会；其二是除报告订立合同的机会外，还向委托人提供订立合同的媒介服务。

居间人负有报告义务，应当就有关订立合同的事项向委托人如实报告。居间人故意隐瞒与订立合同有关的重要事实或者提供虚假情况，损害委托人利益的，不得要求支付报酬，并应当承担损害赔偿责任。

居间人促成合同成立的，委托人应当按照约定支付报酬。对居间人的报酬没有约定或者约定不明确，依照《合同法》有关规定仍不能确定的，根据居间人的劳务合理确定。因居间人提供订立合同的媒介服务而促成合同成立的，由该合同的当事人平均负担居间人的报酬。居间人促成合同成立的，居间活动的费用由居间人负担。居间人未促成合同成立的，不得要求支付报酬，但可以要求委托人支付从事居间活动支出的必要费用。

第二节　文化经纪合同的签订及效力

文化经纪合同是经纪行为的表现，也是文化经纪活动的核心，文化经纪人承办经纪业务，除即时清结者外，应当根据业务性质与委托人签订书面居间合同、行纪合同或委托合同，合同应包括以下内容：①委托人和经纪人的名称或姓名、住所；②经纪的事项、完成的期限和具体要求；③经纪人的权限范围；④佣金的数额及支付的时间、方式、违约责任、纠纷解决方式以及双方认为应当约定的其他事项。

一、签署经纪合同应注意的事项

（一）核实确认对方当事人的主体资格

合同主体必须明确合法。

（二）合同形式

1. 以书面形式签订合同。
2. 采用口头、信件、数据电文形式订立合同的，必须签订确认书并盖章签字。
3. 原则上，合同不允许倒签（即双方已经实际履行后补签合同），必须在双方实际履行前签署；合同有倒签的，则要标明合同背景，且合同双方签署日期应保持一致。

（三）合同的必备条款要具体、明确

1. 当事人名称须真实、一致。
2. 合同标的要具体、明确。
3. 履行方式须具体。
4. 履行期限须确定某一时间点或时间段。
5. 尽量明确公司所在地为合同履行地。
6. 违约责任要量化为违约金或确定违约赔偿金的计算方法。
7. 解决争议办法为协商、诉讼，约定由公司所在地法院管辖。

（四）订约前的合同义务

1. 尽协助、通知义务。
2. 订约时获取的对方商业秘密，不得泄露和使用。

（五）对授权性文件要跟踪管理

对公司开出的授权委托书、介绍信、盖章的合同书等授权性文件要跟踪管理，出具时应标明合同对方名称及授权范围、有效期限，业务结束要及时收回。

（六）对合同内容的要求

合同内容不得损害社会公共利益，不得恶意串通损害国家、集体、第三人的利益，不得含有造成对方人身伤害或因故意及重大过失造成对方财产损失的免责条款。

二、经纪合同的变更或解除

1. 《合同法》规定的允许变更或解除合同的几种情况。

（1）当事人双方经协商同意，并且不会损害国家和社会公共利益。

（2）由于不可抗力致使合同全部义务不能履行。

（3）由于合同另一方在合同约定的期限内没有履行合同，如经纪人在规定期限内没有找到第三方，委托人有权通知经纪人解除合同。

2. 变更或解除合同的方式。变更或解除经纪合同，可由一方当事人以书面形式提出，经双方协商一致，原经纪合同才能变更或解除，协议只要未达成，合同就继续有效。

三、经纪合同的违约责任

1. 违约应承担的责任。不履行合同约定义务或履行合同义务不符合约定的，应承担的违约责任有继续履行、采取补救措施或赔偿损失。

2. 承担违约责任的方式。主要包括两种：一是支付违约金；二是支付赔偿金。不管何种方式，其违约金和赔偿金的支付额度应由合同双方协商一致并在合同中约定说明。

3. 经纪合同当事人免于承担违约责任的几种情况。

（1）由于不可抗力（地震、火灾、自然灾害、战争等）造成合同不能履行。

（2）合同约定有免责条款。

（3）由于当事人一方在合同约定的期限内没有履行合同在先，造成当事人的另一方无法履行合同或者没有必要履行合同，另一方当事人可以免除责任，并有效追究先违约一方的责任。

资料链接 >>>

文化经纪合同范本

一、演艺经纪合同（经纪人）

合同编号：_____
甲方：_____ 住所地：_____ 身份证号码：_____
委托代理人：_____ 通讯地址：_____ 身份证号码：_____
邮政编码：_____ 电话：_____ 手机：_____
传真：_____ 账号：_____ 电子信箱：_____
乙方：_____ 住所地：_____ 身份证号码：_____
委托代理人：_____ 通讯地址：_____ 身份证号码：_____
邮政编码：_____ 电话：_____ 手机：_____
传真：_____ 账号：_____ 电子信箱：_____

1. 甲方是具有完全民事行为能力的自然人，并具有一定的表演经验，乙方是具有相应经纪资格并获得个体工商户营业执照的个体经纪人；

2. 甲方有意将其相关的演艺事项委托乙方代理，乙方同意接受甲方委托。

鉴于此，双方本着自愿、平等、互惠互利、诚实信用的原则，经充分友好协商，订立如下合同条款，以资共同恪守履行。

第一条　代理事项
甲方委托乙方代理的事务为下列第_____项（一项或数项）。
1. 出演电影；
2. 出演电视剧；
3. 出演戏剧；
4. 出演话剧、广播剧；
5. 出单曲或专辑；
6. 参加商业性演出、电视节目或广播节目；
7. 拍摄商业广告；
8. 做商品品牌、企业单位或其他组织的代言人；
9. 其他甲方委托的演艺事务。

第二条　代理区域
乙方委托代理的地域范围为_____（以下称代理区域）。

第三条　代理期限
乙方代理的期限为本合同生效之日起_____年（以下称代理期限）；
代理期限结束后，如双方均有意续签，应在本合同期限届满前发出书面通知，续签合同期限为_____年，乙方同意不再与甲方续签本合同或拒绝与甲方续签本合同的除外。

第四条　佣金
若乙方就其代理的甲方事务促成甲方与相关对方当事人签署合同或协议并得以实际履

行，乙方有权提取甲方依据相应合同或协议获取的_____（税前/税后）酬金的百分之_____作为佣金，即人民币_____元整。

佣金的支付方式为：现金□；支票□；_____。

除本条规定的佣金外，乙方不得向甲方索取任何形式的酬金。

第五条　费用承担

乙方在履行本合同期间产生的相关费用由乙方自行承担，包括但不限于交通费用、食宿费用、宣传费用等。

第六条　乙方权利义务

1. 乙方代理甲方事务应以甲方名义进行。

2. 乙方在接受甲方的委托时，应出示营业执照、经纪机构资质证书等合法的经营资格证明。

3. 乙方应认真完成甲方的委托事项，按照合同第一条所规定的内容积极为甲方寻求机会，将有关信息及时向甲方汇报，并为甲方与相关对方当事人签署合同或协议提供联络、协助、撮合等服务。

4. 乙方不得提供虚假信息、隐瞒重要事实或与他人恶意串通损害甲方利益。

5. 在代理期限内，乙方应采取有效方式对甲方进行包装、宣传，包括但不限于举办影迷会或歌友会、拍摄写真集、拍摄宣传照、媒体公关等，乙方每个合同年度用于对甲方包装、宣传的费用不得低于_____元。

6. 乙方应负责澄清对甲方不利的相关消息、报道、传言等，尽量消除对甲方的不利影响。

7. 乙方应对甲方事业发展定位、与所代理甲方事务有关的事项（包括但不限于角色的选择、表演的长处与不足指出等）提出合理化指导与建议。

8. 乙方代理甲方事务，不得干涉甲方私人生活。

9. 乙方应尽最大的可能保护甲方的隐私，未经甲方同意，乙方及其工作人员不得泄露甲方住址、电话、收入、兴趣爱好、婚姻状况等私人信息。

10. 乙方收取佣金和其他必要费用应当向甲方开具合法、规范的收费票据。

11. 乙方在代理甲方的委托事项过程中，因甲方过错造成其损失时，乙方有权要求甲方承担赔偿责任。

12. 乙方促成甲方与其他方签订合同或协议的，有权按照约定收取佣金；如乙方没有完成委托事项的，不得向甲方要求支付佣金。

13. 乙方作为经纪人必须具有相应的经纪资格证书并经合法注册。

14. 乙方应事先对相关的演出、代言资料进行核实，确保在最大程度上维护甲方的合法利益。

第七条　甲方权利义务

1. 在代理期限内，未经乙方同意，甲方不得私自进行本合同第一条确定的委托乙方代理的事务，否则，应依照本合同第四条规定的佣金的百分之_____向乙方支付违约金；

2. 在代理期限内，甲方不得将本合同第一条确定的委托乙方代理的事务另行委托第三方在本合同第二条确定的代理区域内代理；

3. 甲方应听从乙方安排,接受媒体记者采访、出席记者见面会、发表声明并参加乙方为其安排的其他宣传活动;

4. 甲方可以将本合同第一条规定的委托事项委托其他第三方在本合同第二条确定的代理区域外代理;

5. 甲方应对乙方的活动提供必要的协助与配合,应乙方的要求,向其提供真实的身份资格证明及其他相关资料;

6. 在代理过程中,因乙方过错致使甲方和其他各方受到损害,甲方及其他各方有权要求乙方承担赔偿责任;

7. 未经乙方同意,甲方不得在委托期限内及期限届满后_____日内与乙方介绍的相关当事人进行私下交易,由此给乙方造成的损失,由甲方及相关当事人共同承担赔偿责任;

8. 甲方应按照本合同第四条的规定向乙方支付佣金,如乙方未完成委托事项,甲方有权不支付佣金。

第八条 双方保证

甲方:

1. 甲方保证其有权自行签署本合同,且其履行本合同不存在任何法律障碍;

2. 甲方保证从未而且将来亦不会将委托乙方代理的事务另行委托第三方在本合同确定的代理期限和代理区域内代理;

3. 甲方保证其所提供的资料真实可靠;

4. 保证在本合同签署之前,不存在任何针对甲方的权利纠纷、索赔或者诉讼。

乙方:

1. 乙方保证其为具有相应经纪资格证书并获得个体工商户营业执照的个体经纪人;

2. 乙方保证其有权自行签署本合同,且其履行本合同不存在任何法律障碍;

3. 保证在本合同签署之前,不存在任何针对乙方的权利纠纷、索赔或者诉讼。

第九条 合同的解除

发生下列情形之一,甲方或乙方可以通过书面形式通知对方解除本合同。

1. 乙方丧失民事行为能力;

2. 乙方被吊销经纪资格证书或个体工商户营业执照;

3. 乙方连续_____天未能就其代理的甲方事务促成甲方与他方签约;

4. 甲乙双方在本合同中所作保证不真实;

5. 因甲方原因,乙方无法获取本合同第四条规定的佣金。

第十条 合同的终止

本合同在下列任一情形下终止。

1. 代理期限届满,甲乙双方不再续签本合同;

2. 甲乙双方通过书面协议解除本合同;

3. 因不可抗力致使合同目的不能实现的;

4. 在委托期限届满之前,当事人一方明确表示或以自己的行为表明不履行合同主要义务的;

5. 当事人一方迟延履行合同主要义务,经催告后在合理期限内仍未履行;

6. 当事人有其他违约或违法行为致使合同目的不能实现的；

7. 其他：_____。

第十一条　保密

甲乙双方保证对在讨论、签订、执行本协议过程中所获悉的属于对方的且无法自公开渠道获得的文件及资料（包括商业秘密、公司计划、运营活动、财务信息、技术信息、经营信息及其他商业秘密）予以保密。未经该资料和文件的原提供方同意，另一方不得向任何第三方泄露该商业秘密的全部或部分内容。但法律、法规另有规定或双方另有约定的除外。保密期限为_____年。

第十二条　通知

1. 根据本合同，需要一方向另一方发出的全部通知以及双方的文件往来及与本合同有关的通知和要求等，必须用书面形式，可采用_____（书信、传真、电报、当面送交等）方式传递。以上方式无法送达的，方可采取公告送达的方式。

2. 各方通讯地址如下：_____。

3. 一方变更通知或通讯地址，应自变更之日起_____日内，以书面形式通知对方；否则，由未通知方承担由此而引起的相关责任。

第十三条　合同的变更

本合同履行期间，发生特殊情况时，甲乙任何一方需变更本合同的，要求变更一方应及时书面通知对方，征得对方同意后，双方在规定的时限内（书面通知发出_____天内）签订书面变更协议，该协议将成为合同不可分割的部分。未经双方签署书面文件，任何一方无权变更本合同，否则，由此造成对方的经济损失，由责任方承担。

第十四条　合同的转让

除合同中另有规定外或经双方协商同意外，本合同所规定双方的任何权利和义务，任何一方在未经征得另一方书面同意之前，不得转让给第三者。任何转让，未经另一方书面明确同意，均属无效。

第十五条　争议的处理

（一）本合同受中华人民共和国法律管辖并按其进行解释。

（二）本合同在履行过程中发生的争议，由双方当事人协商解决，也可由有关部门调解；协商或调解不成的，按下列第_____种方式解决。

1. 提交_____仲裁委员会仲裁；

2. 依法向人民法院起诉。

第十六条　不可抗力

1. 如果本合同任何一方因受不可抗力事件影响而未能履行其在本合同下的全部或部分义务，该义务的履行在不可抗力事件妨碍其履行期间应予中止。

2. 声称受到不可抗力事件影响的一方应尽可能在最短的时间内通过书面形式将不可抗力事件的发生通知另一方，并在该不可抗力事件发生后_____日内向另一方提供关于此种不可抗力事件及其持续时间的适当证据与合同不能履行或者需要延期履行的书面资料。声称不可抗力事件导致其对本合同的履行在客观上成为不可能或不实际的一方，有责任尽一切合理的努力消除或减轻此等不可抗力事件的影响。

3. 不可抗力事件发生时，双方应立即通过友好协商决定如何执行本合同。不可抗力事件及其影响终止或消除后，双方须立即恢复履行各自在本合同项下的各项义务。如不可抗力及其影响无法终止或消除而致使合同任何一方丧失继续履行合同的能力，则双方可协商解除合同或暂时延迟合同的履行，且遭遇不可抗力一方无须为此承担责任。当事人迟延履行后发生不可抗力的，不能免除责任。

4. 本合同所称不可抗力是指受影响一方不能合理控制的，无法预料或即使可预料到也不可避免且无法克服，并于本合同签订日之后出现的，使该方对本合同全部或部分的履行在客观上成为不可能或不实际的任何事件。此等事件包括但不限于自然灾害如水灾、火灾、旱灾、台风、地震，以及社会事件如战争（不论曾否宣战）、动乱、罢工、政府行为或法律规定等。

第十七条　合同的解释

本合同的理解与解释应依据合同目的和文本原义进行，本合同的标题仅是为了阅读方便而设，不应影响本合同的解释。

第十八条　补充与附件

本合同未尽事宜，依照有关法律、法规执行，法律、法规未做规定的，甲乙双方可以达成书面补充合同。本合同的附件和补充合同均为本合同不可分割的组成部分，与本合同具有同等的法律效力。

第十九条　合同的效力

本合同自双方或双方法定代表人或其授权代表人签字并加盖单位公章或合同专用章之日起生效。有效期为_____年，自____年____月____日至____年____月____日。本合同正本一式_____份，双方各执_____份，具有同等法律效力。

甲方（盖章）：_____　　　乙方（盖章）：_____
委托代理人（签字）：_____　委托代理人（签字）：_____
签订地点：_____　　　　　签订地点：_____
____年____月____日　　　　　　____年____月____日

二、演艺经纪代理加盟合同

委托方：_____
代理方：_____

根据《中华人民共和国合同法》和有关法规的规定，双方就委托方授权代理方代理权限事项协商一致，于____年____月____日在_____签署本合同。

一、委托事项

委托方授权代理方代理其在_____地区_____（演员、歌手、模特、出版、演出、艺术品、版权）代理业务，期限为_____年。

二、具体要求

代理方以委托方及其网站代理商的名义展开业务活动，代理该地区_____业务。

三、双方责权

委托方责任：

（一）委托方承诺在己方网站为代理方开通宣传主页，公布其联系方式，并设计相关程序保证代理方与客户的有效交流；

（二）委托方承诺在授权期内不会重复授权，并保证在授权期内委托方所接收的该地区_____业务由代理方办理（客户指定由第三方办理的除外）；

（三）委托方承诺通过各种宣传途径为加盟代理商做宣传。

委托方权利：

（一）委托方有对代理业务及代理商进行监督的权利；对通过委托方代理的业务，委托方将公布在_____上，随时了解代理进展并对代理结果进行公布。

（二）委托方有权取得合同约定的收入。

（三）如因代理方违反约定，委托方有权提前终止合同并保留诉诸法律和要求经济赔偿的权利。

（四）如因代理方责任而导致合同终止，所付代理加盟费用一概不退；对因代理方原因引起的纠纷，委托方不承担任何责任。

代理方责任：

（一）代理方承诺所提供的己方公司的信息真实合法有效，合乎委托方对该类加盟代理商的要求；

（二）代理方承诺以委托方及其网站名义开展该地区业务，不会超过区域或业务限制开展业务；

（三）代理方承诺遵守《经纪人管理条例》及相关法规，遵守委托方管理规定及本合同约定，不会以委托方名义进行不正当竞争或欺诈、诱骗等非法活动；

（四）代理方有责任在授权期内积极宣传委托方网站及业务，积极发展会员，代理方有提交市场发展计划并随时与委托方沟通的责任；

（五）代理方有责任对代理收入依法纳税。

代理方权利：

（一）代理方有依照合同取得收入的权利；

（二）代理方有权在遵守本合同各项约定的前提下自主开展业务的权利；

（三）代理方对委托方该地区内会员享有资料共享的权利；

（四）代理方有权依据具体情况，对委托方的代理合同、管理办法、分配方式提出自己的意见或建议。

四、费用分配及结算

（一）加盟费用：

1. 国外代理，代理方一次性缴纳代理加盟费用_____元人民币；

2. 中国港澳台地区代理，代理方一次性缴纳代理加盟费用_____元人民币；

3. 中国内地地区（如华北地区、华东地区）级代理，代理方一次性支付代理加盟费用_____元人民币；

4. 省级单项代理，代理方一次性支付_____元人民币代理加盟费用；每增加一个类别另外支付_____元人民币；

5. 市级单项代理，代理方一次性支付代理加盟费用人民币_____元；每增加一个类别另外支付_____元人民币。

（二）代理费用：凡一次性付清代理加盟费用者，在授权期内所接收的代理业务的所有代理收入均归代理方所有。

（三）会员注册费用：在授权期内该地区会员的注册费用的50%也归代理方所有。

（四）结算：注册费用款项到账当月月底（25—30日），通过银行转账方式结账。

五、保密

双方对合作过程中涉及的各自公司信息、合同、文件、资料均应保守秘密，未经许可，不得向第三方透露。代理双方中任何一方不慎造成泄密，另一方有权终止合同并保留要求经济赔偿或诉诸法律的权利。合同终止后，双方也应对合同内容予以保密。

六、违约责任

如双方中任何一方违反本协议中规定而给另一方带来损失的，后者有权解除本合同，并可酌情要求前者赔偿经济损失。

七、有关续约或终止

合同授权期满前一个月，委托方根据代理方代理业务开展情况及客户反馈进行评估，对合乎代理要求的代理商，经双方协商后，可以续约；对不合乎要求的代理商，在合同期满后，将终止合作。

八、争端解决

执行本合同发生争议，由当事人双方协商解决，协商不成，可向当地人民法院起诉。

九、其他

本合同一式两份，双方各执一份，自双方签字盖章之日起生效。

委托方（盖章）：_____   代理方（盖章）：_____
法人代表（签字）：_____ 法人代表（签字）：_____
电话：_____   电话：_____
地址：_____   地址：_____
电子邮件：_____   电子邮件：_____
开户行：_____   开户行：_____
账号：_____   账号：_____
_____年____月___日   _____年____月___日

第五章 明星经纪人

我国明星经纪尚处于发展阶段，明星经纪人队伍的职业化也起步不久，因而这方面鲜有详细的理论研究，对明星经纪人的含义、形成背景、职能、构成要素以及目前我国内地明星经纪公司的商业模式、发展特点以及存在问题均未有系统性的研究，可以说，我国明星经纪人是文化产业研究中相对薄弱的一个领域。

第一节 明星与明星制

一、明星

明星，古书上指金星；现指在某个领域内有一定影响力的人物，泛指著名的演员、歌手等。

"明星"源于我国古代的传说。《太平广记》中就有仙女明星"居华山，服玉浆，白日升天"之说。后来，明星也用来专指金星，因为金星是较亮的星星之一，所以人们就以"明星"来比喻成绩卓著、才华出众的人。明星除了具有社会影响之外，还是一个民族文化的象征。

根据不同的表演领域和传播载体，一般会把明星分为电影明星、电视剧明星、综艺明星、网络明星等。不过，随着科技的进步和社会的发展，明星的表演领域和传播载体也愈加宽泛，用此法区分明星的方法意义不大。不同的明星会选择适合自己的剧本或根据自己的工作安排来选择拍摄电影、电视剧或者参加综艺节目和网络直播，本文统称他们为明星。无论是何种类别的明星，都是在各自的表演领域取得一定成就或具有影响力的人物，这是毋庸置疑的。

二、明星制

（一）明星制的概念

明星制是 20 世纪初在好莱坞逐渐形成的一种制造和鼓励明星崇拜的商业

手段，后来形成了一套以公司取得更大盈利为目的的、以明星为中心的制片体制。[①] 在明星制中，制片商有计划地通过各种手段制造明星，赋予演员一定的个性，然后千方百计地利用各种因素和手段吸引公众的注意力，总之，影片的制作一切以明星演员为核心，并通过对其的营销推广来提升票房价值和获得相关的衍生收益。

明星制产生了特有的表演风格，基本特色是保持演员本人明显个性特征的类型化表演，使电影演员成为制片厂向大众出售的标准化产品。

（二）明星制的历史和现状

在世界电影早期的历史中，美国电影制片人不允许演员使用自己的真实姓名。原因主要有两点：一是怕演员成名以后索取高额片酬；二是怕观众只关注明星而忽视影片，毕竟制片厂是推销影片而不是明星。直到20世纪初，演员才逐渐被允许使用自己的真实姓名，玛丽·碧克馥是第一位电影明星。在玛丽·碧克馥之前，电影银幕的片头是不推出演职员表的。今天的片头片尾出现的演职员表也可以说是明星制的一种大众心理经营。观众甚至就是为了观看心中的偶像而来的。20世纪初期，明星制开始成为各大制片公司普遍采用的法宝。明星制的辉煌时代，产生过许多杰出的电影演员，比如费雯丽、英格·丽褒曼、马龙·白兰度、约翰·韦恩、格里高利·派克、克拉克·盖博等，这些明星的出色表演，把人类戏剧式电影艺术推上了一个高峰。在好莱坞以及国际影坛，一个卖座的明星，其地位常常超过电影导演和编剧，他或者她才是影片创作真正的中心。自1915年以来，明星制一直支撑着美国电影业的发展。

就像中国电影史的开启紧随着世界电影史的脚步一样，中国京剧改制的开端也恰好和世界电影明星制的出现同步。当时，身为京剧明星的梅兰芳深谙"明星"之道，他在反复创作《霸王别姬》之际，就大刀阔斧砍删了戏中有关虞姬自刎之后的霸王打斗武戏，因为梅兰芳发现，虞姬自刎之后，观众就开始自行散场。这便是观众的看明星戏的心态，尽管与梅兰芳合作多年的京剧武生杨小楼的打戏也很漂亮。

回顾中国电影百年历史，电影明星在我国电影事业中发挥的作用不可小觑。20世纪五六十年代曾出现过一些风靡全国的明星，可以说是中国电影业明星制的萌芽。

中国内地在明星观念上的觉醒是改革开放以后，20世纪八九十年代开始形成了涌现明星的文化生态。经过二三十年的建设，我们也有了一些深受广大观众喜爱的电影明星，既有像巩俐、姜文、葛优这样的本土电影明星，也有陈

[①] 许南明、富澜、崔君衍：《电影艺术词典》，中国电影出版社2005年版，第201页。

冲、李连杰等在国内成名、域外加冕的跨国明星。近些年更是新人辈出，涌现出以章子怡、徐静蕾、周迅等为代表的新一代电影明星。1994年还举办了中国首届十大明星评选活动，选出男女明星各10名，可以说电影界已经开始考虑明星的价值了，作为评委之一的导演谢飞曾为明星制的建设大声疾呼："明星制是市场经济的产物，没有明星制就没有电影业。"

如今，明星制仍然存在，制造明星并依靠明星吸引观众依旧是电影产业中的重要一环。对正在走产业化道路的中国电影业来说，明星制是不容回避的话题，事实已经证明，明星制给美国电影业带来了巨大的收益。如果中国电影产业链中缺少明星制这个环节，中国电影很难有良性发展。除了少数独立制作的艺术电影，缺少明星的影片要获得巨额票房收入是一件非常困难的事情，至少在短期内是无法取得的，尽管有些影片能够进入电影史。①

我国的电影产业起步较晚，和美国成熟的明星制相比，我国的明星培养机制还处在摸索期，明星的出现大多是偶然而非必然的，尚无真正意义上的明星制造机制。2002年《英雄》的上映为本土明星制的建立进行了一次有意义的探索和成功的实践②。《英雄》是第五代导演又一个具有里程碑意义的作品，是中国电影走向商业化的一个起点，应该说它是商业运作与"明星制"的一次胜利。此后，国产大片越来越倾向于使用大明星。随着中国电影步入国产大片时代，明星制的应用在中国的电影行业已成趋势。此外，电影业在依靠经纪人制度开发明星的商业价值方面也取得了一定成就，明星们演而优则歌、歌而优则演的现象层出不穷。在国家政策的引导和电影界人士的共同努力下，我国电影明星制的探索和发展也为21世纪的中国电影产业书写了新的篇章。

（三）好莱坞明星制

好莱坞明星制本身有两个方面的含义：一是明星签约制。即明星与制片厂签订合约，每年为制片厂拍摄多少部影片，获得多少报酬，以及违约会遭到什么惩罚，也就是通过合约的形式使明星隶属于制片公司。签约年限一般在七年以上，明星成为公司的财产。二是指大制片公司重要影片的生产、宣传都围绕明星进行，从而使明星成为一部影片或一系列影片的品牌，成为企业进行产品差异化策略以及与其他对手展开竞争的最重要手段。

明星制的创立对好莱坞电影的工业化生产意义非凡。电影和其他工业品不同，其他工业品可以通过自己的名称、厂家、用途或商标等方式与消费者逐渐

---

① 陆绍阳：《中国电影论坛：中国电影产业链中的明星制建设》，http://ent.sina.com.cn 2003-09-24。

② 林洪桐：《〈英雄〉与"明星制"》，《当代电影》2003年第2期。

建立起相对固定的结构，消费者一看见这些商标马上就会和商品联系起来，从而也使商品具有相对明确的消费对象。而电影作为信息产品，无论是生产还是消费，都和其他商品不同，它几乎是一次性消费，因此很难像其他商品那样可以对消费者构成多次的重复刺激。特别是早期电影，基本上都是单本影片，许多影片轮流放映，基本上不可能给观众留下多少印象。

在以好莱坞为代表的美国电影业中，明星制形成了一条非常完善成熟的流水线，可以把一个普通人变成一颗闪亮的明星。大片场时代，这条流水线已经被各大片场操作娴熟，当时的八大电影公司都有专门的部门来主持这项工作，每个制片公司都有充满自身风格的培养和训练模式，这也是每个公司的王牌手段和商业机密。制片公司体制解体后，独立的经纪人代理机构在这一方面更加用心，为了迎合时代的变化和观众的口味，造星方式更加花样百出。尽管好莱坞电影工业发展起起伏伏，明星制也因条件变化而历经风雨，但其在变革中寻求机遇，变得越来越成熟化和系统化。

要了解明星制是如何运转的，必须先明白明星制内部的各个因素之间的关系。明星制是由各个因素构成的，不同因素承担着不同的功能，并且相互关联协调，共同发生作用。这些因素在运行中根据具体的时段可能有着细微的变化，但整体从功能来看，可以分为三大部分：制造机制、控制机制和再增值机制。其中，制造机制包括猎寻、选拔、培养、定型、包装和市场测试六大环节。

猎寻：寻找有希望和发展潜力的人选。在大片场时代，几乎每个大片场都有一支队伍，这支队伍每天的工作就是游走于各大城市的文娱场所，在茫茫人海中寻找一些有闪光点或有演艺天赋的人，这支队伍就是我们现在所说的星探团队。

从20世纪30年代至今，好莱坞既是电影人的朝圣之地，也是普通人的圆梦之地，很多的明星都是由星探从街头、酒吧、夜总会等地被发掘出来的。制片公司体制解体后，挖掘明星的工作由经纪公司和从原来的大制片公司单立出来的星探公司接手，与原本的服务对象相比，选择的范围更加宽泛，业务也由原本单一的物色寻找发展到代理推荐和初级经纪。20世纪90年代以后，星探们则不单单在大街小巷"海选"，更是利用互联网信息的交互，建立相关的人才数据库，从中寻找人才，星探逐渐在猎寻的环节中发挥新的作用。

选拔：对海选的人选进行测试。并非海选出来的人都可以获得大片场的青睐，培养一个明星需要电影公司或经纪公司付出相当的资金和精力，谁也不能保证这种投资绝对可以获得回报。基于规避风险的考虑，星探初步物色的人选需要经过各方面严格规范的测试选拔和慎重考虑，最终星探公司、经纪公司和电影公司才能决定最终人选。

第一关由星探把控，星探会对海选对象的潜力资质进行详细的说明，对其最初发现过程到初步测试结果总结报告，交给大片场的执行总监或部门主管。然后进入第二关，由部门执行总监主持全面测试。测试包括海选对象对剧本的理解能力、表演能力以及整体形象的考察。测试结束后，主管会把一份全面详细的评估报告呈交公司高层，高层认可后，双方再签订合同。签订合同的演员就算正式进入下一程序。如果是经纪公司负责，这种全面评估更为谨慎，会有各方面的专家教练加入评估的行列。

　　培养：通过评估的候选人将会与经纪公司签约，进入专门机构接受培训。大片场转化为经纪公司后，对明星的培训更加专业和系统，由专业的培训机构来完成这项程序。培训内容包括表演技巧、语言表达、形体训练、梳妆打扮等。同时还要全面提高他们的文化艺术修养。

　　定型：明星的个性化定制。前文一直将明星制同工厂作业进行类比，其实两者还是有很大差别的，差别在于，工厂只要设定好程序，生产出来的商品将会一模一样。明星的制造却不是这样，每个接受培训的候选者如同接受基础教育一样，不同的人，接受能力不同，性格不同，这种基础培训最后达到的效果也不同，这就要进入另一个筛选的环节，除了少数真正具备明星潜质的演员被留下进入定型阶段，其他的大部分人都只能进入片场，承担普通角色。如果是工厂生产的商品，购买者会希望看到它们品相一致、质量相同，而观众们并不想看到电影中的明星也是一个模子刻出来的工艺品，大家希望看到的是个性化有特点的明星，所以具备个性化定制功能的定型程序非常关键。定型必须根据明星个体来量身定制，通过造型教练、表演专家、语言教练对其的个性化培养，最终每个明星会显现出自己专属的风格，这也是明星制造的关键所在。

　　包装：在明星定型之后，就该完成推向市场前的最后一项流程——形象的包装。大片场时代，每个公司都会有这样一个专门的包装部门，他们的工作就是对明星进行个性形象美化，个人经历和生活环境改造，通过各种媒体和影迷反馈进行宣传。包装部门的大小与明星的名气成正比，大牌明星可以拥有一整个独立部门为其服务，到后好莱坞时代，很多经纪公司甚至只为某一个明星服务。

　　市场测试：在经历了前面五个程序之后，明星已经制造出炉了，接下来就是投放市场。无论是大片场还是经纪公司，在推向市场这一环节都非常谨慎。通过一系列的测试（如先让新星在电影中饰演配角）后，不断调整整体培训方向、包装方案和推广策划，直至观众能够接受并认可，整个造星过程才算完成。

　　制造明星仅仅是第一步，明星制的主要目的是让明星这一资本能够实现效益最大化。因此，明星诞生之后，如何把他们牢牢握在手中，并产生巨大的经济效益，就需要控制机制来达成。明星制出现的部分原因是电影演员希望由角色变成自己，本人能够有自主的权利，多一些自由，这种对自主的渴望从未淡化，明星们一直为此与制度做斗争。因为这种愿望和斗争的变化，在不同阶段，明星制的控制系统采用不同的控制方式。大片场时期，各大片场通过与明星签订长期合同来实行控制。这个阶段，大片场不仅控制着明星形象的所有权，同时也控制着明星资本的市场收益。大片场与明星签订的长期合同，规定在合同存续期间，大片场向明星们支付工资，提供有效资源为明星服务，与之相应的是明星的形象支配权掌握在大片场手里，必须接受大片场的所有安排，同时得到的收益全归大片场所有。此时的大片场获得的明星收益一部分来源于电影票房，更大部分则来源于明星形象的转租或转卖。合同制对新星而言，条件优厚，大片场的资源为他们成名铺平了道路，但对渐成大牌的明星就是一种压制和束缚。制片公司体系解体之后，经纪公司主要控制的方向着重于明星资本的市场收益，这时的明星可以随时更换经纪公司，他们与经纪公司签订的合约也相对松散，明星形象的所有权渐渐回归明星手里。

纵观历史，大部分的明星都如烟花一样，灿烂绽放，靓丽夺目，但不久后便归于沉寂，只有少数明星能够始终保持巨大的影响力，如恒星一般持续闪耀于天空。为了实现明星资本利益的最大化，明星制不仅要保障明星成名时的利益最大化，还要保障明星成名的持续性和稳步增值，因此需要再增值机制。前文提到的定型这一程序，实际上也是为了迎合观众的审美取向，从经济学角度说也就是明星的市场定位。产品的市场定位一般是不变的，但是消费者的取向却很难保持长时间不变。以早期的电影明星为例，最早观众喜欢或清纯或淘气的少女形象（如玛丽·碧克馥、苏珊·海沃德），后来却变化为性感风情的女性形象（如玛琳·黛德丽），由此可见，观众的审美取向也会随时代、政治、社会环境等因素的变化而变化。为了维持明星的地位和影响力，明星的定型也要随着审美取向而转变，否则会被时代和观众所抛弃。明星制的再增值机制是大片场和经纪公司根据市场资金流动和影迷反馈而因时制宜，对明星的定型加以调整和转型，确保明星的名声不坠落。好莱坞的明星经纪公司根据资金流动、公众影响力指数、影迷群体结构性变化等各项指标建立起一整套监测系统，据此摸清观众审美取向，帮助明星在必要时稳步转型。但由于互联网时代的信息错综复杂，检测系统数据指向具有多重性和不确定性，对明星的转型策略也需要不断调整和改进。

第二节 明星研究

一、明星研究的主要内容

明星制首先出现在最早把电影这一"新奇的玩意"产业化的美国。早在1910年,美国的一些电影公司为了迎合观众的需求,就已经开始利用其手中广受欢迎的电影明星做宣传。1911年,第一本影迷杂志《电影故事杂志》(*The Motion Picture Story Magazine*)出版发行。也是在这一年,一家电影公司开始销售电影明星的剧照明信片,明星的名字出现在主要面向放映商的宣传广告上,① 这可以被认为是明星制的雏形。随着美国电影工业的进一步发展完善,商业化在美国电影产业中心地位的确立,明星制也在好莱坞进一步确立,并一直延续至今。明星制就是与媒介工业流水线标准化生产相应的一整套围绕明星运作影片的机制,包括导演依据明星确定影片类型,摄影师精心营造明星形象,制片人通过传媒炒作等包装机制、大众民意调查等评估机制,重点以宣传明星来吸引观众。随着明星在电影生产过程中作用的凸显,各国学者也纷纷把目光投向相关的明星研究领域。概括说来,关于电影明星的研究至今主要有三个不同方面的内容。

(一)将明星看成"商品"

这种方法是把明星放入电影生产和市场营销的经济背景中,将明星看成提高电影商业利益的一件"商品"。在这类研究中,电影学者们主要关注的是明星的市场效应。如某一明星的出现可以让观众相信他们能看到自己喜欢的特定类型的电影,这样就保证了电影在上映前就可以锁定特定的观众群以保证一部分票房收入。此外,明星海报、明星访谈,各种纸质媒体和电视、网络媒体中关于明星和其主演的即将上映的电影的讨论,等等,这些依附于明星知名度的各种营销手段的利用,都使一部电影在上映前就拥有了受众很高的期望值,为电影的发行和上映以及之后的商业收入打下了良好的基础。

(二)将明星视为文化研究中的"文本"

这类研究主要是将电影中的明星看成一个"符码",更准确地说,它将明

---

① [美]克莉丝汀·汤普森、大卫·波德维尔:《世界电影史》,陈旭光、何一薇译,北京大学出版社2004年版,第25~26页。

星在电影中的形象置入一个社会体系的互动文本中进行研究。这一研究方法的兴起直接得益于符号学、社会学、意识形态批评等研究领域的发展。这一研究领域最有名的研究者非英国教授理查德·戴尔莫属。戴尔推崇"社会符号学的方法"研究作为互文本产品的明星形象,通过社会学与符号学的双重视角,探索明星生产的媒体、文化机制。戴尔在《明星》一书中将明星定义为一组"符号形象或者文本",并提供了将这"符号形象或者文本"加以分析的语言和方法,电影的魅力总是离不开明星表演与明星形象。戴尔指出,明星乃是一种由电影和大众传媒等媒体文本一起参与构建的"被建构的个体",充满了历史的、美学的和意识形态诸方面的意涵,戴尔通过对许多影片、杂志、广告和批评文章的深入而细致的考察,深刻地对之加以揭示。《明星》自 1979 年出版以来,被公认为明星研究的开山之作。①

在戴尔的研究基础上,保罗·马克唐纳德进一步指出:明星制研究中关于明星个案的研究不能仅仅局限于他在特定电影文本中的表演,而应该更准确地将他置入一个"互文"的背景下,尽可能进行全方位的比较和分析,从而得出一个明星的真实含义。② 概括说来,这一研究方向的要求就是将明星放入更加宽泛的意识形态和社会语境下进行解读。

(三)将明星看作观众欲望的客体

第二类研究中已经提到,对明星的理解依靠不同的文本,而这类研究则是建立在此基础上的,它更深层地去探究观众消费明星的内在心理,这一心理其实就是明星之所以存在的根本原因。既然观众不仅关注电影明星在影片中的表演,他们也关注明星在现实生活中各种不同文本内容中的表现,那么,明星研究的关键问题就是构建明星和观众之间一种合理的关系理论。是什么让观众超越明星作为演员在电影中的角色和表演,去寻觅他们个人在银幕上下的方方面面?是什么让演员脱离了电影,而成了明星、社会名流?詹姆斯·唐纳德认为明星应该首先被看成欲望的客体,通过这个客体,观众对自我进行识别,寻找意义,并且得到满足。这方面最好的例子是女性主义电影批评中关于女性身体在电影中表现的研究成果。③

二、明星研究的维度和方法

在电影史研究的美学、技术、经济、社会这一复合型结构之中,电影明星

---

① [英]理查德·戴尔:《明星》,严敏译,北京大学出版社 2010 年,第 2 页。
② 陈犀禾编译:《明星研究》(上),《当代电影》2008 年第 1 期。
③ 余韬:《试论明星研究及其在中国的发展特点》,《淮北师范大学学报》2011 年第 2 期。

几乎处于各种不同维度的交接地带，从而构成为一个意义繁复而结构庞杂的多义体。电影明星直接或者间接地关联着影片的生产、传播与消费，关联着影片意义的生成、价值的评判。如同电影史研究可以从多个不同维度来展开一样，电影明星研究同样可以从影像、生产、产业、消费、社会等多个维度来进行，并分别运用不同的研究方法。而不同维度的明星研究，事实上也是对明星不同维度的价值评估。①

（一）影像维度

影像维度对电影明星的讨论，实质上是探讨明星在镜头前的魅力。

影像/声音是最为基本的视听元素，体现在电影明星身上，主要呈现为其身体姿态、服饰打扮、行为动作以及声音造型等，或者说是围绕着明星的"身体"而展现的视听形象。无论电影明星背后蕴含着多大的梦想与情感力量，其首先被观众感知的，恰恰是与观众视听感官直接相关的关于明星的视听形象，这事实上也构成了明星研究的起点。

从演员表演角度而言，"表演的符号有脸部表情、声调、手势（主要是手和手臂，还有其他肢体如颈、腿等）、身体姿势（人的站法或坐法）、身躯运动（整个身躯的运动，包括人怎么站立或怎么坐下、怎么走路、怎么奔跑等）。其中最重要的通常被认为是脸部表情，这跟日常生活中人与人之间交流一样，脸部表情是头等重要的。但正因为它是最重要的，所以它的含糊性也最强"②。但令人困扰的问题在于，"电影脸"是否存在"客观"的审美标准会因为不同时代、不同国家和民族、不同性别，乃至于不同个体而都可能有所不同。

从一般的电影表演角度而言，"上镜"是对演员的一个基本要求，也是其在一定程度上区别于舞台表演的主要特质之一，即所谓镜头前的表演及角色魅力。

在电影明星形象的建构中，美女与俊男，毫无疑问是经常被提及的话题，这一点几乎在任何一个时代都不例外，尽管某些特殊的历史阶段也有可能流行与之相反的审美观。在理查德·戴尔看来，只有玛丽莲·梦露和简·方达才是真正的"美女"，因为其符合托马斯·B.赫斯在《美女和偶像》一书中提出的关于"美女"的"标准"："到20世纪40年代为止，美女形象都有严格的标准定义。其众多标准中，首先是'美女郎'（pin-up girl）本身，她必须是健康的、美国籍的、啦啦队队长类型的——翘鼻、大眼、长腿，丰满的臀部和

---

① 陈晓云：《明星研究：维度和方法》，《当代电影》2015年第4期。
② ［英］理查德·戴尔：《明星》，严敏译，北京大学出版社2010年版，第210页。

胸脯,特别是要有开朗、友善的笑容,能露出整齐甚至洁白的牙齿。然后是她的服装和姿势。这些必须是吸引人的,但不是勾引人的,是柔情的,但不是激情的;它们通过暗示,掩而不露。"①

与张艺谋电影联系在一起的关于"谋女郎"的传说,则几乎提供了另一种关于东方/中国女性的美学标准,即网络盛传的所谓"美人指数":①脸形:瓜子脸。②额头:既阔又高的"大脑门",也就是常说的"天庭饱满"。③眉毛:眉型属于"柳叶眉"。④眼睛:非大非小。⑤鼻子:介乎于东西方人之间。⑥嘴巴:唇型基本一模一样。⑦头发:一把未经修剪和漂染、"清汤挂面"似的油黑直发。⑧发型:随意的"马尾巴",没有刘海儿,完全显露出光洁的额头和脸部清晰的轮廓。②

与前述所试图表述或者建构的更带社会文化普泛性意义的"美女"之"标准"不同,张艺谋的审美标准可能更多体现其作为导演个人的偏好与选择,或者也是与其一以贯之的故事模式及文化主题形成对应关系的一种表演/演员/明星选择,而由于其影片在国际电影节或者本土市场上的巨大影响力,此种本带有个人标准的审美趣味进而又演化为其"表演中国"的主要路径与标志性符号。

(二) 生产维度

电影明星的生产维度,指的是关于"明星制造"的各种路径与方法。以当代中国电影明星生产为例,既有与其他国家或地区相通的地方,又有其独特性。

1. 科班明星

作为"明星制造"最为重要的路径,主要来自北京电影学院、中央戏剧学院、上海戏剧学院等专业院校的表演系,或者其他相关艺术团体。一个富有意味的现象是,1996年分别考入北京电影学院(以下简称"北电")表演系与中央戏剧学院(以下简称"中戏")表演系的演员,同时构建了罕见的"明星班"。耐人寻味的是,毕业于"北电"的陈坤、黄晓明等,其成名多是因为电视连续剧,并因此而拥有了广泛的知名度和庞大的粉丝群;而毕业于中戏的章子怡、刘烨、袁泉、梅婷、秦海璐的成名作,则与《我的父亲母亲》(张艺谋导演,1999)、《那山那人那狗》(霍建起导演,1998)、《春天的狂想》(滕文骥导演,1998)、《红色恋人》(叶缨导演,1998)、《榴莲飘飘》(陈果导

---

① 转引自[英]理查德·戴尔:《明星》,严敏译,北京大学出版社2010年版,第81页。
② 詹皓、罗学勤、陈海妮:《"巩俐情结"是阴谋》,《新闻晨报》2019年9月8日,转引自http://culture.163.com/edit/000728/000728_40005.html。

演，2000）等影片联系在一起，他们凭借这些出道之作在百花奖、金鸡奖、金像奖、金马奖等各大奖项中崭露头角。

2. 选秀明星

"超级女声""快乐男声""加油！好男儿"等电视选秀活动，并不直接事关电影表演，而多与音乐相关，但又不限于音乐，而是多种因素综合考量的结果。这至少可以部分解释最终夺冠的未必是歌艺最佳的，但必定是最受欢迎的。从选秀舞台上走来的张含韵、李宇春、周笔畅、何洁、叶一茜、尚雯婕、谭维维、蒲巴甲、马天宇、井柏然、乔任梁和付辛博等，先后参与了电影表演，无论是影片，还是他们的个人表演水平，均显得参差不齐。对选秀明星，不光要关注明星本身，还需要关注共同参与"明星制造"的粉丝。"粉丝"与"追星族"一词，其内涵可能不尽相同。"追星族"作为一个特殊的"族群"，通常并不参与"明星制造"，而"粉丝"则不同，他们往往是"明星制造"动态过程的一部分。粉丝就是这些明星的潜在观众，他们往往以包场、多次观影等行为来贡献票房。

3. 草根明星

魏敏芝、王宝强等"草根明星"的意外成功，并非明星制的产物，而是偶发的个案。此处所谓"草根"，对魏敏芝和王宝强而言，当然具备"底层"的意义；除此以外，"草根"也可以是与专业无关的普通人，因为"意外"而走上演艺之路，并成为明星，如高圆圆、夏雨、周冬雨等，夏雨和周冬雨分别主演《阳光灿烂的日子》（姜文导演，1995）和《山楂树之恋》（张艺谋导演，2010）之后，而先后考入专业艺术院校。在没有形成成熟完整的电影工业机制和造星机制的时代，由于专业演员无法进入某些特殊角色（包括年龄、身份、身体、职业的特殊性）的真实体验的情形下，草根明星的作用往往能够凸显出来。这类演员往往具有双重性，本色表演是其获得成功的原因，也是其受到诟病的根由。一方面，他们可以特别迅速地进入某种角色——通常是与其个人相似度较高的角色，但往往也受这种角色所限，因此昙花一现者不在少数，诸如中外电影史名作《偷自行车的人》（维托里奥·德·西卡导演，1948）以及国产影片《沙鸥》（张暖忻导演，1981）、《千里走单骑》（张艺谋导演，2005）等的非职业演员，由此进入这个行业后而具备了可以塑造多种角色的职业演员特质。

4. 跨界明星

来自相声（如冯巩、牛振华、郭德纲等）、小品（如赵本山、潘长江、小沈阳等）、体育（如李连杰、陶虹、赵文卓、吴京等）、模特（如瞿颖、于娜、胡兵、李艾、王海珍、杜鹃、吕燕等）、歌手（如毛阿敏、崔健、周晓鸥、韩庚等）等领域明星的跨界发展。跨界明星现象在国外也较普遍，如冰岛歌手比约克凭借丹麦导演拉斯·冯·特里尔执导的《黑暗中的舞者》（2000）而成为第53届戛纳影后；乔丹、贝克汉姆、科比等体育明星也曾先后出演电影。不过欧美国家的明星跨界出演电影多属玩票性质，与我国香港及内地明星的"多栖"发展、全面出击存在较大差异。虽然明星生产机制开始慢慢形成多元并存的局面，但是符合现代电影工业需求的明星选拔、生产、选用机制还没有真正形成，明星选用上的盲目、随意现象依然普遍存在。

（三）产业维度

从产业维度来讨论电影明星，事实上是评估明星的商业价值，或者说潜在的商业价值，因而，这一论题与上一维度之间有着内在相关性，而它本质上则牵扯着明星制这一由好莱坞确立的电影生产机制。

众所周知，经典好莱坞电影具备制片人制度、类型电影和明星制这三个基本特征，而三者之间又是互相联系、互相牵扯、互为表里的。类型电影是按照不同类型或者样式制作出来的影片，要求影片制作的标准化。类型电影有着公式化的情节、定型化的人物和图解式的视觉形象。电影明星所需要的除了基本的演技要求外，还有某种在摄影机前可以体现出来的魅力、某种恰当的外形和气质。明星是按照类型模式生产的。于美国电影工业而言，"虽然个别影片可以没有明星而存在，但一个没有明星的电影业是难以想象的，至少没有明星的美国电影业是难以想象的。明星制对于作为一个社会机构的美国电影业的有效运转起到了至关重要的作用"[①]。反观中国，因为20世纪复杂多变的社会格局，以及由此带来的电影观念与形态的变化，并没有在早期电影发展的基础上有效地建构起电影工业体系，以及与之相关的明星制。电影明星的沉浮起落，也从一个侧面折射出中国电影观念乃至社会文化观念的演变。

如今，"明星"一词也用于其他能够散发特质并在一举一动中吸引大众目光的公众人物，如运动员、政治人物等，都可被视为"明星"。这些明星们共同的特征是，透过媒体宣传等造神活动，他们的个人魅力与专业表现并驾齐驱，他们的私生活和公众活动一样受人瞩目，他们台下幕后的个人表现甚至被当作他们台上幕前的角色表演的延伸，并同样受到普罗大众的凝视。明星制的基础层面，其实是对一个电影明星商业价值的考量，然后进一步拓展至社会文化价值。所谓商业价值考量，本质上即是关于电影明星的性价比，亦即演员片酬与其票房收益之间的比例关系。好莱坞有所谓的"两千万俱乐部"，即单部影片片酬超过2000万美元的电影明星，朱莉娅·罗伯茨成为第一个进入男性当道的"两千万俱乐部"的女明星。虽然量化的评估对电影明星这样的职业

[①] ［美］R. 科尔多瓦：《明星制的起源》，肖模译，载《世界电影》1995年第2期。

身份来说并不能涵盖其全部价值与魅力，但从电影作为文化工业这一角度而言，却有着重要的参考价值，一方面，它起码可以避免电影界普遍存在的仅仅根据主观想象与个人好恶对电影明星的盲目评价现象，有效规避无节制的权力机制对电影创作的介入。但另一方面，无论何种评估方式，仍然会带有一定的主观色彩，作为团队创作的电影艺术，明星在一部具体影片中到底起到怎样的作用，也是一个需要精心考量的问题。

（四）消费维度

电影明星的消费维度所要探讨的话题是，在消费文化盛行的时代，明星如何不可避免地成为文化消费对象，一方面是电影明星在引导消费，另一方面则是明星自身成为受众的消费对象。

电影明星对大众文化的引导性消费，在早期电影中就已经有所呈现。在印刷媒介的帮助之下，包括早期的商业和影迷杂志——一个明星系统已然初步形成。明星引导文化消费在现代社会中呈现出更加丰富的形态。如果说，20世纪80年代中国电影明星的影响力可以从登上《大众电影》封面或封底的频次作为主要参照，如今，除了电影刊物外，他们更多为《瑞丽》《时尚》《男人装》等时尚杂志所青睐。尽管这些杂志的封面女郎未必都是电影明星，但后者由于具备了现代与摩登的时尚功能，往往成为杂志的封面宠儿。而从电影投资或制作方而言，这一系列行为往往又构成其明星的"促销"行为。这种文化消费的背后，事实上隐含着一条与商业、经济、销售、消费相关的无形链条，它们共同促成电影明星作为文化商品的开发与消费。

（五）社会维度

在现代社会，电影明星受到关注与追逐的本质原因，至少可以追溯到古代的英雄崇拜，"英雄、俊杰、楷模、典范是所有民族的文学中不可或缺的，从远古的史诗到近代的电影莫不如此。英雄从一开始就以经过高度美化的形式在文学艺术中出现，作为精神和伦理价值的体现物。印刷术的发明，代表人类精神和伦理价值的可见形象就失去了它的重要地位。美不再是广大群众的一种梦想和体验。随着电影的诞生而得到复兴的视觉文化使形体美重又成为群众的一种重要的体验"[①]。对生活在世俗情境中的观众而言，明星是"梦的食粮，让我们可以有最深的幻想和迷恋。他们像古时的神祇，被人崇拜、倾慕、景仰，就如神化的图证"。路易斯·贾内梯认为，对明星来说，"最大的荣耀是成为

[①] [匈] 巴拉兹·贝拉：《电影美学》，何力译，中国电影出版社2003年版，第310页。

美国流行文化的图证"①。此种表述背后的潜台词，事实上隐含着一个真实而残酷的文化现实：所谓"美国流行文化"，在一定程度上意指"世界流行文化"。这种现象的出现，一方面可以归结为好莱坞电影所建构的文化霸权，通过其有效的影像叙事向其他文化扩张与渗透；另一方面，就这些明星本身而言，或许他们身上恰恰潜藏着可以被我们称之为"文化原型"的元素。

明星研究关涉电影多个层面的论题。影像维度、生产维度、消费维度、产业维度、社会维度，也许还不能穷尽电影明星研究的全部内涵，但它们无疑构成了迄今为止明星研究的主体内容，以及与之相关的方法论。进入数字时代与网络时代，电影的创作、制作、营销、发行、放映以及影响模式都在发生重大变化与转型，与之相关，电影明星的生产、消费、解读与批评也会随之发生变化，从而期待人们新的认知与新的表达。

第三节 明星经纪人与明星形象包装

一、明星经纪人

就娱乐和商业概念而言，所谓明星经纪人，即自身拥有独立、合法地位，通过影视歌等业界推介明星及相关娱乐产品，凭借演艺市场和演艺交易，从中获取商业利润的中间人。

（一）欧美等国代表性明星经纪人

欧美国家的知名经纪公司和经纪人团队都集中在好莱坞。如今以 CAA、WME – IMG、ICM、UTA 四大公司为代表。如 CAA 的创始人迈克尔·奥维茨，WME – IMG 联合总裁马克·夏普。

（二）中国港台地区代表性明星经纪人

港台地区的明星经纪人职业概念较内地成熟一些，其代表人物有霍汶希、夏玉顺、何秀琼、陈自强、文隽、小美、杨佩佩等。

台湾"金牌"经纪人夏玉顺，是把"经纪人"这一概念传到中国大陆的第一人，刘文正、欧阳菲菲、凤飞飞、甄妮、崔苔菁、张帝等都是夏玉顺一手捧红的。身为夏家班的掌门人，夏玉顺旗下网罗了60多位当红资深影视艺人，包括马景涛、萧蔷、陈德容、林志颖、钟汉良、王耀庆、张晨光、于莉等。

---

① [美] 路易斯·贾内梯：《认识电影》，焦雄屏译，世界图书出版公司2007年版，第228页。

（三）中国内地代表性明星经纪人

其职业概念并不完善，代表人物有王晓京、苏越、郭传林、王建中、王京花、李小麟、叶秀娥、杨天真等。

王京花，内地第一代文化经纪人，从1991年涉足歌坛经纪开始，打造了中国第一个歌手组合——"兄弟brothers"，由双胞胎楚奇、楚童二人组成，之后又捧红了高枫、戴娆、白雪、李慧珍等实力派歌手。如果为"艺人经纪"开一门课，王京花就是活的教科书兼主考官，因为如今活跃在娱乐圈的经纪人多半是她的徒子徒孙，而"艺人经纪"真正意义上的行业标准也是从她开始建立的。

杨天真，内地经纪人新生代佼佼者。1985年出生，毕业于中国传媒大学导演专业，曾在王京花的公司做过实习生，后与陆垚、陈洁、陈嘉颖共同创立北京壹心文化传媒有限公司，开创了中国影视经纪公司新模式。先后与演员白宇、陈数、春夏、范世琦、李现、鹿晗、马伊琍、宋佳、张宥浩、张雨琦、赵又廷、朱然、朱亚文、欧阳娜娜，导演韩轶、李骏、李蔚然、韩延，编剧查慕春、秦海燕、张冀、张莉莉等达成全约经纪合作。

2019年3月，由腾讯视频出品、企鹅影视和日月星光联合制作的国内首档聚焦经纪公司的职场真人秀《我和我的经纪人》开播，不仅揭开了不为人知的艺人经纪的行业模式，还展现了职场中当下青年群体的工作现状，引发了大多数职场人士的共鸣。它以壹心娱乐为职场视角观察娱乐行业，通过全方位的长线记录，展现了艺人如何面对工作挑战、经纪人如何应对困境并完成自我成长的过程。节目一经播出，观众反响强烈，也让壹心娱乐的明星推手杨天真从幕后走向台前，被圈粉。

尽管时下的明星经纪人数目繁多，群体庞大，但综观各明星经纪人的出身，无外乎是熟知娱乐圈的那一批人和部分初涉此道的娱乐中人。细细历数，这些人既有以往从事音乐或影视制作的行政人员，也不乏资深的企宣或娱记。内地明星经纪人在出身上具有六大特征。

1. 传媒出身的编辑或娱记。因为工作的关系，这部分资深编辑、娱记平时与明星接触较多，对娱乐圈也比较了解，后来这部分人"弃文从娱"，投身娱乐界，转行做起了明星经纪人。

2. 演艺机构的行政管理人员。这部分人长期在影视界、音乐制作机构打拼，对演艺圈的各个方面驾轻就熟，因为与某些明星关系比较密切，于是帮助他们打理演艺事务，兼任其经纪人。

3. 半路出家的演艺人士。有些人自身就是演员、音乐人或创作人等，但在发展过程中，源于对娱乐圈的熟知，发现自己其实对明星经纪更感兴趣，更具潜力，因此隐退幕后，心甘情愿地当起了明星经纪人。

4. 在演艺公司工作的娱乐中人。这批娱乐中人往往在演艺公司工作多年，经验丰富，因为自身事业发展需要，签约明星，甚至掷重金发现新人，从而通过明星经纪人这一身份，将艺人捧红并推向演艺市场。

5. 经验丰富的导演、制作人及编剧等。这部分人本身就在娱乐圈担任重要的娱乐角色，甚至旗下的签约明星都可以独当一面，进而影响到娱乐界的动态。但这部分人大都兼任旗下明星的经纪人。

6. 企宣或演艺助理出身的娱乐中人。这部分人因为企宣或艺人助理这一身份，与明星熟络，相对了解娱乐界的发展和演艺动态，加之平时工作的关系，同各媒体和演艺公司关系比较好，待机遇成熟后，翻身一跃成为明星经纪人。

二、明星形象包装

一般而言，明星和公众的最大区别体现在外在形象上。一个明星，要么相貌出众，让大众念念不忘，要么气质异于常人。

一般而言，明星形象包装主要包括身体修饰、服饰设计、言谈举止等（含"舞台风格"等）。

（一）身体修饰

1. 新颖时尚的发型。明星在步入娱乐圈前，一定要聘请一个造型师在发型上多下一番"头顶功夫"，通过对"头顶"的精心打造，让自己尽现明星风采。

发型设计成功的明星代表：麦当娜。麦当娜确定自己的性感路线后，在舞台上的打扮也刻意效仿梦露，穿着性感的服装，将头发染成金黄色之后，显示出风情万种的风韵和性感之美，其事业才真正如日中天。

2. 美容、瘦身。保持窈窕、玲珑有致的身材显然是女明星吸引人气的一大法宝。因此，众多明星每天必须抽出一定的时间，对自己的身体关爱呵护一番，有的明星还聘请私人美容师及健身教练。

明星代表：林志玲。

（二）服饰设计

在这个泛娱乐时代，除了外貌极为重要之外，由明星引导的服饰文化亦为公众所关注，作为明星文化中不可或缺的一部分，在某种意义上，明星服饰设计在公众心目中的位置明显超出公众对明星言谈举止的关注度。

以硬汉形象著称的史泰龙对服装的眼光很独特，总是希望自己的服装显得至尊、高贵，因此，他选择了黑、白、灰三色。史泰龙认为："黑色是生意的象征，白色是典雅的高贵的体现，灰色更是代表着至高无上的地位。"正由于服饰中的个人定位较准，经过专门的服装设计师的精心设计，史泰龙在任何场合看上去都衣着得体。

因主演《与狼共舞》一举成名的奥斯卡影帝凯文·科斯特纳，除了在某些正式场合必须身着礼服，平常从来都是一袭便装。而这种轻松闲适、和蔼可亲、平易近人的服饰风格，让人看起来很舒服，他也因此被公众誉为"梦中老爹"。

（三）言谈举止

在树立良好的形象、精心装扮自己之后，对一个明星而言，言谈举止具有更加重要的作用。

在明星包装策略中，规范明星的言谈举止是对明星进行外在形象包装不可或缺的组成部分。

相应地，娱乐圈对一个明星的言谈举止要求如下。

（1）明星在出席各种公众场合时，应谈吐大方，举止优雅，避免语言粗鲁及脏话连篇。

（2）明星的台风必须与舞台现场的情境吻合，与此同时，明星置身舞台，必须通过自己的言谈举止，行之有效地调动现场观众的情绪，尽最大可能地活跃气氛。

第四节　明星广告代言

一、明星广告代言的概念及分类

依据《中华人民共和国广告法》（以下简称"《广告法》"）规定，广告代言人是指广告主以外的、在广告中以自己的名义或者形象对商品、服务做推荐、证明的自然人、法人或者其他组织。明星就是具有知名度的自然人之一。明星广告代言则是具有知名度的公众人物在广告中展示商品或者演示服务，并借助自己的名誉、能力和影响力增强广告内容的可信度和感染力，从而提升广告的宣传效果的一种方式。明星广告代言也是厂商利用明星的知名度和美誉度促使产品广为人知的一种营销手段，把商品与明星联系在一起，让明星助推产品的知名度，从而影响消费者的消费趋向。一般来说，明星所代言的广告效果是与该明星的知名度和美誉度成正比的，即知名度和美誉度越高，代言的广告效果就越好。

从明星广告代言的传播载体来分,主要有平面代言和影视网络代言。平面代言使用范围包括以纸张为载体发布新闻或者资讯的传统媒体,如报纸、杂志、海报、画册等。影视网络代言使用范围包括电影、电视、互联网等通过视觉、听觉等多维度传递信息的媒体。

从代言明星的行业领域来分,主要有影视明星、体育明星、商界明星、政坛明星等,前两类较受商家的青睐。

一般情况下,商家或者企业如果想找明星代言,需先联系明星所属的经纪公司。由经纪公司代表艺人洽谈广告代言相关事宜。

二、明星广告代言的发展历程

广告是经济迅速发展的产物,明星广告策略起源于美国。20世纪初,美国的智威汤逊广告公司开始在力士香皂的广告中使用影星照片,市场反响强烈,引致许多公司效仿。此后,明星广告代言迅速发展,并作为最重要的广告策略之一被广泛运用。

相比经济发达的美国,明星广告代言在我国起步较晚。我国明星平面代言始于20世纪80年代初,有厂商借助报刊为产品做推广,广告内容和明星肖像开始同步出现在一些报刊以及海报等宣传单页上。电视广告直至1985年才发端。20世纪八九十年代的明星代言广告以明星为产品念广告词为主,代表作如李默然的"三九胃泰"、汪明荃的"万家乐"、成龙的"小霸王学习机"等。20世纪90年代末至今,明星代言电视广告逐渐从"告诉消费者"转变为"注意消费者"。广告创意追求个性,或是讲一段动人的爱情故事,或是幽默小剧场的描写,风格机智幽默,剧情简单便于记忆,给人好感并被认同,代表作有1999年王力宏的"娃哈哈"、1999年周润发的"百年润发"、2014年彭于晏和桂纶镁的"你的益达"等。在互联网和数字媒体时代,明星广告代言在传播形式上趋向多元,即使为投放电视所拍摄的明星广告,也会借助新媒体渠道同步传播,进一步增强粉丝互动以及影响力,形成扩散影响,远比单纯通过电视投放的影响大。

明星广告代言自问世以来长盛不衰,近年更有愈演愈烈之势。选取明星作形象代言人是企业品牌意识的集中体现,究其原因,主要有几点。

其一,企业将受众对明星的关注转移到对产品的关注上,以提高品牌的关注度和知名度。明星本身具有广泛的知名度,一旦出现,很容易引起受众的注意;如果是创意独到、形象贴切的明星广告,更能引起消费者的强烈反响,帮助品牌在市场竞争中达到出奇制胜的效果。在信息爆炸的年代,社会注意力资源成为一种稀缺资源,明星效应的最终目的就是为了吸引更多的社会注意力,这不仅使得明星代言的产品吸引了消费者的注意力，某种程度上也提高了明星的曝光率和人气。

其二，企业利用受众对明星的喜爱，使之产生爱屋及乌的移情效果，增加品牌的喜好度。古语有云："爱人者兼其屋上之乌"，推及明星广告，同样可以理解为受众因为对明星的认同，而将这种认同感转移到其所代言的品牌上。如果将明星也当作品牌的话，明星品牌的记忆度总是高于产品品牌的记忆度，明星品牌能够提高产品品牌的吸引力和传播程度。

第三，企业通过明星广告代言，利用明星的个性/形象魅力，强化产品及品牌的个性/形象。当社会缺乏英雄人物的价值牵引、人们普遍陷入价值观迷失的时候，明星的出现可以给社会、给公众带来强大的精神鼓舞，而他们所传递的无论是品牌价值还是产品价值，往往可以潜移默化地影响消费者的心理选择。

三、明星广告代言的风险

（一）明星对代言品牌的选择判断风险

明星利用广告代言扩大自己的知名度，所选择的品牌个性/形象必须与自身的个性/形象高度一致。由于人们对品牌形象的判断仁者见仁智者见智，明星如果没有在目标顾客中进行客观严密的调查，受决策者的个人喜好等非理性因素影响，往往会对品牌的个性/形象做出错误的判断和选择。

明星选择产品/品牌代言一般需要注意两点：①明星的喜好人群与产品的目标受众是否吻合。②明星的内在气质与品牌的内在气质是否协调。如成龙代言格力，无论从个人形象、调性还是内涵，都是适合的，但代言霸王洗发水显然就不合适。此外，明星一人代言多种类产品/品牌的做法容易导致受众对品牌形象认知的模糊，不值得推崇。如韩剧《来自星星的你》当年火了之后，主演金秀贤随之在中国代言了十多个品牌，现在观众还能想起是哪些品牌吗？金秀贤到底给品牌的销售和品牌提升带来了什么效果？受众追求简单，本能地抗拒混乱，如果最后受众只记住了明星而记不住产品，则说明明星的重磅宣传并没有给产品/品牌的推广带来益处。

就企业而言，邀请明星代言不只是一种品牌知名度的关联，或者说代言并不是扩大知名度的主要手段，而是需要将代言融入企业品牌管理的全过程。理想和现实的距离，就是明星代言和品牌施展的空间。

（二）明星代言广告的创意制作风险

广告的灵魂是创意。有创意的广告使受众印象深刻，并随之记住代言的明星。创意是艺术和理性策略的结合，如同戴着镣铐跳舞，而明星代言的广告创意如同戴着多重镣铐。好创意往往可遇不可求，要创意出人人叫好的广告，更非易事。

镣铐一：广告创意到底是以产品/品牌为中心还是以明星为中心？明星代言广告的目的是提高自己的知名度及获取巨额的代言费用。广告需要有明星代言，毫无疑问，一切创意必须围绕产品/品牌转，但是，因为明星的巨资代言，"花了数十数百万元，广告不多多出现明星，岂不浪费？"许多企业被迫放弃了简单明了的原则，于是许多平庸的广告充斥荧屏。如某些运动鞋广告，都是明星穿着企业品牌的运动鞋跑步，然后突现明星画面，大喊"我喜欢×××"。让观众觉得明星代言这样的广告就是为了赚钱，而对提高其知名度起到的是事倍功半的效果。

镣铐二：创意表现中如何体现明星个性与产品/品牌特色的结合？企业理性地寻找到符合产品/品牌特色的明星，但要从专业创意角度看，在广告中巧妙有机地体现品牌特色，并准确传达给消费者，更是难上加难。

镣铐三：创意受明星时间/行程及企业拍摄时间的制约。越是大牌的明星，行程越紧张，企业的广告制作日期不得不跟着明星的工作节奏走，创意和拍摄时间往往非常紧迫，好创意出现的概率大大降低，广告片的制作质量可想而知。

（三）明星广告代言的时效风险

明星代言的主要目的是企业利用明星的知名度提升产品/品牌的关注度，大前提是明星的"人气"够旺，还要持久。演艺圈风云变幻，明星往往如"流星"，多数明星当红时间最多三五年，真正像周润发、陈道明、刘德华、成龙式的常青树非常少。体育明星受生理体能极限的制约，"明星"寿命更加短暂。明星往往与"流行、时尚"相伴随，人气如潮水，有潮涨必有潮落，当明星成为"明日黄花"时，其代言的品牌也意味着"过时、老化"。如何避免明星广告代言的时效风险或者说明星代言的周期性也是企业和经纪公司考量的主要问题。频繁更换代言人或许能在短期内获得关注，但对品牌的深入传播终究是不利的。同一副面孔反复出现又容易让受众觉得乏味。最好的策略就是制订周详的传播计划，让明星分阶段、分层次地进行品牌代言。

（四）明星广告代言的事件风险

明星代言，意味着明星与代言的产品成为"命运共同体"，一荣俱荣，一损俱损。围绕明星总会有各种各样的事件发生，如果是正面的，自然会锦上添花；如果是负面的，无论是事实还是谣言，"城门失火，殃及池鱼"，必然会影响其代言产品/品牌的形象和公信力。明星通过代言和广泛的媒体传播，事实上已经成为品牌内涵重要的组成部分，这就需要企业更加谨慎地选择合作伙伴，并形成一套预警机制。对明星及其经纪公司来说，代言品牌的风险同样不可控，要争取在最短时间内处理公关危机。

四、明星广告代言的责任

明星广告所带来的优势使得很多企业愿意花大价钱请明星代言，但是也存在少数明星代言虚假产品的现象，这种现象又以美容、保健、药品等行业为甚。例如，对自身没有尝试过的产品，却在广告中宣称使用效果好。一旦明星代言的产品出现不良反应，引发社会的广泛批评，所代言的明星们也就被大众推到了风口浪尖，声誉将受到极大影响。因此，明星必须为自己的代言行为承担相应的责任。

（一）社会责任

明星属于社会公众人物，他们通过自身的努力，在广大观众中树立了良好的形象，具有示范作用，具有一定的社会影响力，应当承担比普通人更多的社会责任。由于明星居于舆论领袖地位，其所代言的品牌往往会在消费者中产生很大的影响力，因此，在选择代言时应经济利益和社会责任兼顾。如果明星一味追求眼前的经济利益，不负责任地为质量不合格的产品或服务做虚假代言，造成恶劣的社会影响，最后必然是得不偿失，甚至付出惨痛代价。

（二）法律责任

针对明星代言虚假产品广告，以立法的形式确定广告代言中明星的责任和义务无疑是最明智的选择。欧美等很多国家早已将代言者的诚信作为广告合法与非法的重要衡量标尺，以强化代言者的社会责任，保障消费者的知情权。在我国之前颁布的《广告法》中，虚假产品广告的民事责任承担主体只是广告主、广告经营者和广告发布者，而对在广告中发挥重要作用的"明星代言"没有约束力。对此，我国2018年新修订的《广告法》，在广告主体部分，在广告主、广告经营者、广告发布者的基础上，增加了广告代言人的相关内容，并完善了广告代言人及其法律责任制度，将明星代言产品或服务的诚信伦理标准上升到法律层面。《广告法》明确指出，广告代言人在广告中对商品、服务做推荐、证明，应当依据事实，符合本法和有关法律、行政法规规定，并不得为其未使用过的商品或者未接受过的服务做推荐、证明。换言之，明星代言的产品，必须是明星真实使用过的。如果代言虚假广告，代言人将承担相应的连带责任。《广告法》对未成年人（童星）代言也做出了严格规定，禁止利用未满10周岁的未成年人做代言人。

第五节 明星与网红

一、网红的概念

近年来,"网红"的概念越来越引发公众关注。关于网红的定义,各路学者和创业投资人众说纷纭,有人说网红即网络红人,是指在现实或者网络生活中因为某一事件或者某一行为而被网民关注并走红、拥有大量粉丝的人。也有人说网红是那些在网络社交平台上走红、能对粉丝产生影响力和决策力的人。在流量为王的时代,拥有粉丝就等于拥有流量,而拥有流量就意味着拥有巨大的营利机会。通过卖货、打广告等方式,网红将自己的粉丝资源转化为现实的收入。如今,对网红的界定越来越宽泛,拥有忠实粉丝的"自媒体"算是网红,具有鲜明个性特征的微博大V是网红,善于运用移动互联网"吸粉"的各类明星也是网红,很多明星经常在微博、美拍等网络平台和大家互动。

具体来说,网红有以下几类:①微博网红。由最初的小模特、小明星演变而来。早期靠输出"白富美"的内容,用自拍神器晒自己的生活圈子,名车豪宅,帅哥美女。他们利用普通人对富人生活的猎奇与憧憬,吸引大批的粉丝,然后成功转型从商或进入娱乐圈发展。②论坛、博客或微博上的时尚达人。依靠准确的定位,长期输出有价值的内容,积累一大波的忠实追随者。③另类淘宝卖家。生身于淘宝,发迹于社交媒体,通过高仿、单品、预售、定制等爆品法则沉淀了无数忠实粉丝。④生产线上的网红店。自带粉丝,在商业运营公司的资本下成长起来,如各类微信公众号自媒体。⑤明星。明星有着令人艳羡的生活,所到之处无不环绕着掌声和喝彩声,最重要的是他们利用明星效应产生极大的经济效益。明星的收益分为两部分,第一部分来自唱片、演唱会、电影票房这类直接让粉丝掏钱的商业模式,第二部分来自商业品牌代言类,这也是明星收入的主要部分。过去,明星和网红是两个对立的群体,许多明星对网红不屑一顾,但在明星和粉丝经济的悄然变化中,新一轮话语权正在更迭:网红正在悄然取代明星的地位。网红比明星更接地气、更大众化、更善用移动互联网,这是收获粉丝的一大利器。网红不局限于淘宝等平台的美妆达人、街拍达人,也不限于美拍等平台的短视频达人。传统明星的偶像包袱太重,与大众的距离太遥远,无形中给了网红们崛起的机会。网红和明星的界限越来越模糊,就像互联网改变传统行业一样,明星经济拥抱网红经济也是必然趋势。

以太投资从经济学的角度对网红有一个比较综合的界定:网生,并具有人格化形象,已经具备一定传播力和影响力,并能持续生产创作优质内容,有一定商业变现潜力的群体。① 网红们的终极目标并不是要赢得流量，而是要用流量来变现。从这个目的出发，他们首先要做的，就是针对目标用户的偏好来设计自己的形象，策划自己的表演，从而在他们心中创建一个"定位"。例如，美妆主播李佳琦卖的是口红，其目标用户是年轻白领女性，那么他就要尽力把自己塑造成为"口红一哥"，然后根据女性的心理，设计出一些直击其心的推销词。一句"男生永远都先看你的口红，你背 LV 还不如涂阿玛尼口红管用"，就足以在目标用户心中"种草"。

网红所采用的定位和筛选策略只有在互联网经济高度发达的前提下才有可能实现。在传统条件下，信息的传递通常是普遍的、无差别的。例如，春节联欢晚会同时向全球直播，几亿观众看的都是同一台晚会和同样的内容。在这个过程中，晚会上的演员虽然也能收获粉丝，但他们和粉丝间却不可能产生针对性交流，因此这些粉丝的变现转化效率就会较低。②

二、网红经济

网红经济，是指依托互联网特别是移动互联网传播以及社交平台推广，通过大量聚集社会关注度，形成庞大的粉丝和定向营销市场，并围绕网红 IP（Intellectual Property，知识产权）延伸出各种消费市场，最终形成完整的网红产业链条的一种新经济模式。其本质是注意力延伸出的经济行为，包括以用户变现为方式的直接经济行为（打赏、道具、付费问答等）和间接的经济行为（广告、品牌、代言等）。究其根本，网红经济是互联网环境下的流量效应和定位、筛选战略共同作用的产物。互联网经济的兴起，大幅降低了传播成本，让某些主播在短期内获取巨大流量成为可能。一段"魔性"的表演，或一曲动人的歌唱，在互联网的助推下，都可能让一个默默无闻的人跃升为网红。

（一）网红经济兴起的原因

首先，消费主流年轻化。"80 后"和"90 后"甚至"00 后"的年轻人是目前消费主流，也是互联网新文化的塑造者和追随者。他们一出生就浸泡在互联网环境里，充满好奇，极具个性。而网红本身就具备鲜明而独特的性格和人格，十分符合年轻人对自我的定义和认同。相较于明星，年轻人更喜欢网红，因为网红贴近生活，会呈现喜怒哀乐，让粉丝感同身受其生活方式和价值观。

其次，传统营销的困境。传统营销一般通过线下营销和线上广告。线下扩张成本越来越高，实体店品牌号召力下降，店铺打折吸引力锐减，大牌明星出

---

① 以太投资：《网红经济学》，人民邮电出版社 2016 版，第 4 页。
② 陈永伟：《网红经济：除了能带货 还得有规矩》，《科技日报》2019 年 9 月 4 日。

场费屡创天价。线上通过淘宝电商平台导流或者是百度搜索引流的效率逐渐下降。传统的线上和线下营销面临困境,品牌商迫切需要重新寻找新的高效率方式。通过网红,品牌商找到了一种高效推广宣传自身产品的全新方式。网红利用自身在社交网络积累的大量社交资源以及精准营销的优势,通过意见领袖导购方式,大大提升了其宣传的有效性和转换率。

再次,信息爆炸需要引导。互联网带来的信息爆炸,让用户接触产品信息更容易,但用户选定产品的时间成本却在急剧增加。用户渴望值得信任的人来引导,即共享其知识和经验。用户依靠网红,快速和碎片化地获取自己真正需要的、可以帮助解决问题的知识和经验。用户在获取信息的同时,也希望满足更高情感层次的需求:共鸣和认可,这种心理需求的满足反过来又加深了用户对网红的黏性。

最后,全频道网络的形成。网民们的社交和娱乐的表现形式越来越多样和全面。短视频和视频直播的流行,电子竞技市场的火爆,网络综艺、网络影视剧等网生内容的蓬勃发展,这些信息传播技术的成熟和普及,为网红诞生提供了土壤和舞台,为网红吸引粉丝以及变现提供了多元化平台,大力推动了网红经济的发展。

(二)网红经济的发展

网红经济在 2016 年集中爆发,但之前也经历过三个阶段。

第一阶段:文字网红。受到通信网络的限制,这个阶段的网民集中在 BBS 和各类文字社区上,靠文字作为主要的交流方式。这个阶段的网红一般都颇具文笔和才情,通常没有采用任何商业运作。

第二阶段:图片网红。2005 年,互联网速度进一步提升,进入了图片时代。网友流传一句"无图无真相",彰显了文字交流的没落和图片传播的崛起。这时候的网红大多都是 V 型脸的白富美少女,通过高颜值来吸引人气,同时也存在一些为了博眼球而恶搞低俗的图片网红。网红成名后开始把吸引力流量引导到商业推广上,网红的商业运作逐步兴起。

第三阶段:全媒体网红。2014 年后,智能手机特别是 4G 网络的普及,使得网红吸引粉丝的方式空前繁荣,除了原有的微信、微博文字和图片外,出现了语音、歌曲、视频,特别是直播视频。"网红"的称号不再局限于通过颜值推销淘宝产品的美少女,而是成为社交媒体的话题人物、意见领袖、流行主力的统称。网红的商业化逐步形成一条成熟的生态产业链,催生了一系列网红孵化经纪公司、网红第三服务公司和各种网红变现平台。中国的网红经济在 2016 年达到 528 亿元人民币的产业规模,这个数字远超 2015 年中国电影 440 亿元的票房,可见规模之巨大。

(三) 网红经济的特点

借势造势,看准着力点,网红经济玩转各电商平台,制造经济闭合圈,迎合了以下几个时代特点。

1. 商业模式平台化。公司不管大小,一定是平台化的资源合体,公司中每个个体都是利用公司的资源做项目。老板不停地签约品牌和自创品牌,开许多店,招募许多运营合伙人,建立强大的 ERP(Enterprise Resource Planning,企业资源计划)管理系统,在资源共享的同时,也扩大了平台经营的广度,换句话说,任何人都可以利用公司资源创造价值。

2. 社会分工精细化。很多电商公司只有几名员工,却能运作上亿元的项目,其他的全部外包。不足 100 平方米的办公室,没有客服、美工、运营、仓库,省去了耗时而不必自主运作的项目。

3. 电商已经呈现产品粉丝化、服务社群化的趋势。这在化妆品、食品、母婴、科技产品、创意产品等领域显现得淋漓尽致。

目前,网红经济已成为经济生活中一股举足轻重的力量。据艾瑞咨询与新浪微博联合发布的《2018 中国网红经济发展洞察报告》显示,2018 年,我国网红粉丝总人数达到 5.88 亿人,2018 年网红经济规模已突破 2 万亿元。

(四) 网红经济产业链

传播学中有一个概念叫"意见领袖",说的是信息传播会先通过意见领袖再传递给普通人,但在报纸、电视、门户网站的传播模式下,这些大型媒体机构很大程度上替代了个人意见领袖的价值,而自媒体或者说网红的兴起,则又让个体意见领袖回归了中心舞台。网红作为意见领袖、买手制模式的代表,将符合潮流趋势且迎合自身粉丝偏好的产品推荐给消费者,在降低消费者购物难度的同时,提升了供应链效率,缓解了品牌商库存高、资金周转慢的问题。因此,当社会大众重新分化、聚集到各自所认同的网红周围时,古老的媒体产业就自然而然地多了一条网红产业链。传媒产业链简单划分为几个大的模块,对标到网红产业链中同样适用。

1. 内容生产端。网红及其经纪公司、MCN(Multi-Channel-Network,多频网)公司,都是广义的网红内容生产者。从内容生产这一环节来看,网红及其核心内容的产生模式分为"自打造"和"他打造"两类。"自打造"意味着网红的走红完全靠自己,没有抱团和其他外力协助。"自打造"模式下如果能产生头部网红,后者为了保证优质内容的生产能力,也可能会走上孵化和经纪之路。"他打造"则带有公司、公会性质,意味着团体作战。对中小网红或潜在网红来说,经纪公司存在的价值在于能让成为网红或变得更红的难度降低，同时让网红的价值最大化。可以说，顶级网红天然具有经纪职能。以 papi 酱为例，她作为从个人到公司运作的典范，在成为头部网红之前完全是单兵作战；但 papitube 作为一个网红孵化平台，已经是一个典型的他打造平台。①

网红孵化即网红经纪公司按内容类型可分为四类，分别是：①淘品牌电商网红孵化。典型公司有如涵电商、缇苏。②秀场主播类网红孵化。典型公司有中樱桃、校花驾到。③段子手类网红孵化。典型公司有鼓山文化、楼氏传媒、牙仙文化等。④视频节目类网红孵化。典型公司有万合天宜和暴走大事件等。②

以淘品牌网红孵化为例，网红电商公司配备了专门人员，结合网红自身个性和目标人群特征，对网红的微博内容、淘宝店装修、服装选品等多环节内容进行把控。对一些面容姣好但不具备较高内容生产能力的人而言，网红经纪公司的存在降低了其通向网红之路的门槛。对经纪公司而言，旗下的网红越多，由此而来的流量越大，利润空间也相应提升。③ 典型的代表有如涵电商和缇苏。如涵电商提供了"供应链＋代运营＋经纪人"三重功能。供应链端自身组建服装代工厂，对接网红品牌；代运营端在店铺经营、ERP 管理、产品上新等方面对网红店铺提供支持；经纪人端则直接做好网红营销、网红孵化等工作，这类包装需要前期投入大量资本为网红经营微博、微信等社交平台推广宣传，才能维持后续的稳步发展。

在 PC 直播平台，"他打造"模式下的典型组织是公会。公会的概念源自游戏，是在游戏中为了共同爱好而慢慢形成的松散性组织，在公会中有角色分工，老大被叫作 OW（owner），还有管理者、会员等，身份不同，权限不同。这种组织形式最发达的平台当属欢聚集团（JOYY）。欢聚集团成立于 2005 年 4 月，是一家面向全球化的社交媒体平台，旗下业务覆盖直播、短视频、社交、电商、教育、金融等领域，核心品牌包括 YY、虎牙直播等。欢聚集团 2019 年 3 月以约 22 亿美元估值全资收购海外视频社交平台 BIGO。像现实生活中的娱乐公司签约歌星一样，在 YY 成为歌手，要先找一家公会落脚。对 YY 官方来说，平台上数以万计的主播规模过于庞大，通过公会运营是节省运营成本、提升粉丝忠诚和活跃度以及付费用户付费次数的重要渠道。通过严密的组织体系和结构，公会所有者建立起了包括会长、人事、外务、执行等多个层级在内的严密的框架体系，通过对付费用户给主播的打赏进行提成而获利。④ 在 YY，公会管理者可以获得歌手礼物提成，还可以出售会员资格获得

---

① 以太投资：《网红经济学》，人民邮电出版社 2016 版，第 67～68 页。
② 以太投资：《网红经济学》，人民邮电出版社 2016 版，第 68 页。
③ 以太投资：《网红经济学》，人民邮电出版社 2016 版，第 68～69 页。
④ 以太投资：《网红经济学》，人民邮电出版社 2016 年版，第 167 页。

收益。某种意义上，公会其实就是一家小型的娱乐公司，并逐渐形成了"YY+公会+主播"的三级经纪链条。

而在移动直播平台，目前尚未形成公会机制。以映客为代表的移动直播平台并不鼓励公会的存在，但已经有一些公司在签约素人，通过运营和培训，提升主播输出内容的质量，从而吸引更多用户付费打赏，典型的经纪公司包括中樱桃、校花驾到等。①

至于经纪公司和网红的合作，模式不同，效果也不一样。如前文所述，网红个人"自打造"模式没有外力协助，走红之初全凭个人魅力和内容创意，即便靠着流量红利和运气产生了头部网红而和经纪公司签约，头部网红一旦出走，对经纪公司的损失往往是难以弥补的。"他打造"模式下的网红，依靠团队力量，无论台前露脸的还是幕后策划的都是内容提供者和生产方，这就避免了一家独大的后果。

从发展趋势来说，目前走量签约的经纪公司只有更注重培育艺人的综合能力和内容策划制作能力，才不会过分受制于自家头牌。很多优质的经纪公司也开始拓展网络影视剧、综艺等业务。经纪公司会从旗下网红直播的打赏中扣一定比例的抽成，各家网红经纪公司扣取的比例都不尽相同。一些网红经纪公司会对部分主播进行培养，形成挂靠主播—艺人实习生—独家艺人的人才梯队。艺人实习生多为科班出身，接受公司的系统培训，独家艺人则几乎成为公司一员，在公司上班，参与各类策划及拍摄工作，享受最多的资源。

2. 内容传播和分发渠道。在内容分发环节，各类平台是主体，网红依托平台进行内容分发。典型的平台包括双微、网络媒体、短视频平台、视频网站和音频平台和垂直类社区（如图5-1所示）。

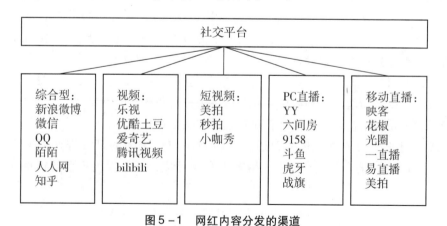

图5-1　网红内容分发的渠道

---

① 以太投资：《网红经济学》，人民邮电出版社2016年版，第69～70页。

对平台而言，网红既是优秀内容生产者，也是流量收割机，能生产优质内容的头部网红成了平台竞相争取的对象。因此，各大平台纷纷出台内容生产奖励计划。对网红来说，来自单一平台的影响力则过于依赖平台，一旦平台人气不再，被用户抛弃，网红自身的利益也不可持续。为了降低对平台的依赖，形成更广的个体品牌知名度，一些强内容输出型网红开始了多平台分发之路，papi 酱是典型的例子。但多平台内容分发对内容生产能力形成了极大考验，目前只有少量网红能实现跨平台分发，更多的人只在一个平台活跃。

在内容分发过程中，网红或经纪公司会利用平台的生态来吸引更多的流量，比如抱团出现，一方面，通过大网红带小网红，积聚流量孵化新网红，另一方面，对公司来说，这也是降低网红流失风险、拓展更宽广人群的重要手段。

3. 盈利变现环节。网红完成从流量到收益的转化，一般会通过卖产品、卖服务、卖广告三种方式来实现，也有些人在社交资产的积累中实现了从网红到个人品牌 IP 的跨越。

（1）卖产品。网红通过电商变现有两个环节：流量聚集和流量变现（如图 5-2 所示）。①

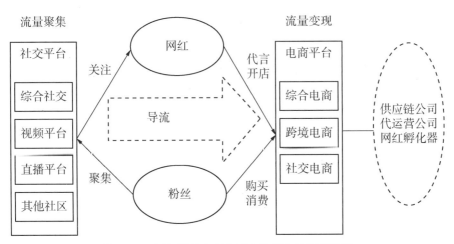

图 5-2　网红从社交平台到电商平台的变现流程

流量的获取一般是在各类社交平台上，在这一环节还涉及粉丝的运营与维护，能否把握特定人群需求与喜好是获得并维系粉丝活跃度的关键。比如 25～35 岁的女性具有巨大的消费能力，颜值类网红向这个群体推荐女性、美

---

① 以太投资：《网红经济学》，人民邮电出版社 2016 年版，第 73～74 页。

妆类产品是非常典型的消费场景，她们如果向粉丝推销汽车，则场景和人群都不太吻合。

当消费场景和人群调性都符合的情况下，网红能否持续通过电商变现则需要拷问其供货能力，这涉及网红背后的供应链体系。供应链代运营公司除了要把控生产外，还需要做好品控、设计选款、运营店铺和管理客服反馈系统。总之，电商变现能力要想增强，必须提高从访客到消费之间每个环节的大漏斗漏出。

（2）卖服务。服务和打赏类变现中，网红不需要借助其他平台就能将自身的特质和内容变现。这种变现方式的出现得益于网民在线支付和消费习惯的养成。直播类平台会把粉丝的打赏按一定比例与网红个人进行分成。目前最主流的服务变现就是直播打赏和付费阅读，前者受益的网红类型为颜值类网红，后者多为知识型网红及自媒体。这种变现方式下，网红变现能力的关键点就在自身所吸引的粉丝数量。

直播模式下，主要的收入模式是打赏分成。不同平台分成比例是不同的。如花椒这样的平台可能是平台分得很少，按照1∶9的比例分成，90%都是给经纪公司和网红，正常情况可能是五五分成或者四六分成，公司再对剩余的钱进行分成。一般网红经纪公司能拿到总打赏的10%，其余的钱归网红自己。大型的头部网红经纪公司有好几千个甚至上万个网红，假设公司每天开播率50%，这种情况下，一个月的流水能达到好几百万元甚至上千万元。此外，头部网红经纪公司会在全国各地设立分公司，通过招募当地管理人员对分公司所在地的网红进行管理。也就是说，网红除了一开始集训通过在总公司完成，其余时间都在自己家里进行直播。绝大部分的收入主要是由网红在直播间里打赏获得的，这也是网红经纪公司在开始时最主要的盈利方式。

有的公司让网红演一些网络剧、网络电影或者网络综艺节目会有通告费；如果在网红不是很红的情况下，要蹭热度来提高曝光量和知名度，不一定要收钱；但如果经纪公司比较有钱，情况就相反。比如，网红经纪公司可能会作为出品方投资一部网剧，然后从票房收入中获得一部分利润，这种情况下，网红经纪公司的盈利模式更像影视公司；综艺节目也类似，如果一家网红经纪公司手头上有很多网红资源，就会为旗下艺人量身打造节目，比如热度传媒就推出了类似的节目。节目中可能会出现综艺打赏，尽管和网红自己的直播打赏有相似之处，但从植入形态上相对更"软"，而且是从直播综艺节目而非网红本身中获得的。其他的还有线下通告演出产生的收入，但数量相对有限，也视网红经纪公司体量不同而情况不同。如美妆类网红的经纪公司或者类似于MCN（Multiple-Channel-Network），视频网站YouTube旗下兼具内容管理、明星经纪、广告代理等职能的新型组织，代表性公司有迪士尼的Maker Studio，这些经纪公司更像是传统意义上的经纪人,负责对接平台,分发网红的内容。

(3) 卖广告。广告变现本质是向广告商出售自己所覆盖的人群关注度[1]。对网红来说,广告是最直接也是最常用的变现方式。大众的网红就像是一个有着巨大流量的广告牌,如同在人群聚集的地方有展示功能的户外广告。而垂直领域网红更看重品牌调性,有可以代言的产品就进行代言,然后获得收入。销售分成一般是通过植入广告和电商导购的销售结果来进行,或者说是通过渠道影响力进行分成。

比如要出售商品像鼠标、键盘、个性化一点的兔耳朵耳机、抱枕,然后在直播过程中加入口播广告。如斗鱼签约的网红,广告代理权在斗鱼,网红经纪公司需要和直播平台来讨论广告收入具体如何计算。假如广告主可能要求10个网红对需要推广的产品进行口播,播多少次、累计播出多长时间、在哪些时间段进行播出;或者不用口播,通过网红展示,然后计算费用,一般会按照展示次数而非效果来收费。一般在经纪公司主页上都会留下联系方式以询问价格,这也是占网红经纪公司收入比较多的一种收入方式。对网红公司来说,这类变现方式的问题在于如何平衡内容与广告,防止用户体验变差。所以经常出现的情况是,为了让粉丝看广告时不至于掉粉,同时为了让更多人接受广告,广告的花样越来越多,网红们做广告的方式也与传统的贴片广告有了较大区别。比如微博网红天才小熊猫代言一款游戏广告时,为了找到符合自己语言体系的广告切入点,曾经玩了一个月的游戏,最终成功找到了与自身的内容体系相吻合的素材。在这个人群身上,"别走开,广告更精彩"似乎得到了某种程度的实现。[2]

资本会介入网红生产、分发和变现的每一个环节,而网红的粉丝则参与到各个环节中(如图5-3所示)。[3]

尽管各家公司具体盈利方式不同,但都是通过网红巨大的流量进行变现。现在,随着网红这个市场(直播、电商)竞争越来越激烈,主播的供应量越来越大,平台打赏这种收入越来越难拿,这就导致各个网红经纪公司的利润变少,甚至有个别公司会出现亏损的情况。在这种情况下,各个公司就会去发掘新的盈利点,接更多的广告,做更多的电商导购,比如去淘宝直播这样变现更直接的网站进行直播。本质上,如果要看这类公司的财务模型,还是要看它的毛利率和收入增长两个指标。投资人一般对早期项目的财务模型没有那么关注,相对看重网红背后的市场,乃至细分领域的市场到底有多大,比如美妆、

---

[1] 以太投资:《网红经济学》,人民邮电出版社2016年版,第74页。
[2] 以太资本:《网红经济学》,人民邮电出版社2016年版,第75页。
[3] 以太资本:《网红经济学》,人民邮电出版社2016年版,第67页。

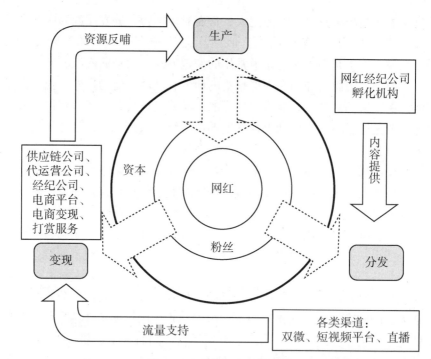

图 5-3　网红经济产业链条

美食、体育等。

4. 网红经纪的未来。最近几年,网红、直播达人经纪始终伴随着大量的淘汰、更迭,前仆后继。目前全国网红、直播达人经纪行业内有两三百家企业,更新换代速度极快。不过巨大的流动性不仅没有阻挡后来者的脚步,后来者还在经营方式上不断出新、升级。一部分网红经纪公司自当初的"公会"蜕变而来,另一部分有影视,特别是网络影视公司的背景,前者属于业务升级,后者属于业务扩大。还有一些公司是将网红经纪、广告和会展等业务结合起来,更加类似于把网红作为一个入口、起点,延伸至广告、会展等不同领域。一大批国外网红经纪公司涌入中国,同样,国内的网红经纪也在逐步走向世界。据《2019 网红电商生态发展白皮书》显示,全球的网红营销广告支出 2020 年将达到 100 亿美元,网红(Key Opinion Leader,KOL,大众意见领袖)营销在市场营销中占据一席之地,而且会越来越具影响力。未来将是网红 KOL + 明星入场 + 素人参与的精准营销、高效转化时代。营销平台多元化布局从微博、微信等社交平台转移到直播和短视频平台。更多个体网红将转化为网红孵化机构和经纪公司,网红的生命周期不断延长。[①] 网红经纪公司正在从泛

---

① 克劳锐、智颖:《2019 网红电商生态发展白皮书》,《中国广告》2019 年第 12 期。

娱乐化向专业程度更强、变现能力更大、商业价值更高的方向发展。网络潮流不断迭代发展，网红经纪公司作为文化产业的一个有机组成部分，未来还很长远。

资料链接 >>>

中国内地主要艺人经纪公司

华谊兄弟（华谊兄弟传媒集团）。由王中军、王中磊兄弟在1994年创立，1998年投资《没完没了》等影片，开始进入电影行业，随后全面进入传媒产业，在影视、音乐、娱乐经纪等领域居于重要地位。华谊兄弟投资及运营业务板块包括：以电影、电视剧、艺人经纪等业务为代表的影视娱乐板块；旗下的华谊兄弟文化经纪公司，专门运作和推行影视经纪人制度，以电影公社、文化城、主题公园等业务为代表的品牌授权与实景娱乐板块；以游戏、新媒体、粉丝社区等业务为代表的互联网娱乐板块。

荣信达影视（北京荣信达影视艺术有限公司）。于1995年创立，先后参与投资并创作拍摄了数十部影视作品，其中，电视剧《雷雨》《大明宫词》《橘子红了》《人间四月天》、电影《红粉》《小城之春》《红西服》《恋爱中的宝贝》等皆获国内外多个奖项。公司一直致力于与海内外影视机构联合策划、投资、制作及发行影视作品，多年来培养出众多为广大观众所熟悉和热爱的当红艺员，并总结出一套完整的"演艺投资，明星打造"的商业运作模式。

光线传媒（北京光线传媒有限公司）。成立于1998年，国内知名的传媒娱乐集团。公司主营业务包括电视节目制作与发行，电影投资、制作、宣发，电视剧投资、发行，艺人经纪，新媒体互联网，游戏，等等。2013年，光线传媒全面进军影视演员和歌手经纪业务，目前旗下拥有数十名签约主持人。培养了一大批深受年轻人喜爱的娱乐主持人，被称为"中国著名娱乐主持人的摇篮"。

唐人影视（唐人影视有限公司）。成立于1998年，是以制作古装电视剧起家的影视公司，如《绝代双骄》《杨门女将》《仙剑奇侠传》《步步惊心》《轩辕剑》等均出自其门下。唐人影视以内容制造为王，以年轻观众为主要收视群体，业务包括影视投资、影视制作、影视发行、动画制作、艺人经纪、文化出版、广告营销等，并自备摄影棚、服装道具库。唐人影视总部设在上海，北京、横店、香港及台湾均设有分公司。其中，上海总部负责策划、影视制作发行、宣传、艺人经纪、后期制作、动画制作、文化出版工作等；北京办事处负责业务配合、艺人经纪及宣传等；横店制作中心负责生产古装戏，拥有唐人影视专有摄影棚和摄影基地；香港办事处负责处理境外事务，包括海外发行；台湾办事处负责台湾地区的影视宣传等。

天娱传媒（天娱传媒有限公司）。成立于2004年，是一家依托湖南广播影视集团优势资源成立的传媒公司，以艺人经纪、影视、综艺、唱片发行为主要业务，业务遍及世界各地，主要为中国年轻消费群体提供偶像艺人、唱片及演唱会、影视剧、综艺节目、图书等优质娱乐内容及衍生产品。发展至今，天娱传媒已形成了集艺人经纪、影视投资、综艺节目于一体的全新娱乐产业链。

华策影视（浙江华策影视有限公司）。创立于2005年，是一家致力于制作、发行影视产品的文化创意企业。成立以来，华策影视推出了《中国往事》《微微一笑很倾城》《何以笙箫默》《杉杉来了》《三生三世十里桃花》《亲爱的，热爱的》《我的少女时代》《刺客聂隐娘》等影视剧。华策影视以电视剧、电影、综艺节目三驾马车为核心内容，涵盖影视内容、新媒体、娱乐科技、整合营销、艺人经纪、影城院线、动漫、游戏、音乐、演艺、虚拟现实、实景娱乐及影视园区建设等多元化全媒体产业发展格局。

欢瑞世纪（欢瑞世纪影视传媒有限公司）。成立于2006年，是一家致力于影视剧投资、制作、发行、宣传、经纪等相关领域的影视公司。公司着重于积累、开发优质版权资源，在剧集制作、艺人经纪等方面拥有显著优势，已构筑"以剧造星，以星辅剧"的业务闭环。着眼于年轻的观众市场，欢瑞世纪出品了《古剑奇谭》《宫锁心玉》《宫锁珠帘》《胜女的代价》《盛夏晚晴天》《胜女的代价Ⅱ》《画皮Ⅱ》《盗墓笔记》《青云志》《红酒俏佳人》《大唐荣耀》等影视剧。

和颂传媒（和颂传媒集团）。2009年成立，自涉足演员个体品牌包装和电影宣传业务开始，逐步发展成为业务涉及电影投资制作、电影宣传、娱乐营销、艺人经纪等四个板块的综合类影视文化传媒集团。和颂传媒的主营业务涉及电影投资、策划与制作，微电影策划与制作；电影宣传业务主要包括媒体策略、专业传播执行、受众关系管理、公共关系与公共事务等，为新闻集团、万达影视、华谊兄弟、中影集团、安乐电影等知名制片公司提供专业服务；影视娱乐营销业务主要包括影视剧广告植入与电影贴片、艺人代言与公关活动等娱乐整合营销策略咨询，平面、电视、户外、网络等全媒体跨界整合营销服务等；艺人经纪业务主要涉及艺员培养、明星个体品牌包装、明星经纪代理等。公司业务重点为艺人经纪、影视营销及互动整合等。多年人脉积累为其影视营销业务的转型打下了坚实基础。

星河文化（浙江星河文化经纪有限公司）。创立于2012年，前身是北京拾捌文化经纪有限公司，公司业务包括艺人经纪服务、影视剧发行经纪代理、影视剧剧本策划创作、影视剧投资、影视剧宣传推广等。公司以艺人为根本，以市场为导向，打通从艺人发掘、量身规划、宣传公关、剧目推广、明星代言、商务拓展的六大行业链条，根据市场规划艺人方向，系统化定位每个艺人的特点，实现艺人经济价值和社会价值的最大化。

喜天影视（上海喜天影视文化有限公司）。2013年创立的多媒体影视娱乐公司，业务涵盖艺人经纪、影视制作、公关活动、版权运作等。作为艺人体量名列前茅的经纪公司，喜天影视尊崇"艺人即品牌"的经营理念，一切从艺人出发，为每位艺人提供最佳的成长平台。以一批有话语权的明星资源为介质，将经纪业务从艺人发展到编剧、导演等，整体调动并发挥艺人、编剧、导演的综合优势，形成影视项目的生产闭环。除了强大的艺人资源之外，喜天影视还积累了丰富的影视版权及商务合作资源，以求全方位、多面向地推进演艺活动的执行，为艺人拓展更宽广的演艺生涯，建立全国各地完整的影视及商务资源联络，全力发展更具规模的影视娱乐事业。

嘉行传媒（嘉行影视传媒有限公司）。成立于2014年。主打"新人培养＋以剧造星"模式，业务涵盖电影、电视剧剧本策划、动画片、专题片、电影发行、艺人经纪等领域。

公司成立至今，旗下拥有近50位全约艺人，打造了多部热播影视作品。经过几年的探索与积累，嘉行传媒已实现"影视艺人经纪""影视制作""偶像经纪"三大业务板块的齐头并进。

壹心娱乐（北京壹心文化传媒有限公司）。2014年成立，是一家主打"定制化+复合式"经纪新模式的娱乐公司。业务范围涉及艺员影视剧拍摄、广告代言、形象包装、演出、法律咨询等领域，集影视编剧导演、制作发行、艺人经纪、包装培训、广告代言、活动演出、公关策划执行、法律咨询、数字媒体营销推广等多项业务于一体。汇聚演员、导演、编剧等多类别娱乐资源，与导演、编剧、演员等进行经纪全约合作，力求实现从影视制作到市场推广等完整产业链整合。

泰洋川禾（泰洋川禾集团）。2015年成立的娱乐公司，以艺人经纪业务起家，随后转向多元化发展，经营业务涵盖艺人经纪、短视频MCN、直播电商、内容投资制作、整合营销、艺术教育、新消费、大数据开发等相关领域。泰洋川禾打破传统艺人经纪模式的弊端，创新性地提出了"manager+agent"艺人管理模式，并打造现代化的talent服务体系，优化资源配置，提升商业化效率，为艺人成长赋能。公司旗下汇集演员、短视频博主、音乐人、导演、编剧等类别资源，实现了标准化、规模化、专业化运营。

米未传媒（北京米未传媒有限公司）。创办于2015年，以创作优质互联网内容产品为业务核心，致力于让世界更快乐。成立以来，先后推出了《奇葩说》《奇葩大会》《饭局的诱惑》《乐队的夏天》等原创网络综艺节目。

悦凯娱乐（北京悦凯影视传媒有限公司）。创立于2015年，是一家整合型全娱乐公司，以演艺经纪、影视投资及制作发行、练习生培养及演唱会制作、娱乐化营销为主要业务。公司集聚当红人气艺人，拥有专业制作、发行、营销团队，秉承鲜明独特的风格与敢于创新的理念。艺人经纪中心培养发掘全能型实力艺人，时尚、商业化运作加持，影视制作中心致力于通过影视剧的IP开发、制作及发行，打造中国影视IP生态圈。目前拥有《山月不知心底事》《司藤》《永夜君王》等一系列最具价值的IP。

坏兔子影业（坏兔子上海影业有限公司）。创立于2016年，是集影视作品孵化、创作、开发、出品、营销宣传于一体的综合影视文化传媒公司。公司依托资本平台，主要业务涵盖影视剧本策划、艺人经纪及娱乐营销等。

（以上艺人经纪公司名单排序不分先后）

[资料来源：传媒独家（微信公众号ID：cmdujia），http://m.yulefm.com/sneidi/2020-03-09/229530.html，http://www.southmoney.com/paihangbang/202004/5522694.html，https://www.maigoo.com/goomai/155524.html，https://www.cnpp.cn]

经典案例 >>>

香港TVB

一、香港TVB基本情况

电视广播有限公司（Television Broadcasts Limited，简称TVB）于1967年11月19日由

利孝和、祁德尊、邵逸夫等人创办开业。由于它是香港首间获得免费无线电视牌照的电视台，故一般称之为"香港无线电视台"或"三色台"，也是世界第一大华语商营电视台，全天 24 小时为香港 200 多万个家庭提供免费及多元化的电视娱乐。

在香港，TVB 经营的五个免费电视频道在平日黄金时段占有八成的收视份额。从香港的免费电视起步，公司业务拓展至澳门、内地及台湾，以及北美洲、南美洲、欧洲、澳洲等地区，主要业务包括电视广播服务、节目制作、节目发行和分销、数码媒体业务及书刊发行业务，为全球最大的中文传媒运营商之一。

开台以来，TVB 培养出台前幕后的华语影视制作团队和演艺明星数以百计。经过多年累积的经验及努力，TVB 已拥有一条每年可制作超过 650 小时剧集和超过 17000 小时新闻、综艺、旅游和资讯娱乐等节目的制作生产线。其中电视剧为 TVB 制作的品牌产品，一直影响着香港和全球华人社区，成为香港流行文化的重要组成部分。

二、TVB 旗下频道

（一）免费频道

（1）翡翠台（TVB Jade）。TVB 旗舰频道，是香港收视率最高、影响力最大的电视频道，提供新闻、电视剧、综艺、动画及访谈等多元化节目。1967 年 11 月 19 日开播。

（2）明珠台（TVB Pearl）。全港收视率最高的英语电视频道，重点播放外语连续剧、电影、体育比赛及资讯节目。1967 年 11 月 19 日开播。

（3）翡翠 2 台（TVB J2）。打造最适合年轻人的电视频道，汇聚日、韩、台等地的潮流人气节目，网罗最潮爆偶像剧、综艺、娱乐、文化、生活资讯、音乐节目以及亚洲火热名牌动漫。2008 年 1 月 28 日试播，6 月 30 日正式开播。

（4）高清翡翠台（TVB HD Jade）。香港本土唯一全天 24 小时广播的免费高清电视频道，主要播放 TVB 制作的高清电视剧、综艺节目、纪录片，以及外购纪录片、外购电视剧等。2007 年 12 月 31 日正式开播。

（5）互动新闻台（iNews Channel）。香港第二个 24 小时广播的免费新闻频道、香港唯一 24 小时广播的免费互动新闻频道。2008 年 11 月 11 日试播，2009 年 1 月 1 日正式开播。

（二）卫星频道

（1）TVB8。24 小时普通话广播的娱乐频道，每日主要播放娱乐、资讯、音乐及戏剧节目。

（2）TVB 星河频道。24 小时播放 TVB 制作的经典剧集及电视电影的卫星频道。

（三）其他频道

（1）亚太区：翡翠卫星台（TVBJ）、韩剧台、TVB 大富、TVB Korea 频道、Astro 华丽台、Astro On Demand 剧集首映。

（2）欧美区：无线卫星台、娱乐台、TVB Vietnam、新时代电视。

（3）台湾 TVBS：TVBS（新闻综合台）、TVBS – G（黄金娱乐台）、TVBS – NEWS（无线卫星新闻台）、TVBS-Asia（无线卫星亚洲台）。

（四）无线收费电视

（1）无线新闻台。由无线新闻部制作，24 小时新闻财经频道。播放内容包括本地及国际新闻大事、新闻回顾、财经资讯、专题特辑等。

（2）无线新闻 2 台。主要直播重要会议、大事和资讯，报道本地及国际新闻、社区新闻。

（3）无线儿童台。儿童及合家欢频道，播放最新的合家欢及益智的卡通、儿童节目。

（4）无线剧集台。主要首播或足本播放翡翠台播放过的外购剧、翡翠台从未播放的自制剧集。

（5）无线音乐台。香港第一个以播放香港粤语流行音乐为主的频道，搜罗全球最新最全的音乐录影带，播出独家最新的音乐会或音乐特辑。

（6）无线经典台。主要是重播无线的经典电视剧，回顾无线电视制作的综艺节目，专题介绍经典剧集的台前幕后。

（7）无线生活台。全日放送生活资讯节目的频道，包括健康资讯、娱乐饮食和生活时尚。

（8）无线生活 2 台。全日制提供最新健康、娱乐饮食和生活时尚等咨询，支持使用 TVB 互动平台。

（9）无线娱乐新闻台。以娱乐新闻为主打，主要报道各地的影视娱乐新闻，播放各大娱乐颁奖礼和特备娱乐节目。

三、TVB 公司发展历程

（一）公司发展

无线启播初期，本土制作并不多，以本地新闻节目为主，成为整个 20 世纪 70 年代最高收视的节目类型之一。直至 1976 年，无线开拍第一套长篇连续剧《狂潮》，加上在 1980 年取消进口节目的规定，无线的本土制作自此大增。当时，无线吸纳了大量本土创作人才，建立起香港本土的电视文化，亦为无线的观众群打下基础。70—80 年代是无线电视制作比较"茁壮"的年代，无线电视以创作为主导，因为盈利增长迅速，无线给予制作人较大的创作空间。

20 世纪八九十年代，为了留住普罗大众，电视制作走向通俗路线，难以像 70 年代那样，兼顾"大众"和"精英"的口味。整体的收视人口比例减少，促使无线电视进入制度化的年代，严格控制成本。节目制作过程的分工变得更细致和具体，编导的自主性大为降低。例如，在 80 年代，无线的监制、编导仍然是固定组合，从 1990 年起转为"流动制"，即编导等人会被指派到不同摄制队，使制作人的工作排期更紧密、工作量更繁重。

踏入新世纪，无线终于出现较大的转变。在巩固本土优势的同时，积极发展外地市场和拓展新业务，例如合办演唱会和拓展外地合拍剧等。其间不少自制和外购的节目都受到观众欢迎，例如《金枝欲孽》和《大长今》等，基本保持了收视优势。还有奉行"制播合一"的无线电视，首次将节目创作交由独立制作人负责，另外，无线开始制作一些具有知识和思考性的节目，例如《向世界出发》《细说名城》《冰天动地》等，在节目类型上增添了一些新元素。

2004 年，无线开展了收费电视业务，虽然经营困难下业务按年改善，但 2007 年无线就已经减持收费电视的股权。追求更国际化的格局，在海外寻找更多的发展机会。而无线的外地业务比重，在 1995 年只占整体的两成，至 2006 年已经接近一半。迈入数码新时代，TVB 进入了一个多元的新局面。

(二)公司业务

1. 香港业务。香港是无线电视业务的重心,如2013年其香港业务收益占集团总收益的57%。而香港的主要收入则来自免费电视频道的广告费,占有一定的市场份额。由于广告市场的兴衰往往受到整体经济影响,因此无线电视的业绩某程度反映了香港的经济状况。

除了免费电视外,无线亦一度经营不少非广播相关的业务,但曾因香港政府的政策转变,导致公司分拆,电视与其他业务分道扬镳。现时,无线电视亦有经营其他传媒相关业务,例如收费电视、出版、互联网甚至卫星地面站业务。

2. 内地业务。无线电视、华人文化产业股权投资(上海)中心(有限合伙)与上海东方传媒集团有限公司(SMG)于上海正式组成名为上海翡翠东方传媒有限公司(TVBC)的合营公司,借此全力展推无线电视在内地的业务,当中包括发行无线电视节目给内地电视台和互联网站,在广东省管理和分销无线电视频道,代理无线电视香港频道在内地的广告销售,投资和分销TVBC所制作的华语剧集。

3. 海外业务。电视广播(国际)有限公司(TVBI)在海外市场的业务发展相当成熟,除了通过卫星传送设备,有线电视及网络电视在北美洲(美国)、欧洲和大洋洲经营收费电视服务,更以不同渠道配合各类型合作模式,连同世界各地电视台、特许分销商及系统营运商,为全球共逾3亿家庭户提供电视节目娱乐。

(三)剧集制作历程

从1967年11月19日TVB建台之初首部剧集《梦断情天》到现在,TVB所推出的电视剧集接近1500部,超过8万多小时。这当中包含形形色色的题材,涉及人们生活的各个方面。温馨邻里剧、情境喜剧、小品式剧集、单元剧、时装爱情剧、古装武侠剧、青春励志剧、悬疑推理剧、侦探缉凶剧、警匪剧、各类专业题材剧以及电视电影,可谓应有尽有,完全能满足各个层次、各个年龄段的观众观赏需求。而且这些剧集当中不少还成了经典,成为观众心目之中不可磨灭的记忆,同时也创造了多个收视奇迹,为TVB带来极大的口碑和荣誉。

1. 辉煌期:TVB影响内地20年。TVB开播电视剧始于1967年《太平山下》。20世纪70年代末期,通过电视剧捧红了汪明荃、沈殿霞、郑裕玲、周润发、郑少秋、刘松仁等一批台柱;80年代,TVB进入鼎盛期,周润发、黄日华、刘德华、梁朝伟、苗侨伟等红透亚洲。

起步于80年代初的内地连续剧不可避免地受到影响。从80年代至90年代中后期,大量引进剧目风靡内地,其中以TVB剧和琼瑶剧数量最多、影响最大。编剧大胆的想象、演员轻松的表演、浓郁的都市情怀以及娱乐至上的宗旨,让内地电视剧黯然失色,TVB出品几乎成了畅销品牌的标志。郑少秋的《楚留香》,黄日华的《天龙八部》《射雕英雄传》,以及后来的都市剧《义不容情》《流氓大亨》《大时代》《创世纪》,都成为一代人的记忆,其中主演的名字至今听来仍如雷贯耳。

2. 受限期:TVB内地"隐秘流行"。经过八九十年代的鼎盛发展,TVB在香港一家独大,其中都市剧如《创世纪》《我本善良》,展示了商业社会中传统道德的迷失与寻找,在香港和内地都引起较大反响。1995年、2002年,广电总局先后两次对引进剧目进行限制和规定,TVB出品的电视剧也逐渐退出黄金档。

1997年后，内地电视剧蓬勃发展，以《还珠格格》为代表的古装喜剧和以《雍正王朝》为代表的古装正剧均有不错的口碑与收视率。21世纪初，韩国电视剧在亚洲风靡。相对而言，港剧自1997年开始走怀旧路线，影响力逐渐衰退。从2001年开始，TVB逐渐引进外来剧目，如《龙堂》《情深深雨蒙蒙》《大宅门》《铁齿铜牙纪晓岚》《流星花园》《大长今》等。有关TVB衰退的说法也开始浮现。

但与此同时，TVB的偶像剧、职业剧、时装剧、警匪剧作为类型剧逐渐成熟并稳定下来。2004年，TVB的《金枝欲孽》开创了"宫斗戏"这一新型剧种，并在此后传入内地，引发2010年的宫斗戏热潮，并引起如《甄嬛传》等内地宫斗戏的拍摄和走红。

因为管理政策的限令，TVB播出在内地受限，却通过光盘、影碟、网络视频的形式在内地"隐秘流行"；林保怡、佘诗曼、张智霖、郭羡妮、蔡少芬、马浚伟、林峰等艺人甚至有"大量粉丝在内地"的说法。

3. 复活期：TVB借视频网站再显影响。2009年末，内地视频版权告别"免费时代"，开始购买正版视频版权，经过竞争与整合，2010年形成了以优酷为首的几大视频网站。2010年，优酷就设立"TVB频道"，播放正版TVB剧集；2011年，土豆开辟"TVB专区"，随后各大视频网站纷纷引进TVB剧目，TVB也通过视频网站的方式"借船出海"，绕开限令，打通了输往内地的通道。

4. 重整期：携手优酷土豆加强制作，再造霸主地位。2012年，结束了邵逸夫时代、面临艺人和制作人流失的TVB，再次被外界评论为"中年危机""穷途末路"；题材旧、故事老、桥段雷同的指责甚嚣尘上。然而，在香港地区，TVB仍然稳居龙头老大的地位，其他对手根本无力望其项背。相对于题材狭窄的内地剧，TVB不仅花样繁出，也颇具创新性。

除在内容上求新求变外，TVB还试图打通播出渠道，重现在内地市场的辉煌成绩。继在内地成立TVBC公司外，2013年的香港电影节上，TVB宣布与内地最大的视频网站优酷、土豆合作，将独家新媒体版权交给优酷土豆，囊括了TVB的新老剧目和综艺节目。

四、TVB艺人管理

（一）综艺选秀

TVB除了制作的电视剧远近驰名外，其所制作的大型晚会、综艺节目同样是非常出名的。TVB每年制作的节目类型多种多样，包罗万象。

1. 选美盛事。目前，TVB每年都会举行两个出名的选美活动，分别为每年1月的"国际中华小姐竞选"和每年年中的"香港小姐竞选"，其中的"香港小姐竞选"可以说是历史悠久，从1973年起一直举办到现在，为演艺圈输送了不少演艺人才，同时成为女性进入娱乐圈的跳板，成为她们丰盛人生的开端。

2. 筹款晚会。TVB每年举办的筹款综艺节目数量之多，为其他地方罕见。其中以每年12月举办的《欢乐满东华》历史最为悠久，现已被吉尼斯世界纪录大全列为全球最长寿的电视慈善筹款节目。《欢乐满东华》与其他慈善机构的电视筹款节目不同，从晚上8点一直直播至翌日凌晨三四时，节目时间长达7～8小时。而TVB每年也会帮助联合国儿童基金会、无国界医生、香港乐施会、宣明会、奥比斯等慈善机构合作制作公益特辑，单是2006—2008年播出的公益特辑就近30个。

3. 游戏节目。TVB 广受观众欢迎的游戏节目数不胜数，经典的就有"阿叻"陈百祥的《运财至叻星》、曾志伟的"奖门人"系列、沈殿霞的《公益金屋开心 SHOW》，此外还有郑裕玲的《至尊打呲赛》以及汪明荃的《电视大赢家》等。其中受欢迎程度最高的当推"奖门人"系列。

4. 音乐盛会。TVB 在音乐领域同样是香港的老大，每年它与另外三大电子传媒机构（香港电台、商业电台、新城电台）共同颁发音乐领域的"传媒性大奖"。此外，在电视台音乐节目方面更是无与匹敌，目前劲歌金曲 TVB 垄断了香港地区 98% 歌手的歌星合约，歌手们的新歌 MV、音乐特辑几乎都由 TVB 一手包办，而且历年来它也制作了不少音乐类节目，并且不断地在革新。《劲歌金曲》成为全球最长寿的音乐节目，以前一年四次的《劲歌季选》到现在一年两次的《劲歌优秀选》都是歌手们获奖的"兵家必争之地"，年度终极颁奖典礼——《十大劲歌金曲颁奖典礼》中的"最受欢迎男女歌手"以及"金曲金奖"更是代表了香港乐坛的最高奖项。

5. 儿童节目。除此之外，作为一个提供全方位电视节目的传媒机构，TVB 也十分关注下一代的成长，从 1992 年起，每年暑假都会举办"TVB 儿童节"，当中包含多项活动，如每年的《儿歌金曲颁奖典礼》。另外也制作了不少儿童节目，供他们课余消闲。而自从旗下的收费频道开播后，TVB 也加大了制作儿童节目的力度，务求让不同年龄层次的观众都能从 TVB 节目之中找到自己的"所需"。

6. 星光台庆。TVB 的台庆日定为每年的 11 月 19 日，而在此之前 TVB 就已进入台庆月。TVB 于每年 9 月底到 10 月初会由行政主席邵逸夫爵士在应届香港小姐的陪同下主持台庆亮灯仪式，意味"台庆月"正式展开。

TVB 自 1982 年开始便为台庆创作口号，带出来年目标，以及增强台前幕后员工的士气。每年都会有一个新口号诞生，贯穿台庆前后。而 TVB 电视城门口也会竖起新一年的台庆 logo 直到次年台庆。每年于"台庆月"播放的电视剧称为"台庆剧"，TVB 会选出阵容及制作强大、并预计能获得高收视率的自制剧集为"台庆剧"，以加强 TVB 在"台庆月"的气势。这是无线的特色之一。

2019 年 11 月 19 日，TVB 沿用多年的台庆节目"万千星辉贺台庆"改名为"珍惜香港，发放娱乐，TVB52 年"，TVB 台庆 52 年来首次由直播改为录播。①

（二）"无线艺员培训班"

由 TVB 开办的无线电视艺员训练班（以下简称"艺员培训班"），创办于 1971 年，主要为 TVB 训练演艺人才，当中不少早期的学员今日在香港以至全球演艺界独当一面。训练班属全日制，为期一年，分为两部分。前半年学习多项幕前知识及幕后理论；后半年则进行实习，中间经过多次考试，能成功毕业者将成为无线电视艺员。从 1984 年开始，艺员培训班学时从一年缩短为 3 个月，对艺人的培训也更加细分化，包括表演、舞蹈、主持三个门类。TVB 选拔艺员更看重艺员本身的气质，因为这直接关系到艺员将来的个性塑造潜力。这种艺人发掘、培训体系一直沿用到现在。艺员训练班培养出不少著名的演员、导演

---

① 《TVB "万千星辉贺台庆"改名　52 年来首次改录播》，http://tv.67.com/hyzx/2019/11/20/946699.html，2019 - 11 - 20。

和监制,他们成为香港演艺界的中坚力量,包括周润发、梁朝伟、刘德华、周星驰、刘青云、郑伊健、甄子丹、郭富城、吴镇宇、古巨基、古天乐、吴君如、刘嘉玲等明星,以及杜琪峰、关锦鹏等导演,以及不少著名的"绿叶",如吴孟达、徐锦江、许绍雄等,更有众多小生和花旦,如欧阳震华、邓萃雯、林峰、杨怡、吴卓羲、马国明等。

五、TVB 管理团队

2011 年 4 月,以陈国强为首的财团购入邵氏兄弟电视广播 26% 的股权,成为 TVB 最大股东。根据协议,交易完成后,陈国强、王雪红及 Providence 行政总裁 Jonathan Nelson 将加入 TVB 董事局,但 TVB 现任管理层依然维持不变。

(一) TVB 高层人物

1. 香港电视广播有限公司原主席:邵逸夫(1907—2014)。原名邵仁楞,籍贯浙江宁波镇海。香港电视广播有限公司主席,邵氏兄弟电影公司的创办人之一,香港著名的电影制作者。1907 年出生于上海,父亲是上海锦泰昌颜料公司的老板。他在兄弟姐妹中排行第六,故后来人称"六叔"。

2. 香港电视广播有限公司原副主席:方逸华(1934—2017)。人称"六婶",邵逸夫的第二任妻子。2005 年,邵将 TVB 交给方逸华管理。

3. TVB 现任行政主席:陈国强。2011 年 3 月 31 日,"壳王"陈国强牵头的财团入主TVB,以约 86 亿元的代价从邵氏兄弟手上取得 TVB 26% 的股权,从此 TVB 逾 40 年的邵逸夫时代正式结束。

4. 执行董事兼集团总经理:李宝安。李宝安精通计数,早年在丽新集团及亚视任职,2007 年加入无线,担任财务及行政总经理,2009 年擢升为集团总经理。

(二) TVB 金牌监制

在 TVB 剧中,监制的重要性就相当于电影的导演,可以说,一部剧的成败得失是由监制决定的,换言之,监制就是 TVB 剧的掌舵人。当年 TVB 出品的港剧为什么经典迭出,很大程度上依赖的是他们的金牌监制。

1. 王天林(1928—2010)。TVB 当之无愧的王牌监制和导演。先后监制了《射雕英雄传》《万水千山总是情》《楚留香》《千王之王》《京华春梦》……每一部都是脍炙人口的佳作,在无线史上占有重要的地位。王天林擅长民初剧和古装剧,而此类题材的剧集正是使无线立于不败之地。王天林在 TVB 做过编剧、导演、演员,合作过的明星众多,见证了香港电影的盛衰荣辱,也完成了自己一生的电影梦,可以说,王天林时期代表了无线的鼎盛时期。

2. 萧笙(1927—2004)。TVB 金牌监制,30 岁正式投身电影圈,做过场记,当过副导演、编剧等。及至电视业兴起,萧笙和王天林即被 TVB 吸纳,二人被形容为"肥瘦电视强人"。

萧笙早年名作有《天蚕变》《大内群英》《浣花洗剑录》。其后萧笙在 TVB 拍摄了一连串改编自金庸的武侠剧,包括《书剑恩仇录》《射雕英雄传》《天龙八部》《神雕侠侣》等,大受欢迎,声誉更隆。在电视圈服务 40 多年,萧笙发掘过不少明星,包括"五虎将"(刘德华、梁朝伟、苗侨伟、黄日华、汤镇业)、米雪、万梓良、黎明、郑伊健、陈松伶等多位演艺界重要人物。

3. 韦家辉。1981 年加入香港无线电视编剧训练班,参与改编金庸作品。之后升任编审，五年后晋升创作总监，作品《义不容情》《大时代》成为一时经典。

4. 李添胜。1969 年加入 TVB。20 世纪 90 年代金庸武侠剧几乎都出自其手，如古天乐版《神雕侠侣》、吕颂贤版《笑傲江湖》、黄日华版《天龙八部》、陈小春版《鹿鼎记》、林家栋版《碧血剑》等，因此被誉为"金庸剧指定监制"。李添胜选人的标准，只求角色合适，不求名气大小。他监制的电视剧曾经捧红了不少演员，如古天乐、李若彤、张智霖、陈浩民等。

六、TVB 打造明星和优秀剧集的秘密

（一）要在 TVB 成为一线小生至少要花 7 年时间

TVB 是一个明星梦工厂，究竟 TVB 是如何让一个普通人成为众人瞩目的明星？艺人部总监乐易玲表示：要在 TVB 成为一线小生至少要花 7 年时间。

其实 TVB 选拔人才有三种方法，选美、新秀歌唱大赛和 TVB 艺员培训班。其中，艺员培训班是香港许多明星的摇篮。每年艺员培训班都会向社会征集 30～40 名学员，让他们接受每天 9 小时为期 3 个月的专业训练，进行演戏、主持、唱歌等全方位的培养。这 3 个月内最难熬的是密集的考试，这是学员赢得最后在职实习、出演 TVB 电视剧的通行证。3 个月系统培训结束以后，教官将评估学员谁有潜质，合乎条件者才能签约成为"基本艺人"。当年梁朝伟、刘德华都是从"基本艺人"做起来的。

成为"基本艺人"并不表示 TVB 会力捧，而是需要通过各种演出的考核，吸引 TVB 另外一个"造星"部门——经纪部的垂青才有机会被包装力捧。只有签约 TVB 的经纪部，培训班的教官才会更深入地教你如何读剧本，如何讲对白，语言能力不好的，还有专职老师教，甚至化妆穿衣都有造型师指导。

（二）港剧制造

TVB 每年生产 600 小时的电视剧，如此庞大的制作量究竟是怎样运作的呢？

据介绍，每年 9 月 TVB 都会召开一个制作研讨会商讨来年的拍摄计划。这个会议将达成一个目标——明年以拍哪种类型的电视剧为主，然后就这个共识与市场部进行沟通，看这些剧集能否受到广告商的青睐。广告商不感兴趣的必须在年底前由创作部进行调整，最后按照第二年不同广告时段拍摄不同的剧集，所以，TVB 拍的剧集都是跟着市场走的。

因为 TVB 目前走的是制播一体化之路，有电视平台播出，大家只需把剧本和演员选好就可以了。TVB 能够创造诸多的经典角色，就是因为监制们都对各种戏剧模式很熟悉，对哪些演员适合演哪类剧集都一清二楚。

（三）机制："包薪艺人"制持续包装明星

香港娱乐圈几乎所有的大明星都曾为 TVB 服务过，如梁朝伟、刘德华、周星驰、张曼玉、赵雅芝等，都是从 TVB 的艺员培训系统或由 TVB 主办的港姐选美出道的。TVB 还是香港电影金像奖主办方之一。

和内地明星片酬自由报价完全不同，香港明星大多是"包薪艺人"（又称"全经理人合约艺人"）。所谓"包薪艺人"，就是指艺人有固定的底薪，如果在 TVB 拍剧，将按剧集集数另计报酬；如果艺人在外接工作，作为经理人的 TVB 则会从中抽成。

因为有自己的播出平台，TVB 可以提供充足的机会让艺人们在电视剧、综艺节目等多种空间展示自己，积累人气。

（四）艺人：机会与合作第一，其次才是赚钱

"包薪艺人"除能有效防止明星耍大牌外，最重要的是倡导了一种有利于资源优化配置的产业链，让明星更多地投入于合作。TVB有着完善的娱乐节目制作流程和成熟的明星培养团队，因此，不论是哪个明星离开TVB，都不会造成太大影响；而TVB这个平台也永远吸引着不同年龄段的明星加盟，在这里，明星们从来不敢耍大牌。

因《金枝欲孽》大红大紫的邓萃雯，1985年通过培训班进入TVB，到如今仍像大多数成名艺人一样只签部头约（即只拍以部论的电视剧拿薪），她承认在内地拍一部戏的报酬相当于这里拍好多部。香港明星们其实很少靠拍影视剧赚钱，这也使影视制作方不会有太大经济压力，可更专心地投入编剧、造型、后期制作等关乎影视剧质量的各个环节，使影视产业链各项资源得到优化配置，促进影视业健康发展。

相对于一般演艺经纪公司中的艺人，TVB艺人更像是公司"员工"。近年来，TVB在打造港产明星方面，更进一步加大了与内地的合作，如将《金枝欲孽》授予湖南卫视独播，与央视合拍《岁月风云》，等等。

TVB的包装推广手段也极有创意。央视大型纪录片《故宫》的海外版权销售就是由TVB操作的。TVB找来曾在影视作品中多次扮演清朝皇帝的郑少秋，为《故宫》重新配音解说，并在各小节前加入开场白引发悬念。此外，还将原本1小时左右的单集剪辑为两集半小时的，在美国、加拿大以及东南亚地区卖得非常好，反响也很不错。

（改编自骆俊澎、李云灵、刘嘉琦：《TVB四十有惑 揭秘无线台庆背后的现世危机》，《东方早报》2007年11月19日；《纵横华语电视剧数十载，解读被误解的TVB》，http://www.ontvb.com/html/jc/jp/2013/0327/2472.html，2013-03-27）

延伸阅读 >>>

一、TVB艺人能否在"新港剧"时代重现辉煌

一、TVB艺人离巢风起

随着内地影视市场的高速发展，2010年开始，TVB艺人们开始纷纷离巢北上到内地拍剧。从最早的汤镇宗、朱茵、刘松仁、陈浩明、郭晋安，到后来的佘诗曼、林峰、郑嘉颖、胡杏儿、黄宗泽等，这股"离巢风"越来越热。

《延禧攻略》的热映，让佘诗曼这个当年的TVB当家花旦重新走进人们的视野。剧中佘诗曼虽然不是女主，却是公认的"演技担当"，炸裂的演技使她再创事业高峰。

TVB艺人离巢，首先是被内地的高片酬所吸引。以佘诗曼为例，她在TVB已然是"一姐"，但片酬最高才每集3万港元，而内地给她的片酬却高出不止三倍，仅凭《审死官》《带刀女捕快》和《建元风云》这几部内地剧，佘诗曼就可以累计拿到接近2000万元的片酬，几乎超过了她在TVB近10年的片酬总和。在内地影视产业高速发展的今天，内地资本对香港艺人的吸引力是巨大的。

内地电视剧拍摄压力小、节奏慢也是吸引TVB艺人来内地的主要因素。电视剧拍摄模式的不同，是造成两地差异的主要原因。内地都是剧集拍完后确定播出时间，而在香港却在剧集拍摄前就已经确定播放日期的，这就意味着TVB的艺人在制作周期紧张的形势之下

要面临高强度的工作压力。

除了薪酬高、工作环境舒适外，广阔的市场和良好的平台也是TVB离巢演员看重的因素。相对于香港市场一台独大的局面，内地电视市场更具多元化，一部剧可以先后在多家地方电视台和卫视上星播出，对提升人气和增加知名度有很大的帮助，因此他们更愿意接拍内地剧。

此外，香港艺人到内地拍剧不仅是一种新的尝试，还可以获得演技交流与提升的机会。在TVB拍戏，导演和演员基本固定不变。而在内地影视圈，每次合作的团队都不一样，都可以碰撞出不同的火花。艺人的大批离巢使TVB的艺人出现了青黄不接的现象，但艺人们的频频北上并非TVB独有的现象，而是整个香港娱乐产业普遍的态势。

二、艺人北上遭遇瓶颈

事实上，并不是每位离巢北上的艺人都能在内地混得风生水起，大多数香港艺人到内地发展后遭遇瓶颈。由于他们在内地年轻群体中的影响力有限，结果在高片酬的背后却是昔日"视后""视帝"只能演配角的尴尬局面。例如，佘诗曼、蔡少芬、胡杏儿在TVB都是绝对女主，可到了内地，受年龄等各方面因素影响，只能演女配，而且大多数都是"黑化"的女配。在《延禧攻略》中，佘诗曼饰演的一路黑化的娴妃娘娘，蔡少芬在《甄嬛传》饰演的恶毒皇后，《那年花开月正圆》中胡杏儿饰演的胡咏梅心胸狭隘，令人憎恶。

能在内地梅开二度的艺人毕竟寥寥无几，如陈伟霆、钟汉良，他们大多是凭借某部电视剧一炮而红，随后便是各种优质资源加身，就如同雪球一般越滚越大。反之如吴卓羲、张可颐，来到内地之后一直不愠不火。

虽然就演技而言，TVB演员都是实力在线，但当下的影视圈，流量是挑选演员阵容的首要因素，虽然流量明星的片酬高出天际，但依旧有制片方看重粉丝效益，舍得出钱买单。因此，即使在香港红出天际，如果内地粉丝不买账，也是苦无金主抛出橄榄枝的。

三、新港剧+老艺人=新出路

昔日一线艺人纷纷离巢，新人无法独当一面，TVB的危机日益严峻。面对港剧衰弱，TVB也在积极寻找出路，近年来更是加强了与内地主流视频网站的合作，期盼迎来生机。香港本地的影视市场非常狭小，电视业务板块成长的空间并不大，转攻内地市场对TVB来说不失为一条拉升业绩的途径。

在"爱优腾"几乎垄断了网络视频渠道的当下，平台的扩张让他们亟须内容的填充。港剧作为高度垂直的分众内容，有着很高的开发价值。迫切需要转型的TVB与"爱优腾"开始合作，"内地资本+香港制作"的"新港剧"应运而生。

2014年，一部《使徒行者》把逐渐没落的港剧又拉回了前线，《使徒行者2》也被提上拍摄日程。但由于经济压力，《使徒行者2》一度因经费问题延迟开机。随后，TVB决定找企鹅影视合作拍摄《使徒行者2》。这是首次"内地团队+香港制作"的尝试，最终迎来"双赢"局面，2017年首播便拿下14小时破亿的流量。

除了和腾讯、爱奇艺的合作，TVB还和优酷合作了《飞虎极战》（2018），作为TVB警匪经典《飞虎》系列片，这部剧依然以香港飞虎队为主题。TVB实现了和第一梯队三家视频网站的大满贯合作。

随着近年来内地影视公司和TVB合作的不断加深，在内地打拼一段时间后的TVB老艺人，再三权衡后还是选择了重回 TVB，拍摄新港剧。如作为最早一批离巢的 TVB 艺人郭晋安重新出现在《再创世纪》中，黄宗泽、吴卓羲在《飞虎极战》中重现当年风采。如今张卫健、罗嘉良、郑则仕、宣萱等都已集体回巢，"新港剧"的诞生无疑为他们的回归提供了新的契机。

回望这些年的变化，不觉世事变幻如沧海桑田。如今回归的香港明星开始明白，与其"水土不服"地北上，不如重返老东家继续打拼，不知回巢的他们在"新港剧"时代能否再创当年的辉煌，不如拭目以待。"新港剧"模式让 TVB 的内地市场策略已经初见成效，但在内地文娱市场不算乐观的整体形势之下，TVB 内地业务的拓展也需要很长的磨合期。

（改编自宗泳杉：《TVB 艺人经纪"褪色"》，《北京商报》2019 年 5 月 8 日）

二、华谊兄弟传媒集团

华谊兄弟传媒集团是中国最知名的综合性娱乐公司之一，由王中军、王中磊兄弟创立于 1994 年，1998 年投资著名导演冯小刚的影片《没完没了》、姜文导演的影片《鬼子来了》，之后正式进入电影行业，随后华谊兄弟全面进入传媒领域，投资及运营领域涉及电影、电视剧、艺人经纪、唱片、娱乐营销，在这些领域都取得了骄人成绩。时至今日，华谊兄弟传媒集团已经发展成为一个涵盖广告、影视、音乐、发行、时尚、建筑、汽车销售、文化经纪、投资等的大型民营企业集团。

一、业务概况

目前，华谊兄弟传媒集团旗下有华谊兄弟广告公司、华谊兄弟影业投资公司、华谊兄弟文化经纪公司、华谊兄弟音乐公司、西影华谊兄弟电影发行公司、华谊兄弟电影国际发行公司，其业务实际是两大板块，电影电视及其衍生产品是一大板块，娱乐营销、音乐公司和经纪人公司被划分到第二大板块。相互补充的强势产业链，形成了华谊兄弟的核心竞争力。

（一）电影业务

华谊兄弟影业投资有限公司（以下简称"华谊兄弟"）前身为华谊兄弟广告公司影视部，从 1998 年投资冯小刚的电影《没完没了》以来，华谊兄弟电影形成了电影策划、投资制作、营销、发行的完整电影运营阵容，是少有的全面型电影投资企业。华谊兄弟从 2007 年起开始涉足电影院投资运营，是国内最成功的民营影视公司之一。

（二）电视业务

华谊兄弟电视主要致力于国产电视剧的投资、制作和发行。旗下现有张纪中工作室、李波工作室、周冰冰工作室、王芳工作室和吴毅、康红雷领导的浙江天意影视有限公司等多个子公司。公司每年以高达 500 集的生产量占据中国电视剧市场的领军位置，推出了许多深受老百姓喜爱的作品，如《士兵突击》《鹿鼎记》《我的团长我的团》《我在天堂等你》《大院子女》《远东第一监狱》《艰难爱情》等。

（三）经纪业务

华谊兄弟文化经纪有限公司是一家专业的文化经纪公司，创建于 2000 年，是国内最资深的经纪公司之一。公司致力依托华谊兄弟传媒集团的综合实力及影视剧投资平台，探索出一条规范、专业的文化经纪事业发展道路。

华谊兄弟文化经纪有限公司主要从事艺员影视剧拍摄、广告代言、形象包装、演出、法律咨询等工作。自成立至今，公司已签约过近百位艺人；如周迅、李冰冰、林心如、徐若暄、黄晓明、苏有朋等。雄厚的实力使其在中国的经纪公司中首屈一指。

（四）广告业务

1994年，王中军从美国留学归国，成立了华谊兄弟广告公司，并且在广告领域掘得了第一桶金。

（五）音乐业务

华谊兄弟音乐公司是目前国内原创歌手总体实力最强的唱片公司，公司签约艺人有张靓颖、杨坤、尚雯婕、黄征、李慧珍、谢娜等，并与华谊兄弟经纪公司共同包装打造了偶像组合BOBO。

二、历史节点

（一）第一桶金

1994年，王中军回国创业，成立华谊兄弟广告公司，那时，王中军惊喜地发现中国的银行还都没有统一的标识，在美国，稍有规模的企业，网点都是统一设计的，王中军很快就开始向多家银行毛遂自荐。在中国银行组织的样品展示会上，王中军的设计方案和样品获得了一致好评，成立不到一年的华谊兄弟就这样接到了中国银行这样的大客户，拿下了中国银行全国1.5万个网点的企业形象标准化和信用卡标准化等一系列CI项目。随后不久，王中军又拿下了华夏银行的单子。再后来，中国石油、国家电网、中国联通等大型企业也成为王中军的客户。3年后，华谊兄弟广告进入中国十大广告公司行列。

（二）入行影视

1997年的一天，一直在电视剧圈里做事的一位老同事告诉王中军拍电视剧如何赚钱，并很快拿来了英达的电视剧《心理诊所》的剧本。投资500万元的《心理诊所》开拍，华谊兄弟为此专门成立了影视部，又利用自身广告的优势，进行了很好的推广，最后华谊兄弟净赚了400多万元，收益率达到90%以上。

初遇冯小刚时，冯小刚的角色不仅是导演，还是制片人，要到处去寻找投资。当时华谊兄弟在《没完没了》只有30%的股份，由于一家投资商资金上有问题，华谊兄弟转下了股权，这样很巧妙地就变成了大股东，随后电影商业上的操作基本上都是华谊兄弟做的，最后《没完没了》成了当年的票房冠军。

（三）初试资本

在最初几部电影投资后，华谊兄弟遇到了发展的"瓶颈"——资金不足。当时，由于政策、经济环境的制约，华谊兄弟基本没有机会获得银行贷款或风险投资。而太合控股业务以地产和金融业为主，有充足的资金，并且正在寻找新的投资点，于是，2000年6月华谊兄弟太合影视投资公司（以下简称"太合"）成立，太合控股投入了大约1300万元。其后的几年，华谊兄弟太合的成绩更是如日中天。冯小刚一系列的"贺岁片"给太合带来了不菲的利润和日益高涨的名声。王中军的目光也不再局限于国内，引入国际资本也被提上日程。2000年3月，太合出资2500万元，对华谊兄弟广告公司进行增资扩股，并将公司变更为"华谊兄弟太合影视投资有限公司"，太合与王中军兄弟各持50%股份。2001年，王氏兄弟从太合控股回购了5%的股份，以55%的比例拥有绝对控股权。正是太合投入的2500万元，使华谊兄弟在制片领域迅速完成了初始扩张。

(四) 补齐发行

2003年，与美国哥伦比亚电影公司的合作使华谊兄弟意识到有自己的电影发行渠道至关重要。当时华谊兄弟和西安电影制片厂（以下简称"西影"）合作拍摄《天地英雄》，正时逢西影的股份制改革，于是华谊兄弟当机立断，对其进行了收购，但由于当时国家政策不允许民营控股发行，最后华谊兄弟只买了44%的股份，但华谊兄弟坚持控制公司的经营结构，成了中国第一家民营参股的发行公司。随后不到两年时间，国家政策允许民营控股发行，又由于华谊兄弟经营很透明，参股西影第一年就使西影扭亏为盈，因此顺利地取得西影的控股权。

(五) 电视战略

电视剧是华谊兄弟最后一个需要占领的堡垒。2006年，华谊兄弟同样采取并购的方式，邀请电视剧的知名创作团队加盟华谊兄弟，签下了张纪中等几名著名电视剧制作人，成立了电视剧工作室，于是便有了《鹿鼎记》《士兵突击》《我的团长我的团》等一批优秀电视剧的产生。

(六) 艺人经纪

艺人经纪模式是华谊兄弟早期的三大盈利模式之一，在华谊兄弟发展过程中起到重要作用，但是由于华谊兄弟经纪人权力过分集中，导致艺人经纪业务曾遭受过团队式离开的风险。

2005年，时任华谊兄弟副总经理、艺人经纪公司总经理的王京花，艺人胡军、夏雨、佟大为等出走，给华谊兄弟造成较大震动。为此，王中磊对经纪团队制度进行了改革，核心是设定明星的收入所得与经纪人无关，并将经纪公司权力分拆，授权给三个平行副总裁。同时，将制作权力下放给制片人，以制衡经纪人的权力。

华谊兄弟一改以往的经纪人管理方式，开始根据每个艺人的特性组成一个个小团队，有针对性地进行点对点工作。华谊兄弟内部从2005年围着艺人转的"1.0保姆式经纪"，即艺人让干什么就干什么，走向"策划定位的2.0模式"，即给艺人大体做一个定位规划，然后为其寻找机会。目前，华谊兄弟将模式升级到"因他成案的3.0模式"，即完全根据每一个艺人的风格打造一部电影。这种3.0模式从好莱坞借鉴而来，好莱坞把这样的艺人经纪模式称为"兜案子"，在这种模式中，由版权部将艺人、编剧、导演组合成团队，然后去游说投资。每一个艺人都被分配在一个量身定做的组里，每个组都由大经纪人、小经纪人、艺人助理、企业宣传人员组成。

这样做无疑有两个好处，一是能防止第二个"王京花"带走一大批明星的事件发生；二是能给艺人以更大的空间和机会，留住他们并且充分发挥他们的能力。

然而，制度总有不完美的地方。周迅、黄晓明、李冰冰的离开让华谊兄弟又陷入了"明星流失恐惧症"。由于进入这个行业的热钱特别多，明星的演出价格不断攀升，一线明星纷纷独立成立工作室已经成为趋势，这与目前国内电影产业的发展阶段有关。

明星名人在影视产业发展中是第一资源，没有这种资源，影视产业几乎不可能成功。华谊兄弟的经纪人模式已经成为国内影视明星经纪的典范，只有经纪人阶层的真正出现，影视产业乃至整个文化产业才可能健康发展，长足进步。

三、商业模式

(一) 持续并购

1. 在发行渠道方面。华谊兄弟吸取与美国哥伦比亚公司合作的经验，在政策还没开放时便并购了西安电影制片厂,使华谊兄弟拥有了独立的发行渠道。

2. 在艺人经纪方面。早在2000年,华谊兄弟便收购了当时只有7名艺人的演艺经纪公司。2008年9月,华谊兄弟与经纪公司中乾龙德"闪婚",造就了近年来国内娱乐行业经纪公司间最大规模的并购案。

3. 在音乐方面。2004年11月,华谊兄弟收购了战国音乐公司,成立华谊兄弟音乐有限公司,涉足唱片制作、发行、艺员经纪、新媒体技术的开发等音乐领域。

4. 在电视方面。2005年5月,华谊兄弟以3000万元控股电视剧制作机构四川天音公司。2006年,又签下了张纪中等几名著名电视剧制作人。

5. 在电影方面。华谊兄弟并购了一家做很多电影院大屏幕的公司,不仅可以放大量的片花以营利,还可以放华谊兄弟明星专栏,对明星有帮助。2008年9月又并购老牌影视公司金泽太和。

(二) 引入资本

华谊兄弟在十几年发展史上大致经历了三轮私募股权投资,从而成就了今天的业内领袖地位。

1. 2000年3月,太合出资2500万元,对华谊兄弟广告公司进行增资扩股,并将公司变更为"华谊兄弟太合影视投资有限公司",太合与王氏兄弟各持50%股份。太合入股的条件是,王氏兄弟在适当时机回购该笔股权,使太合获利退出。2001年,王氏兄弟从太合控股回购了5%的股份,以55%的比例拥有绝对控股权。

2. 2004年,华谊兄弟进行了第二轮私募,引入的战略投资者是TOM集团。王氏兄弟为了确保在此过程中不丧失控股权,先以7500万元、溢价3倍回购太合手中45%的股份,太合以300%的回报全身而退。太合退出后,"华谊兄弟太合影视投资有限公司"随即更名为"华谊兄弟传媒集团"。

3. 2007年,华谊兄弟展开第三轮私募。分众传媒联合其他投资者向华谊兄弟注资2000万美元。此次交易双方并未公布分众传媒这笔2000万美元的投资换取了华谊兄弟多少股权。华谊兄弟引进分众传媒,主要基于两大考虑:其一,分众传媒有着媒体行业整合的经验;其二,分众传媒在纳斯达克已获得外国投资者认可,它的加盟可扫清华谊兄弟海外上市时投资者的疑虑。

伴随着华谊兄弟迅速成长,王氏兄弟不断引进投资者的股权投资,以满足华谊兄弟扩张的资金需求。与此同时,不断回购先前投资者的股权,不仅投资者得以顺利退出,自身的控股地位也得到巩固与强化。

(三) 借力金融

华谊兄弟在银行贷款的融资方式上的资本运作也走在国内娱乐业的前列。

1. 2006年8月,中国出口信用保险公司(以下简称"中信保")宣布,已经与华谊兄弟达成协议,在《夜宴》的海外发行中为其提供为期一年的短期出口信用保险服务,保额预计在1500万~2000万美元。中信保通过提供担保服务,也使《夜宴》成功获得深圳发展银行5000万元人民币的贷款支持。这是影视产品海外发行与政策性出口信用保险的首次合作。另外,华谊兄弟通过投保的方式,还可以获得银行贷款,从而将其间可能出现的资金短缺的风险转移给保险公司。

2. 2006年8月，招商银行在经过两个多月的尽职调查后，给《集结号》贷款5000万元的报告最终通过了终审并放款，贷款性质为无第三方公司担保。华谊兄弟首次以知识产权（即版权）做抵押来吸收招商银行的贷款，为以后更多的影视公司获得银行融资起到示范作用。

3. 2008年5月，北京银行与华谊兄弟开展全方位的战略合作，其中，北京银行以版权质押的方式向华谊兄弟提供1亿元的电视剧多个项目打包贷款，用于支持华谊兄弟旗下14部、超450集电视剧的制作与发行，这也是迄今为止金融业为影视企业发放的最大金额贷款。北京银行成为"版权质押"融资贷款的首家银行，华谊兄弟则承诺将北京银行作为其电视剧业务的独家合作银行和其上市募集资金归集行。

4. 2009年3月，中国工商银行北京分行成功为华谊兄弟发放项目贷款1.2亿元，该资金将主要用于华谊兄弟传媒2009—2010年4部电影的摄制与发行。这一事件对文化产业来说具有重大意义，标志着中国电影产业的整体发展已经引起了主流行业对电影业的高度重视。工商银行方面也认为自身将对文化创意产业的信贷支持范围扩展至以无形资产为核心价值的电影行业，在金融危机的大背景之下，资本依旧青睐电影行业，银行看好电影企业的整体发展趋势。

（四）产业链条

华谊兄弟在业务上可以说是做到了产业链的无缝对接，从艺人经纪、电影、电视、音乐到营销、广告活动等一环扣一环地将整个娱乐产业链全面覆盖。从运作特点看，华谊兄弟已经实现了从编剧、导演、制作到市场推广、院线发行等基本完整的生产体系。

明星们加盟华谊兄弟的重要因素就是这里既有影视剧拍摄机会，又有广告销售优势，明星在华谊兄弟可以得到电影、电视、唱片、艺人经纪、新媒体等多领域的包装与推广。

华谊兄弟一部电影成本的回收，不只是票房这一块。例如，《天下无贼》电影票房占该电影不到30%的收入，其他的70%是电影衍生产品产生的；电影《非诚勿扰》还没开机就已经收回了一半的成本。

（五）大型项目

对华谊兄弟来说，影视投资方面越是大投入的大制作，从投资回报的角度来看反而越安全，同时还能为公司带来品牌上的巨大收益。纵观华谊兄弟影视投资的历史，投资的影视剧基本都在1000万元以上，这些钱主要集中用于高薪聘请大牌明星、电影前期的策划与后期的推广和发行。从冯小刚系列贺岁电影来看，基本上这些大制作撑起了华谊兄弟的电影王国之梦。

（六）合作共赢

华谊兄弟十分注重与他方合作共赢，合作过程不仅使华谊兄弟学到了对方的先进管理经验，更是降低了风险，为影片的大卖起到了积极的作用。

1. 与电影公司合作。华谊兄弟在筹拍《大腕》时，就开始国际化的融资运作，与美国哥伦比亚电影公司合作，在资金和演员投入上都各占相应的比例。《大腕》成功后，双方又共同投资了《寻枪》《天地英雄》《手机》《可可西里》《功夫》等。与哥伦比亚电影公司的合作既填补了华谊兄弟影片的资金缺口，又使华谊兄弟的拍戏规模上了一个台阶，从此，华谊兄弟可以同时运作并开拍多部戏。而且，华谊兄弟还引入了全球票房分账体系，这种经营模式不仅为华谊兄弟带来了大量的海外发行收益，还给华谊兄弟带来了日趋完善的海外发行渠道。

2. 与企业合作。《手机》与国美电器的合作为品牌强强联合提供了新的形式：《手机》的片花广告在国美的 100 多家连锁店的电视屏幕上反复播放，《手机》的海报、展架和 DM 宣传品也在店内放置。国美电器在《手机》热映前，将终端促销活动、地面广告宣传与电影贴片广告结合起来，联合影片在各大商城开展的"买手机、看《手机》、中手机"的活动，取得了不凡效果。

3. 与新媒体合作。《天下无贼》中的所有明星道具指定淘宝网作为独家拍卖网站。芒果网投入了几百万元，得到《夜宴》的授权，举办了"《夜宴》电影之旅"的活动，活动的内容就是请《夜宴》的副导演和艺人明星参加网友的互动活动，中奖者可以游览《夜宴》的外景地，而芒果网会参加《夜宴》5 月在戛纳电影节的晚会。

在港台和东南亚市场，华谊兄弟分别与寰亚合作拍摄了《天下无贼》《夜宴》《集结号》；与英皇合作拍摄了《宝贝计划》《情癫大圣》。

（七）植入广告

从《心理诊所》到《非诚勿扰》，植入广告被华谊兄弟用得心应手、屡试不爽。在《心理诊所》中，诊所楼上立了中国银行、威莎（VISA）两块广告牌，每集电视剧都要让镜头在这两个牌子上停留几秒钟，中国银行、威莎就给了华谊兄弟 200 万元。

从《手机》创意开始，华谊兄弟就和手机厂商签约，研究手机怎么植入剧情中，结果该片获得摩托罗拉、中国移动、美通通信和宝马的高额赞助，仅从摩托罗拉投资、贴片广告、DVD 光盘版权三个方面得到的总收入约 2200 万元，扣除约 1500 万元的拍片投入及 500 万元的营销费用，在上映之前，该片已经营利 200 万～300 万元。最终，《手机》的票房以 5500 万元大获全胜，在商业上取得了巨大的成功。

随后的《天下无贼》，华谊兄弟顺水推舟，宝马、中国移动等再度为冯小刚的电影买单。《天下无贼》这部的电影投资为 3000 多万元，还未放映，广告收入已经有了 4000 多万元，而且电影的口碑也不差。

《非诚勿扰》里到处都是广告，洋酒、汽车、邮轮、信用卡、手机、网站、笔记本电脑、杭州景区、房地产……吃喝用玩，一应俱全。《非诚勿扰》的投资为 6000 万元，在开机之前就已经收回了近一半的成本。

（八）分散风险

华谊兄弟并不是对每一部影片都做 100% 的投入，有些风险比较大的，华谊兄弟则将投资额控制到 5%，这体现出整个公司的业务是非常稳健的。

此外，华谊兄弟还积极向银行贷款。银行是一个规避风险能力最强的机构，对风控最在乎，使华谊兄弟不得不提高风险控制意识和运行能力。

电影属于资金密集型产业，华谊兄弟不仅通过持续融资支持公司的扩张，在电影拍摄上也采用了多种融资手段，不仅减少了拍片时的自有资金投入，加快了资金周转率，也分散了影片票房的风险。与此同时，通过与外部金融机构的合作，华谊兄弟也将严格的财务制度引入制片资金的管理上，从而降低了制片成本，提升了资金的使用效率。

（九）坐吃政策

在国家大力提倡促进文化产品的出口、优化产品出口结构的大背景下，作为一家政策性的出口促进机构，中信保与华谊兄弟达成了我国首次影视产品海外发行与政策性出口信用保险的合作，为促进我国服务贸易特别是文化产品的出口、支持国内文化企业开拓国际市场展示了一个范例。

中信保针对华谊兄弟遇到的问题，为其提供了量体裁衣的"出口信用保险+担保"的支持模式。发挥中信保在海外资信调查、收汇风险补偿的优势，为华谊兄弟影片的海外销售提供了出口信用保险，帮助其在事前、事中、事后评估及分析风险，并承担收汇损失保险责任，支持其采用更灵活的方式开展海外发行，提高发行收益。同时，在保险的基础上，对华谊兄弟影片拍摄的资金需求给予担保支持。

四、成功之道

（一）聚拢人才

在文化产业领域人力资源占有非常重要的位置，华谊兄弟的成功首要归功于在电影、电视、艺人以及公司行政、业务方面聚拢了一批业内顶尖的领军人物。

1. 利益是合作的基础。华谊兄弟给了人才足够的薪水和报酬。冯小刚、李冰冰、张纪中、黄晓明等都是"华谊兄弟"的一部分。

2. 从1998年开始，华谊兄弟就把尊重特殊人才作为公司最根本的文化。华谊兄弟创造了签约导演制片的形式，而且越做越成熟，冯小刚成为华谊兄弟第一个签约导演。目前，华谊兄弟每个导演都有自己全面负责的工作室。

3. 及早签约不仅体现在冯氏贺岁电影还未形成品牌之前，冯小刚就成了华谊兄弟的签约导演，更体现在黄晓明、周迅、李冰冰、王宝强、张涵予等人的星路历程上。及早签约使得华谊兄弟在与人才合作上能尽早形成默契，以利于达到双赢的目的。

4. 华谊兄弟依靠品牌和资本签下了诸如张靓颖、张纪中等一批优秀人才，这些人才在华谊兄弟强势品牌和充足的资本前提下顺利地实现了自己的目标。

（二）合伙经营

在华谊兄弟股东当中，王中军占30%左右的股份，王中磊占10%左右的股份，再加上核心团队，冯小刚、CFO、王中军夫人以及明星原创团队大约占60%。从股份分配上可以看出，王中军和导演、演员不是老板和员工的关系，总的来讲是合伙人。

（三）商业思维

冯小刚拍摄的电影《手机》反映手机与人的关系，王中军当即拍板，投资2000万元的《手机》成了年度票房冠军，当年投资回报率高达263%。

王中军自己总结的拍片经验是：既然要做，就要把计划做得详细，首先应该严格控制制作和计划环节，没有任何理由可以超支。

（四）善于学习

王中军喜欢参加各种财经论坛，如果听到有用的建议，就会马上实施。有一次，王中军在一个论坛上听说请专家当财务顾问效果非常好，很快便请了一名资深专家到华谊兄弟当财务顾问，感觉"非常好使"。

在和哥伦比亚电影公司的合作中，王中军学到了很多。此外，王中军还从他的一位企业家朋友那里借鉴了股权激励的做法，也对公司的明星、导演、制片人、管理团队做了很多股权激励。

（五）懂得放权

找合适的人做合适的事，给他们100%的信任和权力，这是王中军喜欢和习惯的做事方式。在华谊兄弟，王中军只抓收支两条线，其他的事一概"放手"，除了每周看一次公司的财务周报，以及负责公司的战略、资本结构、政府关系、股东关系外，其他的时间都在休闲。例如在电影营销上，王中军只会根据电影的总投入定一个总的指标，然后让销售部门去完成这个指标，至于美国卖了几百万元、日本卖了几百万元，他并不关心。

（六）学会满足

王中军说："我是永远觉得他们干得挺好，既然能达到这个程度，我就已经满足了，我一直就是这样，公司管到今天这个样子，使我比较轻松。如果我再付出更大的努力，公司也许会再上一个10%的台阶，但我觉得没有这个必要，我还是放假多一点比较好。"

对待员工跳槽，在王中军看来很正常："我们公司的文化就是这样，来去自由，一个人走了一段时间又跟我说还是华谊兄弟好，想回华谊兄弟。我会说没问题，可以回来。"

（七）拿来主义

王中军曾经提到，自己很多想法都是照搬国外的。当年中国银行营业点CI标准化设计的单子，就是王中军一次成功的"拿来主义"实践。王中军用在美国的见识成功拿下了中国银行15000多个营业点的CI项目，使华谊兄弟一夜成名。

同样学来的方式还有植入广告，植入广告在美国的007系列电影中随处可见，王中军把它成功地复制进自己的电影中。

在贴片广告上，当时王中军把《心理诊所》卖给电视台，电视台去支付广告时间段而非现金，而他借助自己广告公司的优势让这些广告时间变成了现钱，最终盈利达到100%。

王中军许多东西都是从国外照搬过来的，如好莱坞模式的制片方式、文化城的投资。他心中最佳的商业范本是美国的华纳和迪士尼：有核心竞争力，垂直完整的产业链布局，有品牌价值。向着这个方向努力的华谊兄弟要全面整合影视娱乐产业链，打造全方位的娱乐帝国。

（八）品牌积累

2004年，华谊兄弟以12.25亿元的品牌价值跻身"中国500最具价值品牌"排行榜第359位，是娱乐传媒业的第一名。

2007年，冯小刚的又一部贺岁电影《集结号》在上映前，公交车站广告牌上铺天盖地的海报中，许多人对那个大大的军号印象深刻，相信很多人还会注意到军号旁边很显眼的位置上"华谊兄弟敬献"的字样。虽然制作公司的名字写在海报上是再寻常不过的事情，但与其他电影海报的公司、出品人等信息都缩在边边角角相比，华谊兄弟此举是"不放过任何一次宣传自己公司整体品牌价值的机会"。

具有同样意味的细节也出现在2009年大年初一上映的华谊兄弟投资的影片《游龙戏凤》的宣传片中，屏幕就有一两秒时间专门让给了"华谊兄弟"四个字。

华谊兄弟在品牌性打造上自有独到之处，不论是电影营销还是其他的业内活动，都非常注重整体品牌价值，而不是单独项目的短期盈利。

五、未来发展

(一) 影视剧工业化运作模式

关于华谊兄弟的未来,王中军提出了电影以及电视剧的"工业化运作模式"这一概念。"所谓工业化运作模式,主要表现在三个方面:第一是密集资本投入实现规模化生产;第二是专业化分工;第三就是技术先导。"王中军表示,所谓技术先导,就是关注业界先进技术与市场的结合。电影《手机》获得成功后,王中军对手机短信当时还停留在"会看不会发"的原始阶段,但这不妨碍华谊兄弟的"技术先导":仅仅通过向一家短信内容服务商提供《手机》电影内容的授权,华谊兄弟就获得了100余万元的收入,这是没有任何成本的纯收益。

华谊兄弟上市之初,王中军便喊出了"电视剧工业化"的口号,而真正将这个口号变为现实的是华谊兄弟电视剧事业部的总经理杨善朴。每天晚上,杨善朴的手机几乎都会收到一条短信,内容是各个卫视的收视率排行,就好像股市的升跌,让他计算出手的时机。来自专业机构的报告,每周都会放在他的案头,他不仅要求自己知道,更要求其他制片人也要研究这份报告。

华谊兄弟电视剧制作采取制片人工作室形式,将一些优秀的制片人汇聚到旗下,建立了制片人工作室,充分授权,独立进行电视剧项目运作。而华谊兄弟义务为其提供资金、营销、法务等支持,还包括促进工作室之间的融合。

2009年,杨善朴接手华谊兄弟电视剧事业部后,确定了稳中求进的方针,先把风险控制提上首位,将风险大的项目全部取消,其次才去追求报表的数字增长。这种稳健的策略使得2009年华谊兄弟电视剧的成绩并不突出。

华谊兄弟电视剧有一个"三年规划":2010年是产量年——保持在每年五六百集的产量并稳步增长;2011年是质量年——提升华谊兄弟电视剧的整体水准;2012年是品牌年——要出几部真正有影响力的品牌大戏,比如热播电视剧《夫妻那些事儿》,网络点播仅第一季度就突破16.2亿人次。

如果说华谊兄弟的第一个三年计划的关键词是"成长",那么第二个三年规划的关键词是"创新",经过第一个三年打基础、练内功的过程,华谊兄弟电视剧产品必然会像华谊兄弟公司在资本运作和结构模式对中国文化产业所显现的创新引领作用一样,在中国电视剧市场彰显出强者风范。

(二) 做中国的"华纳"和东方"迪士尼"

如今,华谊兄弟传媒集团拥有电影、电视、经纪三大板块业务,并按照"内容+渠道+衍生品"的思路,逐步扩张为综合性娱乐影视集团。王中军在多个场合表示,华谊兄弟的最佳商业范本是美国的华纳和迪士尼。同时,围绕着华谊兄弟的高度"明星依赖症"、收益不稳定等诟病也在继续。

随着华谊的发展,华谊兄弟曾多次表示"华谊兄弟整体业务不会依赖单个艺人发展"。王中军、王中磊兄弟曾不止一次在不同场合提出,要完善公司的产业链,把华谊兄弟打造成一个综合性娱乐集团。在现有业务方面,华谊兄弟将在统一平台的整体运作下,将电影、电视剧制作发行业务与艺人经纪服务进行整合,使之产生协同效应。

在对外扩张上,华谊兄弟为完善产业链,先后收购了华谊兄弟音乐,开展音乐业务;参股掌趣科技,涉足手机游戏;引进Hello Kitty娱乐公司,进军动漫业;与史玉柱合作进军网游；花巨资打造华谊兄弟文化城，欲建中国迪士尼乐园……

不但如此，王中军的眼光还更加长远，他力图把明星服务业务提升到一个新的层次。"我可能引导公司去做艺术家的经纪，再一个就是体育。体育和文化是分不开的，一旦市场化，我们会做体育明星。"

对华谊兄弟来说，融资和上市其实只是过程而已，他们的目标是要做中国最好的娱乐内容公司。对此，不妨让时间给出答案。

（改编自陈少峰、朱嘉：《中国文化产业十年》，金城出版社 2010 年版；程晓蒙：《打造中国"华纳"》，载《新商务周刊》2013 年第 1 期）

三、中国内地艺人经纪行业发展模式盘点

2017 年，国内文娱产业可谓风生水起，全国电影总票房突破 559 亿，国产电影票房 301.04 亿元，占票房总额的 53.84%；新上线网综节目 197 档，比 2016 年年同期增长了 53%，播放量总计达到 552 亿次；国内网络直播市场整体营收规模达到了 304.5 亿元，比 2016 年增长 39%，成为网络文化市场的重要组成部分；同时，引入大投资大制作模式的网络剧市场也进入蓬勃发展阶段，2017 年国产大剧整体网络流量近 6000 亿，年增长率达到 40%。

文娱产业蓬勃发展之际，在井喷的市场需求下，艺人经纪行业也展现出磅礴迅猛的生命力。尤其是《偶像练习生》《创造 101》两档综艺的上线，更推动了诸多偶像经纪公司从幕后走向台前，从默默无闻到众人关注，继而受到资本青睐。不同类型的经纪公司涌现，推动着行业迈向专业化，催生行业新生态，艺人经纪将极有可能成为下一个风口。对此，华谊兄弟研究院通过梳理国内经纪行业的发展历程，探索与分析当前经纪公司多模式的经营方式，希望给我国经纪公司的未来发展之路带来启示和思考。

一、艺人经纪行业迭代史

根据艺恩咨询《2018 中国艺人经纪行业趋势洞察》中的最新定义，艺人经纪指的是依托自身资源和专业管理经验，为演艺人员提供涵盖职业规划、形象塑造、专业培训、宣传推广、洽谈安排演艺和商务工作、法律事务代理和行政顾问在内的全方位经纪服务业务。① （如图 1 所示）。

中国最早的经纪人是 20 世纪 80 年代帮助艺人"走穴"的"穴头"，他们为艺人提供到全国各地演出的机会，并从中提取佣金。经过几十年的快速发展，国内艺人经纪行业的发展大致经历了三个阶段。

（一）1.0 时代

1.0 时代：以华谊兄弟、荣信达和海润为代表的"保姆型"经纪。早在 20 世纪 90 年代，以王京花、常继红、李小婉为代表的中国第一批经纪人，她们采用保姆式艺人服务方法，包办了艺人们的生活起居，同时掌握着核心的影视制作资源和艺人资源间的沟通渠道。这个阶段，艺人和经纪人有着超乎"实体合约"的亲密合作关系，经纪人对艺人的影响力较大，艺人对经纪人也非常依赖。②

---

① 艺恩咨询：《2018 中国艺人经纪行业趋势洞察》，http://www.endata.com.cn/，2018-03-29。
② 高洪浩：《艺人经纪迎变革　艺人公司如何完成明星孵化》，《财经》2017 年 8 月 7 日。

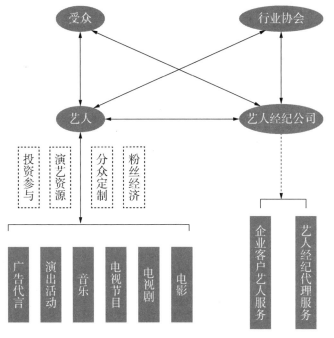

图1 艺人经纪服务业务

图片来源：艺恩咨询《2018中国艺人经纪行业趋势洞察》，http://www.endata.com.cn/，2018-03-29。

2000年，王京花携包括李冰冰、任泉、佟大为等在内的40多位当红艺人加入华谊兄弟。3年后，华谊兄弟正式成立艺人经纪业务，以制造、服务与经营明星三位一体的先进经纪理念，开启了艺人经纪行业化的进程。在鼎盛时期，华谊曾拥有中国影视行业过半的艺人经纪合约，坐拥中国艺人经纪领域的大半个江山。

此后，欢瑞世纪、海润影视、正午阳光、唐人影视等从内容制作起家，应平台内容需要而签约演员的模式成为行业主流。"内容资源+保姆式服务"对艺人形成了超强的凝聚力。

（二）2.0时代

直到2010年前后，整个中国影视行业的迭代推动了经纪行业的发展，"影视内容+经纪服务"的传统经纪业务模式日渐式微。新媒体的兴起革新了艺人运营与宣传方式，大公司体制下的一个经纪人带多个艺人的情况开始满足不了艺人的需求。[①]

在这个阶段，艺人经纪2.0时代正式开启。以章子怡、周迅等为首的一线艺人纷纷自立门户，成立了挂靠公司的个人工作室。以往艺人与经纪人之间超越合约的"家庭""师徒"亲密关系逐渐崩塌，艺人逐步拥有了话语权。艺人经纪也有了专业化的细分，有经纪人、宣传总监、助理等职位为艺人提供全方面精准化、细分化的专职服务。

---

① Vlinkage：《艺人经纪前景无限，造星策略各有千秋，十大经纪公司都有谁?》，《文化产业评论》2018年第1882期。

（三）3.0 时代

随着文娱产业的高速发展，优质艺人成为最稀缺的核心资源，艺人资源的开发和维护成为重中之重，而工作室模式并不适合大部分在圈内尚未建立起知名度的新艺人。艺人经纪迈入 3.0 时代，经纪行业格局逐渐分散化，艺人资源重组，催生出流程化、规模化、体系化的新型专业公司开拓出一片新蓝海。华谊兄弟旗下的浩瀚娱乐正是 3.0 时代的弄潮儿，浩瀚娱乐拥有李晨、冯绍峰、Angelababy（杨颖）、郑恺、杜淳、陈赫六位明星股东，即围绕明星，聚合从剧本—导演—制片等各种生产资源，以及从发行到版权开发的市场资源重组，开创性地引领国内"明星驱动 IP"时代。

3.0 时代下，置换股权让渡经济利益、深化合作共享增值等成为稳定艺人的常见商业手段。之后，喜天影视、米未传媒、嘉行传媒等新型专业公司纷纷入驻经纪行业，艺人资源不断重组，催生出股份制与合伙制的新模式。同时，《偶像练习生》《创造 101》等团体选秀节目的大热也让一些新型偶像经纪公司进入了大众的视线，如乐华娱乐、觉醒东方、坤音娱乐。它们的出现被视为艺人经纪领域的一种新模式，并催生了一股偶像经纪公司热潮。艺恩咨询的数据统计显示，2017 年，新成立经营"艺人经纪"业务的公司就达到了 3036 家，风口迹象已经逐步显现（如图 2 所示）。

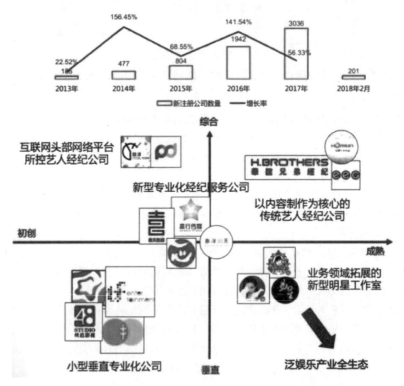

图 2　中国经营范围含"艺人经纪"的新注册公司增长情况

图片来源：艺恩咨询《2018 中国艺人经纪行业趋势洞察》，http://www.endata.com.cn/，2018-03-29。

二、资本入驻艺人经纪行业七种经营模式大盘点

国内文娱产业实际上存在很强的包容性,而且艺人的分类也没有标准的界限,所以导致现在艺人经纪领域多种模式并存的现象。根据艺恩咨询等行业机构的研究报告,艺人经纪行业经过多年发展变化,如今大致可以分为七种模式。

（一）艺人流程化集成模式

由杨幂和其经纪人共同出资成立的嘉行传媒,以"新人培养+以剧造星"的模式布局公司全产业链,在《亲爱的翻译官》《三生三世十里桃花》等热剧中,以杨幂一人拖多人的模式,捧红了旗下迪丽热巴、张彬彬等多位艺人。嘉行传媒将自家艺人按照发展程度划分为一线艺人、成熟艺人、上升期艺人、新人四个梯队,各阶段都会有定制的路线规划,然后通过多对多的经纪人组合模式,专业分工、资源共享、协同提供全方位的服务。属于该模式的公司还有喜天影视、壹心娱乐等。

（二）以内容制作为核心的传统影视制作、艺人经纪一体化模式

这类模式代表有华谊兄弟,以及由知名经纪人常继红创立,拥有刘烨、黄轩等艺人的千易时代公司。在内地,华谊兄弟属于比较资深的经纪公司,签约过近百位艺人,在艺人经纪领域依然拥有雄厚的明星资源。2017年,陈赫、Anglababy（杨颖）凭借《奔跑吧,兄弟!》活跃在综艺一线,旗下新艺人钟楚曦、董又霖、郑锐彬等也凭借着各类影视综艺节目提高了知名度。

（三）养成型偶像运营模式

作为国内第一家采用日韩练习生培养模式的经纪公司,时代峰峻凭借国民天团TFboys在中国经纪行业站稳了脚跟。华人文化控股集团旗下的丝芭传媒则推出了全球华语区最大的女子偶像团体SNH48,尽管这个组合没有TFboys知名度高,但由于"可面对面偶像"的经营理念,SNH48的粉丝黏性高、互动积极,已形成成熟的偶像经纪运作模式。①

（四）"练习生"标准造星流水线模式

TFboys的成功使资本看到了内地偶像男团市场存在巨大的变现潜力和供需缺口,相比为成熟艺人提供专业化的经纪服务,这类造星模式的门槛较低,因此成为多方资本进行泛娱乐布局的切入口。如乐华娱乐借鉴韩国成熟的"练习生"造星制度,通过公开招募和艺术集训的方式输出标准化偶像艺人。此类模式造星的公司也被称为偶像经纪公司。2018年,《偶像练习生》《创造101》节目的热播,为偶像经纪公司打开了艺人输送的通道,被大众认知的同时也获得了资本的青睐。属于该模式的公司还有坤音娱乐、盛夏星空、麦锐娱乐等。

（五）以互联网巨头控股的泛娱乐IP整合营销大平台模式

这类模式代表有酷漾娱乐、撲娱乐、悦凯影视等。互联网寡头平台拥有多领域的IP资源储备,专注培养及管理成长期的艺人,不注重短期营利,但能实现艺人IP与原生IP的多维跨界运营。近年来,各大互联网巨头纷纷在艺人经纪领域开始布局,如2017年阿里影业联合优酷共同成立艺人经纪公司"酷漾娱乐";爱奇艺在2017年提出针对演员业务的

---

① 张子龙:《艺人经纪产业链上的国内公司:不做网红经纪,要做上百年的生意》,http://t.cn/Ru3R6rm,2017-08-14。

"天鹅计划",联合"天池表演工坊"共同打造"爱奇艺天鹅明星训练营";腾讯影业在2016年与艺人胡海泉的经纪公司"撲度娱乐"合作,入局艺人经纪业务。

(六)以星享网络和次元文化等小型专业公司为代表的垂直细分型创新模式

星享网络为走偶像路线的明星每人开发了一款独立 App,目的是以明星活动互动、粉丝交流分享、明星周边产品等方式满足粉丝追星、爱偶像的需求,同时,星享网络会直接和艺人签互联网全约,买断该艺人相关的互联网粉丝运营社区以及社区衍生品等独家授权。星享网络从垂直粉丝社区汇集用户,运营内容留住用户,通过定制周边、定制游戏等实现变现,比如"黄子韬 Z. TAO 官方粉丝俱乐部"App 就是他们推出的第一款产品。次元文化的前身是杭州的一个动漫社团,在拥有不少 Coser（Cosplayer）和动漫资源后,开始了 Coser 经纪相关的业务。

(七)以李冰冰等头部明星为代表的艺人工作室模式

这类模式是一线艺人以自己为品牌核心,把自己的资源共享或给予自己旗下的艺人,从而进一步拓展业务领域。各个艺人工作室的着力点不同,差异性较大。大部分工作室并不局限于一两个头部艺人的运营,也会发掘新艺人,整合资源,延伸产业链,争夺行业话语权。

小结

韩国最优秀的经纪公司之一 SM 公司市值超过 40 亿元人民币,而韩国只有 5000 万人口;中国 13.5 亿人口中适龄粉丝和用户超过 1.8 亿人。由此可见,中国艺人经纪行业的发展空间和经纪公司的规模上升空间都是巨大的。近几年,国家接连出台关于文化产业扶持政策和版权保护政策,艺人经纪行业持续利好,而艺人经纪行业在聚合流量以及转化变现上也有着天然的优势,是当前投资的新风口。在未来,中国市场诞生出上市经纪公司是必然的,这场艺人经纪行业之战,哪家公司将在这场突围之战中脱颖而出,让我们拭目以待。

［改编自华谊兄弟研究院：《经纪公司发展史盘点：从作坊式到专业经纪公司,行业新生态多模式并行》,微信公众号 ID：HBresearch,2018 年 5 月 22 日］

第六章 音乐经纪人

随着我国音乐商业化、职业化的不断深入，音乐经纪人开始出现。音乐经纪人在我国是一个新的概念，也是一个新的领域。作为文化经纪人的一部分，音乐经纪人既具有经纪人的基本要求，又具备自身的特点。

第一节 音乐的相关概念

一、音乐的起源及定义

（一）音乐的起源

人类社会从什么时候开始有了音乐，已无法查考。人类在还没有产生语言时，就已经知道利用声音的高低、强弱等来表达自己的思想和感情。随着劳动的发展，逐渐产生了统一劳动节奏的号子和相互间传递信息的呼喊，这便是最原始的音乐；当人们庆贺收获和分享劳动成果时，往往以敲打石器、木器表达喜悦、欢乐之情，这便是乐器的雏形。从古至今，音乐没有国界之分和种族之别，音乐的起源是以声带为乐器的"歌唱"，人类随着智慧的发展，开始使用工具，不仅利用声音唱歌，而且利用飞禽胫骨凿孔以奏出音乐作为游戏，于是产生了乐器。

（二）音乐的定义

按照《现代汉语词典》（第七版）的定义，音乐是利用有组织的音响所构成的听觉意象，来表达人们的思想感情与社会现实生活的一种艺术形式。任何一种艺术形式都有自己表情达意、塑造艺术意象的表现形式。比如，舞蹈是通过肢体动作、面部表情，绘画是通过线条、色彩、构图，文学是通过字、词、句、篇来体现艺术意象。音乐必须通过显示其实际音响的演唱、演奏才能为听者所感知并产生艺术效果。在歌剧、舞剧、戏曲、电影等综合艺术中，音乐是重要的构成因素之一。比较而言，在所有艺术形式中，音乐是最抽象的艺术。

二、音乐的基本要素及特征

（一）音乐的基本要素

音乐的基本要素是指构成音乐的各种本体元素和形式元素，本体元素包括音的高低、音的长短、音的强弱和音的色彩，即音高、音长、音强和音色，这些本体元素相互结合，组成音乐的形式元素，如节奏、曲调、和声等。节奏和曲调是音乐的最基本要素。

1. 节奏。音乐的节奏是指音乐运动中音的长短和强弱。音乐的节奏常被比喻为音乐的骨架。节拍是指音乐中的重拍和弱拍周期性地、有规律地重复进行。

2. 曲调。也称旋律。高低起伏的乐音按一定的节奏有秩序地横向组织起来，就形成曲调。曲调是完整的音乐形式中最重要的表现手段之一。曲调的进行方向是变幻无穷的，基本的进行方向有三种："水平进行""上行"和"下行"。相同音的进行方向称水平进行；由低音向高音方向进行称上行；由高音向低音方向进行称下行。音乐展示在我们面前的是声音的高低、长短、强弱、色彩、快慢等一系列构成因素的变化和往复回旋，给人以律动的感觉。

（二）音乐特征

音乐是一种声音符号，表达人的所思所想，是人们思想的载体之一。音乐是有目的的，也是有内涵的，其中隐含了作者的生活体验和思想情怀，它具有以下三个特征。

1. 音响性。音乐使用的物质材料是由物体振动发出的音响，所以是声音的艺术，它凭借声波振动而存在，因此也只能诉诸听觉，人的听觉器官是感受音乐的重要条件。

2. 时间性。音乐是时间的艺术，具有时间的持续性和变动性。时间是音乐本体存在的关键因素。构成音乐本体的基本要素和基本形式音高、音强、音长、音色、旋律、节奏、节拍、和声等，都必须在时间流程中实现。它们可以在连绵不断的时间过程中展现，同时在时间的持续完成中消失。

3. 抒情性。虽然情感不是音乐所专有的，而是在一切艺术中普遍存在，但音乐却是特别专注于表现情感。音乐是情感的艺术，它的创作、表演和欣赏都与情感有直接关系，音乐欣赏主要是通过情感体验来感受和理解音乐，音乐是情感的载体。音乐，从声波上分析，它介于噪声和频率不变的纯音之间，从效果上讲，它可以带给人美的享受，表达人的情感。音乐是社会行为的一种形式，通过音乐，人们可以互相交流情感和生活体验，这种作用在歌曲中表现得最为突出。

三、中西方音乐比较

关于中国音乐的起源，据史料记载始于原始社会。20 世纪 80 年代出土的贾湖骨笛也证实了新石器时期七声音阶的存在。可以说早于中国文字历史之前我们的祖先就创造了发达的音乐文化。[①]《吕氏春秋·音初篇》中有一条关于氏族时期古老恋歌的记载："禹行功，见涂山之女。……女乃作歌。"闻一多曾在《神话与诗》中分析这首歌"便是音乐的萌芽"。[②] 中国音乐很早就已经掌握七声音阶，但一直偏好比较和谐的五声音阶，重点在五声中发展音乐，同时将中心放在追求旋律、节奏变化、轻视和声的作用上。中国传统音乐，一部分和戏曲结合，成为戏曲音乐，如京剧、昆曲等；一部分被文人当成优雅的个人修养，如古琴，更多以一种低幽吟唱的方式，诉说生命中的悲凉与婉约。与西方共鸣声部强大、适合大型剧场演出的音乐形式相比，中国音乐显然不适合于"表演"，其力度来自其深度，其魅力在于它只给你身心的陶醉，而很少给你付诸形体动作的冲动。它只会让你静静地去欣赏、去品味、去领悟。

西方音乐的发展方向和中国音乐不同，西方音乐从古希腊的五声音阶逐渐发展到七声音阶，直到十二平均律；从单声部发展到运用和声。在西方的交响曲或歌剧中，音乐的旋律、和声的气势都能带来一种震撼和征服的力量。西方音乐的魅力在于它强烈的震撼力。聆听西方音乐，受到震动的不仅是心灵，而且还有人的全部感官、整个身体。西方音乐的感染力作用于身心两个方面。如果说西方音乐像一堵厚实丰满的大地之墙，中国音乐则像一条飘在空中的丝线，轻灵空远。

随着历史的变迁，目前进入了东西方音乐交汇的时代。中国音乐从西方陆续引入和借鉴了各种新的声乐体裁和形式，如艺术歌曲、重唱、合唱、新歌剧等，引进了各种交响性体裁、室内乐体裁和新型舞剧音乐等形式，器乐音乐的发展走出了一条"中西合璧"的新路。而东方的传统音乐也对未来西方音乐的创作产生了一定的影响。

四、音乐的类型

关于音乐类型的划分，可以有不同的标准，按使用工具的不同，可分为器乐和声乐；器乐中，又可分为弦乐、管乐、弹拨乐和打击乐；[③] 按照体裁的不

---

① 修海林、李吉提：《中国音乐的历史与审美》，中国人民大学出版社 1999 年版，第 9 页。
② 修海林、李吉提：《中国音乐的历史与审美》，中国人民大学出版社 1999 年版，第 14 页。
③ 彭吉象：《艺术学概论》，北京大学出版社，2006 年版，第 169 页。

同，可分为独奏、齐奏、重奏、交响曲、协奏曲、奏鸣曲、组曲，独唱、重唱、合唱，等等；按照风格的不同，可分为传统音乐、民族音乐、古典音乐、流行音乐等；按照地域来分，有中国音乐、西方音乐等。下面重点介绍几种与音乐经纪相关的音乐概念及形式。

（1）流行音乐（pop music）。一般是指那些结构短小、内容通俗、形式活泼、情感真挚，并为广大群众所喜爱、广泛传唱、流行一时甚至流传后世的乐曲和歌曲。这些乐曲和歌曲，旋律简单优美，歌词大多近似白话，表达的内容贴近生活，欣赏这类歌曲一般不需要具备很深的音乐理论和技巧修养，甚至缺乏音乐知识的听众都能接受。因此，流行音乐又有"通俗音乐"或者"大众音乐"之称。

因为根植于丰厚的群众土壤，流行音乐还有另一层含义，指那些以营利为主要目的而创作的音乐，它的市场性是主要的，艺术性是次要的。流行音乐能否流行，关键看能否得到市场的认可。与传统或古典音乐相比，现代流行音乐往往具有融歌舞声光电于一体的舞台表现形式。流行音乐的出现改变了艺术贵族化、单一化、模式化的传统观念，在文化市场中具有重要地位。以流行音乐为主的演出可带动音像业、娱乐业、培训业、动漫业、影视业等行业的融合，促进中外文化交流，推动中国音乐产业的健康繁荣发展。

流行音乐有多种表现形式，如说唱音乐、摇滚音乐、民谣等。

（2）古典音乐。在国外，这种音乐类型被称为"classical music"，"classical"有"古典的、正统派的、古典文学的"之意。一般来说古典音乐是具有规则性本质的音乐，具有平衡、明晰的特点，注重形式的美感，被认为具有恒久的价值，而不仅仅是在一个特定的时代流行。这也体现了"古典"（classical）与"经典"（classic）的不同。古典音乐又被称为"严肃音乐"或"艺术音乐"，用以区分流行音乐（通俗音乐）。

近年，中国古典音乐市场出现的一些现象引起了业界关注。

现象一：2014年以来，维也纳爱乐乐团、伦敦爱乐乐团、柏林国立歌剧院管弦乐团、马林斯基交响乐团、马勒室内乐团、圣马丁室内乐团等国际一线乐团在中国演出次数之多、密度之大、质量之高、影响面之广，刷新了国内古典音乐演出纪录。北京、上海的古典音乐演出场次已接近伦敦、柏林、巴黎、纽约等古典音乐中心城市。

现象二：中国内地市场的古典音乐演出被摆在更重要的位置。北京、天津、上海成为中心区域，香港、澳门、广州、深圳、珠海等地区形成次中心区域，武汉、杭州、西安、成都等地围绕着这些中心区域。同时，我国台湾地区与日本市场关联度大，也是活跃的古典音乐市场。

现象三：2015年，在第18届北京国际音乐节，乐视音乐在乐视超级电视、超级手机、乐视视频 App、乐视网 PC 端进行了四屏全终端 1080P 超高清直播。这是国内视频平台第一次对古典音乐现场进行直播,首次试水就为音乐节增加了 100 万观众,使得供奉在音乐厅里的古典音乐开始走下神坛,成为被更多用户享受的大众艺术。由此可见,国内一线城市以及具有代表性的二线城市,无论是在针对西方古典音乐这一高雅艺术门类的集体认知和理解上,还是在针对海外名团的购买力和消化能力上,都有了大幅度的提高。

随着科学技术的不断发展,对古典音乐家来说,他的收益方式原来是唱片,但唱片衰落后,只剩下现场演出,这是不可替代的。古典音乐也是我国整个音乐产业中市场化程度相对较低的一个行业。

由于古典音乐偏小众,目前国内还没有成规模的艺术家经纪公司,只有个别的经纪人,比如星标艺术的张克新为公司旗下的钢琴家陈萨,海外华人音乐家李晓良、朱慧玲等提供演出机会,曾将约尔格·德慕斯(奥地利)、塔马斯·瓦萨里(匈牙利)、朱晓玫等大师请到国内演出。古典音乐经纪人刘益生成立了美杰文化传媒(北京)有限公司,独家代理了不少艺术家的演出业务,如小提琴家吕思清、钢琴家孙颖迪、女高音歌唱家黄英、流行音乐家黄大炜、芭蕾舞蹈家邱思婷等。[①]

(3)民族音乐。一般指各民族用自己独特的方式表达其情感内容、能体现本民族文化和民族精神的音乐,也特指中国民族音乐。中华民族在几千年的历史长河中,形成了有着深刻内涵和丰富内容的民族音乐体系。根据中国传统音乐理论,中国的民族音乐划分为五个类别:民间歌曲、民间歌舞音乐、民间器乐、民间说唱音乐和民间戏曲音乐。

中国的民族音乐艺术是世界上非常具有特色的一种艺术形式,但是这一音乐类型在当下的市场中并没有产生足够的影响力。作为民族音乐,首先,它蕴含强烈的民族文化,普通大众在日常生活中都难以经常性接触到,再加上中国听众往往重歌词轻旋律,非汉语的民族音乐作品很难快速地让听众感同身受。其次,在传播层面,媒体也没有给予足够的宣传和推广力度。虽然在电视渠道上一直有诸如《青年歌手大赛》、《民歌中国》等综艺节目在传播民族音乐,但由于节目形式相对老化,很难触达到年轻群体,大众尤其是年轻人对民族音乐的认知相对较浅。

音乐行业需要寻找适合传播的民族音乐作品,扩大这些优质作品的传播方式和平台。作为其中代表的腾讯音乐在中国民族音乐传承加创新的探索上做出了努力。2019 年 3 月 24 日,一场在上海玻璃博物馆开幕的展览,重新把音乐

[①] 李斌、宋欣欣:《古典音乐市场靠艺术家主导,完全市场化很难做到》,http://www.chinambn.com/show-3184.html,2016-03-17。

的艺术性展示出来。在这场名为《寻韵山水涧·流动》的艺术展中，每个玻璃艺术品的创作灵感都来自同名的音乐作品。由一半红一半绿构成的玻璃品《被宠坏的孩子》，其扭动的造型象征着一种张狂的姿态和欲望，这和歌曲《被宠坏的孩子》在内核上有相似的意象，这首歌想要表达的是，对地球母亲来说，人类是不知节制、肆意索取的孩子。很多民族音乐很难让听众直观感受到音乐想要表达的内容，而此次艺术展中，玻璃艺术品成为音乐具象化的视觉表达，让参观者在一边听音乐的过程中一边观赏玻璃艺术品，通过听觉与视觉的结合来体会创作者的心意，并且这种欣赏艺术的场景也更适合一些民族音乐的传播场景。腾讯音乐的跨界创新模式也让中国民族音乐在未来的发展值得期待。①

第二节 音乐经纪人概述

一、音乐经纪人的概念

关于音乐经纪人的概念界定，目前学术界尚无明确的定义。由于受不同的文化背景及经济发展水平等因素的影响，不同的国家或组织对音乐经纪人的界定各有差异，甚至在同一个国家的不同地区，对音乐经纪人的解释也不一样，不同的学者对经纪人的表述也不尽相同，但是其基本观点还是一致的，即音乐经纪人是指从事音乐市场相关的歌手包装、唱片制作、唱片发行、演唱会等商业活动赚取利益或为音乐人服务而收取佣金的经纪人。

二、音乐经纪人的素质和条件

在了解从事音乐经纪行业所具备的条件之前，我们先通过音乐经纪人、音乐作品推广两个岗位的招聘来认识音乐经纪这一领域。

例一 某公司招聘音乐经纪人的职位要求。

1. 市场营销、经济管理及文化艺术管理类相关专业，24～30岁，大专或以上学历，两年以上音乐或者娱乐行业工作经验，持有文化经纪人资格证书。

2. 熟悉内地、港台演唱会市场，对流行时尚事物敏锐，对娱乐圈动

---

① 林不二子：《民族音乐如何打开市场？腾讯音乐用一场跨界给出答案》，http://www.duyu8.cn/2019-03-27。

向清晰。具有艺人经纪经历者优先。

3. 思维敏锐，口才好，具有较强的商业谈判能力和丰富的谈判经验，具有一定的艺术修养。善于观察分析和沟通协调，富有责任心和务实精神。

4. 拥有电台、网络、电视、平面媒体等娱乐媒介资源。具有良好的职业操守和坚定的团队意识，性格开朗、思维敏捷、作风干练、执行力强。

5. 能熟练使用 Internet 和电脑办公软件（word、excel），具备一定的英文读写能力。

例二　某公司招聘音乐作品推广的职位描述及要求。

1. 公司音乐作品营销的策划推广与实施。

要求：有一定的文案撰写能力，有成熟的媒体合作渠道，对 SP 合作有一定的经验者优先。

2. 艺人演出业务的市场规划、渠道开发及组织实施。

要求：从事演出经纪一年以上者，有固定的演出资源。

3. 艺人的定位、包装、培训组织以及日常指导和管理。

4. 维护并保证艺人及公司的声誉和利益。

5. 配合公司对演出和艺人的系统宣传推广实施。

6. 定期提供演出市场及艺人的评估反馈报告。

音乐经纪人作为经纪人的分支，既必须具有经纪人的基本素质，又必须具有自己独特的条件，总的来说有以下几点。

（一）市场意识

音乐经纪业务就其本质而言就是市场运作，市场运作的成功主要取决于商品、价格、中介方式、经纪人信誉、环境等要素。因此，音乐经纪人应掌握音乐市场环境、音乐营销、音乐市场竞争及交易过程等方面的知识。音乐经纪人需要与人协作，并通过他人的协作使经营活动完成；需要有效地进行有关计划、组织、领导和控制等方面的活动，调动各方面的积极性，降低成本，提高资源利用率，实现经营的最终目标。

（二）专业知识

音乐经纪人首先要具备良好的艺术鉴赏力，并且要熟悉有关的法律规章。目前，对经纪人的管理，大多数国家采取颁布资格证书制度，只有取得经纪人资格证书的人才能从事经纪活动。对音乐经纪人而言，除了通过经纪人资格证考试外，还要参加音乐专业知识考试，合格者发给音乐经纪人资格证书。因此，经纪人在掌握经纪专业知识的基础上，还要具备音乐专业的知识，是一个懂音乐，了解竞赛规则、比赛知识以及对音乐领域有较深刻认识的人。

（三）综合素质

在激烈的市场竞争中，音乐经纪人的经营活动开始呈现多样化，有资金、谈判、咨询、服务、媒介、赞助、推广等。这就要求音乐经纪人具备较高的综合素质，不仅具有专业素养，同时要富有实践经验，既有严密的思维能力，又有分析问题、解决问题的能力；不仅要掌握基础性知识（艺术学、传播学、外语、计算机等）和音乐专业知识（音乐理论、音乐史论等），还要有心理学、管理学、市场营销学、公共关系学、法律法规等知识背景。

（四）谈判能力

音乐经纪人的经纪行为是音乐经纪人素质的外在表现，其经纪行为有：代理音乐人的生活事务、表演和赛事等。在从事以上经纪活动的时候，谈判技巧是能否将经纪人的内在素质完全外现的一个重要的方面。谈判是一门技术，更是一门艺术与科学，通过谈判，可交流与沟通各方的观点、情感，达成一个双方都能基本满意的协议。音乐经纪人通过谈判，在完成委托任务的同时获得佣金。

（五）可塑性

音乐经纪人的基本素质可以通过一定时间的培养和教育获得。目前，我国音乐经纪相关从业人员大多数业务水平低，知识面窄，外语水平、计算机应用能力都达不到规定的要求，这就很难在音乐产业中得心应手，施展拳脚。因此，提高音乐经纪人的业务水平，就必须重视对音乐经纪人的培训工作，加强音乐经纪人队伍建设。对音乐经纪人来说，他必须具备学习意识和能力，是可造之才，能借助培训不断提升。

（六）国际化

音乐的国际性特征决定了音乐经纪活动是可以跨越国界的。在职业音乐发达和经纪人活跃的国家，其音乐经纪人在繁荣本国市场经济的同时，已经将触角伸到了其他国家和地区，无论是个体经纪人还是经纪公司，他们不断向外国扩展业务，与外国的优秀音乐人或组织等签约，表现出显著的国际化特征。我国音乐经纪人目前也体现出国际化的特征，主要表现为组织音乐家和歌手、乐团到国外演出、参加比赛等。

三、我国音乐市场的发展现状

2019年4月2日，国际唱片业协会发布《全球音乐报告2019》，报告中的数据显示，全球录制音乐市场在2018年增长了9.7%，这是连续第四年实现增长，其中，流媒体占据全球音乐市场主流。窥一斑见全豹，全球范围内，音乐市场的服务形态此消彼长，但总体呈现向荣之势。按营收计算排名前列的音乐市场依次为：美国、日本、英国、德国、法国、韩国、中国、澳大利亚、加拿大和巴西。我国音乐市场的发展呈迅猛态势，继2017年首次跻身全球十大音乐市场之后，排位再度提升。

音乐消费市场继续细分，各类音乐都渐渐产生了固定的消费群体。中国付费音乐模式多样性目前已走在全球音乐市场的前列，实体唱片将被赋予更多的收藏意义。从细分市场来看，流媒体收入逐年增长，实体和数字收入均有不同程度的收窄。以音乐演出、数字音乐为核心的音乐消费活力进一步彰显，实现了高于同期GDP增速的快速增长。我国录制音乐市场高度依赖流媒体，流媒体音乐就是在互联网上可以直接收听而无须下载的音乐。随着互联网不断发展，网络安全意识不断增强，正版音乐更易为大家所接受，加上艺人对自我版权的保护导致部分歌曲只能在特定的流媒体平台上才能收听，因此，流媒体音乐平台成为现今最主流的听歌方式。目前，我国音乐流媒体平台主要有四家：腾讯音乐娱乐、网易云音乐、阿里音乐以及太合音乐集团。优质丰厚的版权、广阔的市场覆盖、多样的服务品类造就腾讯音乐的深厚护城河，使其成为行业翘首。2018年12月12日，腾讯音乐娱乐集团成功在纽约证券交易所敲钟上市，助推我国音乐产业国际化发展。版权方面，腾讯音乐先后获得索尼、华纳、环球等授权；阿里音乐获得华研、寰亚等授权；太合音乐获得滚石、海蝶、大石等授权。音乐版权市场呈现"一超多强"格局，腾讯音乐在版权数量及质量方面遥遥领先，而网易云音乐、阿里音乐分别以"社交"和"原创"为特色，跻身行业前列。随着国内网络音乐企业版权合作不断加深，版权共享的行业氛围已经初步形成，推动了正版音乐的快速普及。[1] 客户稳定的包月付费，成为我国音乐市场收入增长的关键。得益于政策引导以及版权保护行动的开展，我国音乐市场收入在未来几年内仍将保持增长态势。围绕"音乐+"泛娱乐消费经济发展模式，音乐科技创新应用广泛开展，我国音乐产业也将迎来新时代发展的黄金期。

---

[1] 朱琳慧：《2019年中国音乐市场发展前景与趋势分析》，https://www.qianzhan.com/analyst/detail/220/190816-12bfb9fb.html，2019-08-19。

四、音乐经纪管理

近年来，我国音乐市场发生了很多新变化：实体唱片业继续萎缩，但数字音乐却异军突起，音乐人在数字版权方面终于取得了合理的收入。各大音乐节越来越火爆，音乐产业和旅游产业的合作实现了共赢。音乐类节目持续热播，不仅推出了大批新歌手，也使一些老歌手再次翻红。音乐市场的细分和变化，直接促进了音乐人经纪管理的变革。

（一）数字音乐和独立音乐人

伴随着音乐市场的成熟，我国内地对数字音乐的版权保护意识已经提高了很多，现在已经很难在网络上直接找到盗版音乐下载，绝大多数的音乐网站都花钱购买音乐收入自己的曲库。基于数字音乐版权保护措施的加强，一大批新兴独立音乐人在网络上涌现。由于数字唱片的发行不像传统唱片那样需要巨额资金投入，大量的独立音乐人开始制作发行数字唱片。这些音乐人背后大多没有专业的经纪人，一般都是自己或没有专业经验的亲戚朋友承担经纪人职务。这类新兴独立音乐人有如下几个特点：①他们中大部分人无须通过传统唱片一样的制作预算来进行经纪管理；②由于演出活动较少，且演出场地也较为集中，电子音乐的发行也较为简单，故他们的经纪管理任务并不繁重；③他们通常以音乐作品为营销重点。

新兴独立音乐人的出现，导致经纪人的门槛降低，一批独立的经纪人也随之出现，如迟斌、孙怡、奚韬。他们虽然没有大型经纪公司具有的宣发上的优势，但胜在人力成本较低。这一批经纪人的出现，是对我国经纪市场很好的补充。和很多传统音乐人将自己作为营销重点的情况相比，这类新兴独立音乐人背后的经纪人面临着几个问题：薪酬相对较低，工作内容较少，专业要求相对较高，更适合集中式的经纪管理并启用长合约制，即一个经纪人签约更多的音乐人，用专业化的流程安排数字音乐的发行，这样能提高单个经纪人的工作效率，也节约了经纪成本，使得经纪服务能够降低到一个普通音乐人可以接受的价格。同时，其中的一些音乐人可能会因为某些社会事件或音乐作品而知名度猛增，给他们提供一份长期的经纪合约无疑会给经纪人或经纪公司带来更多的操作空间。

（二）音乐节

音乐节是一种在国外证明业已成熟的盈利模式。在中国，知名度最高的音乐节之一的草莓音乐节从2009年开始举办，吸引的观众人次逐年攀升，票价也逐年提升。

音乐节给音乐市场带来了两个重要的改变：第一，它盘活了原本很难营利的摇滚音乐市场。目前大多数音乐节都主打摇滚这一在我国尚属小众的音乐类型。摇滚乐队不仅出场费比较低廉，同时很容易带动现场气氛。第二，它和旅游业产生了良好的化学反应，在销售音乐的同时，也带动了周边餐饮住宿娱乐一体化消费。迷笛音乐节和草莓音乐节这两个中国规模最大的音乐节不约而同地选在五一假期举行，吸引了大批来京沪旅行的观众。同时，由于音乐节场地远离市中心，对京沪两地的观众来说，去音乐节相当于短途旅行，相当一部分观众选择了在音乐节场所附近住宿。一些音乐节甚至直接在一些待开发的旅游地举行，例如张北草原音乐节就选在了旅游景点张北草原举行。

音乐节的这两个特点使得音乐节中的经纪管理也更加独特。首先，由于摇滚乐队大多有演出集中的特性，因此在音乐节时段需要更为严格的经纪管理。在演出项目的市场传播中，策划方要尽可能做好一件事，就是给传播渠道提供更多有价值的主题，其中树立品牌和项目的标准很重要。如今，要扩大传播面，加强传播力度，还要依靠新媒体和自媒体渠道，比如微博、微信等。其次，由于音乐节和旅游业直接挂钩，在经纪管理方面，音乐节也需要熟悉场地周围的消费环境，和当地政府部门以及相关单位开展更深度的合作。要在短时间内完成高强度、多领域的经纪管理，经纪管理公司的规模显得更为重要，大型经纪管理公司在音乐节时段（通常为夏季）将面临更大的工作强度，同时对经纪公司跨行业的整合能力也提出了新要求。

（三）音乐节目

2004—2006年湖南卫视《超级女声》推出了一大批乐坛新人，同时引发了一股选秀热潮，一大批音乐人通过选秀从幕后走到台前。可以说，针对新人的经纪管理，内地已经有了丰富的经验。

这几年各类音乐节目纷纷出现，并取得了较高的收视率。选秀类的有《中国好声音》《中国最强音》等，歌手竞技类的有《我是歌手》《我为歌狂》《全能星战》等，中央电视台甚至出现了面向音乐创作人的节目《中国好歌曲》。这些音乐节目主推的音乐人主要分为两类：一类是乐坛新人，如平安等。这一批新人和《超级女声》风靡时不同，他们有着更优秀的音乐素养，但缺乏足够的偶像气质。另一类是再次得到关注的老牌音乐人，如黄绮珊、韩磊等。这类音乐人通过节目带来了新的关注度。

对乐坛新人的经纪管理工作，重点应该放在塑造偶像气质上。第一届《中国好声音》中，最具偶像气质的选手吴莫愁获得了远胜于其他同段选手的关注度，而同样走芭乐曲风的吉克隽逸等人则远没有获得和名次相配的关注度。可以预见的是，类似的新人风潮一定还会到来。同时，我们也看到，音乐节目的关注周期是有限的，经纪人应该有良好的行业内整合能力，在节目过后为艺人拿到优秀的音乐作品来维持曝光率。

而对老牌音乐人的经纪管理工作，则需要经纪公司及时调整对他们的资源调配，以适应突如其来的曝光率大幅提升的局面。同时，经纪公司还需要积极挖掘旗下老牌音乐人潜在的价值，通过有效的运作来提升其曝光率。如第二届《我是歌手》，韩磊就是主动提出加入节目组的，随着夺冠，其曝光率和商业价值均提升了很多，这其中除了音乐人本身的实力之外，其优秀的经纪管理也是成功的关键。

随着音乐市场的不断完善，音乐市场消费也慢慢走向细分。除了较为大众的流行、摇滚、爵士等音乐风格之外，说唱、重金属、民谣等小众音乐市场也纷纷走上正轨。由于不同风格音乐和其音乐人所对应的市场受众有很大不同，经纪人也需要积极应对市场变化，实现经纪人的细分化。

流行音乐市场近几年也产生了较大的变化，歌唱、舞蹈、音效、舞美、电子元素等成为现代流行音乐的标准项目，动作、服饰、舞台、灯光、音响等越来越成为卖点，卖音乐正在逐渐变成卖现场。流行音乐人会在网络上放出免费的数字版音乐供试听和下载，并通过免费的传播给自己换来更强大的影响力，从而增加自身的代言费、出场费等收入。由于出售专辑带来的收益所占总收益的比例越来越小，要求流行音乐人的经纪人既要有现场演出的管控能力，也要具备网络传播的宣发能力。而说唱类音乐的市场则完全不同。说唱类音乐并不适合长期在现场演唱，即使是世界著名的说唱歌手埃米纳姆、Jay-Z 等人，也不敢像流行歌手那样举办演唱会。这一类音乐人更需要出售专辑来获取利润，对他们的管理是否到位、专辑的制作和营销成功与否将成为衡量的主要指标。

我国音乐市场瞬息万变，一些不可预知的事件例如"反假唱事件"、乐队风潮、草根风潮等，也在一定程度上影响了艺人发展和经纪管理。而如何及时应对各种负面事件，做好危机公关，及时调整策略，将成为音乐经纪管理的新难题。

第三节　音乐经纪的包装程序

音乐经纪人如何把一个普通的音乐新人（歌手）包装成职业艺人，包装成明星？

现在，在国内从事音乐制作和艺人包装的公司已经极少愿意为包装和推广音乐新人出资，包装新人所需要的费用基本上都要由新人自己来承担（或由公司先期投资部分费用，其他费用由新人自费），也就是所谓的"自费歌手"。

那么，在整个包装过程中需要多少钱？钱都要用在哪里呢？一般说来，没有哪个公司敢向新人保证，一定能够让他成为明星，一定能够把他演唱的某首作品推"红"，但是，毫无疑问，由这些在圈内具有多年经验的音乐经纪人来推出的新人，成功的概率自然相对要高得多。

没有职业经纪人和经纪公司的帮助，普通的新人要是想成为明星，门都摸不到，更别谈成功。那么，职业经纪人和经纪公司能为这些新人做哪些事情呢？

包装和推广新人的工作一般都是由这些资深的音乐经纪人来制订整体的计划，然后再由负责企宣（即企划、宣传）工作的员工来具体完成。他们能够给新人做出保证的就是：他们多年来从事这个职业所积累下来的丰富经验；与全国各地几乎所有媒体及演出机构建立起来的良好关系；对从事音乐制作的相关人的制作水平等的熟知程度；他们自身的知名度以及在圈里的感召力。

一般说来，一个新人仅仅靠推出一首歌曲或演艺作品是很难达到大红大紫的。但是，到底需要多久、推出几次作品才能成功？谋事在人，成事在天，要受到诸多因素的影响，有的人时间短些，有的人时间长些。但是，只要策略、方法正确，与签约公司的合作顺利，资金充足，依靠自身与公司的努力，一步一个台阶，少走弯路，按照现在娱乐圈的行情，出场费达到1万元以上的还是不难实现的。

按照惯例，推出一个作品都需要哪些程序、哪些费用呢？新人首先要和公司签约，与此同时，新人需要交纳一定的保证金，然后公司就可以根据新人的具体情况，全面为其进行策划，整个过程主要分为新人定位、形象包装、作品制作和宣传推广四个阶段。

为一个新人打造作品——歌曲的制作过程主要包括以下程序。

1. 由专家对新人的专业水平进行综合测评，确定新人现有的演唱水平是否达到可以制作歌曲的程度。现在音乐制作设备以及制作水平已大大提高，录音对新人的要求并不是太高，能够把音唱准，节奏把握准，有一定的乐感，在录音棚录音的过程中有一定应变能力即可。如果连这个水平达到也有困难的话，公司会让新人找专业老师有针对性地进行补习，当然，补习的费用公司是不会负担的。

2. 为新人策划、定位，确定包装方法及方向（新人的形象包装占有非常重要的地位，几乎决定了新人以后的命运）。

3. 根据新人的具体情况，向词曲作者为新人约歌。在选择词曲作者的时候，公司一般都会和新人商量选择哪位词曲作者创作的作品，因为不同档次的词曲作者价位不同，而这个费用是需要由新人自己来承担的。

词曲创作通常有以下四种方式：一是由新人自己创作，不存在支付约歌费用的情况。但是新人及其创作在观众及媒体中的熟悉程度不利于整个包装过程的操作。二是由未成名的词曲作者来创作，费用相对较低。三是收集成名词曲作家过去创作但未使用的作品。这样的作品有一定的水准，但多半不是最佳的，不排除偶尔也能选到一些精品。用这些作品，费用比向成名词曲作家的约歌稍低，而且他们的知名度可以在后期包装中得到充分利用，站在他人的肩膀上往上蹦跳一定会比自己站在地上往上蹦跳更有高度。四是向成名的词曲作家约歌。这一做法所需费用比较高，当然，每个作者都会有不同的报价，例如生疏程度、关系好坏都会带来很大差别。

4. 作品创作完毕，就该录音了。录音是作品成功的关键。录音棚设施的好坏与录音师水平的高低，所录制出来的效果差别很大，所以要选择比较好的录音棚和录音师，不能因小失大。其他的费用，包括音乐设备数字接口（Musical Instrument Digital Interface，MIDI）、伴唱、乐队以及制作人、磁带费等，则要视作品本身的需要。

5. 形象设计。在音乐经纪包装过程中，形象设计是重要的环节，但在项目预算中，这一笔费用容易被忽略。同时，化妆师、摄影师的价位差别很大，要根据歌手的情况而定。

6. MV 制作。最不确定的费用应该是 MV 的制作费。从前期拍摄到后期制作，再到现在电视中 MV 的播出，其制作费从十几万元到几十万元不等。

经典案例 >>>

一、混沌中成长的独立音乐经纪人

一、独立音乐：从地下到主流的"裂变"

过去 20 年里，中国独立音乐在缝隙中艰难生长，从苦寒中一点点熬出花儿来。在我们谈论独立音乐经纪人之前，有必要先谈谈如今活跃在舞台上的独立音乐人。

生于 1978 年、农民家庭出身的李志疯狂爱着 Nirvana 乐队。1999 年，对生活和大学极度不满的李志执意选择退学，他和大学同学刘威租住在一个小房间，过着窘困的生活。李志第一张专辑的小样是他东拼西凑而来的。做第二张专辑《梵高先生》花了 2 万元，2006 年做第三张专辑《这个世界会好吗》，花了 6 万元，这对生活本已窘迫的李志来说，花出去的无疑都是巨款，自己欠了一屁股债。2007 年，李志不得不选择去成都上班，他找了一份 SP 技术工程的工作，开始攒钱还钱，为下一张专辑做准备。在成都工作期间，震惊全国的汶川大地震发生，让李志对生命的感受更加深刻。2009 年，《我爱南京》李志花掉了"天文数字"30 万元。

从 1998 年成立起，"惘闻"经历了风格定位、成员变动、不赚钱、乐队重组等一系列波折。到 2013 年结束，"惘闻"总共发行了 7 张专辑，但从没有在真正意义上和唱片公司打过交道，大小事务都是乐队自己打理。

同样成立于 1998 年的"小娟与山谷里的居民",在北京更是有着长达近 20 年的驻唱生涯。很长一段时间,乐队都是只有小娟和黎强两人。直到 2007 年他们才发行了自己的第一张专辑《如风往事》;2009 年才形成了现在的四人团队,并且明确了乐队的整体风格。

随着新世纪第一个十年的结束,一批独立音乐人熬过来了。从 20 世纪 90 年代末的舌头、苍蝇、NO 等地下摇滚乐队在小范围内流行,到 21 世纪初野孩子、万晓利、苏阳等新民谣独立音乐人崭露头角,再到苏打绿、张悬、陈绮贞等港台独立音乐人的强势介入,独立音乐在中国已从早期的地下状态逐渐走入了主流观众的视野,际遇发生了根本改变。

2009 年是中国音乐产业发展中的一个节点,音乐市场开始打破"一潭死水"的局面。

这一年,中国网络音乐市场蓬勃发展,并开始进入发展的第二个十年。演出市场也在这一年开始慢慢好起来,音乐节在全国落地开花,以草莓音乐节为代表的国内音乐节开始在全国复制。

同时,2009 年还是中国音乐版权向规范化迈进的重要一年,当年 3 月,谷歌联手巨鲸音乐,推出正版音乐 MP3 搜索服务;11 月,国务院办公厅对外公布了《广播电台电视台播放录音制品支付报酬暂行办法》,从法律上正式确立了对音乐版权的管理和保护;12 月,中国最大的版权音乐机构松巴音乐也在线推出了以"搜索引擎"服务为基础的自助式一体化版权制作音乐服务内容系统,标志着中国版权音乐正式进入数字音乐版权保护时代。

伴随着 2009 年新浪微博的广场式社交、2011 年微信的封闭式熟人社交、2012 年今日头条移动端资讯类算法推荐媒体等的出现,音乐的传播实现了音乐人和乐迷群体之间的"秒达",也改变了音乐的宣传方式。而新中产的崛起、娱乐消费的升级,整个中国开始在 21 世纪第二个十年加速升级。在中国整个文艺升级浪潮的带动下,首先势不可挡且必然崛起的势力是民谣。

2010 年以来,赵雷、宋冬野、马頔、好妹妹(秦昊、张小厚)、陈粒、陈鸿宇、花粥、谢春花等一批内地"85 后"年轻独立民谣音乐人迅速成长起来,民谣这一细分甚至成为娱乐圈年度数据盘点中的单独门类。

如果从"苦"的程度和时长比较上看,这一批年轻人比起前辈们,无疑是幸运的,他们是时代的宠儿。

赵雷高中就开始玩吉他。2003 年,17 岁的赵雷开始了地下歌手的生涯,他最早在北京地下通道唱歌,后来去后海酒吧唱,算是这一批歌手里的元老级人物。2010 年,赵雷音乐生涯有了一次转机,他参加《快乐男声》但止步于全国 14 强。时任评委乔小刀担任了赵雷的经纪人。乔小刀之后,蒋步庭担任赵雷的经纪人,此后再度分道扬镳。蒋步庭后来成为独立音乐人赵照的经纪人。

2011—2012 年,胖子宋冬野、"小公举"马頔、闷骚少年尧十三因为在豆瓣上聊得颇为投机,便组建了音乐厂牌"麻油叶"。2012 年,摩登天空老板沈黎晖在豆瓣上听歌,他挑选了一批人,其中就有宋冬野。

2012 年发行第一张专辑《春生》之前,好妹妹乐队(以下简称"好妹妹")正经历着生存的考验。2010 年,乐队成员秦昊和张小厚同时辞职,随后来到北京准备全职做音乐。当时他们拿着借来的钱租了一间录音棚,完成了专辑 8 首歌的录制。这张"自产自销"的专辑从文案到封面设计都由他们自己完成。专辑反响不错,原本计划做完专辑就解散各自上班的好妹妹迎来了事业的转机，不少唱片公司发出邀约，朋友中出现一位擅长商业运营的创意人，也就是好妹妹后来的经纪人奚韬。

"90后"的陈粒就读于上海经贸大学，她的"苦"来自外界突如其来的关注。2014年，从空想家乐队单飞后的陈粒在全国各地举办了多场巡演，不错的票房开始为她带来大量关注，大大小小的项目和演出纷纷找到这个单枪匹马的女子。2015年2月，陈粒发行了个人首张专辑《如也》。

陈鸿宇学新闻出身，他在高中的时候就和同学组过乐队。2015年，陈鸿宇创办了音乐厂牌"众乐纪"，策划和创意是他的长处，很多策划案讨论的热烈在执行中都不及他个人音乐事业的传播速度。

时代的变革、产业的繁荣，独立音乐崛起的过程中正吸收着越来越多其他行业的精英进入音乐行业。对他们来说，音乐产业尤其是独立音乐也意味着无穷的可能性，这其中就包括了对音乐人发展来说至关重要的经纪人角色。

二、新世纪成长起来的经纪人们

市场的规范化及资本的介入拓宽了独立音乐人的成长空间，近年来，一批跨界而来的经纪人们开始"脱颖而出"，他们或是爱好独立音乐，或是希望实现自我价值，纷纷投身独立音乐领域，他们从其他行业带来的有益经验，无疑也为独立音乐的发展带来了新的活力。

如今的一批新生代经纪人，也已经不同于一般意义上的执行经纪，他们从进入独立音乐一行起，便有着既定的设想，也更善于从战略的角度入手，设定清晰的组织架构和分工体系。这批经纪人与独立音乐人之间的合作，常常是以合伙人成立工作室的方式进行。

迟斌学计算机出身，刚毕业的时候，他做过南京市委组织部的公务员，后来辞职去英国读了IT和商业管理研究生。回国后一直在上海的外企工作。直到一个很偶然的机会，他听到了李志的音乐，加了QQ闲聊，很快成了朋友，不经意间就有了几年互相讨论和商量工作的关系。后来迟斌开始兼职做李志的经纪人，帮他处理版权上的事情，但并不正式。直到2014年迟斌辞了原来工作全职帮李志。

2007年，大学酒店管理专业在读的"树姑娘"孙怡开始接触音乐演出行业，先后在杭州的几家场地负责独立音乐的演出组织和宣传工作；2009年，还在读大四的孙怡开始参与西湖音乐节，进入了音乐节艺人部分的工作团队，一共做了四届。从大学开始将近六年的演出组织工作，让这个杭州女孩有机会大量接触中国和海外的独立音乐。2012年，孙怡加入了长期居住在成都的比利时人杰夫（Jef）创办的演出经纪厂牌New Noise，成为该厂牌的一名合伙人。在New Noise的经历也为她积累了丰富的经验和良好的工作习惯，更重要的是遇见了此后重要的合作伙伴和朋友"惘闻"。惘闻乐队的为人处世和做音乐的态度打动了孙怡，这支成熟的乐队最终坚定了自己从事经纪人这个行业的信心。2014年，惘闻专辑《八匹马》的发行，也标志着孙怡正式开始担任惘闻经纪人。

奚韬生于1978年，在服装和时尚领域的从业经历早已帮助他建立起了成熟的思维模式和世界观。早年在河南大学读中文系的他，仅仅在校两年就选择退学去了服装品牌ESPRIT工作。在接触音乐行业之前，他一直为一些服装品牌做品牌顾问，都是以个人形式签约。一个偶然的机会，奚韬听到好妹妹的歌，他很喜欢这种让他能安静下来重复听的音乐。

2012年好妹妹发行第一张专辑《春生》，奚韬一下子买了几十张送人，当年7月好妹妹来广州喜窝Livehouse演出，就这样彼此认识了。奚韬以经纪人兼朋友的身份先跟了好妹妹半年的演出，观察学习音乐工业的产业规律。

常被摩登天空内部戏称为"知心大姐"的乌莉雅素，大学学的专业为平面设计师，最初的工作是没日没夜地对着电脑设计、排版、出片、打样，还要盯印厂。2000年，乌莉雅素转行，进入的第一家音乐公司便是当时专门做艺人经纪的北京普涞明星经纪公司（陈戈在创立巨鲸音乐网之前的公司），当时的签约艺人包括崔健、汪峰和张亚东等。刚入职整一周的时候，老板就对她说："你带张亚东吧！"就这样，那时自认为"门外汉"的乌莉入了经纪人的行，在新千年的第一个十年里，乌莉做过市场的工作，在广州做过版权生意，自己经营过公司。直到2010年一个偶然的机会，她以职业经理人身份加入摩登天空，那一年在北京海淀公园举办的还有摩登天空音乐节，但在前一年已经有"草莓音乐节"。2011年1月，硅谷天堂近千万元投资摩登天空，是这间独立音乐公司走上资本化运营的开始。

现任"小娟与山谷里的居民"经纪人的胡楠在接手这支乐队前，有几年带主流歌手的经历。大学在北京广播学院学习录音专业的她毕业之后进入了华谊音乐，做了几年新媒体商务总监。后来随着陈楚生离开华谊成立自己的工作室，胡楠也正式做起了陈楚生工作室运营及商务负责人，负责财务、巡演行程、内容呈现等工作，工作内容也基本和经纪人差别不大了。

现任赵雷经纪人的齐静大学学的专业是新闻，原本在南京电视台当记者，后来辞职去了一家电台节目制作公司工作。2009年，痛仰乐队（以下简称"痛仰"）上齐静的节目时互相认识，双方发现很"合得来"，这一年齐静辞掉了工作，开始全职做痛仰的经纪人，因为会手风琴，她后来又担任了乐队的手风琴手。直到2015年，痛仰签约摩登天空，齐静成为赵雷经纪人。

三、独立音乐人与经纪人的关系

相比于大唱片公司明确的部门构成与人员分工，独立音乐人和经纪人的关系明显要比主流歌手与经纪人的关系更加紧密，很多经纪人和独立音乐人不仅是工作伙伴，常还是生活中的朋友，相处到后来甚至已经和亲人无异。

作为经纪人，和独立音乐人相处和磨合的过程并不容易，孙怡觉得经纪人就应该做一个音乐人的"放大器"，"你要做的就是坚定不移地好好把你信任的东西推广给更多的人，去呈现，不要去干预他们本身创作的想法，也不要去给他们说市场是怎么样的。你要做的就是把自己感受到的和他们想要表达的东西传达出去，尊重他们的想法，多去聆听、体谅跟理解，建立充分的信任"。

迟斌是一个不喜欢重复也闲不下来的人，他和李志当然也会有分歧，迟斌的处理方式是把所有方面都考虑周全，利弊都摆在李志面前，让他自己做选择题，然后迟斌去执行。

赵婧雅目前担任众乐纪的副总经理，她感叹："独立音乐人和流行音乐人的风格太不一样了，和陈鸿宇的相处更像是朋友和亲人，没有那么多规矩和需要注意的地方，但实际工作中你要有非常强的策划执行和落地能力。"

不过，并不是所有经纪人都能像迟斌和孙怡一样幸运。出于各自的能力、目标和追求等的差异，经纪人和独立音乐人的相处过程能否建立起信任，也常是一个难解的命题。

同样，在具体工作中，相对于大唱片公司的偏"流水线"的工作方式，经纪人和独立音乐人在合作时，更具有"共同生产一件作品"的参与感和融入感。能够有这样的合作模式和状态，往往和双方最初建立合作的初心相关，一个音乐人工作室就是一家创业公司，聚集在一起的首先也一定是价值观相近的人。

四、独立音乐经纪人面临的压力和动力

2015年，随着国家版权局《关于责令网络音乐服务商停止未经授权传播音乐作品的通知》的下发，16家音乐服务商下线未经授权的音乐作品220多万首，正版化得以强势推进。不过，侵权事件仍常常发生，由于力量薄弱、维权知识缺乏等原因，独立音乐人的维权之路走得依然艰难。

2015年3月5日，李志对酷狗提起诉讼，法院立案后在同年5月12日进行了开庭审理，正式拉开了这次维权的序幕。但是维权的道路漫长而艰难，为此，李志的法务顾问吴登华先后两次赶赴法庭处理此事，后来更是发了无数封律师函、打了无数次电话来要求酷狗音乐删除李志的作品，最终李志算了一笔账，虽然收到了酷狗28705元的赔款，但最后自己还倒贴了1616元。

胜利离不开李志团队的坚持。最早迟斌开始兼职做李志"外脑"时，就着手开始收集各种版权资料，并正式向所有互联网音乐平台发出收费通知，通知中硬性规定了李志作品一年的授权费为5000元。结果，当年所有平台几乎没有接受这个条件的，他们的选择是全部下架了李志的歌曲，态度之强硬可见一斑。李志团队于是做了一个冒险的决定，他们将所有作品全部放在自己搭建的官网上供付费下载。2010年9月，李志团队又在网上集体署名公开抗议虾米网未经授权提供自己音乐作品的收费下载，要求网站立即下架他们的作品并道歉，李志团队的态度是："除非虾米所有的唱片都实现正版，否则绝不合作。"2014年，虾米和李志双方团队坐下来重新谈判，以版税保底分成的方式达成了和解。

李志团队的"硬骨头"赢得了行业的尊重，如今，李志每年都可从各大平台获得稳定的版权收入。

2016年4月，孙怡成立了自己的音乐人服务厂牌Space Circle Music（以下简称"Space Circle"），希望能够更加正规地来经营乐队的相关工作，其中，艺人经纪便是Space Circle的一项重要业务。版权维护的过程也给经纪人的工作带来了新的挑战。在和迟斌有过大量的沟通交流后，孙怡开始给各大在线音乐平台写邮件，和每家平台建立联系。孙怡还找来了专门的法务团队帮助自己梳理整个版权系统的基础知识，前前后后，维权的过程总共花了她和团队半年时间。

经纪人立场坚定，不怕麻烦，愿意花时间和精力维权。一名独立音乐人事业的稳步发展同样离不开经纪人的创意。在这两年独立音乐圈出的创意策划案例中，奚韬可以说是"创意型"经纪人的代表人物。

2017年2月14日情人节，是好妹妹的乌镇创作营活动正式闭关的日子。为期9天的活动在业内引发了一系列讨论，无疑又在"好妹妹式"营销案例中填上了浓墨重彩的一笔。创作营活动地点选在了乌镇西栅景区国乐剧院，这是一个既有一定历史文化底蕴、又符合好妹妹气质的地方。选择这个地方同样出于互惠的考量：除了戏剧小镇，乌镇也在考虑建设成为音乐小镇。为了展示乌镇品牌，乌镇还为好妹妹提供了交通、器材、服装等方面的补贴，这些都给好妹妹的创新营销带来了不小支持。

2017年4月21日，在结束"小娟与山谷里的居民"之"悠春小叙"北展专场演出之后，胡楠和她的团队对整个演出的执行情况来了一次复盘。她认为整个过程最大的问题在于成本的把控，必须精打细算。

现在独立音乐行业的盈利模式并不是那么乐观。通常来说，经纪人的分成会占音乐人收入的10%~15%，而艺人工作室一般是三七开。由于大部分独立音乐人尚处于起步阶段，自己的收入尚成问题，更别提分成给经纪人了。

独立音乐在国内市场的体量小，同样体现在世界音乐乐队图利古尔当下面临的瓶颈期。过去几年，图利古尔都把重心放在海外市场，墙里开花墙外香，经纪人蛾子感受到的是和胡楠不同的另外一种"落差感"。现在的图利古尔计划将更多的重心放在国内，也接了不少国内大小音乐节的演出，然而在国内发展一个很大问题是：人们对他们的音乐接受度并不高。对图利古尔这样常年将重心放在海外市场的乐队，蛾子表示语言并不会成为乐队发展过程当中的阻碍。音乐人之间、音乐人与乐迷之间的交流，很多时候是不完全依靠语言的。音乐是一种"宇宙语言"，具有穿透时空的能力，它单纯又充满力量，表达的却是人性和情感。这一点也正是音乐这个行业有别于其他行业的独特魅力所在，同时是音乐行业经纪人需要去挖掘的部分。

相比老一辈的独立音乐人经纪人，现在的经纪人还要面临的一个挑战便是：信息焦虑给宣发带来了许多困难。信息大爆炸的时代，微博上有了越来越多的话题，微信公众号也越来越泛滥……这些都要求经纪人们去关注更多行业动向，区分筛选，进而找到更适合音乐人的宣传推广方式。

赵雷经纪人齐静深有感触的是，和艺人一样，作为经纪人最需要克服的就是欲望。在2017年的《歌手》播出之后，赵雷几乎暂停了所有的媒体采访。齐静以前是痛仰乐队的经纪人，每天不断赴约几乎成了她的日常，每天都在处理和平衡各种大大小小的事件。

迟斌曾经和朋友讨论过"独立音乐经纪人来源"这个问题，做了两个假设："一是独立音乐人会到艺术院校去招聘艺术管理的学生吗？好像不会；二是艺术管理专业的学生能找到合适的音乐人作为就业的岗位吗？好像也很难。"

不仅仅是独立音乐圈，流行歌手、演员、综艺咖，能遇到一位有战略高度、执行力、专业能力和高情商的经纪人实在是太难了。在影视圈里，更是常发生亲戚经纪人坑艺人的新闻。据媒体报道，影视圈里只有李冰冰的亲姐姐、经纪人李雪曾专门去好莱坞接受过艺人经纪人的课程学习。如今职业化和专业化正变得越来越重要，曾经那一套混江湖的模式已经玩不转了。如何与艺人相处？如何自律并建立起团队之间基本的信任？如何做好战略规划，落地执行，更好地"呈现"并"放大"艺人的影响力？这是每一位有志于投身独立音乐经纪人需要修炼的课题。独立音乐艺人经纪在之前可以说没有任何参照，大家都在摸着石头过河，试图在一片泥泞之中开辟出一条更适合独立音乐发展的道路来。

一切都还处在混沌初开之中，未来需要走的路还很长，仍需每一位从业者继续探索，拨开前行道路上的迷雾。

（改编自 http://www.chinambn.com/show-4533.html，2017-06-02，作者：董露茜、李禾子）

二、香港英皇

自从1999年英皇集团（国际）有限公司（以下简称"英皇集团"）闯进娱乐圈后，在"劲歌金曲"这个黄金排行榜中，英皇集团旗下的歌手上榜次数之多，压倒娱乐界同行，打造出了一副英皇盛世的热闹场面。应该说，英皇集团的到来，打破了香港乐坛长期以来黎明、刘德华、张学友、郭富城和郑秀文、王菲一统天下的局面，搅动了香港乐坛那一潭死水，当时也为香港歌坛灌入了活力，尤其是谢霆锋、容祖儿等人给整个娱乐圈带来了勃勃生机。其后，英皇集团凭借出色的造星运动、高调的市场运作模式、老练的操作手法等独步香江，渐成香港娱乐圈的老大。

一、英皇集团概况

（一）英皇集团

英皇集团成立于1942年，英皇钟表珠宝有限公司（以下简称"英皇钟表珠宝"）是集团的基石业务，历史悠久，至20世纪60年代更开拓珠宝零售业务。今日，英皇钟表珠宝已发展成为高档钟表珠宝的专卖店。英皇钟表珠宝专营世界名牌手表及款式新颖、与众不同的高级珠宝首饰，并一贯本着"时尚与信心的保证"的宗旨，致力为顾客搜罗国际名牌钟表以及手工精细、设计独特的高级珠宝。承诺每件设计都力求完美，每个生产工序都精雕细琢、一丝不苟。拥有世界级珠宝设计专家，将古典贵气注入潮流品味，创造出灿烂醉人的时代杰作，其雅致时尚的款式和精致考究的做工深为众多明星及时尚界人士所钟爱。英皇钟表珠宝的心思创意亦赢尽国际口碑，奠定了在亚洲珠宝界的地位。

（二）杨受成

杨受成，1944年出生。早年经营钟表店起家，不到30岁已成"钟表大王"。杨受成在钟表经营上取得很大成功之后，开始进军地产。1976—1977年，杨受成又进军证券业，事业如日中天。

真正使杨受成广为人知的是1992年收购飞图唱片公司，将其纳入英皇娱乐旗下，从此杨受成开始建立他的娱乐王国，成为香港娱乐圈风云人物。英皇集团在香港娱乐圈迅速崛起，旗下有谢霆锋、陈奕迅、容祖儿等一大批著名歌手。20世纪90年代，英皇集团成功上市，业务包括酒店、银行、金融、地产等，更建立娱乐王国，亦进军传媒行业。杨受成的传媒业拥有《新报》《经济一周》《新假期》《东方新地》《新Monday》等媒体。

杨受成自从创立自己的事业，便开始在商海中浮浮沉沉、起起落落，但他从不言败，而是从失败中爬起来，昂首向前，奋斗到底。他的经历在香港商界成为传奇。

（三）英皇娱乐集团有限公司

英皇娱乐集团有限公司（以下简称"英皇娱乐"）于1999年1月成立，主要从事本地及外国唱片的制作及发行、音乐出版、艺人管理、演唱会筹办、舞台剧制作、电影及电视制作、多媒体业务、商品特许经营及零售等业务。英皇娱乐于2000年在香港联合交易所上市，至今已发展为一间在本地娱乐事业中具领导地位的娱乐公司。

英皇娱乐一直致力培育具有天分的年轻艺人，是孕育当今香港乐坛不少当红艺人的摇篮，旗下歌手在历年颁奖典礼中获奖无数。自2002年"叱咤乐坛流行榜颁奖典礼"设立"雷霆乐坛班霸"起，英皇娱乐连续3年荣获最卓越的娱乐公司大奖，创下至今无人能破的辉煌纪录。

英皇娱乐现持有 5 个音乐品牌："英皇娱乐""音乐家""红音乐""Emperor Visual Product"（EVP）及"EEG 音乐家族"。这些音乐品牌在歌曲创作及音乐制作中均赋予音乐人极大空间及自由度。为将本地音乐推向国际，英皇娱乐亦邀请世界一级音乐人携手合作，令音乐创作领域更多元化。

二、英皇集团发展历程及造星秘密

（一）英皇娱乐的发展历程

英皇娱乐成立后开始打造自己的明星阵容。

2000 年，英皇娱乐宣布成立 Music Plus 音乐家唱片公司，将陈奕迅、郑希怡等纳入旗下。这个在原有的英皇唱片以外加入的新品牌，旨在打造青春偶像之外的音乐路线。

2002 年，英皇投资成立红娱乐唱片（以下简称"红娱乐"），原"达明一派"成员黄耀明加盟旗下，并推出了有"翻版郑秀文"之称的新人赵颂茹。而红娱乐也是老牌歌手叶倩文复出后选择的唱片公司，红娱乐同时将林子祥一起收归旗下。不过，红娱乐是一个相对独立的品牌，对外并不以英皇旗下公司自居。

20 世纪末的港台乐坛置身于国际兼并的浪潮中，英皇唱片发展不过 5 年时间，却成为香港乐坛最当红的唱片公司之一。旗下不仅有罗文、王杰这样重量级实力派人物，更有谢霆锋、容祖儿、陈奕迅、Twins、BoyZ 等年轻偶像。另外，郑伊健、罗家良、张家辉等艺人也都是在香港娱乐圈极具影响力的人物。

而实际上，英皇娱乐更谙于商业宣传的熟练推广。音乐质素的有待提高却是英皇娱乐包括整个香港乐坛共同面临的问题。在近年来不景气的香港乐坛背景下，英皇娱乐正是以凌厉的商业包装宣传和紧锣密鼓的演艺培训脱颖而出的。另外，英皇娱乐在香港和北京分别设立了演艺学校和培训班，成为香港当红偶像的造星工厂。陈奕迅、谢霆锋、容祖儿也是目前香港乐坛的代表人物。

未来的英皇唱片如若能在商业之余提高品质和文化内涵或许将如虎添翼，从而也能带动起本港流行乐在华语乐坛的位置提升。

2004 年 4 月 1 日，"英皇多媒体集团"正式更名为英皇电影有限公司（以下简称"英皇电影"）。英皇电影以英皇集团目标为蓝本，公司业务包括电影制作、电视制作及电影发行和电视发行等，并且计划每年制作、发行不少于 10 部影片，除了投资制作由英皇电影出品的电影外，并正式成立成龙英皇影业有限公司。

2009 年，英皇电影成立北京公司，主要负责内地发行工作。

英皇娱乐主营发展唱片、音乐版权、舞台音乐剧演出及艺人管理多媒体创作等主要业务。唱片业务方面，在购入飞图集团的唱片及卡拉 OK 业务后，英皇娱乐开始致力于经营唱片及卡拉 OK 的生产及发行业务，产品除了稳占内地市场外，分销网遍布香港及海外市场，而英皇娱乐的唱片业务迅速发展。

此外，英皇娱乐更与电视广播有限公司（TVB）举办"英皇超新星大赛"，提拔新人。英皇唱片亦欢迎新人自荐，为有志投身演艺事业之人大开方便之门。为进一步拓展内地市场，确立英皇娱乐在内地娱乐市场的主流权威地位，英皇娱乐在内地成立了中北英皇文化发展有限公司后，于 2004 年再度与中国最资深、规模最大的国家级音像出版集团——中国唱片总公司联合成立了中唱英皇（北京）文化发展有限公司。以最先锋的娱乐理念和最超效的造星策略，在音像制品的制作、发行及举办文化艺术活动和演出的行业市场中，开创大中国范围内的至尊造星品牌。

此外，英皇娱乐除拥有飞图电影的制作外，正积极收购其他片库，并斥巨资制作香港本地及国际电影，致力开拓海外市场，把集团推向国际化、多元化之发展。

（二）英皇造星探密：明星就是这样捧红的

英皇娱乐行政总裁吴雨是香港著名的王牌经纪人之一，他曾经一手捧红了陈奕迅、容祖儿、Twins、杨千嬅等一线明星，出任过TVB制作总监、TVB联营机构之星艺映画有限公司总经理、华星娱乐有限公司总经理等职。对娱乐运作和"造星"自有一番心得。

1. 深度挖掘杨千嬅潜力。杨千嬅的年龄在当红女星中不算年轻，是吴雨把她捧为"王牌新秀"，杂志、电视、电影、广告各个地方都可见到她的身影。偏在此时，杨千嬅与华星公司在续约的问题上发生了分歧，令华星决策层十分恼火，因此毫不留情地将她打入"冷宫"，中止她的一切活动。

就在杨千嬅陷入事业发展低谷时，吴雨向她伸出了援助之手，邀她加盟，并集合手下的精兵强将为她制定了一系列的"收复失地"的措施和时间表。

杨千嬅要崛起，当务之急是要找准定位。吴雨认为杨千嬅的笑容极有亲和力，而当时的香港影坛美女"泛滥"，可亲的邻家女孩形象是市场空白，于是决定让杨千嬅"曲线救国"，先放下歌唱事业，专心地往电影方面发展，没想到她出演的电影一炮打响，那种"笑呵呵"的傻大姐形象大受欢迎，《新扎师妹》《干柴烈火》……一下子风靡港台和大陆，就此开始了新的演艺生活。

此时，吴雨认为她的人气已旺，可以多方面发展了，于是让她重新向歌坛进军，仅2003年就高密度出版了3张唱片，很快晋升为一线歌手，并且举办了个人演唱会。这一次演唱会空前成功，奠定了杨千嬅在乐坛上的地位。

2. 做内地市场需要调整经验。将目光投入内地的吴雨发现，现在内地歌坛发展轨迹和当年的香港、台湾地区很像，青春偶像、R&B以及乐队三股风潮并涌，市场大、人才多，但造星机制不如香港发达。他指出："香港的造星有一整套机制，有一个团队为你策划5年、10年甚至十几年的演艺整体发展方向，一步步地让你走向成功。像杨千嬅的成长经历，你可以发现，找准定位、找市场需求、找适合的推广方式只是第一步，实施以及在实施中不断地修正方案是很重要的，你要让艺员感到你真的是在帮他。打造内地艺人需要将以往在港台积累的经验重新调整，根据市场不停地寻找新的'点'。不要以为只要是'砸钱'就一定可以捧红明星，这里的学问很大。当然，艺人最重要的是找到好的、有经验的经纪公司、经纪人。"

三、英皇艺人总监霍汶希与Twins

一个是名不见经传的小模特，一个是英皇集团的前台文员，2000年，两个平凡的小女孩在唱片公司的包装下以Twins之名闯荡娱乐圈。没有人会想到唱歌走音的她们会一夜成名，没有人会想到这两个普通的女孩会大红大紫，钟欣桐（阿娇）和蔡卓妍（阿Sa）边唱歌边侧手翻，Twins成为香港娱乐圈最成功的少女组合。

1. 打造第一步：Twins闪亮出道。Twins是经纪人霍汶希（Mani）一个梦想的实现。霍汶希本身是双胞胎，从小两姐妹形影不离，感情深厚。当了经纪人之后，霍汶希很希望组建一个双胞胎少女组合，于是就有了 Twins。在香港乐坛，向来很少有组合能够打出名堂，即使是曾经最成功的草蜢也不过是在二三线徘徊，当时英皇甚至霍汶希本人并没有对阿娇和阿 Sa 寄予太大的期望。

或许正是因为 Twins 太普通了，甚至唱歌还会走音，平凡得犹如邻居家的小女孩，犹如地铁里随处可见的中学生——她们的平凡恰好成为最吸引人的地方，一夜之间 Twins 成了少男少女们的偶像。少男喜欢 Twins 的清纯，少女喜欢 Twins 侧手翻的活力，她们的歌唱尽了少男少女的心事。

对一夜成名，Twins 显然没有准备，面对媒体以及外界的批评两个人也不知如何应对，一切都要交给身后的经纪人霍汶希。由于她们并非真正的双胞胎，刚出道的时候阿娇和阿 Sa 两个人的关系也并非镜头前那么亲密，她们的歌迷会为了谁更漂亮而大吵，而阿娇和阿 Sa 也时而有些小矛盾，始终对对方有防备，不敢成为交心的朋友。

2. 打造第二步：专辑热卖，红馆开唱。从最初 Twins 同名 EP 的推出到《爱情当入樽》专辑的大卖，出道仅一年，Twins 就成功踏上红馆舞台开个唱，成为出道最短开个唱的歌手，阿 Sa 则成为年龄最小开个唱的歌手，这个纪录至今无人打破。2001 年，Twins 横扫香港四大乐坛颁奖礼，拿下了所有的新人奖，她们的高人气和青春靓丽的形象更是成为商家的最爱，一下子接下了数个广告代言，奠定了 Twins 成为香港史上最成功女子组合的基础。

这时候的 Twins 就像两个连体婴儿，无论什么时候她们都是一起出现，而且她们的笑容是那么的一致，她们回答记者提问是那么默契，阿娇不善言辞，阿 Sa 则在一边解围。两个人的关系也从最开始的面和心不和变成真正的知己。

2003 年，阿 Sa 被导演马楚成相中，为她度身定做了一个剧本《下一站天后》，马导演表示阿 Sa 身上具备了天后的素质，看好她未来在娱乐圈的发展。

果然，电影《下一站天后》非常卖座，阿 Sa 的本色演出受到了圈内外的一致好评，被越来越多的人肯定，邀请她拍电影的导演也多了起来。就在这个时候，Twins 第一次传出了要拆伙的消息，当时消息指唱片公司想仿效日本早安少女组的模式不断加入新人，要阿 Sa 单飞，阿娇再跟新人继续 Twins 组合。那时候正是 Twins 最当红的时候，无论是 Twins 本身还是歌迷都不愿意拆伙，最后英皇被迫放弃了要阿 Sa 单飞的想法。

后来，尽管阿娇和阿 Sa 一起合作拍摄了《见习黑玫瑰》《齐天大圣孙悟空》等电影电视作品，但是阿 Sa 在影视方面的发展明显要比阿娇好，在人气方面阿 Sa 也一路高涨，两个人的差距开始显现。

2004 年，Twins 再度传出要分手，两个好姐妹在演唱会上哭着表示不愿解散，让唱片公司不得不再次放弃拆伙计划，只不过越来越多地安排两人单独工作。阿 Sa 的工作则明显要比阿娇更多一些，阿 Sa 也渐渐成为香港娱乐圈出名的小富婆，千万豪宅可以轻轻松松地一次付清，而阿娇买楼则还要向英皇借钱，每个月辛苦供楼。

3. 打造第三步："艳照门"，阿娇远走。2006 年 8 月，Twins 发生了一件大事，让阿娇在连续几个星期里几乎天天成为娱乐新闻头条，也让香港娱乐圈团结起来上街大游行。只可惜那次并不是什么好事——Twins 在马来西亚演出期间，阿娇后台换衣服被偷拍，被无良杂志登上了封面，阿娇一次又一次在镜头前伤心落泪。

这时候尽管 Twins 的高人气已经覆盖港台和内地，尽管她们已经连续推出了两张国语唱片，在香港乐坛更是连续多年稳坐最受欢迎组合的位置，但两人的发展重点已经不在唱片方面，电影才是她们的重头戏。2007 年，阿 Sa 凭《戏王之王》和《妄想》捧回两个电影影后宝座，获得音乐事业以外的大奖，成为新生代的"影后"，实现了马导演当初的预言，而阿娇"打女"的形象则未见成功，仅凭《公主复仇记》获得第十届香港电影金紫荆奖最佳女主角提名。

2007 年，Twins 分手的传闻再起，两人面对媒体已经回答得有些麻木了，除了一再表示不会拆伙外，更推出唱片《我们相爱 6 年》表决心。

4. 打造第四步：阿 Sa 开路，等待聚首。2007 年底，Twins 在面对众多年轻组合的挑战下，好不容易再度拿下年度颁奖礼的最受欢迎组合奖项，两人激动得泪洒舞台。没想到，仅仅过了一个年，2008 年初的"艳照门事件"就让好不容易挽回的失地再次失去，更让两人苦心经营了 7 年的清纯少女形象尽毁。

在阿娇被冷藏的那段日子里，阿 Sa 独自收拾残局，表现出来的稳重和老练得到了更多人的肯定。而她的工作也丝毫没有停顿，除了和郭富城、郑伊健合作《风云 2》外，还顶替阿娇与吴尊搭档拍摄《剑·蝶》。一直不断努力的阿 Sa 也许是霍汶希安排好的争取 Twins 再次出山的棋子。

（改编自新浪娱乐，《英皇造星探秘——吴雨：明星就是这样捧红的》，http://ent.sina.com.cn/s/2005-02-01/1946646089.html；陆欣，《专访 Twins 经理人霍汶希 细述 Twins 重建过程》，《南方都市报》2010 年 4 月 15 日，以及其他相关网络资料）

第七章 模特经纪人

被冠以"美丽经济"之称的中国模特业,自 1980 年第一支时装表演队——上海时装表演队成立以来,不过短短 40 年时间,相对国外几十年乃至上百年的时长和模特发展历史,其发展的速度是惊人的。模特经纪人是模特明星的制造者,是模特行业的幕后英雄。

第一节 模特的概念和种类

一、模特的概念

模特为英语"model"的音译,主要是指担任时尚产品展示、辅助媒体传播、服务大众审美、表现艺术理念的特定职业群体。模特在长相、身材、气质和展示能力等方面需要具有一定的条件,在文化基础、人格素养等内在涵养方面也有一定的要求。

模特不仅是一种职业,更是一种概念。由于这些人通常都拥有令人赏心悦目的外表,并迎合了主流群体或某些权威群体的审美观,且以女性为主,当她们与商业发生关联后,形成了独特的经济现象,俗称"美女经济"。随着越来越多的男性加入这一经济圈,美女经济就演变成"美丽经济"。

二、模特的种类

模特有传统模特和网络模特之分。传统模特主要指担任服装、平面广告等媒体展示或产品代言的职业群体,包括服装模特、产品形象模特等,以 T 台模特为代表。网络模特也称网络平面模特、网店模特、网络麻豆,主要是指为电子商务平台做产品推广和宣传营销的职业群体。

(一)传统模特

1. 服装模特。服装模特也称 T 台模特。国家人力资源与社会保障部在 2002 年 11 月颁布实施的《服装模特国家职业标准》中,将服装模特的职业定义为从事服装服饰展演、品牌形象展示的人员。在各类模特中，对T台模特的身体条件要求是最严的，因为模特是赋予服装灵性的活动衣架，为达到服装设计最理想的穿着效果，世界各国的设计师基本上都按标准尺寸制作样衣，这样，模特的身高、三围比例就要有一个相对统一的标准。职业T台模特一般都必须符合这个标准。要想成为优秀的T台模特，除了身高等一些条件必须达到要求外，还必须经过长期的严格训练，包括体形、造型、体态、走姿、站姿、台步、腿型、脸型等训练。

2. 特定人物模特。特定人物模特是指模特适合某个具体职业或职务的特定形象。例如，为电脑或电子笔记本指定一个老板形象，为酒店经理或服务员、警卫指定一个合乎身份的形象，等等，均为特定人物模特。特定人物模特不受年龄、身高的限制，相貌的选择比较宽泛，但在使用这类模特时，要求却非常具体、细致。

3. 产品形象模特。产品形象模特是模特界和广告界乃至企业界的宠儿。在她（他）们身上几乎挑不出形象上的毛病，人们在广告上看到她（他）们时，几乎同时能联想起某产品的品牌。

产品形象模特有两个部位需在面试时注意挑选：一是颈部。要求平滑、细腻、丰满、线条优美，主要用于拍摄项链等。二是脚部。要求脚型好、皮肤好、指甲健全、无青筋暴露，主要用于凉鞋、拖鞋、健身器材等广告的拍摄。

4. 试衣模特。所谓试衣模特，顾名思义，其职责就是试穿衣服，并且向服装设计师和服装公司打板房的工艺师提出服装的反馈意见，她（他）们是设计师的活样板。此类模特以服装号码为基础分类，并不要求她（他）们有传统服装模特那样175cm以上的魔鬼身材，相反，能代表大众身材的模特更为吃香。不同风格的服装对试衣模特的身高要求也不一样，许多服装企业招聘试衣模特广告，女性身高都要求在158～168cm。

虽然试衣模特对身高没有太多的要求，但是身材必须合乎一定的标准。对模特的胸围、腰围、臀围、颈围、身材比例等要求都很严格。和一般的模特相比，试衣模特无须长得十分"光鲜"，对相貌没有太多的要求，因此，即使是长相一般的人，也有机会跨入这个特殊模特的行列。除了合乎标准的身材以外，设计师青睐的是那些服装鉴赏能力较高、能准确表述所试服装存在问题的模特。优秀的试衣模特还能凭借经验提出流行的可能性，她（他）们是服装设计师的好参谋。

试衣模特在国外很流行，是名牌服装公司的必备模特，一般按小时计费，但在我国的应用有限，尚待发展。

5. 礼仪模特。礼仪模特是模特行业中要求相对宽松的种类，许多模特入门均从礼仪服务开始。礼仪模特多用于企业开业剪彩、比赛颁奖、大型会议接待、文艺晚会引导、重大活动迎宾等场合。礼仪模特是邀请单位的"门面",其任务是用自己训练有素的形象及文雅周到的言谈举止为邀请单位树立良好的形象,起到烘托气氛的作用。对礼仪模特的选择标准是相貌姣好,身材苗条,身高在170～175cm之间。但在我国南方,由于不同场合的不同要求,事实上,许多企业对礼仪模特的身高并没有太高的要求,而是更注重人员的训练有素和身材、服装的整体统一性。随着时代的发展,从事礼仪模特工作已不局限于女性,聘用礼仪先生逐渐成为一种时尚。

6. 内衣模特。由于内衣模特需要大面积地暴露身体,因此对其身材、三围、皮肤要求比时装模特更苛刻,可以说内衣模特是身材最完美的模特。内衣模特的基本要求是:全身无赘肉,皮肤健康、有光泽、无疤痕,臀部丰满、上翘,臀围不超过90cm。

内衣模特一般是不能做时装模特的。因为时装模特注重的是骨感,而内衣模特强调的是三围丰满与体型完美,胸臀要圆润,骨结不能太突出。

目前,内衣的时装化倾向(穿着方式的外向化、时装化和设计手法的时装化)使得内衣世界摆脱了最初作为一般用品的单调与乏味,变得风格多样、异彩纷呈。这也造就了内衣模特的需求量日渐提高。

7. 部件模特。由于一部分产品需要人体局部作为载体,其中包括手模特、腿模特、嘴模特、耳模特、腰臀模特等,这类模特不要求体态和形象,但要求身体局部的完美。

(二) 网络模特

网络模特其实是产品形象模特在网络时代的延伸发展,主要是指通过互联网或者手机购物平台为商家展示和推广产品的职业群体。该类模特大多由非专业人士兼任,商家主要是看产品风格和模特风格的搭配是否和谐,所以对身材等各方面的要求比传统模特要低。

第二节 模特大赛

模特大赛是专业组织机构召集广大职业模特或者具备模特素质的"准模特",经过观察、培训、比较的过程,从而选拔出优秀模特的一类赛事。模特大赛的宗旨是为了和开发模特资源,并通过大赛的形式,选拔与培养有潜力的模特新星和表演新秀,向国内外时尚机构、经纪公司、影视公司、时尚传媒、广告公司等输送模特人才和演艺新人,为其搭建成功平台,为文化市场服务。模特大赛已经成为选拔和推广优秀职业模特的舞台,正以新时代的活力,席卷世界每一个爱美的角落。

一、模特大赛评选内容和标准

模特大赛的评选标准各有侧重，但评选内容大体相同，包括以下几个部分。

（一）身材条件

身材条件涉及身高、三围、体重、比例等。

身高：女模 170～180cm，男模 180～190cm。三围：国际的惯例是，胸围与臀围的尺寸越接近越好。最理想的三围尺寸是胸围 90cm，腰围 60cm，臀围 90cm。针对我国人种的特点，女模三围尺寸的要求是：胸围 85～90cm，腰围 60～63cm，臀围 85～90cm。男模的三围要求是：胸围 86～90cm，腰围 64～78cm，臀围 86～90cm。体重：女模 48～60kg，男模 68～80kg。模特体重的上限是普通人标准体重的 90%。假设普通人 170cm 的标准，体重是 63kg，同样身高的模特体重 55kg 才算合格。比例：①上下身比例。对模特的要求是下身长于上身。②大小腿比例——小腿与大腿比例接近相等或略长于大腿。③头身比例。头长为身长的七头半是达·芬奇拟的黄金比例，所以现模特的头身比例以七头半至九头半为最好。

（二）舞台表现

包括肢体协调性、形体表现力、音乐感知、时尚感知、镜前表现力等。

（三）才艺考评

参赛模特自选一种艺术门类现场自我展示，要求展示作品完整。

（四）职业素养

主要指模特的职业道德、职业修养以及自我表现和推广意识，包括个人品德、做事态度、言谈举止、团队精神、沟通能力、亲和力等。这种职业素质的形成不是一蹴而就的，需要循序渐进地培养和完善。随着从业经历的增长，经验会不断积累，视野也会逐渐开阔。

专家评委在评选模特的时候不只是看长得漂亮与否，相貌的立体感或个性特点也是重点，还要观察其妆后的效果，并结合言谈举止判断其个性是否能够胜任模特工作。

二、国际模特大赛

国内外的模特比赛很多，现介绍几个目前运作比较成熟的模特大赛。

（一）国际职业模特大赛

"国际职业模特大赛"隶属于美国认证协会（American Certification Institute，ACI）国际职业模特认证管理中心，具有世界影响力。ACI 是国际最权威的职业认证机构之一，由哈佛大学、耶鲁大学、加州大学、芝加哥大学等美国数十个著名院校的教授和众多跨国公司高层管理担任专家委员会。"国际职业模特大赛"全球总决赛每两年举办一次。每年有 50 多个国家级的代理机构运作此项比赛，是世界级超级模特的制造工厂，源源不断地为世界时尚领域输出模特人才。2008 年大赛首次进入中国。中国区总决赛的选手主要是通过被授权协办单位在指定赛区的比赛，或被授权协办单位在指定地，经各职业模特机构推荐，以及网上和其他报名等方式进行筛选后，按照国际职业模特大赛规定的专业比赛程序，经过严格选拔而产生的。

（二）世界超级模特大赛

世界超级模特大赛（以下简称"世界超模大赛"）是由世界超级模特组织联合世界顶级模特经纪机构，精心打造的一项在全球范围内选拔、推出优秀职业模特的高水平模特赛事，是世界最大、最具影响力的职业模特盛会。作为国际性职业模特顶级赛事，在全球众多专业模特赛事中独树一帜，具有极高的知名度与美誉度。

世界超模大赛一向被模特界公认为世界顶级模特诞生的摇篮。在此项赛事中获胜的年轻模特们已经遍布在世界各大时装之都的 T 形台上，她（他）们有机会和最知名的模特公司以及时装品牌签约，成为时尚娱乐界的明星。北京华港国际文化交流中心为世界超模大赛在中国的唯一运营机构组织。

（三）世界旅游小姐大赛

世界旅游小姐大赛创办于 1965 的美国德拉维尔州。历届世界旅游小姐头衔获得者，都是集美貌聪慧于一身的佼佼者，她们通过训练自己的气质和幽默感，以及获得良好的教育，来展现当代社会的女性风范。

2009 年，世界旅游小姐大赛首次进入中国。之后，世界旅游小姐每年运营周期长达 11 个月，影响力及传播范围已经覆盖全国。

（四）国际男模大赛

国际男模大赛是目前唯一在中国举办的世界性男模比赛，该赛以"世界男模梦工场"为主题，旨在通过在全球范围内选拔、寻找和发现具有国际潜质的优秀男模新人，并将他们推向国际模特市场。男模大赛与其他模特大赛的区别在于它不仅仅是主办机构为自身选秀服务的形式，总决赛选手还将全程参加国内外各主流模特经纪机构的年度选秀。该大赛为模特经纪机构与模特新人构建了最具价值的相互选择的互动平台，地点固定在北京。

（五）新丝路模特大赛

新丝路中国模特大赛（以下简称"新丝路大赛"）始创于1989年，是新丝路模特经纪公司举办的一年一度的模特选美大赛，主要面向中国内地的职业模特，开中国模特大赛历史之先河。2002年，新丝路大赛总决赛首次允许外籍模特参赛，这是中国模特大赛走向国际化的新尝试。2003年，新丝路启动了第一届新丝路世界模特大赛。运行30多年来，新丝路大赛已被社会各界公认为我国规模最大、水准最高、最具影响力、执行最成熟的权威赛事之一，也被众多有着无限梦想的少男少女们誉为中国超级名模的摇篮和通往世界T型舞台的桥梁。

通过历届大赛及市场推广，新丝路大赛相继推出数十位享誉海内外的超级名模，如叶继红、陈娟红、瞿颖、马艳丽、姜培琳、谢东娜、岳梅、王海珍、于娜、甄妮、杜鹃、胡兵、胡东等，发掘并培养了一批批中国本土的模特新星，更打造了世界小姐冠军张梓琳、世界小姐季军关琦、亚洲及大西洋美皇后吴英娜，成为世界模特顶级赛事直通车。这些名模在服装服饰、汽车、电子、电信、珠宝首饰、化妆品、房地产、IT、城市广告、影视娱乐等各领域大放异彩，担任诸多知名品牌的形象代言人，成为中国模特行业不可缺少的中坚力量。而今的新丝路公司旗下更因此云集了国内超过90%的优秀模特，新丝路大赛为推动整个中国模特业的发展起到了促进作用。

（六）中国模特之星大赛

一年一度的中国模特之星大赛是由中国服装设计师协会、中国职业时装模特委员会创办的国内模特界顶级赛事。中国职业时装模特委员会是中国模特行业最高管理机构。与一些模特经纪公司为自己选拔新人的比赛不同的是，本大赛是对全国模特行业的统领，中国模特之星大赛的获奖选手可以直接入围在广东举办的每年一届的中国国际时装周国家级文化大奖——"中国最佳时装模特"的评选。

中国模特之星大赛自1995年创办以来，以其职业化、专业化和权威性赢得了业界的一致赞赏，成为国内模特大赛的标杆，享有模特界"擂台赛"和"试金石"之称，也被誉为中国模特行业的"奥斯卡"。熊黛林、王敏、周伟彤、莫万丹、关琦、王诗文、胥力文、刘丹、龙蕾、王雯琴、何穗、裴蓓等名模就是从"中国模特之星大赛"的T台起步的。中国模特之星大赛也是目前少数同时选拔男模的赛事，如杨吉、保锴、高鹏、叶成等都是世界知名男模。

（七）中国新面孔模特大赛

新面孔模特大赛也称中国模特新面孔选拔大赛，是由中国艺术摄影学会、中国人像摄影学会、新面孔教育传媒主办的全国性模特选拔赛事。大赛的选拔主要面向高校服装表演专业在校生及艺考生，旨在发掘和培养模特行业的新生力量。自2009年举办以来，大赛培养和推出了数十位享誉T台的大学生模特，参加大赛的模特艺考生部分考入北京服装学院、东华大学等重点高校。如近年来频频登上中国国际时装周和上海国际时装周秀场的彭思雨、洪嘉悦在2015年都是以专业课第一的成绩分别考入北京服装学院和东华大学服装表演专业。

三、模特大赛发展的特色

今后中国的模特大赛将越来越规范，其发展趋势将呈现以下特色。

（一）职业化

模特职业化的核心在于模特是否真正走向市场，并接受市场的检验。

模特的职业素质主要体现为敬业精神。因为模特的价值表现在能为客户艺术性地创造产品的广告形象，所以，客户在挑选这一形象时，必定最先考虑模特外在形象的特点及表现力，这就意味着做一名职业模特要时刻保持一种良好的形象，这个形象不仅仅是在T台上，也不仅仅是指艺术标准，而是贯穿在训练中、生活上。在社会活动中，模特名气越大，人们对其要求就越高。可以说模特个人的一切已经不属于自己，而是归属于模特所创立的形象，其所有行为也必须以服从和维护这一形象为准则。

同时，模特还将进一步细分。以往时装模特兼做车模的情况将逐渐减少，职业化模特的大量出现将满足市场和企业的需求，打造形成更多、更好的星级模特，她（他）们不仅将达到明星的高度，还将创造出高于明星的价值。国际上诸多的成功案例都表明，在服装、化妆品、珠宝、手表等时尚领域，模特的外在条件与专业素质决定了模特是时尚类产品的最佳形象代言人。

随着国内文化市场的不断繁荣，服装模特表演已经成为文化产业的重要组成部分。尽管全国范围内的模特大赛已经举办过多届，但是模特的职业化与规范化仍是社会与市场对模特从业者们越来越强烈的要求。2003年11月，中国民族文化促进会举办了一场全国性模特技能鉴定大赛，这是我国境内首次以国家职业标准进行考核评比的大赛，标志着中国模特开始走上规范管理、理性发展、全面提高、技能细化与精化的道路，也昭示着模特成为一个独立行业时代的来临。

（二）国际化

模特大赛要实现更大的发展，必须实现国际化。

我国的许多模特在一些国际性的赛事上捷报频传，屡屡取得不俗的成绩。在2000年世界超模大赛上，名模吕燕荣登亚军宝座。2001年，新丝路旗下模特李冰参加在南非举办的世界小姐大赛，获得第四名，这是中国模特第一次真正走向世界，成为中国模特史上的里程碑。2007年，张梓琳在第57届世界小姐总决赛中艳压群芳，成为首位夺得世界级选美比赛冠军的中国佳丽。

此外，参赛模特的范围也呈现国际化的趋势。2002新丝路中国模特大赛总决赛，首次允许外籍模特参赛，是中国模特大赛走向国际化的新尝试。2003年，新丝路启动了第一届新丝路世界模特大赛。2019年12月21日，新丝路世界模特大赛在北京落幕，张妮（女）和梁庆杰（男）在全球总决赛中分别夺冠。

（三）娱乐化

保罗·麦克唐纳说过，大众文化的花招很简单——尽一切办法让大伙儿高兴。① 如今，一切公众话语都日渐以娱乐的方式出现，娱乐已成为当下这个社会的最佳写照。模特行业也不例外。在这方面，调动媒体的力量极为关键；同时需要国内模特业在保证真实客观、不损害公众利益的前提下，有计划地策划、组织、举办和利用具有新闻价值的活动，通过制造有热点新闻效应的事件，吸引媒体和社会公众的关注，最终达到提高模特知名度、塑造大赛良好形象的目的。

2016年10月，迪赛尔（Diesel）在上海举办的大秀开场不到5分钟就燃起小高潮——这倒也不是因为时装秀本身，而是早先收到风声来看金大川走秀的粉丝得偿所愿，端起相机对着台上一顿猛拍。实际上在场的粉丝未必真正熟悉Diesel这个品牌，他们对金大川的痴迷，更多来自综艺节目《极速前进》。早在2013年，中国模特开始从时装界的小圈子走向娱乐大舞台，无论是《爸

---

① ［美］丹尼尔·贝尔：《资本主义文化矛盾》，赵一凡、蒲隆、任晓晋译，生活·读书·新知三联书店1989年版，第91页。

爸去哪儿》里的张亮,还是《我们相爱吧》中与韩国男星崔始源拍拖的"大表姐"刘雯,他们的走红意味着模特被赋予了更多层面的表现机会。真人秀、直播、网红经济……逐渐成为时装模特的第三条腿。当模特、明星、意见领袖、内容生成者四者之间的界限越来越模糊时,很多模特经纪公司在挑选和塑造模特的过程中除了看个体的颜值和身材之外,也开始侧重考虑模特职业群体未来转型的新方向。

(四) 商业化

模特公司要发展,商业化显然是极为重要的一环。

商业化的发展趋势包括:模特从业必须通过模特公司的代理,法规规定模特不能自己承接业务,只有模特经纪公司才能承揽工作,负责承揽业务、谈费用,提高模特的身价。模特全然不必为这些事分心,只需一心一意钻研业务,提高自己的各种素质。但其参赛而产生的费用必须自理,此外,她(他)们还需自费准备经营所需的一切材料,如请摄影师拍摄个人写真集,将自己所具备的条件及各种客户想了解的资料印刷成册,等等。

同时,模特经纪公司通过竞争机制对模特实现优胜劣汰。模特经纪公司与模特的经济关系,有的有保底年薪,但多数不保底,而是从单次业务的收费额中,双方按约定比例分成。这种方式自然形成了一种竞争机制——优秀的模特有众多的客户,有做不完的活,收入颇丰;而次一些的模特则门庭冷落,甚至可能被淘汰,因此这种机制可以保证模特公司云集最优秀的模特。

四、模特大赛应处理好的两大平衡

由于其背后巨大的商业需求,模特大赛以及模特业必然会随着社会的发展和经济的繁荣,同步取得巨大发展。但是,我们在要求从业人员加强行业自律的同时,也必须对其加大管理和规范的力度。

(一) 要处理好有序经营和商业运作之间的平衡

模特发展至今,仍旧与产品形象的树立、企业形象的宣传密不可分,所不同的是,最初的模特只是产品形象的一个载体,而随着时代的发展,这个载体也经历了由简单到复杂、由一般展示到艺术创造的过程,今天的模特行业已不是进行简单的产品宣传和推广,而是在为各类产品进行艺术性的创造劳动。

各行各业都必须做到经营有序,模特大赛亦然。我们提倡合理、有度地通过制造新闻效应扩大影响力,对模特大赛过分炒作无疑会干扰其评选的公正性,只会让"美丽经济"变味,对社会风气产生负面影响。

同时，一些本身缺乏质量的活动，即使大肆炒作，也是旺人不旺市，顾客冲着美女出场，跟着美女而退，无心消费、无心使钱。此外，美女本身的素质决定着活动和大赛的层次和品位，特别是那些低档次中介、广告公司组织的美女，形象参差不齐，缺乏训练，只局限于礼仪类活动，难以带来明显的经济效应。

时下的一些促销形式，尤其是以美女为主角的一些广告，已经触碰我们的道德底线，引起社会舆论的批评。商家在采用"美女"这种特殊营销手段时，在获取经济效益时，更要注重社会效益、公序良俗以及公众承受力，而不是为了追求感官刺激。

（二）要处理好自主发展和监督控制的平衡

模特大赛作为一种时尚产业，有关监管部门应该给予其一个相对宽松、优越的发展环境，防止出现"一管就死"的现象。但是，目前模特行业在赛事组织、内部运作、分配机制等方面仍有许多不规范的地方，需要国家出台更为契合实际、科学超前的政策法规，也需要相关部门进行引导和监管。

改革开放以来，我国模特大赛无论从条件上、观念上以及表演水平上，都已具备了冲刺世界模特顶级赛事的能力。但从行业角度来看，其整体水平和素质还存在着一定的差距，这主要表现在对模特的有效管理、知识配备、系统训练以及敬业精神的塑造上。而这些差距则有待于国家市场管理的逐步规范和完善、有待于模特行业有识之士的共同努力才能解决。

第三节　模特经纪人概述

一、模特经纪人的概念

模特经纪人是负责模特从基础培养到策划包装并推向市场、能够让模特成为各种品牌形象代言人和参加各种品牌时装发布会并获取佣金的个人或组织，他们是模特明星的制造者，是模特行业的幕后英雄。

模特经纪人是复合型人才。做经纪人比做模特更难，模特的水平和市场认可率的高低，很大程度上取决于经纪人对模特培养、包装、市场推广是否成功。

下面通过一个模特经纪人招聘广告，来初步了解模特行业对模特经纪人的要求。

某模特经纪公司招聘模特经纪人,其具体要求如下。

1. 工作要求。

(1) 从事过模特、歌手、影视演员等文化经纪工作,熟悉模特市场及模特管理工作流程;有发掘和培养模特新人的能力;有规划和安排模特职业生涯的实力。

(2) 有广泛和良好的影视媒体资源、演出资源和模特资源,并具备一定的企业客户资源。

(3) 对流行时尚事物敏锐,熟悉模特、演艺娱乐行业动向,同时对服装编导及服装管理有一定的理解。

(4) 工作责任心强,工作热情高,团体意识强,有良好的市场拓展能力、沟通能力、组织能力、协调能力和管理能力。

(5) 年龄22岁以上,形象气质佳,口齿伶俐,身高160cm以上,学历要求相关专业本科以上。

(6) 有文化经纪人证书者优先。

2. 工作内容。主要负责公司模特日常工作安排、宣传推广、营销策划、演出代理及商务谈判,代表公司带领模特团队工作,及时与客户保持联络沟通。

二、模特经纪人应掌握的基本技能

在现代社会中,模特经纪人是经营和管理模特的专才,必须掌握如下基本技能:熟练地运用电脑,熟悉文字和图片处理软件的应用,能撰写模特演艺活动策划方案和市场分析调查报告,能流利地使用模特专业英语进行对外交流,掌握相关法律知识,等等。

三、模特经纪人的工作程序

模特是模特公司的产品,模特的经纪过程与一般产品的销售过程在原理上是一样的。一般产品销售过程是产品研发—生产—推广—销售—售后服务;而模特经纪过程为寻找新人—培训—培养—包装—推广—接受订单—后期服务。模特经纪人基本围绕上述模特经纪工作流程循环往复地工作(有些公司还有专门的星探部,负责挖掘模特苗子,充实模特资源。同时,模特星探也是向模特经纪人转型的基础工作,有很多资深模特经纪人都是从模特星探转型过来的)。因此,掌握好模特经纪过程各环节的技巧,是模特经纪人成功的基础。

四、模特经纪公司与模特培训

（一）模特经纪公司

模特经纪公司是模特表演的中介机构，它的职能是为各类客户介绍它们所需要的模特，为模特提供合适的演出机会。模特经纪公司掌握着签约模特的档案，包括身体条件、文化素养、获奖情况、表演经历、爱好特长等文字与影像资料，以便向有需求的企业、团体推荐。模特经纪人的水平、签约模特的数量与质量、模特的演出档次等因素决定模特经纪公司的实力。

模特经纪代理公司会对签约模特进行推广宣传。对名模或是具有明星潜力的苗子，经纪公司会利用新旧媒体等宣传手段，对模特进行全面、系统的包装，经纪公司组织的这些必要的宣传推广活动是为了扩大模特的影响力。另外，经纪公司安排模特参加各种聚会与礼仪活动，这对模特成名也大有益处。

模特经纪公司与模特签订合同后，在合同有效期内，安排模特的宣传、演出活动，帮助模特做出客观而有效的判断与决策，是模特在经营上的全权代理人。模特经纪人是模特与市场之间的纽带，是模特市场的行家里手。模特要虚心听取他们的建议，这样才有足够的精力关注自身的表演质量，完成表演之外的学习、工作，更好地发挥自己的潜力。同时，模特要遵守合同。模特也可以自己承接广告、演出或其他模特活动，但必须由模特经纪人出面为其谈判签约，每项业务活动必须向经纪人交纳约定比例的佣金。

（二）模特培训

目前，模特培训主要有两种形式：高等院校或职业高中设立的模特专业培训以及模特公司内部的培训。

1. 模特专业培训。自1989年苏州丝绸工学院（现苏州大学）率先开设我国第一个服装模特班，高校服装表演专业的教育迄今已发展了30余年。目前，我国开设服装表演专业的高校已有近百所，为服装与时尚传媒行业输送了大量高素质人才。

2. 模特公司内部的培训。当前许多模特公司实行模特培训与模特经纪一体化经营模式，既能在培训中发掘新人，又能在找到有市场价值的新人后对其进行针对性培训、包装和推广，这种模特公司内部的培训又分为两种形式：

（1）由专门的培训中心对有意向在模特业发展的人员进行培训。如北京新时代模特学校的教学体系分为模特职业技能培训和服装表演高考前培训，培训类别主要有服装模特培训、平面模特培训和影视模特培训，按授课时间和培训等级分全日制培训班和双休日培训班等。在满足年轻追梦人的模特专业培训需求的同时，努力发掘新人。但不同的模特培训中心，其招生的规格不尽相同，培训质量也有很大差别，有的门槛很低，从儿童到老人"通吃"，此类机构极易出现骗局；有的则是高标准严要求，如上海逸飞、北京新丝路等模特经纪公司招收的新人，要求她（他）们既能走秀又能拍广告，身材、相貌、气质俱佳，故源少而精。

（2）对旗下签约模特的培训。目前，国内大型模特公司逐步走上正规化道路，如逸飞模特经纪公司旗下有50%～60%的模特是科班出身，签约前就接受过专业训练；之前没有受过专业训练但有潜质的新人，签约后也会得到有针对性的培训。除此之外，她（他）们也需要在实践中锻炼和成长。模特平时并不在公司，接到业务时才被召集起来，这种松散管理在一定程度上易造成被挖角的问题。

作为模特产业链上密不可分的两大板块，模特培训学校和模特经纪公司在培训职能上联系得非常密切。学校经常会向经纪公司推荐优秀学生与公司模特一同参加客户的面试，公司则会从面试优秀的学生中发掘新人，有的模特经纪公司甚至直接与表现优秀的在校生签订毕业后入职公司的协议。

五、怎样做合格的模特经纪人

模特经纪人是连接模特和市场的重要桥梁，其素质高低决定了经纪活动的成功与否，直接影响着经纪活动决策的科学性，提高模特经纪人的素质刻不容缓。

（一）为人师表是模特经纪人的最基本要求

如果你选择这一行，一定要作风优良、为人师表。对模特来说，经纪人应该是她（他）们事业上最值得信赖的人，能成为她（他）们的师长。通过经纪人的努力，模特有可能在事业上取得成功，收入不菲，但如果你有诸如酗酒、吸毒等恶习，就不要选择做模特经纪人。

（二）用行动取得模特对自己的信任

模特是"产品"，但她（他）们更是有血有肉、有思想有感情的人，要管理好这种"产品"不是一件容易的事。但可以做好以下几件事：经常与模特沟通，及时掌握她（他）们的思想动态，关心她（他）们的身体状况，以此增加模特对你的信赖。

作为经纪人，最重要的就是让模特信任你，相信你对她（他）们事业的发展有帮助。要取得模特的信任，就需要有实际行动，而不是夸夸其谈，例如帮她（他）们接到更多的订单。一名优秀的模特经纪人是不会给模特任何无效承诺的，比如一年当中要为模特赚多少钱，要让其一夜成名，等等。因为任何一个经纪人都控制不了市场的需求，改变不了客户的品位，左右不了一项大赛的决策。

（三）让客户在使用模特时想到你

客户并不是每天都使用模特，很多模特公司都会用自己的方式向这些客户靠拢：经常以各种方式给客户提供一些信息，让对方知悉公司及其模特的存在。选择一些合适的方式联络客户十分关键，具体有以下几种做法：电话问好，手机短信问好，电子邮件问好，用电子邮件发新模特的图片和资深模特的最新造型，过年过节发明信片或送上小礼物，邀请客户观看有你的模特参与的演出。

（四）帮助模特制订短期、中期、长期的事业规划

模特入行一般都在17～22岁，这是她（他）们未来事业和生活发展的关键时期。模特经纪人最了解模特的价值，可根据模特的自身条件，帮助她（他）们制订事业发展规划是经纪人的责任。这些规划应该用文字的形式记录下来，而且要让模特了解，并愿意与你合作共同完成。

（五）对模特工作状况进行分析

模特经纪人要定期对模特的状况进行分析，与模特本人共同探讨这些状况，找出成功和失败的原因，为下一阶段的发展提供参考。分析的内容包括：面试成功率，面试成功或失败的原因，订单的类别，模特的收入。

（六）在客户面前夸耀模特

当认定你向客户推荐的模特符合客户要求时，要千方百计向客户夸耀自己的模特，想办法让客户确定使用她（他）们。如果只是把模特资料递给客户或者被动地让客户任意对模特进行面试，这绝非一位优秀经纪人所为。

（七）帮助媒体找到模特推广的切入点

请媒体采访模特是推广模特的常用手法。模特身上一般没有过多的话题和焦点，记者不太容易找到切入点，如果只是放任记者去采访，写出的文章可能千篇一律，产生不了特别的效果。因此，帮助记者找到推广模特的切入点对经纪人来说也是很重要的。

（八）注重"新产品"的储备

绝大部分模特的黄金期只有两三年。那些时尚人士总是不断地在寻找新面孔，寻求新感觉，这就要求经纪人不断推出新人。触觉敏感的模特经纪人非常重视星探们提供的新人资料，经纪人在对这些新人进行筛选之后，还要制订跟踪计划，因为今天的新人可能就是明日之星，没有新人储备的经纪公司是缺乏市场竞争力的。

（九）掌握法律知识

因为工作需要，模特经纪人要经常签订模特合约、客户合约、广告合约、肖像使用合约等，因此，掌握法律知识也是模特经纪人必不可少的一项技能。

六、中国模特经纪公司的发展现状

从计划经济到市场经济，中国的模特经纪公司也从最初简单的时装表演队转向时尚推广机构，应该说是市场教会了这些当家人如何规模经营，如何多元化发展，如何走向国际社会。我国模特业的格局更是在变化中前进，从最初的一枝独秀，到今天已是春色满园、百花争艳。模特经纪公司分布在我国主要的省、市、自治区，除了北京、上海、广州等时尚发展迅速的城市成为竞争的焦点外，其他如福建、新疆、山东、湖南、湖北、江苏等地都为模特经纪公司的成长创造了有利商机。而不同城市的时尚产业发展进程不同，模特经纪公司的成长经历与经营方向也略有差异。

以京、沪、穗三地为时尚核心，经纪公司数量多，核心竞争力也更强，共同形成了中国模特行业的"金三角"。

（1）北京。模特演艺行业起源于上海，发展于北京。中国第一家模特经纪公司新丝路于1992年9月成立于北京。老牌公司"新丝路"不但加强了在北京的影响力，更将广州看成新的营地，于2001年设立分机构。而长期以来一直走国际路线的概念98时尚推广机构，看中的则是国际品牌聚集地上海。不过这两家资格较老的经纪公司也都面临着一方面要应付北京的后起之秀，另一方面与上海、广州的"原驻民"争夺市场的挑战。超级模特姜培琳的紫色传奇开启了一个品牌转化战略，包括紫色传奇文化发展有限公司、紫色传奇演艺制作有限公司、紫色传奇模特经纪有限公司，每个公司都有自己不同的业务范围，最终将对时尚行业发起总攻。从企业策划到演出制作，配合完善的模特管理，也是未来模特行业发展细化的结果。

（2）上海。如果要谈"时尚上海"这个话题，就不能不提到1980年新中国第一支时装表演队——上海服装公司时装表演队的成立，它宣告了"时装模特"这一行业的诞生。1995年上海出现了首家模特经纪公司——赵萍模特经纪公司，其后逸飞模特经纪公司诞生。如今，上海模特业完成了从表演型团队向市场化运作的过渡，"客户—经纪人—模特"已经形成了一个独立的市场，"模特经济"也成为市场竞争日趋激烈的独特产业。

(3) 广州。经纺织工业部批准，由纺织工业部、广东省委宣传部和广州电视台联合主办，香港英美烟草公司赞助，首届中国超模大赛于1989年10月在广州花园酒店宴会厅开锣。首届中国超模大赛实现了中国模特发展史上"零的突破"——终于有了自己的资质比赛，第一次评选出中国首届"十佳"职业名模，标志着全国性意义上的专业模特大赛的诞生，在中国模特发展史上具有划时代意义。同年，广州电视台推出第一届"美在花城"广告新星大赛，被认为开内地变相选美之先河。

受港台经济的影响，广州的模特经济起步较早。早在20世纪80年代初，因应当时服装加工和销售的需要，已经有广东省广告公司和广东省丝绸公司的模特队活跃在一些服装的展示会上。此外，还有一些零散的所谓"野模"在酒楼、宾馆等场合演出。1999年，广州高超模特演艺制作有限公司作为广州第一家模特公司正式成立。

就像其他行业一样，广州的模特业在全国范围内属于萌芽较早的，但是它后期的发展却不尽如人意。广州只出过一个超级模特李艾，也缺乏有影响力的模特经纪公司。大部分公司在成立的初期是以表演制作为主的，当时基本没有签约模特，只是起到一个中介的作用，与国际上通行的成熟的模特经纪公司模式还有距离。由于未能在早期快速形成强大而成熟的机制，因此在后期的竞争中就失去了优势。

走出"金三角"看其他地区，如厦门"霓裳"以及深圳的"喜马拉雅"，甚至青岛、大连的经纪公司，都是依靠当地广泛的服装产业基础来实现自身价值的，不过南部地区的产业优势更为明显。新疆地区的模特公司则以培训为主要经营特色，多年来为"金三角"输送了很多人才。

从2000年左右开始，中国模特经纪的市场空间有了新的变化，时尚品牌的增加，房地产、汽车珠宝饰品等行业的介入，让更多的模特经纪公司获得了充足的生存空间，如长沙的"世纪风"，以及长春、哈尔滨、沈阳的经纪公司，都呈现了新的走势。参与各种模特比赛，培养学员，转而与大量需求模特的经纪公司签约，从单纯办模特培训到经营优秀学院，虽然不是直接面对客户，但也同样是时尚行业不发达地区的经纪公司新的经营方向。

与国外业已成熟的模特经纪行业相比，中国模特经纪公司的发展面临如下一些问题。

(1) 管理松散，模特的生存状况不平衡。根据国际通行惯例，模特一般底薪很少，甚至没有，收入完全取决于工作机会的多少；由于保障制度社会化的推行，经纪公司一般也不为模特支付薪金；模特除了正常工作时间，公司不干涉她（他）们的私人生活。这种松散化管理会导致一些问题的出现，例如，一家公司的签约模特与多家经纪公司合作，无视合同规定，任意自由流动；由于出场机会大多集中在优秀模特身上，等级比较低的模特生存状况堪忧；"重女轻男"现象，中国模特界绝大多数的时装男模仍然要依靠第二职业来养活自己，必须具备模特工作之外的一技之长，这种失衡状态与目前中国市场所能提供给男模和女模的工作机会数量密切相关。

（2）运营能力不强，国际化程度不高。作为模特公司，它的产品就是模特。公司在所有的模特身上运作的终极目的，就是把她（他）们推向市场，出售给商家。模特经纪公司并不需要人多，经纪人的水平、签约模特的数量与质量、模特的演出档次和代理公司的影响力等才是决定公司实力的因素。目前中国模特在国际市场签约、成名的并不多。一些经纪公司也送模特出国进行交流、演出，但多数只是点缀，往往因为语言、环境等问题，最终还是回来了。王雯琴是第一个登上 *ELLE* 杂志封面的中国模特，但后续主要还是在国内发展。

在模特本身的素质和模特经纪公司的运作上，国内外存在着不小的距离。中国模特行业的发展才30多年，国外已有将近一个世纪的历史。对时尚这一概念的领悟，国内与国外有一定的偏差，很多的意识还没有树立起来。

同时，模特业作为服装行业的衍生产业，它的发展水平很大程度上与服装行业的繁荣程度有关。随着时尚的内涵不断扩大，媒体发展水平也对模特行业的发展起到重要作用。这就对模特经纪公司的综合运营能力提出了很高的要求，公司能否正确把握各行业客户的不同需求，能否针对国内外市场的不同发育程度提出不同的解决方案，能否联合各类媒体共同倡导时尚理念，这些方面都能体现出模特经纪公司的水准高低。从综合水平来看，国内的模特经纪公司与世界一流还有相当大的差距。

在国外时尚和服装产业越来越多地涉足中国的今天，模特有着举足轻重的作用，这也促使中国的模特经纪公司朝着更加专业化、规模化的发展。

第四节　模特经纪合同

艺人台上光鲜亮丽，名模收入似乎可观，年轻人对进入演艺圈趋之若鹜，但成名者又有几人？时下演艺活动多由经纪公司经手，经纪公司掌有通路优势，而刚出道的年轻人对合同内容多不重视，往往直接依经纪公司既有的

"合同范本"签署，以至于在不想继续从事演艺工作或者日后跳槽时，面临经纪公司要求赔偿的风险。

下面是签约的一些注意事项和典型问题。

一、签约前应了解的主要事项

1. 了解公司是否具有知名度。比如，成立年限，在行业内排名，公司规模大小，公司主管以及业务成员的素质状态，网络上的评价，等等。

2. 公司旗下的模特否经常在杂志、媒体和著名的秀场出现。

3. 公司的主流业务是否在时尚模特、文化、演艺以及广告、品牌推广的产业领域开展并有所发展。

4. 从各杂志服装编辑、服装设计师、造型师、摄影师等相关从业者方面了解公司情况。

5. 了解公司对签约模特的管理情况。

6. 了解公司主要成员或主管或模特等是否大多数具有一定的知名度和影响力，公司是否拥有资深的经纪人、培训师、摄影师、造型师以及经常担任大型活动的编导、评委等。

7. 充分了解模特行业，做好长期发展的准备。

8. 仔细阅读合约全部内容，尤其是权利义务条款、违约条款等重点内容，对有异议的部分应及时与公司沟通或咨询专业律师。

9. 未成年人需要在监护人的陪同下完成签约。

二、合同的主要内容及注意事项

1. 合同效力。模特/艺人是否为无限制民事行为能力人；公司是否取得演艺经纪相关资质；公司出具的合同内容中权利和义务是否对等；合同是否具备法律规定的要约与承诺这两个阶段或过程。

2. 合同性质及解除。这个问题主要是一个法律问题。经纪合约是一个综合性的合同，依法签约的各方受到合约的约束，不得擅自变更或者解除合同。也就是说，如果模特想解约，只能通过法律途径，而不享有任意解除的权利。

3. 合同的违约情形。关于违约情形，各个公司的定义内容有所不同，需要仔细阅读，充分了解。

（1）公司常见的违约情形有：拖欠报酬，未按约定投入成本，未提供演出机会，未按约定进行培训，未履行披露义务，等等。

（2）模特/艺人常见违约情形有：接私单，拒绝经纪管理，从事违法行为，发表不当言论，等等。

三、签约中存在的典型问题

（一）经纪公司存在的典型问题

1. 模特以"公司没有演艺经营资质"为由主张经纪合同无效，成立吗？公司该怎么办？

答：理由不成立，合同有效，违反管理性行政规范的行为不影响公司对外签订合约时司法上的效力。公司应依据相关规定，尽快取得资质。

2. 模特以"签约时未成年（不满16岁），父母仅一人在场签字"为由主张合约无效，成立吗？

答：理由不成立，合同有效。法定监护人一人在场即可，不需要父母双方都在场。

3. 模特以"权利义务不对等，不充分了解签约内容，合同显失公平，签约非真实意愿表达"为由，主张合同无效，成立吗？

答：取决于合同内容本身及签约情形。如合同内容符合行业规则，签约时充分向对方或其监护人解释了合同内容的情况下，合约有效。

（二）模特/艺人存在的典型问题

1. 我签约时，已满16岁，未满18岁，家长不在场，是否可以主张合约无效？

答：有胜诉判例。限制行为能力人可以进行与其年龄、智力相适应的民事活动，其他民事活动由其法定代理人代理，或征得其法定代理人的同意。

2. 签约后，公司不包装、不推广，是否构成违约？

答：构成违约，但违约程度取决于合同约定的包装、推广程度。

3. 原经纪人跳槽后仍然帮我接工作，我该怎么办？

答：应向公司主管征求意见，如公司不同意，接单属于私活，公司可能会追究违约责任。

4. 签约后，工作非常少，收入无法保障基本生活，是否能解约？

答：有胜诉判例。应事先与公司友好协商，充分表达解约意愿后咨询专业律师。

5. 我想在工作之余发展副业，补贴家用，是否违约？

答：视合同约定而论。一般情况下，只要副业不影响模特工作，在充分与公司沟通的基础上发展没有利益冲突的副业，并不违约。

6. 我同学想找我帮其网店拍片，但是没有经费，我如果答应拍摄，是否构成违约？

答：模特的报价应由经纪公司统一安排，商业拍摄在未经允许的情况下，构成违约。

总之，经纪合约不是简简单单一张纸，而是双方建立信赖合作的基础，捆绑的是双方共同的利益，需要双方共同遵守、履行。

资料链接 >>>

全球十大模特经纪公司

一、VIVA 模特经纪公司

今天，人们已经无法再一一道出 VIVA 代理过的世界顶级超模、影视明星和体育明星的名字。与其他许多模特经纪公司不同的是，VIVA 旗下虽然只有 80 名签约模特，却个个是非红即紫的人物。

模特们大多来自东欧国家，经过 VIVA 一段时间的培养和经营之后，有潜力的新人会以高端路线直接进入国际 T 台。除了发掘年轻的模特之外，VIVA 公司同时与明星、演员、运动员进行各种形式的合作。这个成立于 1983 年的法国模特公司写下了模特经纪史上最灿烂辉煌的一页，它只与世界顶级的品牌、杂志和摄影师打交道。2008 年，VIVA 在伦敦和巴塞罗那开设分公司，继续扩展模特经纪事业的版图。

二、IMG 模特经纪公司

创建于 1960 年的美国 IMG 模特经纪公司（以下简称"IMG"）拥有超过 200 名来自世界各地的模特。Gemma Ward、Gisele Bundchen、Naomi Campbelle、Laetitia Casta 等许多人们耳熟能详的世界顶级超模都隶属于 IMG 旗下；同时，这家公司对名人经纪事业也很有一套，Liv Tyler、Julianne Moore、Milla Jovovich、Elisabeth Hurley、舒淇等明星，都通过 IMG 与世界顶级奢侈品牌保持着长期的亲密合作关系。不得不说，IMG 是 20 世纪发展最成功的模特经纪公司之一。

三、ELITE 模特经纪公司

巴黎 ELITE 模特经纪公司（以下简称"ELITE"）成立于 1971 年，算得上是一所超大规模模特经纪机构。ELITE 旗下的成员大多来自东欧国家，如今都是 T 台上最火热的人物；公司共拥有 2000 位左右的庞大签约模特数量；在全球超过 50 个国家的范围内大力拓展了模特经纪事业，集团实力和国际影响力波及世界各个角落。每年 ELITE Model Look 大赛都由世界级服装设计师、摄影师和其他业内人士进行评判，他们通过这一比赛获得未来之星的第一手资料。进入决赛的选手们是从全世界 50 个国家和地区中的 3.5 万名参赛者中初选出来的，最终进入决赛的有近 80 名模特，赛事的报道传播范围多达 50 个国家。

四、FORD 模特经纪公司

FORD 模特公司（以下简称"FORD"）由模特 Eileen Ford 和其丈夫于 1946 年在纽约创立，是世界首批模特公司之一。由于 Eileen 在行业中的影响力以及她对年轻模特的重点培养，FORD 很快占领了市场，并且在几十年里一直处于领先地位，造就了 Christie Brinkley、Ali MacGraw 等一批世界名模。今天，FORD 拥有 300 名签约模特，其中，女模 250

名，男模 50 名。FORD 每年举办的"世界超级模特大赛"吸引了来自全球的众多优秀选手参加，成为世界上最权威的新人发掘活动。Coco Rocha、Kristen McMennamy、Cameron Russel 等当红名模都是 FORD 旗下的超级战将。

五、KARIN 模特经纪公司

这家来自法国的模特经纪公司最为人知晓的，就是它旗下的超级王牌人物 Monica Bellucci。2007 年，KARIN 成功地让这位意大利性感女神坐上了 Dior 香水和一系列美容产品代言人的宝座；另一位超模 Julie Ordon 签下 Chanel 口红代言人的合约，也成为 KARIN 最为骄傲的事件之一。这家成立于 1978 年的模特经纪公司，现在拥有 120 名签约女模和 100 名男模，同时管理着 Estelle Lefebure、Melanie Thierry、Clothilde Hesme、Paul Belmodo 等众多明星的经纪事务。

六、NEXT 模特经纪公司

NEXT 模特经纪公司成立于 1989 年，总部设在纽约，拥有 230 名签约模特。1996 年，集团在巴黎开设分公司，吸纳了 Catherine McNeil、Anja Rubik、Solange、Filippa、Jessica Miller 等一群声名响亮的国际超模，是全球最具影响力的模特经纪公司之一。

七、METROPOLITAN 模特经纪公司

METROPOLITAN 模特经纪公司同样来自法国，总部设在巴黎。1986 年公司建立至今，已在全世界超过 60 个国家内进行模特发掘和经纪工作，现在拥有大约 400 名签约模特。外形条件与个性特征是公司选拔新人的两大标准。

八、MAJOR 模特经纪公司

这是为数不多的意大利模特经纪公司中最为知名的一家。公司成立于 1996 年，2006 年在巴黎开设分公司，一共拥有超过 300 名签约模特，这些女孩同样来自世界各地。有冲击力的面孔加上修长的外形，是公司发掘新人一贯的标准。

九、WOMEN 模特经纪公司

同时运作于巴黎、米兰、纽约三地的 WOMEN 以其发掘、培养世界超模的强大能力而著称。被 WOMEN 看好的潜力新星，经过"造梦机器"的包装，都能在 T 台上占有一席之地。"先锋、有创造力、多元文化与人性化"是 WOMEN 一直以来的追求。这家成立于 1990 年的法国模特经纪公司，现在在巴黎、米兰、纽约三地各拥有 150 名签约模特，走的完全是一条全球一体化的发展路线。

十、MARILYN 模特经纪公司

MARILYN 模特经纪公司（以下简称"MARILYN"）因为旗下拥有一群极具个性的顶级超模，给人留下前卫、具有挑逗性、锐气十足并且十分感性的整体印象。作为行业中最具话语权的领头人，MARILYN 同时代理超过 150 名优秀模特的经纪事务，主力战将包括 Caroline Trentini、Julia Stegner、Coco Rocha、Kate Moss、Carla Bruni、Helena Christensen 等人们熟知的超级名模。成立于 1985 年的 MARILYN 在自我发展的过程中也形成了一套极具特色的用人哲学：发掘模特独有的个性，创作独一无二、不可模仿的美。正是这个原因，让 MARILYN 和它的模特们一直矗立于模特经纪世界中的不败之地。

（资料来源：《时装 L'OFFICIEL》2008 年 7 月刊）

经典案例 >>>

"新丝路"带来的新思路

从张舰到李小白,从官方承办到全企业化运作,从国内模特公司到国际知名企业,从名模陈娟红到张梓琳、刘雯,新丝路走过的是一条向产业化、市场化发展的道路。透过新丝路模特经纪公司(以下简称"新丝路")的发展之路,人们可以得到许多启示。

一、新型模特人才来源于国际"催化"

1992年,时任新丝路负责人的张舰一行五人到美国洛杉矶参加第十二届超级模特大赛,这是新丝路第一次与世界模特业接触。洛杉矶赛事,陈娟红荣获"世界超级模特",成为国内第一个真正意义上的国际级超级模特。模特拍照留念时按照国家英文字母的顺序排列,陈娟红正好坐在第一排的正中间,那张照片便成了张舰的珍藏。1993年,张舰带着第三届新丝路模特大赛的冠军周军参加超级模特大赛。刚到美国,张舰碰到福特公司总裁、国际模特公司的奠基人爱连·福特夫人。老太太问:"Do you speak English?"张舰惭愧地说:"不行。"福特夫人开玩笑地说:"不会英文,你就不要做经纪人了。"此后发生的事情更刺激了张舰:周军没有获奖。福特公司的说法是:"不是因为周军实力不行,而是因为她不懂国际语言,成不了一个国际模特。"此后,张舰把会外语、高素质作为新丝路模特人才培养的目标。

如今,在新丝路模特大赛的舞台上,高学历、高素质人才越来越多。新丝路模特走出国门,频频亮相各大国际比赛。如2001年获得51届世界小姐大赛第四名的李冰毕业于江西工业职业技术学院,2002年第十届新丝路大赛北京赛区的亚军赵虹是清华大学计算机系三年级在读研究生,2007年,张梓琳获得第57届世界小姐选美大赛总决赛冠军,继而成为中国在世界级选美赛事中夺冠的第一人,这些都与她们自身具备的高素质密不可分。

不仅是旗下模特,新丝路的员工如今都具备大专以上学历,研究生、留学生也不乏其人,大多数精通英语和电脑。对人才资源的有效应用,是新丝路提高整体运作水准的重要因素。

二、转变思路,实现中国模特产业的市场化运作

新丝路最早从纺织系统脱胎而来。1988年,新丝路创始人张舰、汪桂花等人陆续来到中国服装研究设计中心,成立了中国服装表演艺术团,这就是新丝路的前身。1989年10月,首届中国最佳时装模特表演艺术大赛在广州举行,叶继红夺冠,这也成为新丝路模特大赛的前身。1991年,当时世界上最大的模特比赛之一的福特超级模特大赛希望有中国选手参赛,于是,第二届新丝路模特大赛成了福特超级模特大赛的中国赛区,这一届的冠军是陈娟红。

1992年的洛杉矶赛事让新丝路对国际模特管理业有了初步认识。福特公司对模特的专业化管理,模特被细分为时装模特、商用模特、中老年模特、男模特、女模特等,而且都采取签约制。张舰当时做了一项至今仍对国内模特业影响深远的举措:引进模特经纪制,把中国服装表演艺术团改成"新丝路模特公司",把团队制改成代理制,实行模特签约制,这在当时被模特界称为"模特管理从团队制向代理制的转变"。从此,新丝路不仅是一个表演团体,而是一个让有志于从事模特行业的人员在这个舞台上更好地发挥作用的平台;"新

丝路"的名字寓意深远——"新的丝绸之路",意味着改革开放之后要走出一条能与国际交往的路。张舰承认,当时对模特公司只是概念上的认识,并没有深入了解。当时陈娟红签署的那份合约就成了后来新丝路与模特签约的最初范本,从此,新丝路模特大赛开始要求在赛前与模特签约。凭借此举,新丝路第一次召集了一批优秀模特,奠定了此后几年飞速发展的基础。

1995年初,张舰从美国留学归来,担任新丝路的艺术总监。张舰回来做的第一件事情是让新丝路的办公环境改头换面,他找到保利大厦里的一家服装公司投资,于是新丝路在保利大厦有了一套漂亮的办公室。新丝路的办公大厅是一个名副其实的展示厅,大厅的布置仿照国外的专业模特公司,步入大厅,展示在人们眼前的是一条美女画廊,这些美女正是新丝路财富的源泉。这种布局向客户们传递着强烈的信号,昭示着自己的实力——新丝路有这么多的形象可以选择,从而使客户信赖新丝路,愿意与新丝路合作。张舰同时着手新丝路模特管理的改革,把在美国学到的模特公司管理经验引进来,制定代理费标准,制作模特卡,以全新方式包装、推广模特。此外,他还不失时机地把超级模特大赛改成Elite世界精英大赛。

后来接手新丝路的李小白也同样意识到,只有走市场化道路,新丝路才能发展壮大。

新丝路在发展历程中,创造了不少承揽企业公关活动的成功案例。很多名牌企业通过新丝路的模特做新产品的发布展示,目的是通过模特形成一种人与人之间的沟通和交流,形成一种对话的感觉,提高人们对新产品的感知、认知程度,从而更有效地进行商业推广。2001年,新丝路成功地为"商务通"做了表演秀,通过模特的表现把"商务通"的功能、作用、形象以及整个产品的内涵都展示出来,让人们感觉到"商务通"和人的现实生活很近,推广的效果非常好。又如与中国联通CDMA合作,新丝路做了一场非常好看的"CDMA联通之夜",把科技和时尚成功地连接在一起,为整个推广、发布活动推波助澜、锦上添花,收到了很好的效果。2002年在三亚的新丝路总决赛上,新丝路实行市场化运作,参与分工的企业多达20家,取得巨大成功。在和三亚以及后来其他城市进行的合作中,新丝路始终坚持通过市场化运作来组织赛事,在成功举办赛事的同时也实现了模特与企业两相受益,社会效益和经济效益双赢。

三、新丝路的新标准:敢于创新,细分市场

敢于创新、细分市场是新丝路获得巨大成功的另一重要因素。新丝路运作的最大兴奋点就在于不断创新,能够使模特行业适应各种行业,并为各种行业服务,也就是由单一地做服装表演、做服装秀进入到其他行业的推广活动中。

2001年,新丝路的一项改革又给中国模特界带来了不小的震撼:把模特大赛对参赛女选手的身高要求从174cm降到了168cm。过去大众对模特的认知应该是拥有极高的身材、最好的形象、在T型台上行走,于是女模特的身高标准就从170cm、172cm、174cm慢慢地提升,随之带来的一个问题就是可供选择的模特少了。由于东西方人的差异,完全照搬国际标准不符合中国的国情,也会堵塞自己的发展之路。随着经济生活的迅猛发展,社会对模特的需求日益增加,模特的应用领域不断拓展:模特可以有很多种,有走T型台的,有拍影视广告的,有拍刊物封面的,还有为品牌做形象代言人的,等等,只要形象适合就可以做,身高已不再是至关重要的条件。经过深思熟虑之后,新丝路确定了自己的标准,这

种标准也是为适应市场需求而进行的改革和创新。"低门槛"政策吸引了各类人才涌入模特行业，同时充实了新丝路的模特人才资源库。

四、新丝路的新高峰：时尚品牌国际化、多元化

在中国加入WTO后，新丝路思考更多的是如何打造国际品牌的需求和应对国际模特行业的竞争。新丝路并不满足于国内知名的现状，按照现代企业制度的管理模式运作，把公司推向国际化是新丝路的又一个目标。对一个模特经纪公司来说，模特就是产品，就是公司的核心竞争力。能不能培养出优秀的模特，代理和推广好这些模特是衡量公司成功与否的标准。模特公司重点关注的是那些能够代表各种品牌、作为品牌形象代言人的有个性的模特。李小白说过，衡量一个大牌模特的标准是她（他）订单接的多少。从外在条件来讲，中国模特在国际市场毫不逊色，甚至有过之而无不及，比如身材比例、皮肤条件等，但往往一些内在因素制约了她（他）们在国际市场上的发展，比如语言能力、职业经验和经纪公司的国际推广水平不足等。虽然中国模特行业还很不规范，真正的市场竞争机制和体系并没完全建立起来，但是，"模特效应"在当今时代已经深入人心。帮助签约模特走上国际T台，是新丝路成为国际知名企业的业务需要，也是新丝路品牌提升的重要策略之一。近年来新丝路积极不断参与国际重大文化交流活动，与全球著名的模特机构与推广机构建立了长期合作关系，中国模特越来越多地出现在国际舞台上，声名鹊起的如杜鹃、刘雯、裴蓓纷纷奔向国际：刘雯成为"维多利亚的秘密"首位中国模特，秦舒培成了纽约时装周上的中国"秀霸"。这一成功表象的背后都有从模特经纪到时尚媒体再到品牌国际化的推广运作，也是新丝路发展多年来努力不懈的结果。

回顾历史，巴黎依靠新浪漫主义走上艺术巅峰，意大利依靠强大的家族工匠制作体系成为时尚中心，美国则通过金融手段成为贸易和资源的配置中心。中国如今已成为全球第二大经济体，全球都在经历云计算、大数据、物联网、移动所带来的技术革命，如何在信息流的地缘中拓展格局成为时尚行业面临的巨大机会。中国时尚行业才刚刚形成，在全球产业链分工格局中仍处于价值链的中低端，如何借助资本、实现时尚和文化产业的融合成为新丝路的新目标。

2016年4月，新丝路与宏成资本达成战略合作，宏成资本董事长李冰成为新丝路的新一任掌门人；2017年2月，李冰与世界小姐机构代表莫莉·史蒂芬在三亚市民游客中心签署战略合作协议；接下来的两年，李冰在87个城市建立了时尚教育培训城市网，在深圳、厦门、北京、上海打造各种特色的新丝路文化创意产业园和公寓……种种举措表明，新丝路在依托以赛事、活动、策划、模特经纪为代表的传统业务发展之外，又拓展了新的格局，就是以多点创意产业园区为依托的时尚教育城市网和基于全媒体的媒体公司。

李冰认为，"新丝路要做的事情是形成国际影响力、传播中国文化、打造中国品牌影响力的时尚机构，新丝路的知名度一直都在，我们需要的仅仅是把它擦亮，赋予新的内涵和新的使命感，成为有民族情怀的企业。新丝路最好的培训是栽培，最好的慈善是用真心照亮别人的心灵，最有前途的美的事业就是打造有意义的美"。

走过30多年风雨历程，从张舰到李小白再到李冰，从致力于成为"中国名模的摇篮"和通往"世界的天桥"到"时尚健康生活方式的引领者和提供商"，一代又一代的新丝路人在不断自我突破和创新的道路上勇往直前。

(改编自:王英诚、李生东《"新丝路"带来的新思路》,www.hq.xinhuanet.com/tbgz/xinsilu/silu1.htm,2002-09-29,王方剑《新丝路:重围中的新思路》,《经济观察报》2003年1月27日,李晓丹《新丝路华丽转身 新掌门人擦亮了这块招牌》,https://fashion.huanqiu.com/article/9CaKrnK24HC,2017-04-19)

第八章 演出经纪人

演出经纪人是演出市场的中介，他们游走于演出团体和市场之间，为各方提供信息并促成交易，在一定程度上，他们是繁荣演出市场的中坚力量。然而近年来，随着演出市场的蓬勃发展，演出经纪人出现了短缺的现象，尤其是高级演出经营管理人才极其匮乏，这在很大程度上制约了演出市场的发展。

第一节 演出的相关概念

一、演出的定义

所谓演出，是指团体或个人以舞台或现场表演为主要形式的文艺活动。表演活动是一系列完整的活动过程，这个过程包含了多种要素，这些要素相互结合，共同构成演出的全部内容。演出一般有五个要素。

（一）演出的组织者和表演者

演出的组织者即演出商、演出经纪人、演出团体本身和其他一些个人或团体。表演者是以演出为职业的个人或群体，大多是专业人员。

（二）演出节目

演出节目即演出人员表演的节目。节目包括内容和形式两部分。演出节目形式有单一艺术形态的演出和综艺性演出两类。单一艺术形态指演出节目形式由某种艺术形式独立组成，如演唱会、戏剧专场演出。综艺性演出指演出节目由两个以上艺术形式组成，如综艺晚会等。

（三）演出受众

演出受众即观看演出的观众，也是演出市场的消费者。

（四）演出时间

演出时间是指在演出地点和场所约定的时间。演出时间包含演出的开始时间和演出从开始到结束的持续时间两部分。

（五）演出地点和场所

演出地点和场所是表演活动的位置和场地，包括表演场所和观众场所，一般都与演出活动内容紧密相连。演出场所的构成十分广泛，从功能上说，可以是开放的室外演出场所，如广场、公园，也可以是封闭的室内专业剧场，如百老汇为某出音乐剧量身定做的专门化剧场，以及对舞台有特殊要求的木偶剧场和多功能音乐厅等。还有一类是设在歌舞厅、餐厅等休闲娱乐服务的室内场所。[①]

二、演出的分类

（一）根据组织者和表演者划分

根据演出组织者是否以营利为目的，演出分为营业性演出和非营业性演出。营业性演出即商业演出。非营业性演出即公益演出。营业性演出和非营业性演出的划分界限在于，演出组织者是否以营利为主要目的。根据演出表演者，演出可分为个人演出和团体演出。

（二）根据演出节目形式和内容划分

根据演出节目形式，一般可分为音乐会、戏剧、曲艺、舞蹈等。

（三）根据演出受众划分

根据演出受众群体，演出可分为专场演出、会议演出等。

（四）根据演出时间划分

根据演出时间，可以把演出分为节日演出、纪念日演出等。

（五）根据演出地点和场所划分

根据演出地点和场所可以分为国内和国外演出、室内和室外演出、规范剧

---

① 参见闫玉刚编著：《国际演出与文化会展贸易》，中国传媒大学出版社2008年版，第3～5页。

场演出和非规范剧场演出。①

第二节 演出市场

一、国际演出市场

在我国一直被统称为"演出"的行业,实际在国际市场上被划分为两个部分,一部分为表演艺术(即我们常讲的高雅艺术),属非营利行业,由国家法律规定的免税政策支持其发展。如美国表演艺术基金分为国家、州、市等不同层次以及不同艺术门类如音乐、舞蹈、戏剧等专项基金。这些纵横交叉的基金,支持着大大小小表演艺术团体的创作和演出。表演艺术团体和演出公司在项目立项和资金预算时,不是向上级领导打报告,而是向相关基金会提交计划,由基金会审核后给予拨款,所有的经营结果也要向基金会报告。如果其投入产出和服务质量都信守事先的约定,就能够源源不断地依靠基金的资金开展业务运营。当然,表演团体和演出公司也可以用市场手段来运作,但最终的目的不是在表演团体和演出公司进行利润分配,所得盈利必须全部返回基金会。在这方面美国的法律和审计监控程序非常严格清晰。另一部分属娱乐行业,是高度商业化、高盈利的行业,包括大型演唱会、娱乐场所演出,甚至包括电影、电视、音像等大娱乐范畴。这类营利性行业更多的是利用企业的资金,与媒体紧密互动,进行大规模市场化运作,有高额的票房收入。

审美共通性和经济全球化的形成是国际演出市场的基础。在经济全球化的进程中,文艺演出已不再是一种孤立的文化经济行为,它突破国家和地域界限,在不同国家为某一个剧目(节目)安排演出场次和演出内容,标志着现代国际演出市场的形成。这种前所未有的文化交流平台为不同种族、不同国家的观众提供了共享的精神财富。推动国际演出市场成立的中介者通常有两种:一是非商业性政府或民间组织;二是商业性中介机构。对于前者,演出的一般都是一个国家的传统剧目,而参演的都是在国际上有较高知名度与美誉度的演员。如《大河之舞》就是爱尔兰标志性的表演艺术集锦。在这样的演出活动中,承接和管理项目的中介者一般是被动的,更多的属于按照市场规律来实施政府意志的文化交流。相比之下,后者所拥有的操作余地显然更大,从创意—宣传—演出,更多的是按照市场营销规律来进行运作。如百老汇音乐剧演出的经营与运作就很有特色,即剧院与剧目之间的映射关系非常明显,某一剧院专

---

① 参见闫玉刚编著:《国际演出与文化会展贸易》,中国传媒大学出版社2008年版,第6~7页。

以经营某剧而闻名,这种运作方法其实也是基于音乐剧本身舞台、灯光等制作的复杂性。一个剧院固定的道具布景除了巡回演出之外,一般是不会搬到别的剧院使用的,由此形成了非常独特的百老汇音乐剧运行模式。百老汇剧院的经营者以剧院为基础,将剧目制作、演艺经纪、市场推广、剧院管理融为一体,进行整体市场运营,从而实现了一次投入,反复、多年产出和规模效益,创造出国际演出市场中最成功的业绩。

二、中国演出市场现状及发展

追溯我国演出市场的发展进程,可谓一波三折:新中国成立的1949年—1966年,演出市场迎来了第一个高峰;1980—1985年,随着改革开放政策的实行,演出市场突飞猛进、急剧扩张,迎来了第二个高峰,之后经历了徘徊不前甚至不断滑坡的过程;20世纪90年代,我国内地演出市场经历了港台与国外艺术团体入境演出的泡沫繁荣,开始走向结构合理、稳步发展的道路。

2000年以来,规范有序又充满生机活力的演出市场体系开始逐渐形成,并初步呈现出良好的整体发展态势。随着2009年政府修订出台《营业性演出管理条例实施细则》,演出市场的形势更加引起了各方关注。近几年,我国演出市场持续升温、红红火火,目前已经形成了基本的产业格局,同时显现出鲜明的特色。[①]

(一)市场主体特色

从市场主体看,已经形成了演出团体、演出公司(经纪机构)与演出场所(专业剧场)三类演出经济实体分工配合、协作发展的主导格局。

演出经纪机构的转型和收入增速。传统的项目经纪公司往往专注于剧目中介、代理的单一模式,并不参与剧目的制作和投资。但随着剧院方对剧目参与度的提高,越来越多的自营类剧场也开始挤压项目经纪机构的发展空间,这也促使项目经纪机构逐渐正视企业发展壁垒,通过转型来获得更多的行业话语权。随着演出经纪机构转型步伐的加快,自营收入逐渐成为和中介收入并驾齐驱的促进演出经纪机构收入增长的另一驾马车。有数据显示,2018年我国演出经纪机构总收入达到164.62亿元,较上年同比增长8.64%,为我国演出行业市场主体中总收入最快的市场主体。[②] 演出经纪机构积极转型,除了不断在剧目中介、代理方面深加耕耘,在剧场投资等方面也有不错的表现。

[①] 聂建华:《中国演出市场现状分析及发展策略探究》,《文化产业》2009年第5期。
[②] 刘健勋:《2018年演出行业市场现状及发展趋势,演出经纪机构积极转型》,https://www.qianzhan.com/analyst/detail/220/190828-fbd95efb.html,2019-08-31。

演出团体创作题材多样化,专业剧场功能多样化。在政府的支持和引导下,各地文艺表演团体积极创作形式多样、内容丰富的舞台艺术作品。这些文艺作品涵盖了歌剧、舞剧、话剧以及地方戏等丰富的艺术门类,优秀现实主义题材不断涌现。虽然优秀作品层出不穷,但艺术创作与市场需求之间仍存在断层,叫好不叫座的演出也不在少数。还有部分剧团过度依赖政府补贴和基金支持,自身缺乏造血功能。

随着演出市场的发展和剧场业态的优化,国内剧场从仅提供演出的场所拓展为公众提供全民阅读、艺术展览、数字化体验、音乐欣赏、书画沙龙等活动的文化娱乐课堂。很多专业剧场开始由单一功能向复合功能转化,逐渐成为服务地方文化发展的综合体。

(二) 市场客体特色

从市场客体上看,演出市场的专业化、类型化和风格化趋向明显。演出方式上,除了原来的剧场演出之外,娱乐场所、体育场馆、市民广场、农村庙会、电视演播厅、大型文艺晚会、楼盘推广秀等演出形式不断出现;演出类别上,除了传统的京剧、音乐、舞蹈、杂技、曲艺、各种地方戏、歌剧、舞剧、交响乐、港台通俗歌曲演唱会之外,国外各类专业剧团的演出、组台演出、时装表演等也越来越受到国人的欢迎。演出题材广泛,古今中外,无所不有;演出风格多样,主流和非主流的,古典和通俗的,各有千秋。并由此造就了不同的演出消费群体,如戏曲观众群、话剧观众群、歌剧观众群、交响乐观众群、流行音乐观众群等,这些消费群体的出现,使演出市场的专业化、类型化、风格化趋向更为明显。

随着传统演出与现代表演艺术的不断结合,我国演出市场百花齐放,音乐、舞蹈、戏曲、曲艺、儿童剧、动漫等门类均有不同程度的发展。

1. 音乐会和演唱会齐头并进。经过多年的市场培育,音乐会市场逐渐形成"新年档"和"暑期档"。在北京、上海、深圳等一线城市,观看新年音乐会成为许多人心仪的过节方式。在国内一二线城市和发达地区,音乐会热度不减,音乐会观演形式和演出形式也在不断创新,促使我国音乐会市场规模不断扩大。另外,随着我国消费者观念的不断转变,我国也已经成为海外音乐团世界巡回演出的重要场所。以 2018 年为例,圣彼得堡爱乐乐团、柏林爱乐乐团、纽约爱乐乐团、维也纳约翰·施特劳斯乐团、英国皇家利物浦交响乐团等世界著名乐团多次来华造访,北美最知名乐团之一的美国太平洋交响乐团、维也纳莫扎特交响乐团等均实现了首次访华巡演。①

---

① 朱茜:《十张图读懂 2018 年演出行业主要市场现状 音乐会热度不减,戏曲市场收入有所下降》,https://www.qianzhan.com/analyst/detail/220/190830 - cb552c7f.html,2019 - 09 - 02。

近年来演唱会市场持续升温，不仅周杰伦、张学友、林俊杰、五月天、陈奕迅、张杰、汪峰等老牌知名艺人扎堆，张学友、林俊杰的演唱会甚至一票难求。还有杨宗纬、莫文蔚、张韶涵、James Blunt、John Legend、放浪新世代（Generations from exile tribe）等一批港台地区、欧美、日本艺人陆续登场。音乐消费市场以年轻群体为主，随着"90后"及"95后"收入逐渐稳定，他们已经成为音乐会和演唱会的最大客户群。

新媒体打破了传统意义上的主流意识，成为了音乐类演出新的传播平台。在当前信息化技术快速发展的背景下，云计算、大数据、人脸识别等一系列新科技改变着演唱会市场，演出机构在加速自身在项目运营管理、智慧场馆建设、创新营销模式和票务系统等领域发展的同时，也全方位提升了用户体验，加速了行业的转型升级。随着新兴技术的不断应用，如全息投影、高清大屏，不仅给观众带来了全新体验，也在不断扩大音乐会和演唱会的市场规模。技术对演出市场的影响是多维度的，最关键的是要与内容相匹配，与舞台样式、艺术形式和谐、一体，不能脱离作品本身所赋予的内涵。另外，在创作上，要俯下身子接地气，与生活和人对话；在传播上，要紧跟新时代新形势的步伐，这两个层面是最为核心的部分。

2. 品牌效应带动话剧市场，综艺节目引领舞蹈市场。近几年，我国话剧开始呈现"点状激增"态势，消费者群体看重话剧的"品牌效应"，对创作理念优秀、演出质量较高的话剧演出接受度和认可度较高。如2018年北京人民艺术剧院的话剧《茶馆》《窝头会馆》，门票半天就销售一空，不少人头天深夜就开始排队买票。但这种热销现象只针对品牌剧目，至于其他剧目的演出，大多仍处于"鲜少问津"的状态。我国话剧市场依然还存在着优质文化产品供给不充分的现象，无论是在区域上还是在结构上都不平衡。持续创作优秀话剧产品，培养观众接受程度，也是话剧创作者和营销者需要共同努力的方向。

近年来一些舞蹈类、唱跳类综艺节目的出现使我国舞蹈演出市场规模有所增长。如《这！就是街舞》《热血街舞团》等以街舞为主题的综艺节目在2018年获得良好收视率，将这一小众的舞蹈种类从地下比拼带入大众视野，而参赛的街舞舞者也因此成为关注焦点，收获粉丝并获得更多公开表演机会。2018年，我国舞蹈类演出票房收入为9.25亿元，较上年同比上升1.31%。[①]相比舞蹈类演出的无差异门槛，对国内的普通观众来说，由于没有文字引导，要想理解纯粹由肢体表达的舞蹈的内涵，往往需要较高的艺术素养，接受度低成为国内舞蹈市场发展的壁垒。因此，在音乐、话剧和舞蹈市场中，舞蹈类演

---

① 朱茜：《十张图读懂2018年演出行业主要市场现状　音乐会热度不减，戏曲市场收入有所下降》，https://www.qianzhan.com/analyst/detail/220/190830 - cb552c7f.html, 2019 - 09 - 02。

出场次增速以及票房收入增速均低于音乐、话剧类演出。

3. 戏曲市场不容乐观，曲艺市场相声一枝独秀。戏曲是我国传统文化精髓之一，京剧更是被誉为"国粹"，但观众的接受面窄，普遍接受程度低，更多的年轻人群倾向于现代音乐的表现形式。另外，很多戏曲院团过于依赖政府扶持资金，商业演出市场拓展力度不足，营销模式传统，难以获得新的受众群。一些演出团体只管演出不管市场，只管投入不管产出；一些演出单位只顾演出不管创作，只重形式不重内容。重创作轻演出，重生产轻市场，不是为演出而创作，而是为创作而演出；轻创作重演出，轻生产重市场，不是为演出而创作，而是为演出而演出，两种倾向导致演出单位与观众的欣赏趣味日显疏离，戏曲演出市场消费趋势逐年下降，形势不容乐观。

4. 曲艺和杂技的市场化和国际化程度不高。目前，我国曲艺和杂技产品不仅国内市场占有份额不高，国际演出市场更是少有涉足。以杂技为例，我国是一个杂技王国，每年获国际大奖的节目不胜枚举，但在国际杂技演出市场中所占份额较低，全国全年杂技演出的总收入尚不敌加拿大太阳马戏团一个团的收入。对此，除通过政府间文化交流项目向国外推广各民族特色剧（节）目和优秀剧（节）目外，还要努力拓展商业渠道，通过市场运作进入国外特别是发达国家的主流演出市场。曲艺一直以师傅带徒弟的模式进行传承，但因为数量少，难以规模化，容易形成人才断层。如德云社近来对中国曲艺行业的传统培训模式进行了改革，进入德云社的新人先由总教习传授基本功，表现突出者就可以进入青年队锤炼，到青年队后如果受到观众认可，就能编入正式表演队。随着相声界新生代演员的不断涌现及认可度的提升，曲艺有望在整个演出行业中赢得一席之地。

5. 儿童剧、动漫市场发展潜力无穷。近年来，国外优秀儿童剧大量引进，以及我国优秀的儿童剧作不断涌现，我国儿童剧场发展持续升温。① 我国儿童剧场以商圈中的微剧场为主，"微剧场"在商业中心的大量出现，源于文化消费市场中亲子类儿童剧需求的增多，且反映了消费者对文化产品购买方式有着更加便捷、多样的要求。

近年来，动漫演出逐渐增多，其中既有我国传统皮影、木偶等具有传统东方文化特色的动漫演出，也有来自国外的动漫演出。动漫演出由最初只在动漫展览上简单的角色扮演（Cosplay），逐步被专业化演出制作团队充实、丰富，散发出新兴市场的无限魅力和光彩。

---

① 朱茜：《十张图读懂2018年演出行业主要市场现状　音乐会热度不减，戏曲市场收入有所下降》，https://www.qianzhan.com/analyst/detail/220/190830-cb552c7f.html，2019-09-02。

（三）演出性质特色

从演出性质上看，我国的演出市场导向由非营利性演出向营利性演出转变。非营利性演出就是传统意义上的文艺演出，包括政府举办的艺术节、评奖、汇演、调演、节庆演出和各种义演、慈善演出等，这些演出所占比例不大，但规模大，水平高，影响广泛，具有强烈的代表性、示范性、导向性。而营利性演出作为满足广大人民群众演出消费的主要形式，演出场次约占演出市场总量的80%以上，已然成为演出单位生存和发展的支柱。

（四）演出体制特色

从演出体制上看，我国演出市场的传统计划演出体制正在向市场演出体制转变。国有演出单位已经逐步实现政企分开、政事分开，由事业型、行政型向产业型、企业型转变，由福利型、供给型向经营型、效益型转变。专业演出团体普遍实施以市场为导向的内部体制改革，正在由单纯的演出生产单位转变成为市场经济体制下的演出生产经营单位。国有演出公司多数实现了管理权与经营权的合理分离，经营能力迅速提高，涌现了一批具有较强经济实力的大型演出公司，并且自成网络，形成了演出市场的基础构架，成为演出流通环节的中坚力量。许多国有演出场所以演出为主业，积极开展多元化经营。各类演出单位面向市场，不断转变自身生产经营机制，适应市场不断提高自身生产经营能力的努力取得了显著成效。

通过以上演出市场发展现状可以看到，新时期和过去百年的演出市场已经大为不同。面对演出市场的发展变化，我国的演出团体、演出公司需要寻求新的突破，需要从观念、体制、市场建设等各方面做出探索和努力。利用移动互联网时代的IT技术、大数据技术，打造更多适合观众的演艺播出平台，同时，深耕会员运营、社群运营、剧目周边产品运营，更是演艺行业未来发展的方向。

第三节　演出经纪人概述

一、演出经纪人的概念

演出经纪人，相较于其他行业经纪人，还是一个新生事物，2005年我国发布的《营业性演出管理条例实施细则》明确提出了"演出经纪人"的概念，但对演出经纪的理论探讨尚处于初始阶段。

随着近年来演出市场的风生水起,2012年12月文化部,制定并出台了《演出经纪人员管理办法》。

在国家人力资源和社会保障部新修订的《国家职业资格目录》(2019版)中,演出经纪人员的资格认定由国家文化和旅游部负责实施。

2020年10月,中国演出行业协会演员经纪人委员会制定并实施了《高级演出经纪人管理办法》。该办法仅面向通过演员经纪人委员会申请持有高级演出经纪资格证书的相关人员。该办法所称演出经纪人员是指在演出经纪机构中从事演出组织、制作、营销,演出居间、代理、行纪,演员签约、推广、代理等活动的从业人员。

演出经纪人的本质含义是,在演出经济活动中,以收取佣金为目的,为促成他人交易而从事居间、行纪或者代理等经纪业务的自然人、法人和其他经济组织,简言之,就是以收取委托人佣金为职业的承担演出各利益方之间沟通、谈判、签约及监督等工作的演出中间人。他们虽不是演出产品的生产者,但懂得产品的价值;虽不是演出产品的消费者,但谙悉消费者心理,并可以把这种心理转化成实际的消费。随着演出市场的日益发展,演出经纪人地位将越来越突出。

演出经纪人是文化经纪人的重要组成部分,是演出市场活跃的群体,在加快演出市场信息的有效传递、密切演出市场生产经营者与消费者之间的联系、促进演出市场资源的合理配置、推动演出市场的规范发展等方面有着不可替代的作用。

二、演出经纪人的特点

演出经纪是一种独立且具有相应职业规范的特殊行业,演出经纪人主要是在演出市场从事文艺演出经纪活动,为表演者与观众提供中介服务,并收取经纪活动服务费而获取利益的,同时具有以下几个特点:①营利性。演出经纪人从事的经纪活动是一种有偿服务;在演出市场上为实现演出产品的交易进行中介服务并获取佣金。②文艺性。从事的经纪活动形式必须与文艺演出相关。③合法性。经纪人从事经济活动必须接受演出者的委托,并经文化、行政主管部门批准。

三、演出经纪人的素质及培养途径

演出经纪人的行业具有涉及领域宽、范围广、产品特殊和经营难度大等特点,特别是演出行业的社会属性特点,使得演出经纪人的素质要求更具高度。在目前从事演出经纪的人员中,有一些人认为,演出经纪谁都可以做,谁都能做。但此行业的多数佼佼者都认为,演出经纪人的业绩是与从业人员所具备的专业素质息息相关的，因此，要求演出经纪人在其他经纪人的素质基础上，还要具备更突出的专业素质，这需要借助多种途径进行培养。

（一）具备相当的文化修养和艺术鉴赏水平

艺术产品具有明显的思想性、政治性和导向性等社会意识形态属性，要求演出经纪人要具有较高的思想政治水平、先进的文化理念和正确的道德观念。要通过演出经纪活动，继承传统文化遗产，吸收现代文化成果，宣传先进文化思想。演出经纪人对历史对文化的无知，会直接带来对经纪对象的伤害和经纪经营效益的损失。例如，某影星的经纪人，由于缺乏政治敏感性，没有对该影星将要进行的时装演出内容做全面了解，致使该影星表演了伤害国人感情的节目内容，其的演出受到社会舆论的谴责，舆论的焦点固然是影星本人，但其经纪人也有不可推卸的职业责任。演出经纪人除要具有较高的文化程度和学历外，还要具有较宽泛的文化知识结构、较高的文化品位、较强的文化艺术感悟力和较高的艺术鉴赏水平，如果具有某些艺术专业知识和专长，对行业了解透彻则更有助于演出经纪人的业务开展。目前，多数演出经纪人都与文艺行业有着一定的联系，这是优势所在。

（二）具有一定的演出经纪理论水平

演出经纪人应对自己所从事的业务有高度认识，不能局限于日常的事务性、实务性工作，不仅要多学习理论，多与同行交流，还要善于通过自己的实践，总结出用于指导实践的理论，这样才能在更高的层次上推进自己的事业发展。

（三）对国际演出经纪经营知识有所了解

随着国际文化交流的增加，涉外演出经纪经营已是许多演出经纪人工作的一个组成部分。要想成为国际演艺家庭的一员，就必须对国际演出经纪经营知识有所了解。尊重游戏规则，善于运用游戏规则，是涉外演出经纪经营的唯一选择。

（四）具有较高的法律素养

由于演出行业涉及的门类多、产品特殊，要求演出经纪人熟悉和掌握所涉及的专业法律知识，包括合同法、著作权法等知识产权保护方面的法律以及文化市场管理法律、演出市场政策和演出经纪人管理法规等。

（五）具有较强的市场运作能力

演出行业本身所具有的特殊性，要求演出经纪人根据艺术产品的特点和供求规律，掌握演出市场分析的技术和方法，寻找演出市场的卖点，有效实施艺术产品的组合与品牌开发，成功策划、组织演出活动，具有强化演出市场的开发与管理的能力，不断提高演出经纪活动的社会效益和经济效益。对演出经纪公司的管理层来说，他们需要学习的则是先进的管理理念和品牌运作知识与方法。

（六）对艺术生产和演出活动过程的深刻了解

舞台艺术是一门综合性艺术，演出经纪人要成功地进行业务运作，就必须对自己选择的经纪经营对象有充分的认识，这就需要比较深刻地了解、把握艺术生产和演出工作的规律，包括对艺术创作、艺术生产、艺术产品营销、演出市场过程的了解。而市场动向、资本运作、财务管理、先进的经营管理理念、文化产业的发展走向、政府的相关政策乃至立法动向等，都是一个合格的演出经纪人需要掌握和学习的，只有具备了这些知识，才能把握好全局，谋求公司的长远发展。

四、演出经纪人的培养机制

一场成功的演出需要考虑多方面的因素，演出产品、市场受众、法律法规、行业政策、演出的时间地点等都需要考虑。此外，演出经纪人还要具备协调各方面关系的能力，这些因素决定了他必须是一个多面手。

目前从事演出经纪这一行的人很多，但做得好的并不多，还有许多人在兼职做经纪人，对演出经纪公司来说，会经营、懂管理又了解业务的人更是少之又少。而长期致力于文化演出、有自己的策划和宣传队伍，甚至有自己的制作团队的优秀演出经纪人或者公司才是行业的中坚力量。演出经纪这个行业要求对整个演出产品进行营销策划，然后包装推出，这其实是担当了推广人或者出品人的工作。

一方面是大量的人涌入演出经纪这一行业，希望从中赚一把，另一方面却是演出经纪人整体素质不高。可以说，演出经纪人才短缺，不仅不利于演出市场的繁荣，而且在某种程度上，不合格的经纪人还扰乱了市场秩序，因此，加强经纪人的培养迫在眉睫。

(一) 实行演出经纪全行业从业资格认定，提高演出经纪人整体素质

演出经纪行业的发展，与演出经纪人的整体素质密不可分。实行演出经纪全行业从业资格认定，严把入口关，是提高演出经纪人整体素质的基础。《演出经纪人管理办法》规定，设立演出经纪机构应当有3名以上取得演出经纪资格证书的专职演出经纪人员，演出经纪人员的资格由中国演出行业协会认定。但是，部分演出经纪机构由于人员流动未达到有3名以上专职演出经纪人的规定要求，个别机构或个人未冠演出经纪之名却行演出经纪活动之实，等等原因，导致相当一部分从事演出经纪业务的人员游离于演出经纪人资格认定制度之外，并常常由此产生违法违规行为。因此，有必要严格落实演出经纪机构法律规定，明确个体演出经纪人必须取得从业资格的规定，严格禁止非法从事演出经纪业务，对实际从事演出经纪业务的人员实行全行业的从业资格认定，以提高演出经纪人的整体素质。

(二) 加强演出经纪人员的业务培训

要着力提高演出经纪人的专业素质和业务能力。演出经纪人员的专业素质和业务能力直接决定了演出交易的成功率，并间接对演出质量和数量、演出资源配置、演出营销方式、演出票价等产生影响。取得演出经纪从业资格只是入场券，要想成为一名优秀的演出经纪人，必须具有突出的专业素质和业务能力，如，具有较高的文化修养和艺术产品鉴赏水平；具有一定的演出经纪理论，了解国际国内演出经纪经营状况；掌握相关的政策和法律；具有较强的市场运作能力；等等。这一方面需要演出经纪人自身加强学习，在具体的演出经纪活动中不断总结提高，另一方面也需要制定相关制度，定期对演出经纪人进行相关业务培训。

(三) 建立健全演出经纪人员违法警示、退出和职业禁止制度，提高全行业的社会认可度和诚信度

由于演出受众广泛且关注度极高，个别缺乏职业道德的演出经纪人为一己私利所做的不当行为，往往会影响全行业的社会认可度和诚信度，进而弱化演出经纪的功能，影响全行业的良性发展，清除"害群之马"，符合全行业的共同利益。为此，必须建立健全演出经纪人的违法警示、退出和职业禁止制度。对轻微的违法行为，通过公示等方式予以警告，既可对演出经纪人起到警示作用，也能为交易方提供信用参考；对严重的违法行为，应当取消其演出经纪业务的资质，撤销其演出经纪人员的从业资格；对特别严重并造成极坏影响的违

法行为，应禁止其再行从事演出经纪活动。

（四）鼓励演出经纪机构做大做强

从目前实际情况看，我国的演出经纪机构普遍存在业务单、资产少、实力差、规模小等特点，根本无法与国际大演出经纪机构抗衡。同时，受生存危机的影响，大部分演出机构根本没有长远的发展规划，急功近利、追风跟潮的思想盛行。促进演出经纪机构做大做强，可以通过以下几种手段进行：对市场准入、税收等政策做调整，鼓励演出经纪机构拓展相关业务范围，创新经营模式，提供周边服务，增加新的利润增长点，鼓励国内其他产业或外国投资者进入演出经纪领域，输入新增资本，鼓励演出经纪机构通过重组与并购扩大规模，提高核心竞争力。

（五）鼓励在农村发展个体演出经纪人，活跃农民的文化生活

繁荣农村演出市场，为农民提供更多的质高价廉的演出，满足农民的文化需求，是建设社会主义和谐社会、创建社会主义新农村的一个重要方面。农村演出市场的特点决定了大型演出经纪机构无法广泛长期地涉足，鼓励发展小规模演出经纪机构，特别是个体演出经纪人，是实现上述目标的理想选择。

（六）鼓励文艺表演团体人员从事演出经纪业务，为文化体制改革提供人员通途

解决富余人员的安置问题是院团改革的重点和难点，鼓励从事演出经纪业务可以作为上述人员的出路之一。成为演出经纪人后，院团与他们可以互换资源，实现双赢。不仅如此，较高的艺术素质和长期的演出工作实践使得他们完全有可能成为优秀的演出经纪人，对演出经纪人整体素质的提高也将起到积极的作用。

（七）鼓励演出经纪人与国际接轨，把中国优秀的文化推向世界，把外国优秀的文化引进中国

加入WTO后，中国的演出市场以更加迅猛的态势融入国际演出市场之中，演出经纪人在此过程中应责无旁贷地担起重任，成为中外文化交流的桥梁和纽带。鼓励演出经纪人与国际接轨，对引进优秀国外文化，特别是弘扬悠久历史的中国文化具有特别重要的意义。

（八）推行演出经纪业务的合同制，保护演出市场各方合法权益

市场经济是法制经济，演出经纪人的各项活动必须依法、合法、守法。在演出经纪活动中的各个环节推行合同制，有利于明确演出各方的权利义务关系，在一定程度上也能够起到预防违法行为发生的作用。

（九）积极发挥演出行业协会作用

演出行业协会是演出经纪人的行业管理组织，主要任务是加强行业自律、维护会员合法权益。随着行政体制改革逐步深化，特别是行政许可法的颁布，行业协会的功能和效用日益显现。中国演出家协会作为全国性的演出行业协会，在资格认定、普及知识、培训业务、调查研究、提供服务、加强自律、信息传导等方面做了大量卓有成效的工作，对演出经纪人的发展和规制起到了积极的促进作用。但是，与日益发展的中国演出经纪业相比，目前演出行业协会的工作还是远远不够的，需要付出更大的努力，发挥更大的作用。

资料链接 >>>

艺人包装策划整体项目方案

1 总体目标
1.1 艺人艺术成就
1.2 艺人知名度范围
1.3 艺人全方位发展效果
1.4 商业收益目标
1.5 公司品牌形象
2 艺人事业生涯总体规划
2.1 未来发展方向定位
2.1.1 发展方向
2.1.2 发展区域范围
2.1.3 发展领域
2.2 各领域发展规划
2.2.1 电影
2.2.2 电视
2.2.3 音乐
2.2.4 戏剧
2.2.5 演出

2.2.6 广告

2.2.7 节目主持

2.2.8 其他商务文化领域

2.3 外在造型和内在气质的定位于规划

2.4 重要的阶段和重点事件策划描述

2.5 现存问题及调整对策

2.5.1 外在形象与内在气质

2.5.2 公共形象定位

2.5.3 知名度

2.5.4 演艺事业定位

2.5.5 个人性格缺陷修复

2.5.6 职业技能及个人修养的提高

2.5.7 与媒体及公共关系的问题

2.5.8 个人遗留纠纷及公共事件的善后处理

2.5.9 演艺事业覆盖范围的局限和未来拓展

2.5.10 商务管理有关问题

2.5.11 个人生活重要问题提示

2.6 职业生涯持续培训,再塑造规划

2.6.1 国际语言障碍克服

2.6.2 演技、演唱等专业技能的提高深造

2.6.3 应对各种项目开拓合作的专业技能培训

2.6.4 形象宣传,公共关系交往技巧,策略再塑造

2.6.5 明星气质、行为规范的国际化培养

2.6.6 其他专业、文化、品位方面的修养全面塑造

2.6.7 性格弱项的修复和再塑造

2.7 商业收益模式规划

商业收益从内容和构成形式上,应该多样化、多渠道,不断创新和全方位的。从品牌形象和规划操作上,应有长期的眼光和严格统一的规范管理,以保持收益的最大化和持久的递增放大效益。

3 收益内容

3.1 影视、戏剧、舞台(话剧)演出收益

3.2 演唱录制唱片发行收益

3.3 电视节目制作、主持人客串收益

3.4 广告发布、制作拍摄、品牌形象代言人收益

3.5 商务公关礼仪活动收益

3.6 独家新闻、图片报道拍卖收益

3.7 肖像权、著作权长期收益

3.8 自传、著作、写真集、海报、剧照出版发行收益

3.9　多媒体、网络的授权收益（如网上个人官方主页授权发布）

3.10　动画、游戏、玩具、时装、其他时尚产品的肖像权授权与制作收益

3.11　其他收益（如未知的国际合作项目）

4　宣传及市场推广规划

4.1　媒体及公共关系宣传

4.1.1　媒体：电视、报纸杂志、电台、互联网、记者和专业评论人群体

4.1.2　公众、星迷群体公共交流

4.1.3　个人公共指数监测：个人声誉，业界圈内口碑，受关注程度

4.1.4　作为应急措施的危机公关策略，名誉维护及法律诉讼

4.2　市场推广

4.2.1　总体策划

4.2.2　各个演艺领域发展项目的持续推动

4.2.3　新商业项目开发

4.2.4　各项权益的授权代理

4.2.5　商务谈判

4.2.6　与国内外商务机构的项目合作

4.2.7　全方位、多渠道、全球化的市场推广

4.2.8　有关合作机构与渠道的开发和管理

4.2.9　海外业务拓展与合作

5　运作周期和阶段划分

6　资源配置

6.1　所需主要资源、渠道及整合策略

6.1.1　媒体资源和渠道，以及相关人脉网络（如记者、评论人）

6.1.2　与艺人发展领域相关的专业人脉网络和机构（如导演、编剧、影视公司等）

6.1.3　与艺人配套服务相关的专业辅助机构和专业人士（如律师事务所、培训顾问等）

6.1.4　与商务市场推广及项目合作相关的国内外知名品牌公司、业内合作伙伴、其他辅助服务机构和个人（如广告公司、策划人等）

6.1.5　公司所需专业策划、管理实施人员

6.2　公司相关配套措施

7　投资测算及盈利预期

7.1　投资预算

7.1.1　艺人签约费用，基本收益保底费用

7.1.2　艺人包装培训费用

7.1.3　艺人相关行政管理日常开支费用

7.1.4　宣传推广费用

7.1.5　相关项目开发及制作费用

7.1.6　国际外相关业务渠道、人脉网络拓展费用

7.1.7　其他不可预见费用支出（如危机公关、法律诉讼）

7.2　盈利预期

7.2.1　影视、戏剧、舞台（如话剧）演出收益

7.2.2　演唱录制、唱片发行收益

7.2.3　电视台节目制作、主持人客串收益

7.2.4　广告发布、制作拍摄、品牌形象代言人收益

7.2.5　商务公关礼仪活动收益

7.2.6　独家新闻、图片报道权拍卖收益

7.2.7　肖像权、著作权长期收益

7.2.8　自传、著作、写真集、海报、剧照出版发行收益

7.2.9　多媒体、网络的授权收益（如网上个人官方主页授权发布）

7.2.10　动画、游戏、玩具、时装、其他时尚产品的肖像权授权参与制作收益

7.2.11　其他收益

8　机遇与风险评估

8.1　重大机遇

8.2　风险及应对策略

第九章 艺术品经纪人

在艺术品市场逐渐繁荣的形势下,艺术品经纪人应运而生。要了解艺术品经纪人,就必须理解以下问题:什么是艺术品和艺术品市场?艺术品经纪人中的"艺术品"概念是属于广义的"艺术作品"还是狭义的"造型艺术作品"?艺术品要进入市场进行流通、保值和升值,就需要艺术家背后的经纪人和专业机构来操作。那么什么是艺术品市场?在艺术品市场交易中,哪些机构属于经纪人或是经纪行?和影视明星经纪人、音乐经纪人、模特经纪人、演出经纪人、体育经纪人等相比,艺术品经纪人又有什么特点?以下将逐一叙述和分析。

第一节 艺术和艺术品

一、艺术的定义和分类

关于艺术,中外学术界有很多不同解释。在中国古代,艺术的含义是技艺、技巧和技术,近代,艺术的内涵和外延发生了很大变化,艺术从最初的技术一步一步提升为人类表达思想与情操的一种精神活动。在西方,围绕艺术及相关问题的争论也很多,如艺术的起源就有模仿说、巫术说、情感说、游戏说、劳动说等多种说法。

一般我们从三个方面去理解艺术:从抽象精神层面看,艺术是一种文化意识形态,与宗教、哲学、伦理等并列;从动态活动过程看,艺术是艺术家的创造表现或对现实的模仿;从客观存在的活动结果看,艺术就是艺术家通过各种艺术媒介创造的艺术作品。

关于艺术的分类,西方和中国也有不同理解。西方一般把艺术等同于造型艺术,也就是我们所指的"美术"。而我国对艺术的分类更多地侧重于艺术形态,把各种艺术形式都纳入艺术史的研究范畴。我国经常使用的分类标准主要有三种:一是以艺术形态的存在方式为标准,艺术可分为空间艺术、时间艺术和时空艺术。艺术作品作为某种物质结构被创造出来,存在并出现在欣赏者面前。它们是一些色彩、音符、动作或者体积的组合,可以在时间的承续中展开,也可以在空间的结构里展开,或者同时以时间和空间的形式展开。空间艺术包括绘画、雕塑、摄影、书法、工艺美术等,时间艺术包括音乐、曲艺等,时空艺术包括戏剧、电影、电视、舞蹈等。二是以艺术形态的感知方式为标准,艺术可分为视觉艺术、听觉艺术、视听艺术和想象艺术。视觉艺术包括绘画、雕塑、摄影、书法、工艺美术等;听觉艺术包括音乐、曲艺等;视听艺术包括戏剧、电影、电视等;想象艺术主要指文学,因为文学的形象是以书面或口头语言为媒介,通过想象呈现于大脑中。三是根据艺术形态的创造方式,艺术可分为造型艺术、表演艺术、语言艺术和综合艺术。造型艺术是以一定的物质材料和手段创造的可视静态空间形象的艺术,包括绘画、雕塑、摄影、书法、工艺美术等;表演艺术是通过一定的物质媒介(人体或音响)直接表现人的情感的艺术,包括音乐、舞蹈等;语言艺术包括文学的各种样式;综合艺术指融入前面各门艺术的优点而产生的新的艺术形式,包括戏剧、电影、电视等。各种艺术分类的方法都有一定的科学性,也有各自的局限性,可以相互补充。长期以来,还有一种最常用和具有实践意义的分类方法,就是以创造艺术形态的材料和技法为依据,分为美术、音乐、舞蹈、文学、戏剧、影视、曲艺、建筑和园林等。①

二、艺术品和艺术品的价值

根据《中国百科大辞典》的定义,艺术品的概念可以从广义和狭义两个范畴来界定。广义的艺术品,是指历史上一切具有艺术价值并传承人类对美的认知、理解、探求和创造的客观物质载体。狭义的艺术品,是指凝聚人类各种形式的艺术劳动的,有某一具体表征和特定的经济价值、文化价值、审美价值和科学价值的物品。由此可见,艺术品绝不是一般意义上的普通消费品,它可以说是一种精神上的物品。艺术品的价值不是通过其使用功能来实现,更多的是通过对其的收藏和展示来体现其价值以及它的价值增值。②

作为一种文化意识形态,艺术是一种观念,是理论上的、空泛的、看不见摸不着的东西,我们无法拿它与别的产品进行交换,自然也就不能把它当成商品。但是人们的艺术思想、艺术主张、艺术评判等,总是需要通过一定的形式(通常是以作品或产品的方式)体现出来。艺术的这种物质体现形式同时也构成了艺术的商品基础,产生了交换的可能性。也就是说,只有当艺术劳动形成产品(作品)后,才有可能成为商品。

---

① 王宏建主编:《艺术概论》,文化艺术出版社2000年版,第113~114页。
② 秦春荣主编:《艺术品投资》,上海大学出版社2005年版,第3页。

商品存在的前提，是因为它对人们有用，即它具有一定的使用价值。艺术商品的使用价值体现为能够满足人们某种精神方面的需要，能够使人得到精神的愉悦和快慰。艺术商品的有用性，不仅是与其他商品交换的基础，客观上也刺激了艺术品市场的发展，使得拥有较高的艺术劳动技能、专事艺术生产的人有了把个人劳动变成社会劳动的可能，艺术商品的使用价值也就成为它的交换价值的基础。

当然，艺术商品使用价值的表现形式与一般商品是有区别的。一般商品的使用价值总是与它的物质形态密切相关，当谈到其使用价值时，指的就是物本身。而艺术商品的使用价值的外部形式虽说是一定的物，但其实质内容却是隐藏于物的背后的艺术审美体验，能够通过人脑的作用，变物质为精神。艺术品不能吃不能喝也不能用，它不具备一般商品的使用价值。有些物品，如钱币曾经作为交换的货币使用，瓷器曾经作为器皿供人们使用，但是一旦进入艺术商品的领域，其使用的属性就失去了。人们收藏它也只是看重它的审美性和艺术性，而不是实用性。使用价值的形式与内容呈现游离状态，是艺术商品的独特现象。

因为造型艺术作品具有材料性和永固性的特点，所以，在艺术品市场中所指的艺术品是作为可以出卖的商品而流通的，并且能够脱离艺术家的艺术活动而单独存在的造型艺术作品，如书画、摄影、雕塑等，而不包括作品和生产行为无法分离的音乐、戏剧、影视等表演艺术。

文化部2015年出台的《艺术品经营管理办法》对艺术品的界定是：绘画作品、书法篆刻作品、雕塑雕刻作品、艺术摄影作品、装置艺术作品、工艺美术作品等及上述作品的有限复制品。但不包括文物。[①]

第二节　艺术品市场

一、艺术品市场定义和特点

商品的实质是一种交换关系。市场常常被表述为商品交换关系的总和，是体现供给与需求之间矛盾的统一体。供给方代表的是卖方，卖方想高价卖，需求方代表买方，而买方想低价买，这在客观上是一对矛盾。这种矛盾在市场上又必须统一，因为只有统一了，卖方和买方各自的销售和采购愿望才能实现。艺术品市场就是以商品形式进行的艺术品交易场所。在这里，艺术品作为一种

---

① 详见本书附录四《艺术品经营管理办法》第二条。

商品形式进行交换和流通，艺术品的买卖双方完成交易，这是狭义的定义。广义的艺术品市场则是整个艺术品交换关系的总和。

艺术品市场同其他消费品市场相比，具有自己的特点。首先，产品鉴别的难度大，需要专业知识。其次，产品价格的确定困难。艺术品既不完全是按照成本来定价，也不完全按照供需状况来定价，而是受到信息掌握程度和投资额多少、炒作大小、宣传手段等的影响。具体说来，对收藏者来说，对艺术品的效用定价也是极不确定的，而是受产品的价格、外界的宣传、市场的炒作、作者（生产者、创造者）的名气等的影响，而投资者在投资过程中的行为则进一步加剧了价格的这种不确定性。这种不确定性要远远大于股票市场，因为股票市场毕竟存在着一个未来的现金流，是可以预测的，但艺术品市场的效用则是不易预测的，而且大多数时候，供给是唯一的，也就是垄断的，定价完全不同于普通商品。最后，中介组织的作用极大。由于艺术品的特殊性，因此中介组织在促成交易的过程中作用很大，不是简单的批发零售的作用，而是在宣传、包装、鉴别等方面作用很大，甚至主宰着艺术品市场的价格和发展。

二、艺术品市场的构成和分类

总体来看，艺术品市场主要包括以下一些组成要素：供给方、需求方、中介方、相关辅助服务机构以及交换方式。①

供给方是在艺术品市场中拥有、提供艺术品进行交换的一方，一般是艺术品的生产者和创造者，即艺术家本人或者艺术品的拥有者即收藏家。

需求方是社会一切有货币支付能力的显性或潜在的艺术品购买者。这里的需求方已经排除了中介机构，指的是除了中介机构外的购买者。在市场流通过程中，艺术家和收藏家有时候会交杂在一起。

中介方是连接供给方和消费方的中间机构。中介机构是指介于买者和卖者之间的一些组织和个人，这些组织和个人有很多类型，但是最基本的特点是促成买卖，以此为职业，包括画廊、拍卖行、艺术博览会、艺术经纪人等，它们与传统的画铺、画店、古董店、地摊有区别。

相关辅助服务机构包括艺术批评家、鉴定师、评估师、咨询师、律师、工商行政管理部门等和相关行业群体，他们对艺术市场的发展也有着重要作用。

具体分析上面的各个要素发现，艺术品的供给方和需求方即买卖双方的类别都比较单一，但中介机构种类比较复杂，形式也比较多，主要包括拍卖行、画廊、艺术博览会和经纪人。其中，经纪人单一性更强，要么为艺术家服务，要么为购买者服务，为其中一方提供咨询引导等服务。艺术品市场的交易方式

---

① 李万康编著：《艺术市场学概论》，复旦大学出版社2005年版，第43页。

往往和中介组织相对应，主要有画廊式、拍卖式、艺术博览会式、单独交易式、传统式五类。

艺术品市场的划分有若干标准，按地理位置划分，有国内市场和国际市场之分；按艺术品流通环节划分，可分为批发和零售市场；按照经营对象划分，可分为艺术品成品市场、艺术品创作的材料市场和艺术品消费的辅助材料市场等；按经营种类划分，可分为工艺品市场、书画市场、雕塑市场等。这些分类标准与普通消费品的市场分类没有区别。

按照西方艺术品市场划分的标准，一般按供给环节来划分艺术品市场，可分为一级市场和二级市场。一级市场的主要经营方式是艺术品经营者通过拥有或代理艺术品的所有权，将艺术品初次投入市场销售。一级市场的主体是画廊、文物商店。二级市场的主要经营方式是艺术品经营者接受艺术品所有者的委托，将艺术品再次投入市场销售，但经营者不代理或拥有艺术品的所有权，其主要形式是拍卖、艺术博览会和商业展览等。① 艺术博览会是多个画廊集中在一起的结合形式，同时也是展会的形式，和艺术品拍卖一样都是在一定的时间里进行集体销售，类似于百货店的销售。画廊、拍卖行、艺术博览会都是联络买家和卖家的桥梁。

三、艺术品市场的形成和发展

艺术品市场的形成由来已久。在西方，以商品形式进行的艺术品交易最早出现于17世纪的荷兰，那时候的艺术家既是商品的生产者，也是商品的经营者，艺术家的画室也就是产品的制造车间，创作的作品也就由艺术家进行销售。到了18世纪，艺术品交易的规模逐渐扩大，出现了以画店代销艺术品的形式。18世纪法国画家A.瓦托的油画《拉尔森画店》就描绘了这种情况。画店的老板实际上充当了经纪人的角色。艺术家创作的作品送到画店代销，作品售出后由画店与艺术家分成，或直接由画店按低于作品的销售价收购。19世纪下半叶，随着西方进入现代工业社会，艺术品市场的结构发生了很大变化，集展览、收藏、销售于一体的画廊取代了传统的画店，艺术品市场的范围也越来越广。印象派时期尤其是毕加索时期，艺术品市场进入一个崭新的时代，全球艺术品市场的价格体系就是从印象派时期开始的。在照相技术发明之前，艺术家的主要功能就是复制和再现我们眼睛能看到却无法记录的东西。从印象派开始，艺术家创作从服务于某个阶层转向个人喜好。进入20世纪后，由于政府文化部门和大资本家投资艺术市场，形成了由收藏家、艺术博物馆收购历史名画、古董和当代优秀艺术家作品的拍卖行制度，一些在历史上主要经

---

① 胡晓明、肖春晔编著：《艺术管理》，中山大学出版社2011年版，第55页。

营古籍的著名拍卖行开始涉足艺术品领域,如苏富比拍卖行(Sotheby's)和佳士得拍卖行(Christie's)。

在中国,艺术品的买卖唐代以前就开始了,"(王羲之)书法,雅所爱重,悬金招买,不计贵贱"①。到宋代,绘画业进入了一个黄金时代。绘画市场出现了中介人——牙侩。"侩"者,以拉拢买卖、从中取利为职业的人②。牙侩即买卖双方之间的中间人,他们联系买卖双方,协调价格,从中收取一部分佣金,这也是中国古代艺术品经纪人的雏形。③ 虽然从清末以来就有一些经营字画、古董、古玩生意的商店,但真正意义上按照市场经济规律进行交易的画廊、艺术品拍卖公司以及艺术博览会都是20世纪80年代末90年代初才形成的。

此后,我国艺术品市场经历了三次周期性"高潮"波动。第一个阶段是1992—1996年,艺术品开始走向市场。刚刚起步的艺术品市场存在着一些问题和缺陷,如投资者对艺术品市场的狂热购买以及艺术家对作品的价格期待过高等。1997年在遭遇亚洲金融风暴之后,艺术品市场进入了第二阶段——相对低迷期。2001年以后,艺术品市场进入第三个阶段。大量资金疯狂涌入,在各大拍卖会上,艺术品的成交率不断升高,成交量不断增加,造成艺术品价格不断攀升。2011年以来,我国艺术品市场逐渐规范,艺术品市场日趋升温,艺术品的风格也呈现了多元化的趋势。据统计,2003—2013年,中国艺术品市场销售额年均增长率超过40%。④ 2019年3月,瑞银集团联合巴塞尔艺术展发布了第三版《巴塞尔艺术展和瑞银全球艺术品市场报告》,该报告由著名文化经济学家克莱尔·麦克安德鲁博士撰写,并整合了瑞银集团的研究成果。报告指出,美国再次成为全球最大市场,市场占有率达44%。英国销售额占全球总销售额的21%,为全球第二大市场。中国为第三大市场。⑤ 随着艺术品市场规模的不断扩大,我国已然进入全球艺术品市场的第一梯队。

社会经济的发展是艺术品市场发展的基础,它可以带动市场对艺术品需求的增长。国际艺术品市场发展规律显示,当人均GDP超过3000美元的时候,收藏需求会出现增长趋势;达到5000美元的时候,便会进入"井喷时代"。

---

① 虞龢:《论书表》,转引自何鸿:《艺术品市场管理与研究》,中国美术学院出版社2011年版,第35页。

② 中国社会科学院语言研究所词典编辑室编:《现代汉语词典》(第7版),商务印书馆2016年版,第758页。

③ 胡晓明、肖春晔编著:《艺术管理》,中山大学出版社2011年版,第21页。

④ 董瑞:《海外艺术品市场年度报告持续关注——我国艺术品市场的发展与变化》,《中国文化报》2018年6月2日。

⑤ 连建明:《全球艺术品市场中国排第三》,《新民晚报》2019年3月11日。

目前，我国人均 GDP 已经超过 8000 美元大关，文化艺术品列入家庭资产的配置表也必定是未来发展趋势。

经济的发展必然带动艺术品市场的活跃度，藏家数量逐渐增多，藏家大多是以高收入者为代表的新富阶层。在国际资本市场，艺术品早已是必备的投资的一部分，它属于高附加值资产，投资回报率高。意大利收藏家贝利尼曾说过："世界上只有艺术品是最有价值的，股票的平均增值率是 40%，而艺术品的增值率是 95%。"我国的新富阶层也深知这个道理，他们开始将资产配置逐渐投向艺术品行业，希望通过购买艺术品显示自身的品位。每一个艺术品都是独特的，一些传世珍品更是空前绝后，非常满足这些消费者的个性化需求——背后蕴藏的逻辑，正类似于对奢侈品的消费。国内一部分顶级藏家在投资中国艺术品的同时，开始涉足西方艺术品收藏，这意味着中国藏家、投资者的艺术品资产配置内容开始全球化。如王中军曾在纽约苏富比拍卖行以 6180 万美元拍下梵高的一幅画作。① 此外，内地一些大企业、集团也开始将投资的目光转向艺术品市场，如上海证大、南京四方、大连万达、北京今典、保利集团等。企业集团投资艺术品除了获取丰厚的利润回报，也因此树立了良好的企业文化形象。

随着社会经济的发展，我国的中产阶层队伍也在不断壮大。中产阶层一般集中在文化资本需求较高的行业，职业群体的专门化程度高，讲究情调、品位，有较高的审美水平，大部分人都有收藏购置艺术品的意愿。这部分人群数量的持续增长，必然带来艺术品需求的不断增长，推动艺术品市场在可预见的未来保持强劲增长态势。

在庞大的收藏需求下，我国的艺术品市场出现前所未有的蓬勃发展势头。在经济文化发达的北京、上海、广州等地，按照现代企业模式建立的经纪制画廊开始出现，它们规模较大，实力较强，艺术品拍卖也屡出大价，向成为社会关注的热点，成为高价位艺术品的主要市场。此外，各类商业性艺术展览运作模式也日见成熟，成为艺术品经营单位和个人集中销售的时机。上海艺术博览会自成立以来，每年的现场成交额都达数千万。每年各地的艺术博览会和各种形式的艺术展销会的交易额过亿。艺术品的销售形式包括画廊销售、出国办商业性的画展和私下的交易等。画廊、拍卖行和艺术博览会的出现，使得艺术品的流通更加多元化。

制度规范层面，2016 年文化部颁布并实施了《艺术品经营管理办法》，把艺术品经营纳入市场规范管理的范畴。在《艺术品经营管理办法》中，明确

---

① 董瑞：《海外艺术品市场年度报告持续关注——我国艺术品市场的发展与变化》，《中国文化报》2018 年 6 月 2 日。

第三方鉴定评估机构出具的证明文件作为艺术品尽职调查的证明材料之一，并规定艺术品经营单位从事艺术品鉴定、评估等服务应当遵守一系列细则条款。① 不管何种艺术品交易方式或收藏形式，其过程中都少不了鉴定评估的环节，如今艺术品交易与收藏最令人忧心之处恰恰是货真价实的问题。由于国内艺术品鉴定评估尚处于发展阶段，权威、公认的鉴定评估体系以及行业标准和统一监管都在构建之中，赝品制造者、销售者利用艺术品鉴定评估的薄弱环节，猖獗地造假、售假，伪劣艺术品日益泛滥。2018 年，政府及行业协会联合相关部门着手制定《艺术品评估工作规程》《艺术品鉴定人登记办法》《艺术品鉴定机构登记办法》等有关艺术品鉴定评估的行业办法。② 这些政策的制定既标志着国内艺术品鉴定评估将进入一个有法可依的历史，也为艺术品市场未来健康发展、艺术品投资和金融管理奠定了基础。

我国艺术品市场的发展出现了科技化、金融化的趋势。艺术品成为能够被金融体系接纳的一种资产，它可以与互联网相结合，进行艺术品的电子化交易，以及信托、基金等产品的创新设计。根据目前的市场和政策环境，艺术品资产配置是一种比较合适的艺术品行业的发展模式，比艺术品基金、信托的门槛要低，可以让普通家庭参与进来，分散股票、房产投资承担的风险。

不管是传统的还是现代的，不管是繁荣还是萧条，不管形势如何，中国艺术品市场扎根于老古玩行又从中突破并取得了长足发展。目前中国的艺术品市场主要集中在经济文化比较发达的大都市和东南沿海地区，内地交易以北京为主。而海外交易重点在香港，早在 20 世纪七八十年代，佳士得、苏富比这两家世界一流的拍卖公司就先后在香港开展艺术品拍卖业务。进入 21 世纪，香港艺术品市场每年的成交总额屡创新高，很多艺术品门类的最高成交价格都是在香港市场刷新的，香港成为国际艺术品交易的亚洲主场。近年来，香港与内地之间艺术品市场的相互促进，也进一步扩大了我国艺术品市场的繁荣度。

四、艺术品市场的运行机制

艺术品市场的建立和健全，必须依靠正常的运行机制，有了正常的运行机制，艺术品市场才能朝健康的方向发展。艺术品市场又是艺术品创作、流通和拥有的行为过程的综合，它离不开艺术家艰苦的艺术创作，离不开艺术品投资者的收藏投入，离不开艺术评论家对作品独具慧眼的批评，而将这一切成功地组织运转起来则需要艺术品经营者（或经纪人）的策划和运作。因此，艺

---

① 张秀娟：《2018 艺术品鉴定评估行业观察》，http://collection.sina.com.cn/plfx/2018-06-11/doc-ihcufqih1253175.shtml。

② 陈璐：《艺术品行业规范论证会关注行业规范发展》，《中国文化报》2018 年 10 月 23 日。

品市场的运行机制应由艺术家、收藏家、评论家和经营者（或经纪人）组成。

艺术品经营者是艺术品市场运行机制中极为重要的角色，他们往往从艺术家手中购得作品再行转卖，或从收藏家手中购得藏品后再卖出，赚取一定的差价。他们或开设画廊、艺术品公司代销书画作品，或将艺术作品推荐至拍卖会、艺术博览会进行展卖，有的还为艺术家本人或收藏者提供某种服务或代理，以获取一定的佣金。聪明的艺术家一般会寻找出色的经营者或经纪人，全权或部分委托他们代理自己书画作品的销售与展览。书画家不找经纪人而由自己直接销售作品，往往得不偿失，因为这样做势必会将大部分精力转移到其他方面而影响自己的艺术创作。

无论是一级市场还是二级市场，都要通过中介来运作。在艺术品市场成熟以前，艺术品的交易方式是买家和卖家直接交易，这样就形成很多纠纷——是不是物有所值，是不是画家说的所有的作品都是真的，很多都是民事上的纠纷。有了"中介"以后，无论是供给方还是需求方，在艺术商品让渡、转手的过程中，各自都能获得相对的公平。艺术品经纪人就是中介的重要组成部分。

一般情况下，艺术品经纪人有两类：一类是为艺术家服务的。艺术家完成作品之后，后期工作都在他那里做，这时他和艺术家是站在同一条战壕里的，他的收益是付出劳动的回报，和艺术家的收益一样要得到保障。另一类是为藏家服务的，如投资顾问。他要保证收藏家获得收益，和收藏家站在同一条战壕里。其实所有的中介都是有立场的，这个立场就是其社会角色。

在艺术品市场的运行过程中，市场行为是由中介垄断艺术家作品来规范和稳定的，通过经纪人的价格目标、营销策略来串联艺术品市场的各个环节，从而控制、培育市场，吸引百姓涉入这个欣欣向荣的领域。市场有了一套良性的机制以后，才会健康地发展。比如，以前艺术家是画完了作品以后销售，销售出去后就可以不用再负责任，但他也可能会顾虑买家购买作品之后不会善待作品。画廊就起到了推广作品、对作品保值以及对整个市场价格维护的作用。对中介，人们经常会有一些误解，以为中介是牟利的机构或者是剥削者，这其实都是因对市场不了解、不清楚而产生的认识。

第三节　艺术品经纪人概述

一、艺术品经纪人的概念

艺术品经纪人是随艺术品市场的发展而出现的充当艺术品市场流通的商业中介角色的个人或组织，他们以获得佣金为报酬，是艺术品和财富的中间人，但不是中间交易商。在艺术品市场繁荣的美国、英国，都有严格的职业规范和行业标准。在澳大利亚、英国和美国，都有艺术品经纪人的非营利性行业联盟或协会，这些协会多采取邀请制，由董事会主席向艺术品经纪人或公司发出邀请。在认定会员资格时，协会除了强调会员的名望、信用和专业能力外，还特别注重会员对地区文化生活的贡献，如是否出版过有较高学术水准的书籍、是否举办过高水平展览。①

艺术品经纪人通常指非交易所经纪人，主要有画廊经纪人、艺术品拍卖经纪人、艺术家经纪人、艺术品博览会经纪人等。根据章利国的观点，艺术品经纪人的商业行为方式主要有经纪艺术品、经纪艺术家、开办经纪艺术品公司。②

艺术家大多潜心于创作，没有多余的时间和精力为自己作品的销售、展览和其他社会活动进行运作，加上他们受专业限制，对商业活动隔膜，一位本身具有极大潜质的艺术家可能被埋没，一些优秀的作品无缘于广大的艺术爱好者，这就使艺术品经纪管理机构应运而生。专业的艺术品经纪管理机构通常具有远见卓识，能发现艺术家，对艺术家的创作、社会活动以及宣传包装进行全方位的策划和管理，有计划地安排他们的作品办展览、在报刊发表、出版、请专家评论等，能够让艺术家全身心投入创作，这样既鼓舞了艺术家的创作热情，为他们创造了良好的创作空间，又使收藏家们有更多机会接触艺术家的精品力作，为他们提供了广阔的投资空间，提高了作品的社会效益和经济效益，形成了双赢的局面，使整个艺术品市场良性化发展。

在艺术品市场中，艺术品经纪人属于艺术品市场运作的关键，促成艺术品所有权发生转移。艺术品经纪人如同催化剂和中转者，使得艺术品买卖双方较快地建立起商业联系，进而完成交易过程，从而使得所代理的艺术品、艺术服务的商业价值得以实现；艺术品经纪人同样是艺术品生产与消费联系的桥梁，

---

① 赵全敏：《国外艺术品经纪人爱"抱团"》，《世界新闻报》，2010年12月1日。
② 转引自何鸿：《艺术品市场管理与研究》，中国美术学院出版社2011年版，第45页。

在艺术品经纪人的媒介作用下，艺术生产者通过作品可以更接近艺术消费者，进而使得艺术消费者买到称心如意的艺术品；艺术品经纪人在帮助艺术品投资者克服盲目性、使艺术品投资者与艺术家及其生产产品有机结合等方面，能够发挥积极的作用，因此，世界各国都很注重艺术品经纪人的发展。

二、艺术品经纪人的发展历程

艺术品经纪人其实是一个古老的职业。早在几百年前的欧洲艺术市场，艺术品经纪人的职业就已存在，至今已发展成熟。

我国在宋代就有一种特殊的交易中介人——牙侩，书画则有书画牙侩，他们活跃在书画市场，联系买主、卖主，协调书画价格，从中收取一部分佣金。牙侩还是艺术鉴赏家，兼有艺术评论家和商人的双重身份，是一种专业性很强的特殊职业。据《东京梦华录》记载，牙侩的活跃造就了当时京城诸邑许多相对稳定的书画市场，最有名的是汴京的大相国寺。到了清中期，艺术品经纪人在民间被称为"掮客"，与画商、"行家"等身份混杂，对之褒贬不一。

改革开放以来，我国的文化产业显著发展，艺术品市场也日益繁荣，并带动了艺术品经纪人这一职业的蓬勃发展。20世纪90年代，随着我国当代艺术的兴起，出现了第一批真正意义上的艺术品经纪人。例如张晓刚等的出现，就离不开经纪人作为"推手"的作用。艺术品经纪人是连接艺术家和收藏家的重要纽带，是影响艺术品市场走向的重要因素，艺术品经纪人越来越被社会所需要。

一个艺术品市场机制健全的国家，其经纪制度无疑是十分明晰的。在艺术品市场中，艺术家与经纪人的合作也是多方位的。经纪人制度是艺术品市场规范的必然选择。优秀的经纪公司会对作品的质量、价格严格把关，以较低的价格推出含金量高的作品，同时对艺术家及作品进行宣传和推广，吸引观众参与艺术品消费，确保艺术品市场长期规范发展，而这些往往是艺术家难以把握的。

正如硬币永远有两面，我国艺术品市场表现在蓬勃发展的同时，也隐藏着诸多不稳定和不完善的地方，作为一种新鲜事物，艺术品经纪人在我国的发展还存在诸多障碍。

首先，由于国内活跃的收藏家大都属于"第一代收藏家"，他们还不愿意或不习惯为"别人的经验"买单。国内的收藏界舍得花钱的人多，舍得花钱请投资顾问的却很少。如发达国家的个人证券投资者通常会把资金交给专业的基金公司打理，而不像中国有那么多的"散户"。

其次，国内艺术品领域的信任机制尚未建立，行业规范中尚有大量空白，专业程序、职业道德、契约关系、收费模式都还没有真正建立。艺术品经纪人还没有获得类似于律师、会计师的资质认同。另外，我国社会的"圈子"传统，在艺术品市场表现得更为突出，买方与卖方的渠道都集中在封闭的圈子中。我国目前除了一些专业画廊按照国际惯例采取艺术家代理制外，大多数还是采取"人情式"的经纪人方式，如配偶做经纪人，孩子帮父母出售艺术品，学生为老师出谋划策，朋友间"拔刀相助"，这些都与艺术品市场的运行机制格格不入，在此生态背景下，艺术品经纪人自然未能专业化、制度化。

最后，我国不仅缺乏完整健全的艺术品经纪人制度，现有的经纪人和经纪公司也缺乏成功运作的经验，导致许多才华横溢的艺术家被埋没，一些成名了的艺术家也常常陷于"自己推介自己"的尴尬局面。中国艺术品市场并不缺乏优秀的艺术家及高素质、实力雄厚的收藏家，但是，专业化的、规范化的艺术品经纪人却十分稀缺。我国的艺术品市场从恢复到蓬勃发展只有数十年时间，市场的体量跑在了秩序的前头，但需求总是起到决定性的作用。随着市场的不断壮大与完善，已经"浮出水面"的艺术品经纪人行业也将逐步迈向成熟。

三、艺术品经纪人的经纪活动方式

艺术品经纪人属于文化经纪人的重要组成部分，其经纪活动方式可以从居间、行纪和代理三个方面来划分。

（一）艺术品居间经纪人

居间经纪人是以自己的名义为他人提供交易机会，或促成他人之间的交易的人，以及传统意义上的个人或组织。居间经纪人的主要活动方式是牵线搭桥、提供信息，促成交易后收取一定的佣金。"他人"在这里可以是企业，经纪人可以帮助企业联系买主，招揽客户，也可以是艺术家或者收藏家，经纪人可以为他们牵线搭桥，最终促成双方交易达成。

（二）艺术品行纪经纪人

行纪经纪人是指受委托人的委托，以自己的名义与第三方交易，并承担相应的法律责任的组织。行纪业务的实施人必须是能独立承担民事责任的企业法人，行纪人为委托人购销的商品所有权属于委托人。艺术品拍卖就是一种行纪行为。

艺术品拍卖，又称"竞买"，指通过中介组织，以公开竞价的形式，将艺术品出售给最高应价者的一种买卖方式，这个中介组织就是艺术品拍卖行。因为是通过一个卖方（拍卖行）与多个买方（竞买人）进行现场交易，使不同的买方围绕同一物品或财产权利竞相出高价从而在拍卖竞价中发现其真实价格和稀缺程度，避免交易的主观随意性，更直接地反映市场需求，最终实现商品的最大价值。艺术品拍卖行是艺术品交易双方的中介机构，本身并不从事艺术品的买卖。它拍卖的所有艺术品的所有权都是委托人的。

任何一次艺术品拍卖活动，都必须包括以下几个基本要素：艺术品委托人、艺术品竞买人、艺术品拍卖人、拍卖标的。①

1. 艺术品委托人。是指对一定的艺术品享有所有权或处分权并将其付诸拍卖的人，即卖主、卖家，俗称上家，可以是任何个人或组织。但在一般情况下，出卖人并不是自己主持拍卖，而是委托专门的拍卖行来进行，因而称委托人。

2. 艺术品竞买人。是指参加拍卖活动并通过竞争承买行为欲购得一定拍卖艺术品的人。竞买人即买主、买家，又称下家。因成功出价而竞得拍卖艺术品的竞买人又称买受人、竞得人或拍定人。

3. 艺术品拍卖人。是指接受他人委托、以自己名义公开拍卖他人艺术品并收取报酬的人。拍卖人即受托人，俗称中间人。在现代经济条件下，拍卖人一般都以拍卖行的形式出现，各拍卖行都有拍卖师，负责组织每一场拍卖活动。

4. 拍卖标的。《中华人民共和国拍卖法》将拍卖标的定义为"委托人所有或依法可以处分的物品或财产的权利"。即作为拍卖标的的物品主要有两类：有形的物品和与财产有关的权利。有形物品包括字画、古董、邮品、珠宝等。与财产权有关的权利包括文化或科技成果、专利、使用权、符号等。上述物品和权利，只要是委托人委托所有并为法律所允许的，均可作为拍卖标的。

艺术品委托人、竞买人和拍卖人是促使艺术品拍卖成立的三方当事人，构成一次完整拍卖活动中的必要主体，而拍卖标的则是艺术品拍卖活动中的重要客体，是拍卖当事人相互之间权利和义务赖以产生和存在的基础。在艺术品拍卖中，委托人和拍卖人以拍卖艺术品的出让和收取为媒介，确立起法律上的委托代理关系；拍卖人和竞买人则以拍卖物的售出和竞得为媒介，确立法律上的买卖成交关系。

艺术品拍卖的范围包括以绘画、雕塑等欣赏为主的纯艺术品和陶瓷、家具等有一定使用功能的实用艺术品。

艺术品拍卖方式有英格兰式拍卖、荷兰式拍卖、英格兰式与荷兰式相结合的拍卖方式和无底价拍卖方式。②

英格兰拍卖也称"增价拍卖"或"低估价拍卖"，是指在拍卖过程中，拍卖人宣布拍卖标的的起叫价及最低增幅，竞买人以起叫价为起点，由低至高竞相应价，当最高竞价者三次报价无人应价后响槌成交。但成交价不得低于保留价。

---

① 胡晓明、肖春晔编著：《艺术管理》，中山大学出版社2011年版，第61~62页。
② 秦春荣主编：《艺术品拍卖》，上海大学出版社2004年版，第10~11页。

荷兰式拍卖也称"降价拍卖"或"高估价拍卖",是指在拍卖过程中,拍卖人宣布拍卖标的的起叫价及降幅,并依次叫价,第一位应价人响槌成交。但成交价不得低于保留价。

英格兰式与荷兰式相结合的拍卖方式,是指在拍卖过程中,拍卖人宣布起叫价后及最低增幅,由竞买人竞相应价,拍卖人依次升高叫价,以最高应价者竞得。若无人应价,则转为拍卖人依次降低叫价及降幅,并依次叫价,以第一位应价者竞得。但成交价不得低于保留价。

无底价的拍卖方式,是指在拍卖过程中,委托人不设保留价,把定价的权利交给竞买人。拍卖开始后,一旦有人应价且不再有第二人加价,拍卖师必须落槌成交。如果有人加价,也可以一直加上去,直到无人加价。无底价拍卖适合于三种物品:价值较低且通用性强、人们都了解的物品;价值较高但是稀有、珍贵但必定有市场的物品;委托人有其他打算,如借此进行新闻炒作的物品。

除了上述四种按价格区分的拍卖方式外,我国的艺术品拍卖还有一种为特定的拍卖标的物(拍品)而设的拍卖方式,有意竞买者必须符合相关条件,才可成为竞买人参与竞价,这种方式称为定向拍卖。针对国内征集的一些艺术品是在我国现行的文物保护法有关规定禁止出境之列的,拍卖公司一般都会采用向国内买家定向拍卖的方式,以避免珍贵文物艺术品流入海外,保护我国优秀的文化遗产。①

艺术品拍卖业务的程序一般分为三个阶段。

一是准备阶段。委托人把物品运到拍卖地点,然后委托拍卖行进行挑选和分批,拍卖行编印目录并招揽买主。参加拍卖的买家可以在规定的时间内到仓库查看物品,了解商品品质,然后拟定自己的出价标准,做好拍卖前的准备工作。拍卖行一般还提供各种书面资料,进行宣传,以扩大影响。

二是正式拍卖阶段。正式拍卖是在规定的时间和地点,按照拍卖目录规定的次序逐笔喊价成交。拍卖过程中,买主在正式拍卖的每一次叫价都相当于一项发盘,当另一竞买者报出更高价格时,该发盘即行失效。拍卖主持人以击槌的方式代表卖主表示接受后,交易即告达成。

三是成交与交货阶段。拍卖成交后,买主即在成交确认书上签字,拍卖行分别向委托人和买主收取一定比例的佣金,佣金一般为5%～10%。由于拍卖前买主可事先看货,因此事后的索赔现象较少。但如果货物确有瑕疵,或拍卖人、委托人不能保证其真伪的,必须事先声明,否则拍卖人要负担保责任。②

---

① 杜爱莲:《文物拍卖中定向拍卖的法律思考》,《上海政法学院学报》2008年第4期。
② 胡晓明、肖春晔编著:《艺术管理》,中山大学出版社2011年版,第65～66页。

目前，世界各地的艺术品拍卖行数以千计，最著名的当属创建于1744年的苏富比和1766年的佳士得，这两家拍卖行历史悠久，实力雄厚，每年拍卖的艺术品数量占全世界总量的一半以上，几乎囊括了所有举世瞩目的艺术品拍卖。苏富比和佳士得在全世界很多城市和地区都有分部，2013年，苏富比进驻北京，佳士得进驻上海。

国内拍卖行大都分布在北京、上海等一线城市。如中国嘉德、北京保利、上海朵云轩等。作为国内艺术品拍卖行业的领头羊，2009年嘉德和保利第一次冲破亿元大关，意味着中国的艺术品在中国拍卖行的成交单价首次过亿元。

（三）艺术品代理经纪人

代理经纪人是指受委托人委托，以委托人名义与第三方进行交易，并由委托人承担相应法律责任的个人或组织。在艺术品领域主要是代理制画廊。

画廊是艺术品一级市场的主要形式，在艺术品市场中扮演着举足轻重的角色。在许多发达国家，衡量一个画家的身价不是看他获过什么奖，而是看与他签约的画廊到底是哪一家。在中国，由于长期的计划经济体制，商业画廊在很长时间都没有得到发展，直到20世纪80年代末才开始萌芽。

从经营范围看，和传统文物商店的综合性相比，画廊类似于品牌专卖店。文物商店品种繁多，画廊基本以书画、雕塑为主。从经营功能看，画廊不仅是经销艺术品的场所，也有收藏、展示的功能。在经济发达国家，成功的画廊普遍实行代理制，画廊作为画家的代理人出面经营，注重对艺术家的包装和推广，画家和画廊之间有合约关系，有相对固定的分成。这类画廊一般都有雄厚的经济实力、良好的信誉。代理制的画廊很多时候其实就是充当了艺术品经纪人的角色，可以很强势地借助一些推广宣传平台来全面提升艺术家和艺术作品的经济价值。

代理制的画廊能够更加全面地完成一个艺术家的经纪业务，这也是国际公认的惯例。画廊有责任和义务为打造艺术家个人品牌而提供长期的服务，比如，需要为画家办展览、出画册，为其做宣传、推广，负责作品的储存、装裱、运输，为其建立和收藏家、策展人、美术馆、媒体的良好外部关系。此外，画廊还要为艺术家提供一些私人助理的服务，如帮助艺术家找助手、房子、保姆、新的绘画材料等。

世界画廊最集中的地区在纽约苏荷区（SOHO），这里集中了专业画廊300家左右。亚洲地区画廊最多的是日本，以东京为中心。目前，世界知名的画廊有英国的萨奇画廊、马伯乐画廊，美国的佩斯画廊，法国的法兰西画廊，等等。

这类画廊的软硬环境良好，运作资本都比较充裕，一般不进行现买现卖的短期经营，而是投入大量资金，包装宣传画家，对艺术家作品的展览、销售进行长期代理。画家从不出名到出名，全凭画廊的投资和运作。画廊要定期推出有一定学术水平、风格的展览。如法兰西画廊每年在自己的画廊举办 8～10 次画展，一般每次画展重点推出一名画家；为了扩大影响和效益，还在各地设有代理经营机构，每年与世界各国的一流画廊合作，或在重大的国际大展上安排个展或联展。

这类画廊往往拥有较高层次的客户圈子，信誉至上是它们的经营原则，画廊从不卖赝品或将廉价舶来品加价出售。对签约画家也同样恪守信誉，因此，画廊与画家之间均能默契配合，长期合作。对熟悉该画廊信誉和经营规则的客户来说，画家出名与否并不重要，他们只认画廊，画廊保证了他们购买作品的潜在升值空间。画家的职责只是向画廊不断提供作品，其作品价格由画廊独家控制。如法兰西画廊对每位画家的作品严格遵守"年年递增""每年必增"的价格规则。因此，作为艺术品收藏者和投资人，如果不买其作品，便意味着失去了一次赚钱的机会。

实际上，能成为真正意义上的画廊要具备三方面能力：代理、策展、营销，没有这三方面的能力和资格的画廊只能称为"画店"或者"画铺"。据雅昌艺术发布的《中国画廊行业调研报告 2017》数据统计，2017 年全国共计 4399 家画廊，中国十大画廊城市中，北京占比 29.12%，上海占比 9.96%，香港占比 3.43%，① 可见北京和上海几乎占据了我国画廊业的半壁江山。目前国内运营比较成功的画廊基本是引入了西方的经营理念和管理模式的海外画廊，如北京红门画廊、上海香格纳画廊等。这类画廊一般都了解国际画廊业的惯例，有一定的商业原则和良好的诚信度，同时国际画廊一般的管理方法也被运用和借鉴到中国。这些都有助于建立中国画廊体制和画廊管理系统，同时有助于帮助建立本土画廊的诚信体系，规范我国艺术品市场。②

四、艺术品经纪人的基本素质和条件

拍卖行、博览会、画廊等作为艺术品经纪人的机构组织，其经纪人的商业行为方式以经纪艺术品和经纪艺术家为主。艺术品经纪人和其他经纪人不同之处在于他所经营服务的对象是艺术家、收藏家及其所拥有的艺术品。

要成为出色的艺术品经纪人，必须具备以下素质和条件。

---

① https://news.artron.net/20180325/n992207.html，2018 - 03 - 25。
② 胡晓明、肖春晔编著：《艺术管理》，中山大学出版社 2011 年版，第 152～154 页。

（一）较高的文化素质修养和艺术欣赏水平

同样是经纪人，艺术品经纪人和影视明星、音乐、演出等演艺经纪人有哪些不同呢？演艺经纪人相对来说更多地涉及人脉关系，艺术品经纪人不仅要对艺术品进行非常复杂的技术判断，也要对艺术家以及收藏家等群体有深入的了解。相比演艺经纪人，艺术品经纪人对专业知识的要求更高。艺术品经纪人除了要具有较高的文化程度外，还要具有较宽泛的知识结构、较高的文化品位、较强的文化艺术感悟力和较高的艺术欣赏水平。作为艺术品经纪人，必须热爱艺术，并具有文学、哲学、社会学、考古学等相关领域的知识和经验，知识包括艺术史、中国画（油画）笔墨技法，艺术家不同风格、不同流派作品的特征，等等，经验则指大量的近现代、古代艺术作品的分析、鉴赏经历，大量的假劣艺术品的辨伪经历。这些知识与经验的获得可能需要很多年的积累。

（二）独到的眼光和敏锐的市场判断能力

除了具备丰富的知识和经验，能将理论应用于实际操作中，艺术品经纪人还应该具有独到的眼光，必须对自己选择的经纪经营对象——艺术家及其作品有充分的认识和深刻的了解，要能区分艺术品的真伪优劣，避免假货和经营低档庸俗的作品。艺术品经纪人对艺术史的掌握非常重要，更重要的是市场的眼光和头脑。要有敏锐的市场分析判断能力，把握和预见当代艺术市场风向，能够为艺术品投资者提供更好的服务。

（三）丰富的艺术管理经验和较强的艺术推广能力

一个优秀的艺术品经纪人，必须有在艺术机构的从业和管理经验，能够运用企业管理的知识解决工作中遇到的方方面面的实际问题。真正的艺术品经纪人除了要了解艺术家本人、具备高超的鉴赏力外，还必须熟悉艺术市场，才能保证为优秀作品提供良好的宣传、推介以及精准的市场指导。艺术品经纪人与工作对象的关系也多种多样，无论是资财雄厚的收藏家，还是普通的收藏爱好者，无论是声名显赫的艺术大家，还是独具个性的艺术新人，二者之间可能形成完全不同的关系，不能一概而论。

（四）广泛的人脉资源和较强的公关能力

艺术品经纪人要有良好的交际能力，广交朋友，以艺会友，建立良好的社会关系网。广泛和深厚的人脉资源是成为艺术品经纪人的一个条件，这既包括对艺术品作者的了解，也包括对市场潜在买家的熟知与掌握，同时包括对各式各样交易中介的认识。要有较强的语言表达能力，机智灵活，富于应变；要有一定的组织能力，协调处理各种关系，做到组织经纪业务有条不紊，使买卖双方心情舒畅。

（五）诚信的态度和自觉的法治观念

当今时代，艺术品的仿造水平完全能以假乱真，在这种情况下，更需要经纪人的学问、良心和诚心。遵纪守法、讲究信誉、遵守职业道德是最起码的道德要求。信用是经纪人的生命，艺术品行业同样如此。市场有自身的规律，并不与艺术规律同步。大画家的画价要高，理应如此，但不代表价格是衡量艺术价值的唯一标准。作为中介，在买卖双方之间，经纪人要做到价格上尽量公开、公平和公正，不能太偏离艺术品本身的价值。另外，还要熟悉艺术品、文物相关的法律法规，有自觉的法治观念，严格履行合同，尊重委托人和当事人的利益。

资料链接 >>>

一、中国主要艺术品拍卖机构

名　　称	地点	成立时间
中国嘉德国际拍卖有限公司	北京	1993 年
中贸圣佳国际拍卖有限公司	北京	1995 年
北京瀚海拍卖有限公司	北京	1994 年
北京荣宝拍卖有限公司	北京	1994 年
北京保利国际拍卖有限公司	北京	2005 年
北京华辰拍卖有限公司	北京	2001 年
上海朵云轩拍卖有限公司	上海	1993 年
上海崇源艺术品拍卖有限公司	上海	2002 年
西泠印社拍卖有限公司	杭州	2004 年
浙江皓瀚国际拍卖有限公司	杭州	2000 年
中国嘉德广州拍卖有限公司	广州	1994 年
佳士得香港有限公司	香港	1986 年
苏富比香港有限公司	香港	1973 年
台湾建德国际艺术品拍卖公司	台北	1984 年
台湾罗芙奥艺术集团	台北	1999 年

（资料来源：中央美术学院艺术市场分析研究中心编著《艺术财富（一）》，湖南美术出版社 2006 年版；罗兵编著《国际艺术品贸易》，中国传媒大学出版社 2009 年版；https://www.artron.net/）

二、国内外知名画廊

地区	画廊	地区	画廊
美国	哈默画廊（Hammer）	意大利	常青画廊（Continua）
	英牟画廊（Forum）		布雷拉画廊（Brera）
	佩斯画廊（Pace）	法国	马格画廊（Maeght）
	高古轩画廊（GagoSian）		法兰西画廊（France）
德国	空白空间（White Space）	英国	萨奇画廊（Saatchi）
	哈格曼画廊（Hagemann）		马伯乐画廊（Marlborough）
			白立方画廊（White Cube）
日本	日野画廊（Hino）	韩国	表画廊（Pyo）
	吉井画廊（Hiromi）		阿拉里奥艺术空间（Arario）
	东京画廊（Tokyo）		朴敬美画廊（PKM）
	广田美术（Hirota Bijtsv）		库卡画廊（Kukje）
	栗田画廊（Kurita）		现代画廊（Hyuudai）
中国北京	红门画廊	中国上海	香格纳画廊
	现在画廊		艺博画廊
	程昕东艺术空间		亦安画廊
	四合苑画廊		禾山艺术
	环碧堂画廊		没顶画廊
	世纪翰墨画廊		东廊艺术
	博而励画廊		煌杰画廊
	当代唐人艺术中心		沪申画廊
中国香港	汉雅轩画廊（Hanart）	中国杭州	三尚艺术
	马提尼画廊（Martini）		人可艺术
	梅花画廊（Plum Blossoms）		
	艺倡画廊（Alisan）		印象画廊
	少励画廊（Schoeni）		

(续上表)

地区	画廊	地区	画廊
中国台湾	诚品画廊（Eslite）	新加坡	城市画廊（City）
	皮耶画廊（Pierre）		库尔画廊（Kult）
	大未来画廊（Link Keng）		生艺术文件仓库（Shenn's Art Archives & Warehouse）
	翰墨轩画廊（Hanmoxuan）		
	索卡艺术中心（Soka Art）		

（资料来源：中央美术学院艺术市场分析研究中心编著《艺术财富（一）》，湖南美术出版社 2006 年版；罗兵编著《国际艺术品贸易》，中国传媒大学出版社 2009 年版；http://www.zggjysw.com/，http://art.china.cn/，http://www.artlinkart.com/cn/）

经典案例 >>>

一、苏富比：拍卖业的百年传奇、百年标本

一、苏富比的历史

1744 年 3 月初，英国伦敦有一处叫"科芬园"的地方。那里原先一直是果菜和花卉市场，此时却成了一场书籍拍卖会的举办地，主办者是一位叫山米尔·贝克（Samuel Baker）的书商。

书籍拍卖会共举行了 10 天。白天，买家可以欣赏和浏览准备拍卖的书籍，夜幕降临，拍卖师开始主持叫价。参加竞投的除了书商，还有一些收藏家，大家似乎很满意这种竞价交易方式。10 天中，共有数百本珍贵的书籍易主，总成交额 876 英镑。这就是拍卖作为一种行业的雏形。

贝克辞世后，他的侄子约翰·苏富比（John Sotheby）继承了这份家业，苏富比拍卖行由此得名。从那时开始，经历了 250 多年，苏富比在国际古董和艺术品市场上渐渐确立了龙头大哥的地位。或许是由于山米尔·贝克的书商背景，苏富比在前 200 年的历史当中，一直以印刷品和手稿的拍卖最为世人称道。

应该说，在苏富比之前，也有出售商品以竞投方式成交的。世界最早的拍卖行为可追溯到古罗马时代，当时的罗马人把雕像、挂毯等当作拍卖品，但这往往只是买主与卖主之间的行为。而作为仅为买卖双方提供服务的中介组织，苏富比是世界上第一家。

苏富比在起家时，作为现代拍卖行业重头之一的画作交易，仍被私人交易商（如画廊等）所垄断。"二战"后，苏富比的掌权人成了彼得·威尔逊（Peter Wilson），在他的带领下，拍卖行逐渐打破了交易商对画作市场的垄断，苏富比也因此迎来了黄金时代。威尔逊在 20 世纪 50 年代初抓住了印象派与现代绘画受到欧美收藏者关注这一趋势，推出了定位专拍的模式，印象派及现代画作的拍卖开始成为苏富比的看家项目。

威尔逊也比对手们更早地意识到艺术品是一个国际化的市场。"二战"后，国际艺术品市场逐渐形成。苏富比也朝着全球化方向发展，并且逐渐垄断了重要艺术品的国际市场。

20世纪60年代初，苏富比进军美国，收购了美国最大的美术品拍卖行帕克·伯尼特（Parke Bernet），并在美国成立了第一家国际性拍卖行，开始在北美艺术品市场特别是印象派和现代作品市场上大展宏图。

1973年，苏富比在香港设立分部，成为有史以来拍卖公司首次在亚洲设立的拍卖点。其后每年在香港举办两次大型拍卖会，内容包括中国瓷器、工艺品、翡翠首饰、珍贵邮品以及近现代中国书画。自在香港设立分部之后，苏富比在亚洲地区的办事处逐渐扩展到东京、新加坡、中国台北、吉隆坡、马尼拉与曼谷等地。苏富比又陆续将拍卖业务推广到蒙特卡洛、日内瓦等欧洲城市，并在世界主要城市设立办事处，广为搜罗各国艺术品，逐步形成了国际艺术品拍卖的格局和规范。

1977年，苏富比在纽约证交所上市，得到了22倍超额认购，股价在18个月内翻了一番。20世纪80年代，苏富比陷入了收购危机，美国人阿尔弗雷德·陶布曼（Alfred Taubman）成了最后的赢家，苏富比也被私有化。20世纪50年代末，苏富比的年营业额不过600多万英镑，而到了80年代，年营业额已达上亿英镑。1988年，随着艺术品市场的辉煌发展，苏富比再次上市。

90年代，拍卖行业随美国经济一起骤然冷却。随着业务陷入低潮，苏富比开始变革，接下来的几年它将成本削减了19%，并停止了利润微薄的家具和装饰品拍卖业务。进入21世纪，艺术品市场随全球经济的增长又进入了繁荣的周期，苏富比也迎来了复苏，并开始探索新的业务模式。2000年，苏富比与eBay合作，成为第一家在网上进行拍卖的拍卖行，美国《独立宣言》的首次印刷品在网上拍到了800万美元。2004年5月5日，在伦敦苏富比拍卖会上，随着拍卖师的一声槌响，毕加索的名画《拿烟斗的男孩》以1.04亿美元的天价拍出，成为拍卖史上最昂贵的艺术品之一。

二、苏富比的业务

苏富比的主要业务包括美术品、古董、装饰品、珠宝等拍卖。以1995年为例，这一年苏富比全球拍卖总额为16.6亿美元。在苏富比各部门的营业额中，印象派绘画及现代艺术部以3.63亿美元高居榜首。一般来说，拍卖行每年举行春秋两季拍卖会，并按成交价收取一定比例的佣金获得利润，因此，其每年的大部分收入都是在春秋两次拍卖会的4周内实现的（苏富比65%的收入来自于此）。此外，苏富比也为私人交易充当经纪人和交易商，并提供相关的金融服务。借款人可以用艺术品做抵押进行贷款，利息比银行略高。这项业务的收入虽然只占公司收入的2%，但是，通过贷款业务，苏富比与艺术品的拥有者建立了良好的关系，而这些人很可能成为公司未来的客户。

目前，苏富比的业务已遍及世界三四十个国家和地区，每年分别在香港、台北、新加坡、纽约、伦敦、日内瓦等城市举行数十次大型艺术品拍卖和超过数百次的中小型拍卖活动。苏富比3个主要的分公司，分别设在纽约、伦敦和香港。其2006年1.07亿美元的总利润中，纽约和伦敦的业务占了大部分，6%来自香港分公司。2007年的苏富比香港春拍，首场拍卖总成交额就超过2亿港元。香港继欧洲伦敦、北美纽约之后，已然跻身于苏富比全球的三大拍卖支柱之列。

三、苏富比和竞争对手的较量与合作

说起苏富比，就不得不提起与它较量了200多年的另一大拍卖业巨头佳士得

(Christie's)。佳士得成立于1766年，其创始人詹姆斯·克里斯蒂（James Christie）一开始就选定了艺术品拍卖的方向，并公开拍卖王室贵族的遗物，由此将拍卖行业带入上流社会。

20世纪后，苏富比向艺术品转型，两家企业开始针锋相对起来，但其中也有通力合作。"二战"期间，面对英国萧条的拍卖业，苏富比曾经主动提出合并，佳士得同意了这一提议，然而苏富比此时发现，自己的财务数据要比对手乐观许多，合并案在公司内部受到了严重的阻力。"二战"以后的竞争中，苏富比更多地占据了上风。原因之一是在战争时期佳士得遭到轰炸，而更重要的是，当犹太艺术家和收藏家逃难到伦敦时，苏富比更加宽容地接纳了他们。战后，这些人成了伦敦最成功的商人。50年后，两个竞争对手又走到了一起，而这一次却是在法庭的被告席上。

1998年，法国收藏家弗朗西斯·皮诺特（Francois Pinault）通过控股公司 Artemis 以12亿美元收购了佳士得，2000年又以7000万美元收购了法国第三大拍卖行皮艾萨（Piasa）。皮诺特拥有著名的奢侈品集团巴黎春天（PPR）。他的同行 Lvmh 集团的控制人伯纳德·阿尔诺（Bernard Arnault），1999年也以7000万英镑收购了全球第三大拍卖公司英国菲利普斯拍卖行（Phillips），此后又收购了法国最大的拍卖行塔桑（Etude Tajan），令其竞争从奢侈品行业延伸到了拍卖业。

由于目前苏富比和佳士得占据了全球艺术品和奢侈品拍卖市场（2006年估计价值60亿欧元）90%的份额，全球其他拍卖行的数量不断减少。拍卖网站的兴起，也对一些以低端拍卖为主的拍卖行构成了冲击。但也正是两家企业长期的竞争关系，保证了低交易成本，竞争让两家企业更加注重信誉的塑造，从而规范了整个拍卖行业。

四、苏富比的成功启示

敏锐的反应能力与规范的运作，使有200多年历史的苏富比仍然保持着旺盛的生命力。随着全球经济的增长，拍卖业也进入繁荣周期，苏富比2006年的收入达到6.65亿美元，其盈利则上升了70%。它与佳士得两大巨头的垄断，也令其他拍卖行面临新的整合。

如今，世界艺术品市场总值的70%被两家"百年老字号"的拍卖行控制着，苏富比就是其一。它的成长经历也许可以带给中国拍卖企业一些启示。

（一）敏锐的嗅觉与顺应时势的转变

苏富比的成功，一方面源于其在200多年的历史中把握住了拍卖业向艺术品方向的转型及印象派作品、当代艺术品崛起的趋势，通过拍卖不断创造新的世界纪录，每年引领数十亿美元收藏资金的流向。同时，苏富比还率先实施国际化策略，抓住了美国、日本和中国崛起的机遇，在不同时期率先向这些新兴市场拓展，并推动了当地艺术品如美国画派作品、中国古代工艺品、亚洲当代艺术品等的重估，其持续推出的各式专场、夜场拍卖等新的业务模式也为其他拍卖行所效仿。苏富比从世界各地搜集珍贵的拍卖品，然后按不同地区市场的特点进行分类，如，日内瓦主要拍卖珠宝首饰；伦敦和纽约主要拍卖中国古文物、古画、家具以及印象派绘画；而中国明清官窑瓷器和翡翠的拍卖多集中于香港。苏富比一般不在巴黎举行拍卖，但巴黎却是国际拍卖品的一个重要收集和中转地，香港的不少拍卖品就是由巴黎转过来的。

苏富比是首家拍卖中国书画的国际拍卖行，市场上出现过的很多珍贵作品，都是经苏富比以高价卖出的。苏富比也曾创造了多个中国艺术品拍卖价格的纪录。如2002年，张大千的《泼彩朱荷屏风》在香港苏富比秋拍会上以2022万港元成交,创下现代国画的世界拍卖新高。2004年,在香港苏富比秋季拍场上,林风眠的《四美图》以510余万港元的成交价创下了林风眠本人彩墨画作品的最高拍卖纪录。2006年3月,苏富比首次在纽约举行的中国当代艺术拍卖会上,张晓刚1998年创作的《血缘:同志120号》以98万美元价格创下中国当代艺术品的最高拍卖纪录。

2012年9月,中国歌华集团旗下的全资子公司北京歌华美术公司与苏富比集团旗下的香港苏富比有限公司联合成立苏富比(北京)拍卖有限公司(以下简称"北京公司"),北京公司成为首家在中国内地运营的国际艺术品拍卖行。但歌华与苏富比成立合资公司并不表示北京公司可以在中国内地开展一切业务,在举行拍卖的具体事项中还是有一些限制,比如,首先,必须在保税区内做拍卖;其次,在获批的情况下可以在保税区的监管区做拍卖。①

2020年4月,苏富比宣布启动一个名为"苏富比画廊网络"(Sotheby's Gallery Network,SGN)的全新在线交易平台。SGN是苏富比与立木画廊、加文·布朗画廊、杰克·谢曼画廊等八家著名当代艺术画廊共同合作的"即时购买"平台。这种新形式将更便捷、透明地展示画廊可出售作品的名单,供藏家购买。② 随着科技的发展,线上交易平台将会成为新的艺术品交易方式,并且,在未来,随着线上交易平台的普及,很有可能会赶超当前的传统交易模式。苏富比的这一举措也正是应对艺术品电商时代顺势而为的转变。

(二)规范的运作与周到的服务

苏富比的成功还源于数百年来一整套规范运作体系。公司成立相关纪律部门,以确保工作的每一位员工遵守其工作所在地国家的法律,并且每个月举办培训课程,以便员工得到有关拍品的最新信息。在客户方面,苏富比可以说是实施了全方位的马拉松式服务。公司拍卖前会进行一系列非常苛刻的调查,对拍卖的每一件物品,不仅要保证它的真伪,还要标明它的名称。每件经它拍卖的艺术品都要经过专家团队的鉴定,假如重要器物类的拍卖不慎出现赝品,经两位以上权威专家和科技鉴定属实,五年内苏富比予以包退。而且,藏家所购重要拍品终生享受"再回拍"的特权,藏品经苏富比的"复拍"增值数十倍的案例不胜枚举。因此,艺术品能从苏富比拍卖出来,本身就是一种价值。

(三)综合性艺术品跨国集团发展思路

1969年,公司成立了苏富比艺术研究院,在纽约和伦敦各有教学点,并通过曼彻斯特大学成为可授予学位的小型大学,成为拍卖行业从事艺术教育的先行者。近年来,苏富比除了经营拍卖行外,其业务还扩展至艺术经纪、艺术品维修、博物馆服务、物品鉴定、遗产服务、国际物业代理、金融服务等。

[改编自梅建平、马晨薇同名文章(载《新财富》2007年8月20日)以及其他相关资料]

二、英国收藏家萨奇和他的画廊

萨奇画廊,作为英国乃至全球当代艺术发展的重要推动力量,一直受到人们的关注。

---

① 陈杰:《揭秘苏富比落户北京三大疑问》,《北京商报》2012年10月19日。
② 隋永刚:《苏富比启动全新在线交易平台"SGN"》,《北京商报》2020年4月29日。

英国《艺术评论》杂志选出的 2005 年艺术界最具影响力的人物中,画廊的主人查尔斯·萨奇名列十位收藏家中的第四名。那么,是什么原因让萨奇画廊如此引人注目的呢?

一、查尔斯·萨奇的商业生涯

查尔斯·萨奇与他的弟弟莫里斯·萨奇最初是通过广告业创造巨额财富的,他们是英国的广告业巨头。

1970 年,在伦敦苏荷区(SOHO)的一家办公楼里,"萨奇兄弟广告公司"(以下简称"萨奇公司")正式成立。由于他们独到的经营眼光,资金源源不断地涌入。在公司成立之初,受英国健康教育委员会之托,制作了一则反对早孕、未婚先孕,鼓励使用安全套的公益广告,这就是由萨奇兄弟广告公司设计的著名的"怀孕的男人"的公益广告。广告的画面上是一个挺着大肚子的"怀孕"男人,旁边有一行文字,上面写着:"假如怀孕的是你,你是否会更加小心一些呢?"成名后的萨奇兄弟一直都秉承以富于变化和夸张的手法表现事物,给死气沉沉的英国广告业注入了新的活力。

1978 年,正是他们精心策划的竞选广告,将撒切尔夫人推上了首相的宝座。自此,萨奇公司更是声名远播。许多著名企业与萨奇公司建立了广告业务联系,其中包括丰田公司、奔驰公司、雀巢公司、英国航空公司。

二、从商业巨头到超级收藏家

广告业的大获全胜,并没有让查尔斯·萨奇满足,而是成为他开始收藏当代艺术的一个开端。

萨奇自 20 世纪 70 年代就开始了自己的收藏。他的收藏涉猎广泛,不仅包括英国还有美国等国家的当代艺术品,这与其广告业务向全球的扩张有关,全球化的扩张带来全球化的收藏。经过 20 多年的用心经营,萨奇已经成为一个名副其实的"超级收藏家",影响着英国本土以及其他国家的当代艺术市场。一般而言,要成为超级收藏家,首先要有雄厚的财富,而且是国际化的财富来源;其次,超级收藏家要具备专门的收藏策略,例如成立研究中心或展示空间,雇佣专门人员来经营藏品;最后,超级收藏家要具有巨大的影响力,甚至他们看过的艺术品马上就能升值。萨奇无疑就是这样一位超级收藏家。在收藏当代艺术的同时,他创办了自己的画廊——萨奇画廊。

三、萨奇画廊

1985 年,查尔斯·萨奇创办了萨奇画廊。在画廊成立之初,吸引的多是艺术圈内的人,那段时间,当代艺术的参观人数稳定增长。据萨奇画廊的统计,至今已累积至 200 万人参观过他们的画廊,每年的参观人数达 60 万人次。许多学校和机关也将之列为校外教学的实验地,这对拓展当代艺术观众群贡献不小。

萨奇画廊以提供人们与当代艺术的交流机会为宗旨,经营的目标有两个方面,一是寻找在国际上知名而英国观众仍不熟悉的外国艺术家;二是发掘刚冒出头的国内外新秀,将其引介给伦敦的观众。许多艺术家最初在萨奇画廊展出的时候都还不为人所知,不仅仅是普通的公众,连艺术界人士也无人知晓他们。画廊通过为艺术家们做展览,使艺术家确立了自己的地位。

如果说萨奇对艺术的敏锐使得他成为一个成功的当代艺术收藏家,那么萨奇对商业的敏感则使他从收藏走向了画廊经营。在几十年的经商中,萨奇一直具有一种创新精神,这种创新精神很自然地吸引他去经营自己的藏品。

萨奇画廊的运作策略主要体现在萨奇画廊掌握全球艺术资源，以及拆分和整合资源的能力上。

首先，掌握资源。萨奇画廊通过各种手段来获取年轻艺术家，特别是不为人所知的艺术家。例如，通过在画廊和美术馆给艺术家做展览、提供创作条件、颁发重要奖项等来获取他们的信任。这些艺术家资源相对容易得到，而且花费也少，却是重要的资源。与此同时，萨奇还与批评家、馆长、策展人等保持了良好的关系，以获得重要的信息资源。

其次，拆分和整合资源。萨奇灵活地运用各种资源为其所用。当别的藏家还在为藏品的保管而犯愁的时候，他已经将自己的藏品在几个国家巡回展出并引起轰动。媒体的力量不仅造就了他超级藏家的形象，还为他的广告公司做了免费的宣传，可谓名利双收。

最后，利用强力的营销手法，让馆内奇特的收藏不断地通过媒体的传播，吸引大众好奇的目光。它运用独特的营销手法，放下身段，成为将商业经验成功运用到艺术领域的典范。

四、舆论的声音

（一）正面的评价

《艺术新闻》的专栏作家 Richard W. Walker 曾评价过：萨奇，这个每年要在艺术市场上花费 200 万美元的广告大亨，早已经广为人知。他不但是当代艺术最有影响的收藏家，从某种意义上讲，他也是一个精明的经纪人。他是 20 世纪的"美第奇"，他可以创造一种艺术风潮，也可破坏一种艺术潮流，他甚至会影响身边的批评家和馆长。萨奇自己就是最新兴的艺术家和艺术潮流的终极广告。

还有些评论认为，萨奇画廊善于运用本身的展品收藏，塑造出既前卫又非常易于亲近的形象，因此，自开馆以来，已经成为继泰特当代美术馆之后又一当代艺术新地标，在当代艺术教育中发挥了举足轻重的作用。

（二）负面的评价

萨奇一直以来都受到人们的怀疑，主要是因为他常常倾囊而出支持的艺术品让人难以接受，人们认为他的商业运作更多的是一种利用政治欲望和消费文化对当代艺术的炒作方式。例如，1999 年 9 月底和 10 月初，英国前卫艺术展"感性"（Sensation）巡回至纽约布鲁克林美术馆展出，因克瑞斯·奥费里（Chris Ofili）的作品圣母玛利亚被改为非洲土著女神形象，并且画像上使用了大象粪便作为装饰，从而导致纽约市长朱利安尼把美术馆告上了法庭，对簿公堂。虽然事件风波以市长败诉而告终，但它已超出了艺术本身，而且使参与各方获利：朱利安尼得到了选民的支持；布鲁克林美术馆赢得了更多关注和财政援助；艺术家成为焦点，提高了知名度；而组织者萨奇画廊则获得了商业利益。

2005 年 4 月，在萨奇画廊纪念成立 20 周年的展览中，萨奇却出人意料地撇开装置艺术转而推出架上绘画。名为"绘画的胜利"（The Triumph of Painting）的展览让人对萨奇的改弦更张感到吃惊。

除此以外，与艺术家的紧张关系也让萨奇受到责难。如 2003 年，英国著名青年艺术家查普曼在接受电视访问时，公开谴责了泰特当代美术馆和萨奇。他认为泰特当代美术馆只是一种"绝对的文化饱和"，而萨奇画廊则完全是"私人所有权的表现"。2005 年，由于萨奇出售了达米恩·赫斯特的重要作品,导致他与艺术家关系的决裂。很多舆论认为他为了自己的商业利益而不顾画家的艺术生命,这给萨奇带来了很多负面的评价。

五、萨奇现象产生的原因

一方面,萨奇现象出现在20世纪末,与全球化的进程密不可分。萨奇公司在全球吞并其他公司,这使萨奇具有一种全球化的视野,也为萨奇的收藏奠定了全球化的格调。那个时期,也正是全球的艺术市场形成的时候,美国的艺术格局已经逐渐成熟,萨奇在全球的展览活动让英国的当代艺术为其他国家所了解,也让英国看到了国外的当代艺术。

另一方面,萨奇在满足兴趣的同时实现了商业的利益,与全球的资本化有关。艺术市场的形成过程中,艺术品能够更加方便地兑现为金融资本,因此,萨奇可以在画廊的经营中灵活控制资本的流动,这实质上也是一种商业手段。

六、萨奇现象造成的影响

萨奇对当代艺术的巨大影响值得人们冷静地思考。例如,"感性"展览在多个国家展出的时候都出现了激烈的反对声音。这种冲突,表面上体现了传统宗教伦理与艺术创作自由和言论自由、保守主义与自由主义之间的冲突,实质上,它反映了晚期资本主义文化逻辑下的政治欲望和消费文化的炒作方式,难免隐藏着模拟制造艺术事件的动机和目的。

七、萨奇现象带来的思考

启示一:萨奇的画廊不仅具有推出艺术家的培育功能、经营艺术品的营利功能,还具有收藏功能,这是因为萨奇从收藏入手,最终也是为了收藏,他的销售是为了整理自己的藏品,不断地丰富藏品。从这一点而言,萨奇的画廊具有美术馆的收藏功能特征,打破了私人画廊与美术馆的严格界限。而目前美术馆的发展也说明了这一点。例如,2005年初泰特美术馆展出了三位艺术家的作品,展览最终是为了销售,而且作品的来源正是两个私人画廊,这意味着美术馆的品位与私人画廊的界限正在逐渐模糊。

启示二:萨奇的出色经营说明艺术与商业之间可以达到一种平衡关系。如果将艺术品当作一种象征资本的话,那么整个画廊的运作实际上也可以看作象征资本与金融资本交换的过程。在这一过程中,任何商业手段都是可以使用的。萨奇并不认为画廊的经营或者美术馆的管理会有固定的模式,因此,"怎样做比较好,就要寻找办法去实现"。

启示三:萨奇画廊对中国画廊的发展有一定的启发。在中国,各种类型的画廊都已经出现,但是像萨奇画廊这样的收藏家型的画廊成功的案例还不多。有一些画廊的主人原本是收藏家,但是经营过程中往往没有坚持自己的收藏;还有一些收藏家实力雄厚,却将自己的藏品束之高阁,没有好好地经营藏品。

(改编自葛颐:《英国收藏家萨奇和他的画廊》,载中央美术学院艺术市场分析研究中心编著:《艺术财富之全球艺术市场新格局》,湖南美术出版社2007年版,第107~110页)

第十章 体育经纪人

体育经纪人的出现是体育市场化的必然结果,也是职业体育发展到一定水平的象征和标志。在国外的体育商业化实践中(如美国的NBA和欧洲的五大足球联赛的辉煌发展历程),体育经纪人对拓展体育市场,沟通球员、球队、媒体等的相互需求,以及挖掘未来的体育明星,等等,起到了不可或缺的作用,客观上推动了体育产业化发展。在欧洲,体育经纪人已成为一项令人羡慕的职业,当之无愧地成为"体育家庭中不可分割的成员之一"。而在我国,尽管已确立了体育事业的性质和发展目标,但在转型期中,体育产业化发展实际上还处于初级阶段。

第一节 体育经纪人概述

一、体育经纪人的概念及分类

(一)体育经纪人的概念

受不同文化和经济发展水平的影响,不同国家对"经纪人"的界定存在差异,但总体上,主要包括三个要素:以获取佣金为目的;充当委托人与第三人之间的订约媒介或为委托人提供与第三人订约的机会;保证委托合同实施。可以说,体育经纪人是指在各类体育活动中,从事居间、行纪、代理等经纪业务,并从中获取佣金的个人或组织。

体育经纪人从事的业务包括体育赛事的组织和推广、体育品牌策划和包装、运动员无形资产的经营和开发以及运动员转会、参赛等。体育经纪人在运动员、俱乐部、协会、赞助商、广告商之间牵线搭桥,在从运动员工资、奖金、出场费以及其他商业利润中获取佣金的同时,为竞技体育的普及化、规范化、国际化及体育人才的培养和成长做了大量工作,他们已经成为活跃体育市场、促进现代体育事业发展不可缺的积极因素。

（二）体育经纪人的分类

1. 按组织形式分类，可分为个体经纪人、经纪人事务所（合伙）和经纪公司。
2. 按经纪活动方式分类，可分为居间经纪人、行纪经纪人、代理经纪人。
3. 按服务对象分类，可分为运动员（队）经纪人、体育赛事经纪人、体育组织经纪人等。

二、体育经纪人的发展现状

体育经纪人在欧美等发达国家有百年的历史，而在中国，在改革开放之后，伴随着职业体育而兴起的体育经纪只有30多年的时间。

20世纪90年代，中国足球、篮球、排球、乒乓球、围棋等项目纷纷建立职业联赛制度，中国职业体育的环境一直在不断开放，为体育经纪行业的发展提供了良好的空间。在市场经济的条件下，许多赛事组织者在比赛的组织过程中自觉或不自觉地运用市场经济规律来操作，成为初步具有体育经纪人意识的赛事组织者。最初的这批人主要是体育行政主管部门的官员，之后越来越多的人加入这个群体。体育职业化可以说是推动体育经纪行业发展的重要因素。1993年3月，在北京成功举办国际职业拳击冠军赛的操作者是中国星华实业集团总公司总裁李伟，他是中国首位持有IBF（国际拳击联合会）职业拳击经纪人营业执照的体育经纪人。1997年10月，中国第一家体育经纪人公司——希望国际体育经纪人有限公司在上海注册成立，总经理为著名男子跳高运动员朱建华。同年12月，广州成立了广东鸿天体育管理有限公司，1993年，北京成立了北京中体经纪管理有限公司。1999年2月，中国射击界首家由个人经营的培训中心在福州成立。① 而为了适应中国体育经纪市场的需要，自1998年上海体育竞赛中心在上海交通大学创办全国首家体育经纪人培训班后，全国类似的培训组织和形式也迅速发展起来。

目前我国体育经纪人数量不多，主要集中在北京、上海、广州等经济发达、体育市场看好的一线城市。公司法人是我国现有体育经纪人的主要组织形式，但多以兼营的形式从事活动，如广告公司、公关公司、咨询公司等。体育经纪从业人员的专业化程度不高，经纪活动范围也很有限。成立于2004年的"众辉体育"（众辉国际体育管理有限公司）是国内较早从事运动员经纪业务也是至今为止发展得比较成熟的公司，曾先后代理姚明、丁俊晖、林丹、侯逸凡、易建联、李昊桐、张新军、冯思敏等国内外知名运动员。经过十多年发

---

① 姜晴云：《关于体育经纪人，你需要知道的几件事》，《体育商业评论》2017年3月27日。

展，目前已形成运动员经纪、体育营销、赛事运营、青少年培养和体育产业开发五大业务板块。还有一部分进驻国内的海外专业经纪公司，如足球、篮球甲A联赛的推广商国际管理集团（IMG），以及曾协助创办CNBA（原中国职业篮球联盟联赛）和全国排球联赛的香港精英公司等。这类公司历史悠久，有着多元化的核心领域与全球化的服务范围，其成功经验值得我国经纪人行业学习和借鉴。

我国的体育经纪人还处于初级阶段，与欧美国家有很大的差距，除了发展时间相对较短之外，还受到一些其他因素的影响，如市场化程度不高，专业人才欠缺。我国的职业体育起步较晚，发展不成熟，特别是核心产业竞赛表演业和健身娱乐业的发展远远满足不了体育产业的市场需求。未来各种体育项目都需要经纪人，人才缺口很大。而目前我国体育经纪人队伍总体职业素质偏低，各大高校和社会也都缺乏体育经纪人培养体系，仅仅依赖市场自主锻炼催生出优秀的体育经纪人的方式完全不能满足职业体育的发展需求。此外，缺乏有效的行业自律管理机制。自2003年我国第一家省级体育经纪人协会——浙江省体育经纪人协会诞生以来，上海、吉林、湖南等地也对此种行业自律形式进行了初步尝试，取得了一定的效果。全国各地也有一批持证上岗的经纪人活跃在体育市场。但我国的体育管理制度跟不上市场发展的步伐，政府干预程度仍然很高，某种程度上阻碍了我国体育经纪人职能的发展和完善。目前在球员转会和职业联赛事宜方面，足球项目的操作颇有成效。国家足球协会从设立经纪人制度开始，经纪人就按照国际足球联合会（简称"国际足联"）的要求，采用经纪人制度来规范操作球员转会和职业联赛。而篮球和其他运动项目的经纪管理制度还需进一步明确和规范。在越来越多个人和组织进入体育经纪行业后，如何真正有效地建立行业规范，帮助运动员或者球队加速职业化、市场化进程，也是经纪人行业未来发展面临的重要问题。只有经纪人制度的规范化，才能对行业联盟有大的促进，使球员健康有序、合理地流动，继而带动职业体育的发展壮大，反过来，职业体育的成熟又能带来经纪行业的繁荣。

三、体育经纪人的作用

（一）促进社会精神文明建设与发展

体育是一项积极进取、努力拼搏、精彩有趣、健康向上的社会文化活动，根据国家颁布的《国民经济行业分类》（2017年修订版），体育经纪人归属文化、体育和娱乐之列。随着人民群众物质生活水平的提高，对精神文化方面的需求也日益增长。人们更加注重精神娱乐、体育休闲、健身运动，使得体育产业的快速发展成为一种必然趋势。体育经纪人在运作体育比赛、包装体育明星时，通过榜样的力量去影响人们，增强人们的爱国情操、团队意识以及拼搏向上的精神。

（二）协调发展现代体育产业

在体育经济学研究中有一个"金三角"的观点，即球队、球员和以媒体为代表的赞助方，它们共同构成了体育市场化过程的"金三角"，而体育经纪人则是"金三角"稳定、协调发展的润滑剂。① 通过体育经纪人的运作，把由国家投巨资变成利用社会资金举办各种比赛，使体育比赛社会化、市场化。

（三）加快体育职业化和商业化进程

随着市场经济的发展，改革开放的不断深入，体育部门依靠社会力量承办各种赛事的现象已层出不穷，体育商业化已成为现实，使运动员有更多的机会参加各类体育赛事，收入大为提高，同时也使赞助商得以推广产品，提高经济效益，使人们在闲暇时间能欣赏到高层次的比赛，丰富了人们的业余生活。这些也离不开体育经纪人在其中的运作，在体育职业化和商业化的进程中，体育经纪人就是助推剂。

（四）挖掘体育明星的潜在价值

著名运动员的形象是一笔巨大的财富。通过经纪人的策划、包装，再利用媒体宣传、广告效应、电视转播，使他们产生巨大影响，为自己、为俱乐部创造更大的价值。例如美国著名的田径运动员刘易斯、篮球运动员"飞人"乔丹等，就是通过经纪人对其形象的开发，获得了巨大成功。

体育经纪人以其特有的协调、组织、管理和投资能力，为运动员、体育组织、体育比赛主办方等提供全方位服务。运动员可以把一切事务交给体育经纪人去处理；体育经纪人受运动员的委托，联系比赛、转会、拉广告、找赞助、签合同、安排运动员的衣食住行等，使运动员可以把主要精力投入训练和比赛中。

四、体育经纪人的素质和知识结构

想成为一名优秀的体育经纪人，需要具备综合的职业素质和合理的知识结构。职业素质是指从事体育经纪活动所应具有的基本素质和能力，知识结构指当一名好的体育经纪人所应掌握的各种专业知识。一般来说，体育经纪人的职业素质分为道德素质、心理素质和技能素质几个方面，知识结构包括体育

---

① 罗平：《体育经纪人的基本特征及制度管理》，《上海体育学院学报》1999 年第 2 期。

（掌握最新的行业动态和情况）、法律法规、经济等方面的专业知识。

（一）体育经纪人应具备的职业素质

1. 道德素质。体育经纪人的道德素质具体应体现在遵守以下职业道德准则：热心周到地为委托双方服务，待人热情主动、礼貌文明；时刻为客户着想，为客户创造便利；对委托双方一视同仁、公平中介，如实介绍情况，任何情况下不能欺骗委托人，既要重友情，又不偏袒某一方；对客户要以诚相待，信守合同，严格履约，随时注意维护商业信誉和自身的名誉；正确处理好国家、客户和自身三者间的关系，维护各方根本利益；依法从事经纪活动，照章纳税。

2. 心理素质。身处商品竞争激烈的经济社会，与人打交道也多，因此，良好的心理素质是体育经纪人成功的重要保证。体育经纪人良好的心理素质主要表现在信心、决心、雄心、心境、心胸、心态等诸多方面。

3. 技能素质。技能素质也可以说是体育经纪人应具有的从业能力。一名成功的体育经纪人应当具有良好的社会交往能力、敏锐的商业头脑以及处理事务的能力。由于体育经纪是一项国际性很强的业务活动，因此，掌握外语、熟悉所涉及国家的情况也是十分重要的，有外语的支持，可以更容易地拓展业务领域，使自己的交往和工作更为自如。

（二）体育经纪人应具备的知识结构

体育经纪是一个综合性知识和技能要求很高的行业，它既需要一般经纪活动必备的经济和法律方面的知识，也需要经纪人熟知体育知识，最好有从事体育工作或活动的经历和背景，以利于从深层次了解委托人和合作方的需求，掌握"人头"情况，寻找更多商机。体育经纪人须掌握的知识主要包括体育知识、法律知识、经济知识等。

1. 体育知识。包括熟悉体育的普遍规则，熟悉某个或某几个运动项目如足球、篮球、田径等的发展历史、技术、规则、训练、比赛方法、项目运动员的情况等。但一名成功的体育经纪人需要掌握的不仅仅是某一项或几项运动的专项知识，更需要了解所要从事的运动项目的市场情况和未来发展方向，以及有关体育组织及其法规规定。

2. 法律知识。体育经纪人需要掌握的法律法规包括国家颁布的有关基本法规和体育行业的有关法规。国家颁布的有关法律法规包括《中华人民共和国民法典》《中华人民共和国税法》《中华人民共和国公司法》《中华人民共和国合同法》《中华人民共和国广告法》《中华人民共和国商标法》《中华人民共和国保险法》《中华人民共和国仲裁法》等。

体育方面与经纪活动有关的法律法规还涉及国际部分，不少国际体育组织，如国际足联、国际田联、国际网联、国际拳联等都出台了有关本项目体育经纪人管理的规定，以及赛事推广、获取赞助等方面的规定；许多国家的单项运动协会，如英国足协，意大利足协，美国职业篮球、棒球、冰球、拳击等联盟也都有关于本项目经纪人管理和赛事管理、推广的规定。这些都是从事国际体育经纪活动需要了解和掌握的。

3. 经济知识。经济专业知识既包括基础理论知识，如政治经济学、一般经济学、市场经济理论、人才学等，也包括实际应用知识，特别是市场营销学的有关知识，如市场观念、市场调研分析、目标市场、市场策略、产品与价格（佣金）策略、促销策略，以及更为实际的广告营销、电视转播权营销、赞助理论与方法等。随着体育改革的深化，一些群众喜闻乐见的运动项目，如足球、篮球、排球、乒乓球、围棋等都走向了职业化，人才、市场不断拓展，经济活动日益增多。由于这些领域的经济活动尚不够规范，如何在这种情况下运用好经济专业知识，也是对体育经纪人专业知识和实际能力的一种检验。

要想成为一名合格乃至优秀的体育经纪人，就需要经受得起各种艰苦条件磨炼。在中国，体育经纪依然任重道远，但未来可期。

第二节　体育经纪人管理

一、体育经纪人产生与发展的社会条件

国际上，体育经纪人最初是随着职业体育的发展而出现的。职业比赛的竞争性在客观上要求运动员形成一种流动机制，从而为体育经纪人开启了服务空间。1926年美国历史上产生了第一位体育经纪人查尔斯·派利，他当时为棒球运动员格兰吉谈成了一项价值10万美元的劳务合同。进入20世纪70年代，随着各种联赛的兴盛和转会制度的确立，体育经纪领域迅速扩大。体育经纪人开始代理运动员谈判雇佣及转会合同。各俱乐部为吸引优秀运动员加盟，放宽政策，给予运动员更大的谈判权力和更优厚的条件，使体育经纪人的服务对象和服务领域进一步扩展。体育市场的需求使体育经纪人成为不可缺少的交易中介。运动员需要有人帮助他们在有限时间内开发体育潜能，利用其知名度获取最大收益；体育组织需要有人为它们的比赛寻求赞助，利用其无形资产获取各方面的收益，最大限度地开发该组织的市场；体育投资商和赞助商需要有人为它们联系合适的投资对象，并最大限度地回收赞助效益，雇佣体育经纪人则是一条既省时又省力的有效途径。

体育商业化成为促使体育经纪人繁荣的重要因素。电视传媒使观看体育比赛的人数迅速上升，各大电视网不惜代价购买比赛转播权，加速了体育的商业化进程，也使体育经纪人有了更多的商业机会。体育明星成为人们追捧的对象，体育热点、体育人物及组织的知名度和影响力空前提高和扩大，于是公司、企业纷至沓来，或在体育比赛中占据广告和赞助之席，或与运动员签约，为其产品做代言人。体育像一块巨大的磁铁，吸引越来越多的人对它产生兴趣，也给体育经纪人提供了更多的交易机会。发展至今，体育经纪人已成为国际体育界缺之不可和令人羡慕的职业。[1]

二、体育经纪人发展趋势

（一）由全面委托向单项委托代理发展

20世纪六七十年代体育经纪人刚刚兴起时，经纪人往往采取包揽委托人的训练、比赛、商业财务、社会事务及法律咨询等的服务方式。当一个人不足以应付时，就聘请其他人员组成统一的服务体系。这种形式的优点是，目的明确，形式简便，且便于管理，委托代理的双方利益高度一致、相互依存。缺点是，委托人需支付的费用十分庞大，而一旦关系破裂，对双方的打击都很大。进入80年代，单项委托代理的形式逐渐增多，其特点是经纪人不再全面代理委托人的事务，而只接一两项委托事务，如只代理委托人的劳资谈判，或只代理运动员形象开发，等等。这种形式拓宽了经纪人的资格范围，使得某一方面的专家也可以成为经纪人。一方面，一个经纪人可同时为数个甚至数十个委托人做同一项目的代理；另一方面，一名运动员可同时拥有多名经纪人，负责自己不同方面的事务。这种委托代理的优点是专业化与权威性，并相应地降低了委托成本。

（二）从代理运动员向组织赛事发展

经纪人利用与运动员建立起来的良好关系，与体育组织合作，积极拓展新的业务领域，特别是赛事推广。例如，荷兰知名的体育经纪人赫曼斯于每年的6月在亨格洛举行田径大奖赛，并已经把它办成了世界上有影响的重大赛事之一，从而吸引了大批高水平的运动员参赛。几乎每年都有新的世界纪录诞生。[2] 1997年举行的约翰逊与贝利150米飞人大赛和男子中长跑超级对抗赛等都是在经纪人的组织下进行的。20世纪80年代，网球在美国虽发展较为迅

---

[1] 徐爱丽、陈书睿主编：《体育经纪人实务》，复旦大学出版社2012年版，第117～118页。

[2] 师灿斌：《体育经纪人在构建体育产业链中的应用研究》，《河北体育学院学报》2006年第2期。

速，但远未达到商业化经营的地步，IMG 于 1988 年推出男子网球职业巡回赛，在随后的五年中，每年为该赛创造 1 亿美元以上的收入，使男子职业网球成为美国职业运动中组织最完善、利润最高的项目之一。这些举措进一步扩大了经纪人在体育赛事中的作用和地位，对现代竞技体育的发展产生了深远影响。

（三）从行业竞争向规范化管理发展

随着体育职业化和商业化的发展，体育经纪人已逐步成为一个较为固定的职业，吸引了越来越多的人进入这一行列，经纪人队伍的壮大使得他们之间的竞争也日趋激烈。美国职业拳击界已屡现有关经纪人方面的争端。因此，无论是国际还是国家体育组织，都越来越重视体育经纪人的法制化和规范化管理，纷纷制定相应的法规，如国际足联制定的《运动员经纪人管理条例》、美国颁布的《体育经纪人实务指南》等。美国现已形成以有关法律法规为核心的体育经纪人管理监督体制。经纪人在这样一种法制化经营环境和公平合理的经济秩序中，通过规范的经纪活动获取应得利益。尽管如此，许多人认为体育经纪人制度仍不成熟，在具体操作过程中还有许多需要完善的地方。

（四）从国内运作向跨国运作发展

随着体育交流范围的扩大，体育经纪人的业务范围已不限于本国的体育市场，他们已将触角伸向其他国家和地区，表现出显著的国际化特点。无论是独立行事的个体经纪人，还是集团作业的经纪公司，无一不在努力拓展国外业务，他们以丰富的实践经验和积极的开拓精神在本土之外不断建立新的市场，在他们的演绎下，国际化的大流动、大循环使得世界体育和体育人充满了生机和活力。

三、体育经纪人的管理体制

国际上，体育经纪人的管理根据项目的职业化和发展程度的不同，主要分由国际体育组织和国家有关部门管理两种情况。

（一）国际体育组织对体育经纪人的管理

一些职业化程度比较高的项目，如足球、网球、田径等，都成立了国际性的体育经纪人管理机构。其中，足球由于发展规模最大，情况与田径和网球等又有所不同。

1. 单项体育组织管理。国际足联设立了专门的经纪人管理部门，并制定了相应的经纪人管理条例，对全行业的经纪人进行宏观管理和指导。其主要职责是，对所属各国家协会的经纪人管理提出要求，负责中介国际间即不同国家协会间运动员转会和比赛事务的经纪人的管理，包括明确经纪人、运动员和俱乐部各方的权利和义务，实施监督和裁决，等等。但国际足联不具体颁发经纪人执照，从事国际转会和比赛经纪事务的经纪人必须经各国家协会批准、获得执照后，到国际足联注册以获得国际足联许可证。

2. 体育经纪人行业协会管理。国际田径经纪人联合会则是另一种相对松散的经纪人自律性国际管理组织，它在组织上独立于国际田联，但实际上与国际田联和各国田协有着千丝万缕的联系。它也制定了有关的管理条例和制约监督机制，进行资格审定，以保障国际田径界经纪人的正常运作和经纪人的合法利益，但它对经纪人的约束力不及国际足联，还有待更多国家田协的承认和合作。国际网球经纪人联合会的情况与此类似。

（二）各国对体育经纪人的管理

对体育经纪人更多的还是在国家层面进行管理。其中，政府主要通过法律法规和市场经济规律对包括体育经纪在内的整个经济事务活动进行宏观管理，发挥监督和调控作用，而体育组织则对体育经纪人进行行业管理。

1. 政府机构管理。在美国，体育经纪人的管理分为两种形式：一是政府管理，主要是州政府管理；二是社会团体管理，包括运动员工会（职业体育）、大学生体联（业余体育）等管理。但无论是政府或社会团体，均是依靠多年形成的市场机制，以法律手段为主，对体育经纪人进行调控和管理。

美国大部分州都实施了"运动员经纪人规范"，规范并监管那些并未在本州注册经纪人、但在本州商业招募运动员的（违规经纪人）行为。各州设置的体育经纪人管理机构主要有四类：劳工部门、行业管理部门、州政府专门秘书处、立法委员会法律办公室。社会团体主要有运动员工会、大学生体联等。[①]

在欧洲，不少国家的民法和商法对经纪人都有专门的论述，一些国家还制定了专门的经纪人法。有些国家还在修改的体育法中增加了针对体育经纪人的有关条款，如1992年修改的《法国体育法》就增加了关于体育经纪人的规定。尽管政府部门一般不直接对微观的中介活动进行管理，但许多国家的政府对涉及劳资关系的经纪活动非常重视，因为劳资关系处理不当，往往会导致劳动者罢工，而影响国家的稳定。

2. 体育组织管理。国家体育组织或单项协会对从事本行业（项目）经纪活动的经纪人实施直接或间接的管理。如美国的各项目运动员工会为保护职业运动员的利益不受损害，相继推出体育经纪人管理条例。美国全国橄榄球运动

---

① 牛辉：《美国、中国体育经纪人之比较研究》，《大观周刊》2013年第12期。

员工会于1983年第一个施行经纪人管理办法,篮球、棒球等运动员工会也相继公布了自己的有关规定。各工会在管理办法上大体一致。

一些国家的足球协根据本国实际情况,依据国际足联的有关规定,建立了国内经纪人队伍,主要负责国内球员的转会,同时制定了具有约束力的经纪人管理条例,包括经纪人条件及活动范围、组织管理、中介行为准则、佣金标准、违章处罚等。在职业足球开展得最为成功的意大利,由意大利足协负责足球经纪人的管理,足协制定了《经纪人管理条例》,批准足球经纪人名单,并成立了专门的经纪人事务委员会负责具体事务。该委员会由包括经纪人协会的代表等在内的多方人员组成。还有一些国家则通过自律性的不同项目经纪人协会进行具体管理工作,这些协会往往与该国的单项协会密切合作,参与经纪人的资格认定、资格考试、争议仲裁等,在经纪人的管理中起着十分重要的作用。

四、体育经纪人的管理制度和内容

尽管不同国家对体育经纪人的管理规定不一、方法各异,但基本上都抓住以下主要环节,并制定了相应的管理制度加以保障。①

(一) 资格审定制度

经纪人从业资格通常对申请人的自然条件和专业知识与能力两方面进行考察。一般来说,对申请体育经纪人的自然条件要求并不十分严格,本国公民或在所在国居住一定时间以上、没有犯罪和违反体育法规的记录、具备基本的文化程度(如高中毕业)和一定的经济实力的人,都可申请从事体育经纪人职业。

此外,体育经纪人一般不能同时在相应的体育组织内任职,也不能与这些体育组织存在伙伴关系。体育组织的官员和雇员必须在原工作结束一定期限后才能申请成为经纪人。

除满足上述条件外,有些体育项目的申请人还必须通过特定的经纪人行业考试。考试一般由相应的体育组织、行业协会共同组织。例如国际足联规定,申请获得国际足联经纪人许可证的面试由本国足球协会组织,由国际足联发布考试大纲。田径经纪人考试由田径经纪人联合会组织,并得到国际田联的认可。考试或考察的内容主要是申请人对该项目及其管理规定的熟悉程度、对有关法律的掌握和运用、是否具备为委托人提供咨询服务的能力三个方面。经纪人考试一般每年进行,合格者颁发证书,有效期通常为2~5年。

---

① 徐爱丽、陈书睿主编:《体育经纪人实务》,复旦大学出版社2012年版,第122~123页。

申请人通过考试后，再经过一个专门机构进行资格审定，如国际田径和网球经纪人的资格审定分别由国际田径经纪人和网球经纪人联合会进行，意大利足球经纪人的资格审定权掌握在意大利足协设立的足球经纪人事务委员会手中。

（二）注册登记制度

申请人经资格认定后，需到相应的体育组织或经纪人联合会注册，并同时交纳注册费。有些项目还实行年度注册制度，经纪人须接受年审，并交纳年度注册费。

（三）保证金制度

在申请注册的同时，申请人一般还需在注册机构指定的银行存入一定数额的保证金作为押金，以约束经纪人履行义务、规范经营。经纪人一旦违约，将从其银行保证金中扣除部分或全部作为罚款；之后经纪人还必须立即在银行内补足这笔钱，否则将被取消经纪资格。

国际足联规定的保证金为20万瑞士法郎。只有国际足联有权使用该保证金，若经纪人的行为造成球员或俱乐部的损失并与国际足联的规则相抵触，经纪人的保证金将用来补偿由此而造成的损失。20万瑞士法郎保证金的总金额不属受害方补偿的限额。[①]

由于经纪人行为具有一定的隐蔽性，容易滋生经纪活动中的欺诈行为，因此，保证金制度是利用经济手段、约束和规范经纪行为的一项重要管理措施和制度。

（四）合同管理制度

为保障经纪人和委托人双方的权益，体育经纪人在实施代理前必须与委托人签订委托合同，将责、权、利以合同的形式确定下来，以便受到法律的保护。委托合同书通常包括双方的基本情况、服务范围、经纪期限、佣金支付、合同终止、争议解决等条款。为加大管理力度，一些体育组织还采取了一些特殊措施，如美国篮球运动员工会要求经纪人使用规范的经纪人/运动员委托合同范本；棒球运动员工会则把每年呈交委托合同作为经纪人保留继续从业资格的硬性规定。

[①] 参见本书附录五《国际足联球员经纪人规则》第九条。

（五）佣金制度

体育经纪人在完成其经纪活动后有权得到合理的报酬，即佣金。根据不同的代理事务和运动项目，佣金有不同的支付标准和方式。

1. 按比例收费。这是最常用的收费方式，经纪人按事先谈好的比例从运动员收入中提成。一般来说，代理运动员与俱乐部或职业体育组织进行劳资谈判的佣金比例较低。

代理运动员与体育组织以外的自然人或法人，进行运动员名字或形象的商业开发，包括广告、赞助和电视转播合同等，佣金比例较高。

针对不同的代理事务，采用不同的佣金标准，一方面有助于建立职业体育中较为稳定的劳资关系，保护运动员和职业体育组织的利益，另一方面也能鼓励经纪人积极开发运动员的商业价值。

2. 按时间收费。效仿律师的收费办法，收费以小时计算。

3. 综合收费。一种是将比例收费与时间性收费结合起来计算，还有一种是不计谈判的时间及合同款数额，按事先谈好的费用收取。一些体育组织还制定措施，加强对经纪人收费的监督和管理。①

（六）仲裁制度

出现各种争议和纠纷时，通常的做法是请有关的机构进行调解和仲裁。运动员工会、体育组织的仲裁机构或体育法庭都可成为最终仲裁者。

在一些职业联赛体系较完善的国家，如美国、英国、意大利等，委托人与经纪人产生的纠纷，除涉及运动员比赛资格问题外，主要根据有关的公共立法，提请法院按司法程序或诉诸仲裁处理，体育组织一般不介入。

（七）违规处罚制度

对体育经纪人的违法行为，轻者通报批评、经济制裁，重者要取消成员资格、责令停业甚至吊销执照、给予刑事处罚等。

（八）培训制度

许多体育组织和经纪人联合会在举行经纪资格考试前，要组织申请人进行相应的培训，培训内容集中在相关法律法规、市场营销、经济合同、公共关系和行业规范等多方面，以使申请人初步具备从事经纪活动所需要的知识和技能。

---

① 徐爱丽、陈书睿主编：《体育经纪人实务》，复旦大学出版社2012年版，第113页。

比利时、西班牙、荷兰、德国、法国等欧洲国家都有培养体育经纪人的高等院校，如法国的贝尔纳大学和荷兰欧洲体育管理学院还设立了专门的体育经纪人专业，培养高素质的体育经纪专门人才。接受继续教育也是体育经纪人保留从业资格的必备条件和提高方式，经纪人需参加每年一度的培训，了解运动员收入的发展趋势、新出台的相关法律、重大经纪案件的审议等。以上制度的确立保证了体育经纪人和经纪活动的正常运作和发展。

第三节 运动员经纪

在体育经纪人的类别中，"运动员经纪人"只是其中针对服务对象的一类，但也是最重要的一环。很多人对体育经纪人的认知几乎都是从运动员经纪开始的。运动员经纪主要包括运动员转会、运动员参赛、运动员无形资产开发和运动员的生活管理等方面内容。

一、运动员转会经纪

在当今的世界职业体坛，每年都有众多的职业运动员为国外的体育俱乐部或球队效力；而在各国内部的职业体育俱乐部或球队之间，球员转会更是司空见惯。大多数俱乐部都认为，每年球队中有两三名运动员的流动，无论对球员还是对俱乐部都是有好处的。职业比赛的竞争性和商业性客观上促成了运动员流动机制的形成。俱乐部因为转会不再是一潭死水，而变成一个集中和疏散运动员人才的中转站。在自由贸易、自由竞争的口号下，职业运动员的转会也是自由流动。当然，这种自由并不是随心所欲的，而是受一定条件的限制。

（一）职业体育的自由转会制度

从根本讲，运动员的转会是指其雇佣关系发生了变化。在市场经济的条件下，优秀运动员由于能创造出巨大的"票房价值"，被视为极有价值的商品。运动员被培养到一定程度，为谁效力，谁就出钱；反之，谁能支付相应的价格，谁就有可能得到这些运动员。这种运动员的有价转让或市场交易，实际上是人力的商品化现象，是市场经济高度发达的必然产物。

球员转会的经济基础在于买方市场的存在。

在比较成熟的职业体育项目中，球员转会收入与电视转播权的销售、广告赞助、门票收入和标志产品的出售一起，被认为是现代职业体育的五大收入来源之一。

在球员转会市场上，都是以货币单位评估运动员身价。体育经济学家认为，运动员的训练和比赛在本质上也是一种劳动（劳务），虽然不直接生产物质产品，却是产生精神形态的劳务。职业运动员的身价实际上体现了社会对运动员劳动成果与劳动能力的承认，所以，球员转会问题在不少国家都有专门的法规进行规范。

（二）运动员的转会与转会经纪人

球员转会是伴随着体育职业化的产生而发展起来的。

20世纪60年代开始，以足球为代表的体育职业化达到了相当高的程度，许多体育发达国家都建立了完整的职业足球体制，形成了完全以市场为依托的职业足球联赛体系，以竞赛为核心的足球产业规模迅速膨胀。各足球俱乐部为吸引优秀运动员加盟，放宽政策，给予运动员更大的谈判权利和更优厚的条件，促使运动员的转会更加频繁和复杂，球员转会市场也越来越庞大。转会的经纪活动开始向专门化的方向发展，从事转会中介活动的体育经纪人逐渐兴盛。

转会中介活动是一项非常复杂的工作，这首先要求转会经纪人员对体育项目有相当深入的了解，最好是本人具备这个项目的运动经历。经纪人除了要对本项运动的规则、技术战术等相当熟悉外，还要对自己所代理的球员的技术特点有很深刻的洞察和准确的预测，这样才能成功地为自己代理的球员寻找到适合其特点、有利于发挥其水平的俱乐部或球队。从事转会中介的经纪人还要尽量了解一些俱乐部或球队各方面的情况，这些都是促成球员转会成功的先决条件和准备工作。

（三）转会相关合同

转会相关合同主要有三种：运动员与俱乐部的工作合同、原属俱乐部与转入俱乐部的转会合同、经纪人与运动员的委托合同。

一旦委托人与俱乐部或球队达成了转会意向，转会经纪活动就必须紧紧围绕三个相互联系的合同关系进行：运动员与原属俱乐部的工作合同、运动员与接受俱乐部的工作合同以及原属俱乐部与转入俱乐部的转会合同。①

（四）转会经纪活动的收益

运动员的转会费与运动员的报酬是两个不同的概念。转会费体现的是运动员本身的价值，而报酬体现的是运动员提供劳务的价值，二者之间有很大的差异。

---

① 徐爱丽、陈书睿主编：《体育经纪人实务》，复旦大学出版社2012年版，第174～176页。

转会经纪活动获得的佣金与转会费基本上没有关系，但是与运动员的收入却高度相关。

二、运动员参赛经纪

（一）运动员参赛经纪的概念

运动员参赛经纪是指经纪人受运动员的委托，有选择性地安排运动员参加体育比赛或表演，并且通过帮助运动员参加这些比赛或表演而获得经济收益的代理活动。

（二）运动员参赛经纪的主要内容

运动员参赛经纪内容主要包括选择、安排赛事，与比赛组织者进行谈判，做好与比赛相关的服务工作，发现新秀并为其成长创造条件，及时处理比赛中出现的问题，等等。

1. 科学合理地选择、安排运动员参赛。无论从获得经济收益还是保持运动水平来看，比赛都是运动员必不可少的组成部分，也是运动员参赛经纪的动力来源。但是，运动员参赛经纪不是对利润的无限追求，理想的经纪结果是通过代理运动员参赛，既能获得收益，也能保持和提高运动员的竞技能力。因此，运动员参赛经纪需要注重比赛的科学性。

2. 与比赛组织者进行谈判。为了最大化地保障运动员的利益，体育经纪人往往要就运动员的参赛问题与比赛主办方进行谈判。谈判内容主要包括参赛费用、参赛事项的详细安排、出场费及奖金，甚至包括参赛对手的赛事安排等问题。

3. 开发运动员参赛的商业机会。现代竞技体育比赛具有广泛的影响力和媒体曝光率，更是赞助商和广告商眼中的商业机会。运动员参赛的商业机会包括比赛所使用的运动服、运动鞋和运动器材的品牌，胸前和背后的广告，等等，但前提是不能违反体育组织和比赛组织机构的有关规定。

4. 做好与比赛相关的服务工作。运动员参加比赛从筹备到结束是一个包含多个环节的过程，为了取得优秀的成绩，运动员需要在训练和比赛中投入大量的精力，因此，许多具体的服务工作都要由体育经纪人来经手，如参赛相关手续的办理、交通食宿的安排、比赛的日程安排等。

5. 及时处理比赛中出现的问题。在比赛中可能会出现一些突发事件，如服用兴奋剂、伤病复发等，通常情况下，这些事件都要由经纪人出面处理。

6. 发现新秀，为其成长创造条件。运动员经纪的市场资源存在众多的影响因素，很多有远见的经纪人除了尽量吸引现有的优秀运动员签约经纪外，也十分注意未来运动员资源的开发。这些经纪人会扮演伯乐的角色,注意发现和挖掘新秀,并为其聘请合适的教练,进行培训,甚至出资帮助运动员训练、生活和工作。这样的投入是一种长期的可持续发展的策略,其收益也往往非常可观。①

三、运动员无形资产的开发

体育广告可以利用运动员的形象,通过媒体推广企业的产品。运动员为广告提供的载体很多,几乎涵盖了日常生活的各个方面;体育赞助则是指运动员与企业联姻,由企业向运动员提供金钱、实物或劳务支持,并获得广告、专利或者冠名等作为回报。经纪人通过中介活动,促使企业与运动员达成广告或赞助协议,企业由此可以利用运动员的公众形象推广自己的产品,运动员也可以获得一定的经济利益,这类经纪活动有利于体育明星无形资产的开发。

(一)运动成绩对运动员无形资产价值的决定性

从体育明星所具备无形资产的价值看,无形资产的产生和市场价值的大小,主要取决本人的社会影响力和宣传效应。而其社会影响力和宣传效应主要是由运动员的业绩决定的,一般来说,个人的业绩愈大,其拥有的无形资产的价值总量、市场开发的潜力也会愈大,交易成功率也会愈高。

(二)运动员无形资产价值与现代传媒的联动性

运动员的声誉及宣传效应不能自发地起作用,必须通过大众传播媒体,与媒体联动,才能实现其价值。在进行运动员的形象设计和开发时,电视、报纸、杂志、网络等媒体的宣传是必不可少的先决条件,离开了这些载体,想要开发运动员的无形资产是难以想象的。通常,媒体越先进,影响面越广,宣传效应越大,体育与其联动,创造的无形资产的产值就会越高。许多体育明星的经纪人都要定期为自己的委托人精心设计和制造与传媒接触的机会,以维持他们的明星效应。

从事运动员经纪活动时,要十分注意正确处理与媒体的关系。运动员与其经纪人都要认真学习与媒体打交道的办法和技巧,应该充分利用媒体来树立运动员的公众形象,亲和观众、目标顾客、商业伙伴,这也是运动员无形资产增值的有效方式。体育明星的形象等作为"无形之物",也需要不断宣传,不断使用,使之"有形化",这样才能增值。

---

① 徐爱丽、陈书睿主编:《体育经纪人实务》,复旦大学出版社2012年版,第178~179页。

(三) 运动员无形资产的利用与企业的高度相关性

运动员无形资产的生命力在于资产能否有效地应用于企业经营,给企业带来良好的声誉,提高企业的知名度,创造超额利润,从而取得最佳的社会经济效益。从事运动员无形资产的经纪活动必须是让运动员与企业双方以支持和回报交换为中心,以支持换回报,以回报换支持,两者进行等价交换。双方必须是互惠互利、共同得利的关系。双方只有平等合作,精诚团结,同舟共济,才能实现双赢。

(四) 运动员无形资产交易的不确定性

运动员无形资产的潜在价值或理论价值可能很大,但是实际交易价格能否反映它的理论价值,则有很大的不确定性。在实际操作中,其开发利用和价值计算都存在一定难度,其价值实现弹性相当大。运动员无形资产的价值实现,一方面要受到项目水平、项目普及程度、项目商业价值和相应法规完善程度等一系列体育自身因素的影响,另一方面受到媒介的关注程度、大众的参与程度、购买企业的形象定位及经济的景气程度等诸多因素的影响。在从事这类经纪活动时,要特别注意降低交易风险,尽可能实现其市场价值。

四、运动员的生活管理

运动员的生活管理是一个十分复杂的问题,它涉及众多方面和多种因素。从保持和提高运动员人力资本的角度考虑,运动员的生活管理在运动员经纪活动中也占有十分重要的地位。为了突出重点,这里仅就运动员生活管理的几项主要任务,从经纪活动的角度进行分析和阐述,具体包括帮助运动员确定目标,保证有效沟通,加强运动员的思想教育,敦促运动员遵守各项规章制度,等等。

(一) 帮助运动员确定目标

现代竞技体育的发展需要不断挖掘人体的运动潜能,需要运动员不断地向人体的极限挑战。运动训练是一个艰苦的过程,需要运动员全身心地投入。运动员如果没有远大的理想和坚强的毅力,很难攀登体育高峰。在运动员的管理过程中,必须认真分析运动员物质性和精神性的目的、愿望和理想,帮助运动员确定切实可行的目标。运动员确定了这样的目标,才有可能产生巨大的内聚力,才会自觉地为此努力,这也是运动员取得优异运动成绩的先决条件。

运动员的经纪人应该注意与运动员、教练员和管理人员之间的有效沟通,一起学习、切磋。在确定长远目标之后,还要制订相应的阶段目标,以使运动员产生和保持强大的内驱力,通过各种科学的激励手段,使运动员保持较高的动机水平,以激发运动员的训练热情。

(二) 认真对待运动员合理的需求

现代行为科学认为,需要是产生行为的动机。因此,解决运动员的需要是调动他们积极性的重要方法,也是思想工作的重要内容。在现实中,运动员的许多思想问题都与他们的实际需要交织在一起,在运动员的生活管理过程中,绝不能回避免运动员的合理需求,对其需求应认真分析,有针对性地采取不同对策。对运动员的合理需求,能够解决的要通过各方面的努力尽量解决;一时解决不了的,要创造条件逐步解决;对运动员的不合理需求,则要晓之以理,进行教育和引导。

(三) 经常保持与运动员的沟通

一般情况下,运动员因为职业原因,思维能力相对较弱,导致其接受抽象的概念和理论有一定的难度。经纪人应保持与运动员经常性沟通,以潜移默化的方式提高运动员的思维能力。

运动员在日常生活中肯定存在各种各样的矛盾,有实际问题,也有思想问题,经纪人首先要深入运动员之中,弄清矛盾所在及其产生原因,对症下药,进而解决问题。

(四) 帮助和监督运动员遵守各项规章制度

运动员作为特殊的人群,不但有理性,也有感性;不但有社会属性,也有自然属性。当感情战胜理智时,人表现为自然的人、失去理智的人;而当理智战胜感情时,则表现为社会的人、理智的人,情理交融,构成了现实存在的人。

当运动员的感情战胜理智时,并且因此不能按照行为准则指导自己的行为时,经纪人要对他们进行思想教育,提高他们的认识水平和理解能力。如果他们还不理解,产生违反甚至破坏目标的行为时,就必须对这种行为加以强制性限制和约束,即规章制度的约束。任何一种管理系统的维系力量以规章制度的形式表现出来时,就是法,没有法的约束,管理系统的目标就无法实现。因此,动之以情、晓之以理、约之以法也是运动员管理中必须遵循的原理,监督和敦促运动员遵守各项规章制度是运动员管理的重要保障措施。

资料链接

国际管理集团

谈体育经纪人就不能不提到国际管理集团（International Mangment Group，IMG），正是50多年前IMG创始人马克·迈克马克与一名年轻高尔夫球手阿诺德·帕尔默的简单握手，开拓了体育运动的管理和营销事业。如今，IMG在全球拥有超过60个办事处、2000多名雇员，无疑称得上是业内世界之首。凭借其人才资源、资金实力和完善的网络，IMG已经成为全球娱乐、文化推广的龙头。IMG代理的对象除了运动员、世界级赛事，还有表演艺术家、作家、时装模特、传播机构、各类企业、文艺团体及休闲度假胜地等。

一、公司概况

IMG可以说是与体育产业同步发展起来的。它从一个客户到另一个客户，从一个体育项目到另一个体育项目，从一个国家到另一个国家，发展成为今天纵横全球的跨国企业。该集团最早的客户是三个高尔夫球好手——阿诺·帕尔默、加里·普莱尔、杰克·尼古拉斯。当时恰逢电视体育事业刚刚起步，将运动员的形象搬上电视屏幕诞生了IMG的概念。

1968年，IMG与网球好手罗德·拉夫尔及三次滑雪运动金牌得主基恩·克劳德克签约。1969年，又与世界著名一级方程式赛车手杰克·斯图阿特签约。1970年，IMG与第一个团队体育客户波士顿·凯尔特名人厅达成协议。从此，IMG不断扩大范围，将客户名单扩展到体育领域中每个可以想象得到的角落，同时积极进军其他的娱乐和文化圈子。目前，IMG的服务对象大致分为四类。

体育类——比赛、联赛、协会、电视节目、运动员；
艺术类——流行音乐、古典音乐、交响乐、音乐家、节日；
慈善类——学院、慈善组织等；
休闲类——博物馆、电影、公园、杂技、时装、贸易等。

随着IMG的不断扩展，全面描述公司的概况已经相当困难。即使是创始人马克·迈克马克本人，恐怕也没想到竟会有如此的发展。

美国是IMG的大本营，经营着世界顶级运动员参加的各种大型比赛和巡回赛，一直保持着40年来在本国体育市场上建立起来的领导地位。其主要涉及的项目有高尔夫球、网球、花样滑冰、田径、汽车，内容包括赛事策划和推广、与媒体合作制作电视节目等。在代理团体体育项目之运动员方面，IMG也处在同业之首，客户范围涉及橄榄球、篮球、曲棍球、足球等。

IMG在立足本土发展的基础上，积极向外拓展，随即在各大洲都奠定了自身的地位。首先在20年前就进驻西欧各国，然后由北美加拿大发展到墨西哥、南美阿根廷，再将触角伸及非洲、东欧等经济迅速发展的地区，相继在莫斯科、布达佩斯、约翰内斯堡及中东地区成立了办事处。近几年，随着世界焦点的转移，集团将重点放在了太平洋沿岸地区，包括中国、日本、澳大利亚及东南亚各国。

二、经营现状

IMG 始终坚持"为客户获取更多利益"的宗旨。由于良好的信誉和专业的服务，集团的客户群体不断扩大，客户种类不断增加。

1. 公司客户。IMG 帮助他们有效管理，促进其在体育、艺术及赛事中的推广活动和广告投资。

2. 商标营销客户。对运动员、赛事活动机构客户，IMG 除了为他们寻找赞助合约外，也经营其所属的商标。IMG 设有商标营销部，专门负责为其知名客户的商标营销进行独家开发和经营。此外，IMG 还为体育管理机构和电视有关的商标、公司和机构标志、商标以及传统儿童人物形象开发特定全面的商标营销计划。

3. 金融策划客户。国际管理集团投资顾问国际公司（IAI）为数以百计的公司经理、独立商人、医生、政府官员以及其他专业人员提供全面的金融策划服务。

4. 团体与机构客户。除体育团体和机构客户外，IMG 还与其他类型的组织和机构合作，集团下设特别项目部门，帮助客户们发展开拓赞助、商标注册、推广和广播宣传机会，如环球电视制片公司、罗克罗名人博物馆、牛津大学、诺贝尔基金会等。

5. 娱乐产业客户。IMG 还经营高档次的娱乐项目，业务从高尔夫球场、网球学校、马术中心到水中休闲基地。就中国而言，阿诺德·帕尔默在广东中山温泉设计了中国第一个高尔夫球场。除场地设计外，IMG 还提供开发和完成娱乐设施的市场营销计划，成功地为各种形式的娱乐项目做管理或顾问，还将各种活动项目安排在自行设计和管理的设施内进行，或与国际电视传媒合作开发一项全新的锦标赛事或表演赛以协助发展商建立声誉。此外，IMG 设立了娱乐设施兼备的运动员专业学校，既能树立形象，还可以获取投资回报。

6. 电视客户。国际管理集团环球体育影业公司（TWI）是世界上最大的独立体育节目制作人，每年制作超过 1200 小时的原版节目。公司电视摄制队在进入 100 多个国家、收集 243 种不同的体育项目资料后建立起世界上最完整的体育录像图书馆。公司的拳头产品——《环球体育》杂志——每周从世界各地收集体育消息在 70 多个国家（包括中国在内）定期播放，拥有 3 亿多个家庭的忠实观众。

公司为各电视网络和体育组织提供高质量的制作和供片服务。公司代理数十个著名体育比赛和体育组织，并替它们对外洽谈电视转播事宜，包括温布顿网球赛、澳大利亚网球公开赛、汤姆斯杯和尤伯杯羽毛球赛、高尔夫球美国公开赛、英国公开赛，美国男子职业赛、世界女子职业网球协会比赛、世界花样滑冰锦标赛，以及中国、泰国和韩国足球协会职业联赛，等等。除此以外，公司还积极参与奥运会的电视转播事宜，并在国际奥委会的批准下制作了 100 周年奥运庆典之专题片。

三、业务运作

（一）体育赛事活动

IMG 创立、发展和经营大型体育活动，为许多传统的国际体育项目管理注册、赞助和电视转播权事宜。

在以商业运作提升项目价值上，男子职业网球巡回赛是 IMG 最值得骄傲的例子。20 世纪 80 年代的男子网球虽然发展迅速，但远未达到商业化经营的地步，比赛分散，无统一管理和开发，网球资源极大浪费。男子职业网球协会决定与 IMG 合作，共同将男子网球推向世界，并产生了巡回赛的想法。协议规定由 IMG 独家提供电视和赞助服务，并在纽约州的富拉辛国家网球中心停车场宣布了新男子职业网球比赛的开始。1988 年，IMG 与男子职业网球协会紧密合作，落实了比赛所需的资金，获得了 IBM 的冠名赞助，并通过环球体育影业公司售出电视转播权，每周制作男子职业网球赛的精彩节目，组织了法兰克福的男子职业网球巡回世界锦标赛。在男子职业网球巡回赛的前 5 年，IMG 每年为其创造 1 亿美元以上的收入，使男子职业网球巡回赛成为目前职业运动中组织最完善、利润最高的项目。今天，该比赛包含了六大洲 39 个国家的 87 站，1994 年的奖金就已高达 5600 万美元。

除了挖掘已有职业体育项目的潜力，IMG 还积极创立新的职业体育项目。花样滑冰可以说正是在 IMG 的大力推广之下才走向繁荣的。1984 年以前，花样滑冰运动员几乎没有施展才能的机会。当他们转向职业时，唯一的方法是参加家庭式的表演，没有职业比赛。IMG 与客户共同合作，开发了奥林匹克级的职业巡回赛——美国 48 城市 Discover Card 明星花样滑冰巡回赛以及其他的职业比赛，如 Office Depot 冰上交响乐系列、北美职业锦标赛、西北 Mutual Life。由于 IMG 为这些比赛获得了电视转播，滑冰项目在 80 年代迅速发展，并在 90 年代达到高潮，成为冬季奥运会中最有吸引力的项目。

（二）运动员经纪

尽管有乔丹、泰森、罗纳尔多等一批拥有千百万美元广告收入的大牌明星，但其之所以能成功取得经济利润，都可以在阿诺·帕尔默这里找到根源，因为这是第一个成功地将竞技价值转变为商业价值的运动员。在 IMG 的帮助下，阿诺·帕尔默最先缔造了一个真正的体育帝国，彻底地将一个体育形象市场化。尽管他已经退出体坛，而且体育领域的明星日新月异地更替，但其商业形象仍然保持着，连续 30 年在广告收入方面遥遥领先，直到 1991 年才被乔丹超过。从 1960 年至今，这位现已 70 多岁的老人从围绕着其名字、形象、服务、产品许可、注册、书籍、录像带制品以及所有能够产生经济效益的方面源源不断地获取财富，可以说，他的成功是 IMG 成功经营个体运动员的经典案例。

四、IMG 与中国

早在 1974 年，在德黑兰举行的第七届亚洲运动会上，IMG 就与中国有了最初接触。1979 年，IMG 成功组织了拳王阿里访华，成为最早进入中国体育市场的经纪公司。从 1994—2003 年，IMG 和中国足协一起创办了甲 A 联赛和足协杯，并一直负责这两项中国最重要的足球赛事的市场推广和电视节目发行。从 1995—2001 年，IMG 和中国篮协一起创办了 CBA 联赛和全明星赛。此后，IMG 还组织了网球、羽毛球、体操、排球、高尔夫球等各类运动赛事。

IMG 和中国媒体的合作包括国际性体育节目的制作、宣传和推广。IMG 是第一家在我国制作并向国际转播现场直播节目的外国公司。IMG 在我国的客户有中央电视台以及北京电视台、广东电视台等多个地方台，除供片外，还积极合作赛事。2008 年，IMG 与中央电视台共同成立了央视 - IMG 体育赛事管理有限公司。[①]

经纪业务方面，IMG 曾与我国多位体育明星如李娜、申雪、赵宏博等有过合作。

---

① 参见 http://sports.cctv.com/xiuxian/special/zwqy/20090521/106347_2.shtml。

作为一家从事体育、娱乐事业的营销和管理公司，IMG 对中国体育尤其是足球和篮球的职业化改革发挥了极其重要的作用。IMG 的管理经验，对中国体育的市场化推进也具有重要的借鉴意义。

（资料来源：徐爱丽、陈书睿主编《体育经纪人实务》，复旦大学出版社 2012 年版，第 64 页，以及其他相关网络资料）

经典案例 >>>

一、美国体育商业化传奇：马克·迈克马克与 IMG 帝国

1959 年的一天，高尔夫球明星阿诺德·帕尔默与年轻律师马克·迈克马克用一个握手建立起非正式的合作约定。这是历史性的一次握手，它代表着现代意义上的大规模体育商业化的开始。

马克·迈克马克并不是第一个体育经纪人，阿诺德·帕尔默也不是第一个商业化的体育明星，在他之前，运动员们也热衷于拍广告赚钱。然而，从未有人想象过体育与商业可以如此完美地结合在一起。迈克马克所创立的国际管理集团（IMG）成为体育商业化的范本，其模式已深深植入美国体育产业。

（一）"花雨伞"品牌的诞生

1936 年，6 岁的迈克马克遭遇一场严重车祸，他的腿部粉碎性骨折，医生说他将一生不能从事足球、篮球等剧烈的体育活动。在生性好动的童年，迈克马克只能选择一种温和的运动——高尔夫。

在学校中，迈克马克成为全国范围内的高尔夫好手，他结识了业内的"明日之星"阿诺德·帕尔默。后来迈克马克考入耶鲁大学法学院，毕业后成为一名律师。他没有忘记自己的朋友，经常在业余时间帮助帕尔默和其他的职业高尔夫选手做合同方面的法律咨询。1958 年，帕尔默赢得了自己首个大师赛冠军。迈克马克突然意识到，他们应当有更进一步的合作。于是，帕尔默成为迈克马克新成立的经纪公司 IMG 的首位签约明星。

迈克马克为帕尔默建立起一套全面的商业推广计划，从组织比赛、电视广告到形象代言。IMG 赞助举办了多次全国范围的高尔夫大赛，帕尔默毫无悬念地成为获胜最多的球员。迈克马克还把帕尔默"租"给著名的公司老板们打友谊赛，当时高尔夫运动在美国的普及度远远不能和今天相比，很多人不了解这项运动，却不可避免地注意到这个经常出现在各大公司老总身边的、风度翩翩的体育明星。

征询了多个设计公司意见后，迈克马克决定以一个伞形图案作为帕尔默的个人标志。这源自一次击球后帕尔默顺着高尔夫球的轨迹望向远方的彩虹时看到的奇异景象。随着帕尔默赢得一个又一个的冠军头衔，这个标志迅速出现在专卖服装、汽车广告、饮料包装、甚至航空公司的宣传画上。"花雨伞"成为时尚的图腾，帕尔默比赛时，成千上万的球迷撑着雨伞站在场边，那种辉煌的景象成为一代美国人心中难以磨灭的记忆。而"花雨伞"作为一个集服装、设计、旅行为一体的国际品牌，至今仍享有盛誉。

很难说清究竟是高尔夫的发展成就了 IMG，还是 IMG 的商业推广成就了高尔夫运动。

迈克马克亲自设计的高尔夫球员积分和排名方法，后来成为全世界通行的标准，可见，迈克马克对这项运动的贡献绝不仅限于捧红了几个体育明星而已。

在高尔夫界获得成功后，迈克马克和 IMG 的领域很快扩展到其他体育项目，更重要的是，他们迅速走出美国的范围，开始了全球化的商业冒险。

（二）电视：超越体育与国界

20 世纪 60 年代著名的英国高尔夫选手托尼·杰克林在某场比赛获得胜利后，一家葡萄酒公司请他手拿一瓶酒拍照，这时迈克马克走上去，把酒瓶商标转到里侧。"如果你们想让自己的商标和杰克林出现在同一张照片里，那么，就得先付钱。"迈克马克强硬地说。

此时的迈克马克已经把 IMG 分部开到了欧洲各地，他旗下的运动员包括足球界的球王贝利，他让贝利领衔的一支美国球队与他的巴西队友踢了一场"世纪之战"友谊赛，吸引了全世界的眼球；然后是网球天王桑普拉斯、女子网球名将纳芙拉蒂洛娃和克莉丝·埃弗特、F1 赛车的迈克尔·舒马赫；在迈克马克去世前几年，他还签下了年轻的泰戈·伍兹。

在走向世界的过程中，迈克马克发掘了商业体育的另一个重要部分：电视。他创办了体育节目制作公司 TWI，他举办的体育赛事和旗下运动员的品牌形象通过电视荧屏传遍世界各地。目前，TWI 是世界上最大的体育节目制作公司，每年制作 6500 个小时的节目，输送至 200 多个国家，涵盖的体育项目超过 200 种。

IMG 前联合首席执行官鲍勃·凯恩这样评价自己的老板："迈克马克之前，体育行业基本上是区域性和国家性的，是迈克马克首创了大规模、国际化的商业体育模式。"而迈克马克之所以能做到这一点，得益于他在体育界无与伦比的影响力。"迈克马克能把全世界最不可能在一起比赛的体育明星聚到一起进行商业表演，这一点任何其他经纪人都做不到。"《商业周刊》评论道。而《体育画报》则评选迈克马克为"体育界最有权势的人"。

迈克马克的"权势"甚至超越了体育的范围，英国前首相玛格丽特·撒切尔、苏联前总统戈尔巴乔夫、罗马教皇保罗二世都曾是他的客户。为这些超级名人设计形象、安排活动、组织宣传，IMG 的实力得到充分彰显。

（三）谦逊和蔼的迈克马克

2003 年 5 月 16 日，迈克马克因心脏病去世。在他的讣告中，帕尔默的挚友、同时也是迈克马克的早期合作者加里·普莱尔说：……在我看来，他是个天才，他深深地理解体育、理解商业，而且，他深深地理解人性。"这句话点出了迈克马克体育商业帝国的成功之本。

正如帕尔默所说，迈克马克最重视的并不是他的成绩，而是他诚实、坚韧的品质。如今帕尔默退役已经数十年，"花雨伞"的品牌仍然屹立。

前滑雪运动员简-克劳德·基利仍然记得认识迈克马克的那个下午：在当时滑雪是一项十分小众的运动，虽然基利得过三次奥运冠军，但他的商业价值并不被看好。然而迈克马克并不这样看，他重视的是基利的个人品质与魅力，而不是他从事的运动著名与否。现在，"基利"作为顶级运动服饰品牌，已经风靡世界各地。

目前，IMG 是全球最大的品牌许可提供商，它旗下的每个品牌都有一段震撼人心的体育传奇，而这一切背后，则是迈克马克慧眼识人的能力。

迈克马克曾以帕尔默为例，阐述自己选择合作者的标准：第一，他的外表非常帅气；第二，他既不来自底层，也不是富家子弟，而是出身中产阶级家庭；第三，他打球的方式——敢于冒险以及潇洒的挥杆动作；第四，他参加过一些非常激动人心的比赛，而且曾被电视转播过；第五，他的谦逊与和蔼。这些经验值得立志发展中国商业体育的人士借鉴。

（改编自《环球财经》2010年第6期，作者：刘美）

二、守护NBA亿万薪资市场的体育经纪人

知名体育网站Hoopshype发布过一份2018—2019赛季NBA十大体育经纪公司的榜单。榜单按照各个经纪公司所签约球员在2018—2019赛季薪资总额多少进行排名（见表1）。同时也发布了NBA十大经纪人榜单（见表2）。

表1　NBA十大经纪公司

排名	经纪公司	球员总薪资（美元）
1	Creative Agency	5.39亿
2	Excel Sports Management	4.73亿
3	Priority Sports & Entertainment	3.17亿
4	Wasserman	3.02亿
5	BDA Sports Management	2.56亿
6	Octagon Athlete Representation	2.09亿
7	Klutch Sports Management	1.94亿
8	Goodwin Management Group	1.33亿
9	Tandem Sports and Entertainment	0.91亿
10	Landmark Sports Agency	0.88亿

注：薪资数值精确至百万。

表2　NBA十大经纪人

排名	经纪人	球员总薪资（美元）	签约球员总数（人）	全明星球员（人）	顶薪球员（人）
1	杰夫-舒瓦茨	4.08亿	33	8	7
2	马克-巴特尔斯坦因	3.06亿	38	2	2
3	比尔-杜菲	2.30亿	25	2	0
4	莱昂-罗斯	2.03亿	20	4	2
5	里奇-保罗	1.94亿	18	3	2
6	阿隆-明茨	1.83亿	22	1	2

（续上表）

排名	经纪人	球员总薪资（美元）	签约球员总数（人）	全明星球员（人）	顶薪球员（人）
7	史蒂夫-休曼	1.45亿	15	4	1
8	杰夫-奥斯汀	1.41亿	10	2	1
9	奥斯汀-布朗	1.14亿	19	2	1
10	萨姆-高德菲尔德	1.09亿	13	3	2

注：薪资数值精确至百万。

排在榜单第一位的是 Creative Artists Agency（CAA），这家公司已经连续多次占据福布斯十大体育经纪公司榜单榜首。CAA 签约的 NBA 球员本赛季薪资总额达到了 5.39 亿美元。恩比德、唐斯、布克、安东尼、瓦兰丘纳斯……这些球员都是 CAA 旗下球员。公司的王牌经纪人莱昂-罗斯在 NBA 极有影响力，他代理的球员本赛季总薪资达到了 2 亿多美元，近 CAA 的 NBA 业务的一半。

Excel Sports Management（卓越体育管理公司）排名第二，这家公司也长期出现在福克斯体育经纪公司榜单前三位。本赛季 Hoopshype 评出的 NBA 第一经纪人杰夫-施瓦茨便就职于此公司。

凭借乐福、格里芬、阿尔德里奇、庄神、麦科勒姆、怀特塞德、巴恩斯等多位签约球员，这家公司旗下 NBA 球员本赛季的总薪资达到了 4.73 亿美元，比榜单第三名高出 1 亿多美元。在未来的几个赛季，它的目标就是追赶 CAA。

Priority Sports & Entertainment 居于榜单第三，它的名字并没有出现在 2017 福布斯十大体育经纪公司榜单上。但凭借着超级王牌经纪人马克-巴特尔斯坦因，它在 NBA 市场可以说是大获成功。巴特尔斯坦因是签约 NBA 球员数量（38 位）最多的经纪人，海沃德、比尔、贾巴里-帕克、坎特、小哈达威、英格尔斯等人的经纪业务都由他负责。本赛季，公司 3.17 亿美元的 NBA 球员总薪资中，他一个人的业务总额是 3.06 亿美元。

榜单前十位的经纪公司大多都在福布斯年度体育经纪公司排行榜的前几页，这些公司都是全球顶级的体育经纪公司，它们不仅在 NBA 的成绩斐然，在北美四大联盟的表现也十分出色。

2018—2019 赛季，像 CAA、Wasserman 这些名声在外的经纪公司旗下的 NBA 球员总薪资达到了近 26 亿。这个天价数字不仅代表着这些顶级经纪公司早已尽所能抢占了 NBA 的优质球员资源，更告诉全世界：NBA 是球星的世界，可背后"操纵"真金白银的是经纪人！在这个成熟的商业联盟，经纪公司和经纪人的影响力正在日益变大。

一个球员的商业价值与其在赛场上的表现和荣誉是密切相关的，只有在场上打出精彩，才能更好地在场外闯出名堂。拥有一个好的经纪公司和经纪团队的重要性不言而喻。而这也是球员选择签约经纪公司的原因之一。负责球员的转会签约、替球员洽谈商业合作、帮助球员打造个人形象、处理场内场外的各种相关事务……经纪团队能够帮助球员迅速而高效地处理这些问题，让球员能够专注于训练与比赛。聘请一个经纪团队帮助自己争取商场利益最大化的同时，发挥赛场最佳状态，何乐而不为呢？一个为人熟知的例子就是詹皇兄弟的保罗－里奇当年为JR－史密斯和特里斯坦－汤普森争取到的大合同。就像是球员与球队之间在博弈，而有时经纪人就是球员手中的王牌。

经纪人职业队伍中人员素质良莠不齐的现象在体育行业也不例外。有为球员寻求利益最大化的经纪人，也有私吞代理球员钱财的经纪人，比如骗了邓肯2000万美金的前经纪人班克斯。因此，球员们在选择经纪公司的时候，专业性强、口碑好的公司成为合作对象，这样一来，经常出现在榜单前十位的经纪公司和经纪人，往往都是一个队列里互换位置的伙伴。

对职业体育而言，专业经纪公司有多重要？近年来，不管国内还是国外，对体育经纪公司和体育经纪人是否抬高了市场价格的讨论从未停止过。人们痛恨经纪人的"嗜血"本质，认为经纪人破坏了比赛和市场的规则。但很显然，熟谙规则的体育经纪公司与经纪人，其实恰恰是联赛经济秩序的维护者。

在NBA，随着天价转播交易和工资帽的不断增长，球员的合同价值达到了前有未有的高度。新的劳资协议让球员交易变得越来越难，这对球员拿到利益最大化的合同提出了一些挑战。此时，有一个出色的经纪团队的作用就不言自明。

2017年休赛期，下图中11家经纪公司一共达成了71笔NBA自由球员的交易，合同总金额约为23亿美元。不管怎么说，经纪公司已经成为NBA不可或缺的一部分，它们的操作往往是使联盟发生巨变的重要原因之一。

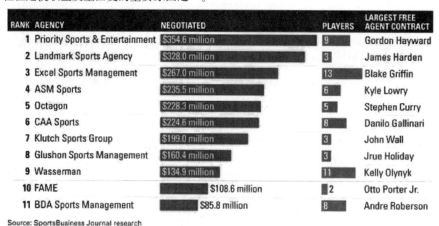

图　2017 free agent signings

体育联赛市场化达到一定程度的时候，体育经纪公司必然会出现。不论是北美四大体育联盟，还是欧洲五大联赛，它们都已经拥有了成熟的体育经纪运作体系，很多专业的体育经纪公司也已成为职业体育发展中不可或缺的一部分。

相比美国成熟的体育经纪人制度，中国的体育经纪发展有些缓慢。在国内，每当提起体育经纪时，似乎很难想起具体的公司/人/业务，更别提榜单的评选和排名。造成这样的原因是多方面的，比如中国职业体育的发展并没有为体育经纪提供一个很好的成长环境。

一方面，国内的顶级职业联赛 IP 相对匮乏，职业体育球员并没有真正的"自由"；另一方面，由于特殊的举国体制运动员培养方式，运动员的商业开发也陷入了一个尴尬的境地，转会市场几乎无从说起，商业开发无从下手。面对这样的现状，又有多少人愿意成为体育经纪人？愿意成立体育经纪公司呢？

值得欣慰的是，这些年来，国内职业联赛也在慢慢地尝试改革，积极求变，而随着近年来体育产业的快速发展，越来越多的有志之士开始加入体育经纪人的行列中。如"姚之队"，在姚明的经纪团队中，中外双方人员共同协作并分工。

不过，国内的体育经纪想要像国外一样专业化，非一朝一夕所能达成的目标。我们还有很长的路要走，发展联赛、培养人才、规范从业规则等，只有这些都发展起来了，中国体育真正做到职业化了，体育经纪才会随之真正出现，并成为市场上的主导。期待不久的将来，我们可以交出一份属于自己的经纪公司排名榜单。

（改编自：陈新进《NBA 亿万薪资市场，由十大体育经纪公司来守护》，https://www.ecosports.cn/Home/Consultation/show/id/10486.html，2018-11-26）

第十一章 出版经纪人

作为经纪行业的一个类别,我国出版经纪人还有待发展完善。而在西方,出版经纪人及其经纪活动已为人们广泛认知并得到认可,其行为受到法律的制约和保护,形成了相当成熟的出版经纪人市场。作者、出版经纪人、出版社、销售网点已成为一个紧密联系的图书出版系统。了解我国出版经纪人和西方出版经纪人的主要工作、收入状况及行业现状,对我国出版经纪人的发展有很重要的借鉴作用。

第一节 出版概述

根据《现代汉语词典》的解释,出版是把书刊、图画、音像制品等编印或制作出来,向公众发行的一种行为①。古代金文、石刻、人工抄写以及刻绘书籍是一定意义上的出版。正式的出版随着印刷术的发明而产生,至唐代中叶盛行。

出版与印刷术的发明密切相关,一般来说,先有印刷术,后有出版。所谓"版",在我国古代,是指上面刻有文字或图形以供印刷的木片。用雕版印刷的书籍,称雕版书。早在五代就有刻印板、镂板,宋代有"开板""刻板""雕版"("板"与"版"在古代意通)等词,但未曾出现"出版"一词。据考证,在中国"出版"一词出现于近代。有的学者认为,"出版"一词是19世纪末20世纪初从日本传入的,日本在18世纪50年代已出现了"出版"一词。在《世界版权公约》(1971年修订)第六条中,出版指以有形形式复制、并向公众发行的能够阅读或可看到的作品复制品。② 在《伯尔尼保护文学和艺术作品公约》③ 第三条也提到,出版是在其作者同意下出版的著作,不论其复

---

① 中国社会科学院语言研究所词典编辑室编:《现代汉语词典》(第7版),商务印书馆2016年版,第188页。
② http://www.sipo.gov.cn/zcfg/gjty/1063151.htm,2015-09-10。
③ http://www.sipo.gov.cn/zcfg/gjty/1063151.htm,2015-09-10。

制件的制作方式如何，但考虑到这部著作的性质，复制件的发行在数量和方式上需要满足公众的合理需要。因此，出版应具备两个条件：一是出版作品必须经过作者的同意；二是复制件必须达到一定的数量，能"满足公众的合理需要"。总之，作品是出版的前提，编辑、复制是手段，向公众发行是目的。是否单独规定出版权以及出版权的性质，各国的规定是不同的。鉴于长期以来出版在各种复制方式中具有的重要地位，许多国家于其著作权法中，在复制权之外又单独规定了出版权。前述两个主要的版权公约也都把首次出版作为确认作品国籍的标准。关于出版权的性质，大多数国家把出版权认定为作者的权利，事实上，作者以及有关的权利人一般也都将作品的复制权和发行权一起转让。

相比"出版"一词在中国的出现，书籍出版在我国则有悠久的历史。原始书籍的产生，即帛书的出现，可以追溯到春秋战国时期，《墨子·明鬼》有"书之竹帛，传遗后世子孙"的记载。我国古代书籍的流传，最初由人们辗转抄录。以后有人抄书出卖，书籍开始成为商品。据记载，西汉时就出现了书肆。2世纪初，中国发明了纸张，使文字载体发生了巨大变化，为书籍出版的发展提供了重要的物质条件。7世纪又发明了雕版印刷术，有了印本书，开创了书籍出版的新时代，正式的出版业开始出现了。11世纪，毕昇发明了活字印刷术，书籍出版又发生了突破性飞跃。15世纪50年代，德国人J.谷登堡发明了以机械的方法用铅活字印刷图书，使出版业朝着工业化的方向发展。19世纪初，这种先进的印刷术逐渐传入我国，我国的现代出版业也随之逐步形成。

出版是人类社会的经济、政治、文化发展到一定阶段的产物。出版物凝结着人类的思想和智慧，集聚了科学技术的发明创造和社会实践活动的经验与成果，反映了社会生活的各个侧面。出版的历史是人类文明的历史，出版业的发展对社会的进步发展有着极其重要的作用。

第二节　出版经纪人的历史和发展

随着出版业、图书市场的发展和经纪行业的兴起，一个新兴职业随之诞生——出版经纪人。出版经纪人又叫版权代理人，它是在新的出版和市场格局下孕育而生的产物。出版经纪人的概念，虽然目前学术界和业界尚无明确定义，对其表述也各有不同，如"版权经纪人""文学代理人"等，但其主要职能基本一致。在《牛津英语大词典》（2002年版）中，出版经纪人是"代表作者与出版社打交道的机构或个人"。根据出版和经纪人的解释，出版经纪人是指在出版活动中，连接作者和出版商、以获取佣金为目的的经济组织或个人，他们与作者签署版权经纪合同，帮助作者寻找作品出版和发表机会，从而获得一定的佣金。经纪人与出版社都有良好的关系，负责发掘作者、培育作者和包装作者，通过市场调查和分析来确定作品的路线，并在作品面市前联合出版社宣传，在作品走向市场后以收取佣金的方式来获取报酬。

一、西方的版权代理和出版经纪人

版权即著作权，是指作者对其创作的文学、艺术和科学技术作品所享有的专有权利。这是公民、法人依法享有的一种民事权利，属于无形财产权。① 如文学、书画等原创艺术作品，其著作权并不会跟随作品的买卖而发生转移。作品的买卖只是物权（有形财产）的转移，其著作权的使用仍需要获得作者授权。版权代理就是相关组织或个人受著作权人的委托、以委托人的名义与第三方交易、解决其作品权益的授予或转让的行为。

版权代理机构最早可追溯到法国，1777年，法国剧作家作曲家协会成立，开创了版权代理制度的先河。而版权经纪人制度发源于英国。19世纪30年代，英国著名作家狄更斯曾经委托他人与出版商商讨其作品的出版事宜，但这只是一种偶然、随机的现象。作为一种职业，出版经纪人出现于19世纪70年代，这个人就是西方出版经纪人的鼻祖——英国人亚历山大·坡洛克·瓦特（Alexander Pollock Watt）（1834—1914）。1875年，瓦特的一个朋友请他出面跟伦敦的一家出版公司商谈出版合同事宜。瓦特的这次代劳取得了令人满意的结果，使三方受益，也因此激发了瓦特的创业灵感，当年，他便在伦敦成立了一家经纪人事务所，很快受到了作家和出版社欢迎，随后发展为世界上第一家出版经纪公司：A. P. 瓦特公司。A. P. 瓦特公司在成立后的30年中是世界是最大的出版经纪公司，并且第一个明确提出了出版经纪人或者经纪公司的行业收费标准：10%。1914年，瓦特去世，其子A. S. 瓦特继承父业并发扬光大，曾将诸如毛姆、马克·吐温等名家收归旗下。

美国则后来居上，成为世界上拥有最成熟版权代理制度的国家。1893年，保罗·R. 雷诺兹（Paul R. Reynolds）成立了美国最早的一家版权代理公司。② 在欧美国家，出版商要想取得一位知名作家的版权，必须通过版权经纪人。社会分工发展了，以写作为生的专职作家也相继出现，这些专职作家由于专心创作的需要，不想在与出版商、编辑的讨价还价上花费过多的时间，更希望有人能够为他们提供服务，把书稿送到合适的出版商手中，并为他们争取最大的经

---

① http://www.ncac.gov.cn/chinacopyright/contents/579/20916.html, 2007 - 01 - 11。
② 刘丹：《版权代理人与"中国文学走出去"——以〈解密〉英译本版权输出为例》，《中国版权》2016年第6期。

济利益，并最大程度地实现其作品的社会价值。社会越来越需要有专门代表作者利益与出版商交涉的个人或团体，于是，从出版商或作者中分离出一部分对出版市场极为敏感、交际能力较强的人才，他们可以如鱼得水地在作者与出版者之间周旋，代表作者一方，从出版商那里为作者争取最大利益，并从作者处获取佣金。而随着出版社的分工越来越细，有很多工作都开始社会化，出版经纪人不仅能够以独到的眼光挖掘新人，组织稿件，还能够代行编辑的某些职责，节省了出版社编辑人员的时间和精力，客观上也符合出版商自身发展的要求。目前，欧美国家大众图书市场中有90%以上的图书出版是经过版权代理人之手的，这些经纪人相当专业，不仅帮助作家找寻对路的出版机构，甚至帮助作家调整写作思路，以符合市场需求。通过版权代理人推出作品，已成为作家与出版商之间的共识。进入20世纪以来，英美两地出版经纪公司的数量稳定增长。

由此可见，西方出版经纪人职业的出现不是偶然的，既是社会分工发展的必然结果，也是市场运行成熟的标志。

二、我国出版经纪人的现状

目前，我国图书市场上的出版物很多都是由出版社和书商或者双方合作生产的，通过出版经纪代理产生的出版物微乎其微。近年来，也有一批民营企业从事出版经纪活动，但经纪代理只是偶然为之的现象。应该说我国的出版经纪还属于起步阶段，对作家的包装体系还不成熟，经纪人更多时候只是充当作家作品授权的中间联络人。多数作家都是自己直接出面和出版方商谈各种合作事宜，其中包括贾平凹、陈忠实、毕飞宇等著名作家。在这种情况下，作家和出版社之间的合作一般基于多年积累的人情和关系，相关的法律规范并不健全。另有少数作家如莫言、吴晓波，近年开始请人打理相关事务，这部分人人都来自身边的亲朋好友，虽然这类人群大多没有相关专业经验，多属生活助手或秘书性质，算不上是专业的出版经纪人，但深受作者信任。还有一些文化公司以签约的形式和作家合作出书，也具有经纪人的部分职能，例如与韩寒和安妮宝贝有着长期合作关系的出版人路金波及旗下的果麦文化传媒股份有限公司（以下简称"果麦文化"）。但是专业经纪人应是独立于出版商和作家之外的第三方，而果麦文化本身就是出版商，因此也不是真正意义上的经纪人。民营出版经纪人运作灵活自由，市场化程度高，但运作时间不长，制度不健全，经济风险也较大。

成立于1998年的中华版权代理总公司，是中国政府批准建立的第一个国家级综合性版权社会服务机构。中华版权代理总公司的主要职责是为作家维权，保护作家权益不受侵害，是一家非营利性质的服务机构。此类出版机构虽然资金实力雄厚，但市场化程度较低，并没有实现真正的商业化运作。

为什么专业的出版经纪人迟迟未能在国内市场出现？原因也是多方面的。

首先，出版市场发育不够充分，产业化程度有待提高。从出版社角度看，我国现有出版社数量远远不能满足数量庞大的作家群体的出版需要，这种情况或多或少决定了出版社是买方市场。现在作家如过江之鲫，甚至有的是主动上门要求出书的。另外，多年来以来，出版社，尤其是做文学以及人文类图书的出版社，很多都依赖民营文化公司来出书。要想实行经纪人制度，出版社必须完全独立进入市场竞争，优胜劣汰，这样才能锤炼出一批经纪人。从读者角度来说，我国不是一个读者大国，读小说的人并不多。一本好的小说，在法国平均可以卖到四五十万册，在我国能发行 20 万册左右就已经是畅销了。与其他同类的文化经纪现象相比（如演艺经纪业和明星经纪业），我国图书出版市场空间相对狭窄。

其次，图书价格低、利润薄，经纪人难以获利。在出版经纪业比较发达和成熟的欧美国家，一个出版经纪人往往同时代理很多位作家的作品。如某经纪人手下有十位大作家，他们每年的稿费收入总计就能达到 30 万美元，对一些畅销书作家来说，稿酬更高。但我国的情况不同，因为出版经纪还未得到广泛的认可，常常一年也只有一两个作家的作品可以代理，同时我国图书价格低，作家稿酬（或版税）也相对偏低，作为他们的经纪人，一年也就一两万元的收入。假定一本书 20 元，印 10 万册，码洋也只是 200 万元。如果作者的版税率是 10%，版权就是 20 万元。经纪人从中能得多少？按照国际惯例，经纪人收 10%～15% 的佣金，也就是 2 万～3 万元。发行 10 万册，经纪人才赚到两三万元，然而又有多少书、多长时间能发行 10 万册。如今的图书市场，只有少数的畅销书作家才能做到这一步。即使是畅销书，也因为盗版等问题，导致作者实际收入大打折扣，到经纪人手中的佣金也就更少了。即便如此，也不能说经纪人已经有了立足的资本。就算这两三万块钱归经纪人所有，其中还包括一切营销活动的成本。出版经纪人要想生存，就必须拥有读者数量大的作者。图书的特性决定了只有畅销书作者才可能有经纪人。目前我国畅销书多数是文学类书籍，对使用汉字的我们来说，仅仅靠在国内销售作品是不够的，还要走出去。换句话说，我国要有一大批作者的作品打入国际市场，才能支撑经纪人的生存。然而，能创作出适合在很多国家和地区发行的作品的作者少之又少，作品能被翻译成多种文字的作者更是屈指可数，其中的原因，一个是汉语本身的限制，另一个是作者创作能力的束缚。①

最后，专业的出版经纪人才稀缺。做出版经纪人，技能很重要，相关经验

---

① 吴娜：《出版经纪人为何难觅》，《光明日报》2013 年 3 月 15 日。

也不能缺少。就出版社而言，和出版经纪关系密切的群体，一个是版权经理，这部分人对版权法以及版权贸易比较熟悉，但是在选题策划以及市场营销方面则显得不够专业。另一个是发行营销人员，他们对图书销售熟悉，但对版权贸易以及图书策划则了解不多。上述两方面都比较专业的就是文化工作室或者文化公司。如果让文化公司不做投资商，改做出版经纪，它们的经验丰富，市场营销能力很强，也许对与版权相关的法律很在行，但是仅仅拥有这些是不够的，还需要适应从投资方到中介角色的转变。做书的时候，自己是投资人，自己说了算。做了经纪人则不同，经纪人是联系作者与出版社之间的纽带，是独立的第三方，需要很强的沟通、斡旋以及谈判能力，经纪人生存的秘诀也在于此。① 经纪人既要让作家对其产生信任度，有良好的职业操守，还应熟悉文化界和出版界，并具备一定的法律、营销等专业背景。在海外出版市场，经纪人既代表作家利益和出版社商讨合作，同时根据对市场规律的判断，对作家的活动做出规划，甚至对其创作提出建议。如今，我国具备相关专业素质和职业精神的出版经纪人才可谓凤毛麟角，业界也没有可供借鉴的成功案例。

2015年，国家人力资源和社会保障部新修订的《国家职业分类大典》出台，"版权经纪人"被正式纳入我国职业分类。为活跃版权交易市场，促进文创企业创新能力的提升，成都在全国范围内率先启动了全国版权经纪人和文化创意师（版权经纪）"双证"培训。② 此后，相关的职业培训也在全国各地相继展开。国家人力资源和社会保障部2019年颁发的《国家职业资格目录》中，和出版经纪人有关的职业资格认定有专利代理人和出版专业技术人员两项。随着国家相关部门出台的执业准入或职称机制，版权人才队伍的建设必将迈上一个新台阶。

此外，作家和出版社对市场专业化分工的新思维没有完全建立起来也是一个不容忽视的事实。现在不少作家都有和海外经纪人合作的经验，对出版的市场化运作有一定体会；出版社一方的转企改制也已完成，越来越注重按照市场规律来谋求发展。即便如此，在国内，作家和出版社之间多年来形成的人情加关系的合作理念仍然较为牢固，短时间内难以打破。作家这一群体的特殊性，在一定程度上也使得出版社与其合作的方式很难整齐划一。

由于多方面的原因，我国出版经纪人要真正发展和成熟起来，还有很长的路要走。近几年，影视IP热使得网络文学的版权价值陡增，也为版权经纪人市场拓展了新的空间。2016年5月，《收获》杂志与"赞赏"IP平台共同开发推出写作出版社区"行距"App。在App上，除了在线接受投稿外，还尝试

---

① 吾信光：《我眼中的"出版经纪人"》，《出版广角》2011年第5期。
② 陈碧红：《"双证"培训版权经纪人和文化创意师》，《四川日报》2015年9月16日。

直接把一些作品输送到影视公司，使这个平台在一定意义上成为剧本工厂。①《收获》的新媒体开拓释放出信号：作家的版权增值，需要编辑、运营、公关、法务等专业服务，这对传统文学编辑转型提出了新的挑战，也呼唤更多专业经纪人的诞生。

如今，在资本的催化下，文学 IP 开发上的细分程度已经远远超出传统认知范畴。比如，一部成熟的网络作品，可以在数字、游戏、音频、影视等领域开发出十多个版权品种，在电子出版业中，PC 和手机是主要的阅读方式，读者既可以通过电脑 PC 端浏览，也可以通过手机 App 在线阅读；在线阅读之外，随着近年来网络文学内容的变现模式及商业化潜力剧增，主要表现为网文在电影、电视剧、网络剧、网页游戏、手游、动漫、音频等泛娱乐行业的产品开发。目前，作家经纪的盈利模式有两种：一是短期收益，将版权卖给影视公司或者游戏公司，与作家共同获得版权费，按三七比例分成；二是长期收益，与影视公司联合开发项目，与作家一起获取项目分成。②但在尝试将明星网文价值最大化的过程中，依然会出现一些版权官司纠纷，这些案例暴露了版权代理存在盲区。如今一部小说所涉及的版权协议条款日益复杂，小说的影视版权、话剧版权、数字版权等都让作家极为棘手，这些都需要专业的经纪人帮其处理。而通过经纪机构精准市场分析定位，让作家实现更高的品牌价值，是未来行业发展的趋势。

虽然很难判断出版经纪人出现的历史节点将在何时到来，但是，专业的出版经纪人必定会出现，并发挥重要作用，已成为诸多出版界专家和作家的共识。

第三节　出版经纪人的活动特点

相比国内逐步成熟的演艺经纪、艺术品经纪、明星经纪等文化经纪市场，出版经纪人只能算是刚刚起步。但随着图书出版业进一步市场化，相关法律逐步完备，相关人才渐丰，出版经纪人必将成为图书出版市场的重要一环。目前，出版经纪人活动也具有自身的一些行业特点。

一、关注面广

出版经纪人虽然不直接生产作品，但他们会关注作品生产前后的整个流

---

① 许旸：《专业的文学经纪人稀缺中》，《新商报》2016 年 5 月 23 日。
② 曾师斯：《誉为"天才捕手"的国内作家经纪人为何火不起来？》，《北京青年报》2017 年 3 月 16 日。

程，包括与不同作者、各种媒体的编辑、版权代理商、宣传部门、制作设计人员及营销人员打交道，还要时刻关注市场热点与商机。这与出版社编辑只关注较为固定的行业和市场有很大区别。此外，出版经纪人还承担了传统出版商的某些职能。在美国，出版经纪人会参与筛选书稿，寻找新作者，构思作品主题，吸引著作者进行创作，协助作者修改、加工、润色书稿，为作者洽谈报酬和版权，等等。事实上，出版经纪人，在所有的出版环节中起着出版社与作者之间的"润滑剂"和"催化剂"作用。从这个层面上来说，出版经纪人的出现有助于出版社及时把握市场，帮助作者找准创作方向。

二、自由度高

出版经纪人本身就是市场经济的产物，如何在市场竞争中获利是他们秉承的最重要原则。一方面，他们必须遵循市场规律，在他们的眼中，一切与"利"相冲突的行为都是非理性的，注定被他们抛弃。在我国，很多作家羞于言利，但这却是出版经纪人追逐的目标。另一方面，尽管经纪人也受大环境的制约，但他不像出版社那样要受专业、性质、地域等条块分割限制，其活动范围几乎是不限定的，其选择是多元的。虽然因体制原因，国内出版经纪人的身份尚不明确，但相比传统的出版人，出版经纪人的自由度要高很多，他们不享受体制的优惠，也不受体制的限制，其主观意图与行动效果可以在最大程度上获得一致，二者之间不存在错位、延宕、牵制、矛盾。

三、高度市场化

市场经济的一个重要因素就是资源的优化配置。出版经纪人所掌握的就是资源和市场，资源是作者委托给出版经纪人的其著作权所产生的财产权以及各种邻接权，市场则涵盖直接和间接两部分，直接市场是著作权的购买者，是经纪人重点关注的对象，包括各种媒体、文化企业、翻译者以及外国版权代理商等，也可称之为专业市场；间接市场，即著作权转变为物质产品后面向的大众市场。出版经纪人所体现的高度市场化，主要在于资源的优化配置，这体现在质量优化、结构优化、效益优化三个方面。

（一）质量优化

对质量优化的把握，是出版经纪人的立命之本。他们在与出版社、编辑、作者沟通时坚持立场，保证作品的价值，又会阻止作者为了出版而出版的非理性行为。而在作品出版之后，出版经纪人又会慎重选择作品的营销渠道，无论是直接出版、报纸连载，还是改编成电影或者向国外输出版权，都会根据经济效益和社会效益，以实现资源利用最大化为前提。

(二) 结构优化

结构优化就是指出版经纪人要将一部作品的财产权和邻接权进行分解。根据作品在不同层面的价值而分清主次。比如直接出版的收益和改编成电影的收益高低，或者是先改编成影视作品还是先直接出版，在什么报纸连载，什么时间输出版权，等等，都要根据市场情况和作品本身的价值做出详细的规划，同时还要在商机出现时随时调配资源，实现利益最大化。

(三) 效益优化

效益优化是出版经纪人的最终目的，质量优化和结构优化，最终都是为效益优化服务。对出版经纪人而言，从开发作者到作品问世，所花的精力不比出版社少，甚至更多。因此，对每一部推出的作品，出版经纪人都要考虑长期的收益。从对作品的质量优化和结构优化，到与作者的长期合作，都是一个持续的过程，他们追逐的是价值的最大化和恒久性。

第四节　西方出版经纪人的工作

英美国家的出版经纪人在发展之初，除了代表作者就其作品出版事宜与出版公司进行商谈并收取一定的报酬外，尚未像今天的出版经纪人一样，介入作品从创作到出版营销的全过程。今天的欧美出版经纪人必须劳心劳力，付出的劳动不亚于作者。现代欧美国家出版经纪人在代理作者及其作品的过程中主要是做以下一些工作。

一、作者挖掘和选题开发

出版经纪人和体育明星、歌星的经纪人不同，他必须拥有一批客户，并且是一批有价值的客户，这是一项基本的业务，倘若不能及时地挖掘、发现有才华、有创造力的优秀作者，并努力使他们成为自己旗下有竞争力的队伍的话，经纪人要想在变幻无常的图书出版市场上生存下去是难以想象的。掌握了优秀的作者，却不能帮助他们拿出让出版社和读者喜爱的选题，出版经纪依然是一句空话。出版经纪人往往从初获成功的作者中选择，如汤姆·克兰西的处女作问世后，以其独特的高科技惊险小说吸引了一大批读者，受到数十家出版经纪公司的重视，并纷纷游说以争夺委托代理权。有时出版经纪人也从创作新手中寻找客户。对一个出版经纪人来说，如果能发现一个有着鲜明写作风格、高超写作技巧、巨大市场潜力的新秀并代理其作品，无疑会获得巨大成功。成功的出版经纪人必须有独到的眼光，不断发掘和培养新的明星作者。

二、寻找合适的出版商

作者优秀与否、作品优秀与否，最后都要通过出版活动介绍给广大读者，经过图书市场和广大读者的检验后才能下定论。因此，出版经纪人在寻找作者及其作品时，还必须寻找合适的出版社；在帮助作者及其作品寻找归宿的同时，他们必须巩固、提高和加强自身的地位，增强生存能力，拓宽发展空间。作者和出版经纪人的目的相同：向出版商争取高额版税和预付订金，但是作者尤其是名作者，往往不愿意亲自出面，而是委托自己的出版经纪人全权代理。吸引出版商的是作者的名气、作品的题材和质量，有时是提纲、草稿甚至是创作计划，但只要出版商看中，就可以签订意向书，或直接订立出版合同。

三、充当读者和编辑

出版经纪人是作品的第一个读者，为了能够畅销，往往需要从商业的角度调整作品结构、格调、情节，还要行使编辑的某些删改职能。出版经纪人要确保图书质量和市场销路，还要参与装帧设计、监督印刷质量、进行广告宣传、选择销售方式等活动。

四、向出版社推销出版项目

经纪人除了擅长挖掘、发现好的作者及其作品外，还善于把旗下的作者及其作品推荐给出版社。现在西方特别是欧美主流大出版社的选题来源，很大程度上依靠经纪人的推荐。因此，经纪人对其所推出作者的介绍、作品的描述、内容的介绍、出版前景的预测、营销策略的制订等，无不影响着出版社的态度。经纪人投入的心血并不比出版社做选题策划时的投入少。

五、代表作者与出版社签订出版合同，并监督作者创作

天下没有免费的午餐。经纪人要生存，要保证作者的利益和自己的利益，同时要保证出版社的利益，必须努力达到三方平衡。一方面，经纪人主要代表作者与出版社就出版项目进行谈判，另一方面，为了保证最终成功，又必须在一定程度上站在出版社立场上与作者进行沟通。一个合同签下来，经纪人往往要付出很大的劳动。然而，合同签订下来，标志着一个作品的经纪活动的基本成功，但沟通与讨论对经纪人来说，只是万里长征走完了第一步，接下来从选题策划、写作大纲到整个创作过程，甚至细微到遣词造句，他们都要密切参与，还需要经常性地同作者和出版社编辑讨论，督促作者按计划进行创作，保证书稿质量，并按时交稿。

六、参与图书营销

书出版了，但是尚未到皆大欢喜的时候，经纪人要设法取得媒体、书评人对作品的关注和好评，要会同作者和出版社在国内外开展大量的促销活动，如签名售书、电视访谈、巡回报告、阅读活动等。按照事先制订的计划，这样的活动少则持续1~2个月，多则要3个月甚至半年。

七、主持作品相关权益的转让

现代社会是多种媒体共存的社会，作品在出版市场上因涉及的载体种类、使用方式、使用范围和使用年限不同而存在不同的权益转让。这些可以转让的权利包括复制权、发行权、出租权、展览权、表演权、放映权、广播权、信息网络传播权、摄制权、改编权、翻译权、汇编权以及应当由著作权人享有的其他权利等。这些相关权益的转让也多由出版经纪人全权操办。

八、与市场调查公司保持长期的合作

这一工作关系到出版经纪人利益的实现，因为图书发行量等确切数据掌握在出版社手里，如果出版社隐瞒数据，就会使作者和出版经纪人的收入受损，因此，出版经纪人还要不时地与市场调查公司合作，以便及时准确地掌握图书发行量，方便结算版税，保障自身合法利益。

经典案例 >>>

"哈利·波特"与布鲁姆斯伯里出版公司

布鲁姆斯伯里出版公司（以下简称"布鲁姆斯伯里"）是英国大众出版领域知名的独立出版社，总部位于伦敦。公司以出版高品质大众图书为宗旨，每年出版新书450种。从1997年开始出版名扬天下的"哈利·波特"系列图书。

一、公司发展历程

布鲁姆斯伯里的创始人奈杰尔·纽顿是一位扎根伦敦的美国加利福尼亚人。他于1986年与三位朋友一起创立了布鲁姆斯伯里。1994年，借助在成人虚构类和非虚构类图书领域取得的成功，布鲁姆斯伯里在伦敦股票交易所上市，并因此获得了更多的投资。随后，他们开始开发平装畅销书和儿童读物。1998年，公司从股票交易中获得巨额利润，随后进军参考书出版和电子出版，并在美国创立品牌。

布鲁姆斯伯里在英国的出版社中只属于第二梯队。在它的前面，阿歇特出版集团、兰登书屋英国公司、企鹅和哈珀·柯林斯这几家的市场份额都在8%以上，牢牢把持第一梯队的优势地位。布鲁姆斯伯里与麦克米伦并列，都在4%以下，很难在实力上与前者相匹敌。然而，就是这样一家独立出版公司，虽然没有大集团的背景，却在世界童书界声名显赫,而这一切都要归因于"哈利·波特"系列小说(以下简称"哈利·波特")。

1996年,J.K. 罗琳"哈利·波特"的第一部《哈利·波特与魔法石》在被近10家出版社拒绝后,被布鲁姆斯伯里的编辑巴利看中。巴利一口气读完全部样稿后,立即同意出版这本书,他将书稿转交给儿童文学营销部经理罗莎蒙德,极力向她推荐这本书。

1997年,《哈利·波特与魔法石》在布鲁姆斯伯里出版。接着,罗琳分别于1998年、1999年、2000年、2005年、2007年继续创作了"哈利·波特"的其他作品。"哈利·波特"使布鲁姆斯伯里飞速发展,其销售额,1996年为1350万英镑,到1999年达到2000万英镑,盈利260万英镑。到2000年,销售额已升至5060万英镑,盈利则达到了570万英镑。2005年,布鲁姆斯伯里的业绩继续攀升,截至"哈利·波特"第6部出版时,布鲁姆斯伯里的销售额为1.09亿英镑,盈利2010万英镑。

二、公司发展战略

(一)"哈利·波特"的成功营销

从1997—2000年,"哈利·波特"每年出一本,后3本也在2003年、2005年和2007年出版,它在全球已创造了3亿多册的销量,堪称史无前例的奇迹。与此同时,"哈利·波特"在童书出版的多方面开了先河,如出版公司首次为童书成立封面设计工作室,在全球同步销售,搞午夜首发,从儿童读者向成人读者推广,等等。如此全方位、大规模、创新的营销活动犹如一次营销总动员,收效十分显著。

在"哈利·波特"之前,童书出版商都是将图书的封面交给设计公司去做。从"哈利·波特"开始,布鲁姆斯伯里设立了工作室,专门为童书设计封面。此外,公司也首次通过库存报告系统及图书销售跟踪的销售数字,为相关的产业链提供准确的销售数据,便于精确评估进货和补货数量,这也拉开了童书进入畅销书时代的序幕。

"哈利·波特"的全球同步出版也印证了出版社操作全球畅销书的实力。最具有标志意义的是,2005年7月16日午夜时分,罗琳在她创作"哈利·波特"的爱丁堡城堡举办了盛大的"哈6"首发式,她朗读了其中的篇章。布鲁姆斯伯里还邀请来自6个国家的70名通过比赛选出的"哈迷"代表乘坐马车抵达爱丁堡城堡,参加一场"霍格沃兹魔法学校式"的豪华晚宴。午夜开始售书的举措,也让以高折扣抢占图书零售份额的超市失去了先机。

"哈利·波特"同时是最成功地将儿童读物推广到成人市场的范例,这其中除了政府在阅读推广活动起作用之外,布鲁姆斯伯里利用世界图书日和广告等形式,积极地向成人做宣传和引导,也使这套书的消费市场无形地扩大了。2007年,与"哈7"同时面世的还有首次同期推出的有声版,另外,出版社还开发了成人版、豪华版及套装等各种形式。根据"哈利·波特"改编的电影也为这套书赢得了更多的关注,反过来又带动了图书的销售。

2012年,J.K. 罗琳与小布朗出版社签约,准备出版她第一本为成年人写的书。罗琳与小布朗出版社的签约,也意味着她与布鲁姆斯伯里长期的合作关系结束,至少在新书发布上不会再合作,布鲁姆斯伯里成为"哈利·波特"的发行商。

而布鲁姆斯伯里也对罗琳的离开发布了声明:"我们非常自豪可以成为罗琳的书的长期出版商……我们与罗琳的关系将会比以往更为亲密。"布鲁姆斯伯里同时宣布在2013年起出版"哈利·波特"插图版。

(二)后"哈利·波特"时代战略——积极筹备迎接挑战

借着"哈利·波特",布鲁姆斯伯里辉煌一时,但是"哈利·波特"创造的商业奇迹总有终结的时候,布鲁姆斯伯里也将面对更多的挑战,为此,公司采取了一系列措施来寻求新的发展。

1. 开拓新业务。在过去的几年里,公司一方面创造了辉煌的业绩,另一方面也在不断开拓新的出版业务。它减少了在儿童图书市场的投入,转而将重点放在虚构类新书和成人非虚构类图书方面,并获得了成功。如,布鲁姆斯伯里 2006 年和 2007 年出版的卡勒德·胡赛尼的《追风筝的人》(*The Kite Runner*) 和《灿烂千阳》(*A Thousand Splendid Suns*),两本书自出版以来总销量已经超过 400 万册。《灿烂千阳》是英国 2008 年上半年销量最高的书。另外,公司投入了 3000 万英镑用于 1000 种新书的出版,但布鲁姆斯伯里也承认,从 2006 年秋季市场的反应来看,这一投入并没有换来预期的回报。

布鲁姆斯伯里也兼并了一些其他类型的出版机构。2000 年,它买下了布莱克出版公司。该公司主要出版非虚构类图书和参考书,同时涉足儿童图书和教育图书市场。2008 年,布鲁姆斯伯里收购了一家名为"羽石"的专业出版社。羽石出版社以出版 7 岁以上儿童的教育类图书为主。除此以外,布鲁姆斯伯里还兼并了一些出版自然科学书籍的专业出版社,这为公司积累了大量的再版书资源。

2009 年 7 月,布鲁姆斯伯里以 996 万英镑现金收购了在专业出版领域的独立出版商——托特尔出版社,旨在拓展其在学术和专业出版领域的规模,发起新一轮的攻势。此次收购只是布鲁姆斯伯里最近的系列收购行动的一部分,此前布鲁姆斯伯里还收购了专业戏剧出版机构缪修安出版公司、伯格出版社和阿登莎士比亚出版社,并组建了布鲁姆斯伯里学术出版公司,旨在将"哈利·波特"带来的部分收益用于拓展非大众图书出版业务。2008 年 9 月,布鲁姆斯伯里以 300 万英镑收购了牛津国际出版研究中心。

2. 进行兼并收购和地域扩张,在英、美、德三个市场同步发展。布鲁姆斯伯里在近几年挺住了集团并购的威胁,始终保持独立出版社的姿态。在英国,布鲁姆斯伯里不惜高价购买作者版权,同时大力拓展全球市场,也就是用制造畅销书、向多个市场(包括柏林和纽约)销售的策略来降低风险。抢先发现好书,并抢先购买德语版权,让图书同时进入英、美、德三个国家市场,这使布鲁姆斯伯里抢占了先机,形成了自己的优势,并在大出版集团林立的形势下获得了发展机遇。

1998 年,布鲁姆斯伯里在美国设立了分部,并于 2004 年收购了纽约的美国独立出版商沃克出版公司,开辟了向美国拓展的通道。沃克出版公司 1959 年由山姆·沃克创立,在被收购前仍是一个家族企业,以出版成人非虚构类图书、神秘小说和儿童图书为特色。

2003 年,布鲁姆斯伯里通过收购柏林出版社进入德国市场。在德国,依靠柏林出版分社对市场的掌握,布鲁姆斯伯里将英国和北美市场的畅销书翻译成德语出版,同时将一些英文版图书面向德国市场发行。仅"哈 7"一书就在德国销售了 100 万册。在 2007 年上半年,凭借《追风筝的人》等几本畅销书,布鲁姆斯伯里柏林分社的收益增长了 36%,达 342 万英镑。而在德国市场,由于相关法律禁止图书打折,保证了一个强大的独立书店市场的存在,也为精装本提供了一个很长的销售周期,保护了零售价格。柏林分社也在德国本土寻找可以出口的图书。

在英国出版界，大的出版社几乎都被收入传媒集团麾下，但创始人纽顿却仍努力保持布鲁姆斯伯里的独立身份。通过海外兼并，布鲁姆斯伯里的业务不断扩大，但是仍然有56%的业务来自英国本土，85%的销售额来自英国公司。德国和美国公司的销售份额则分别为5%和10%。

3. 附加产业。布鲁姆斯伯里涉足有声出版市场，并希望购买一些电影和电视版权，借助知识产权为自己带来更多收入。

与此同时，布鲁姆斯伯里迈开了向金融领域出击的脚步，2007年9月，宣布与Qatar Financial Centre结成长期合作关系，并于2009年秋季推出Qatar Finance金融服务平台，该平台有150万文字的数据库作为支撑，为全球的金融界学者、专业人士以及学生提供一个满足商业及金融信息需求的网上平台。在提供网上服务的同时，也有一系列权威图书做支持。

4. 电子出版。早在1999年，布鲁姆斯伯里就和微软集团合作，投资参与了微软电子百科书世界英语字典的纸质版和电子版业务。同年，公司又参与了麦克米兰的英语教学数据库业务。2001年，布鲁姆斯伯里和《经济学家》杂志合作，创建了在线商务参考服务系统。

2006年，布鲁姆斯伯里的一些书已经能够电子下载。公司计划未来50%的虚构类图书销售业务通过电子下载的方式实现，并计划在10年内实现这一目标。

2007年4月，布鲁姆斯伯里与LibreDigital合作，在其网站上推出了Look Inside项目，对部分图书数字化。此外，布鲁姆斯伯里建立了互动社区网站。

近年来，布鲁姆斯伯里正在积极转型，发展多元化业务。为了更好地服务细分客户，已将业务分为两大板块：消费类及非消费类。消费出版部门由童书和成人出版业务合并而来，其余所有业务合为非消费出版部。

如今，学术和专业数字化出版也成为布鲁姆斯伯里的一大业务重心。哲学、文学、历史等高质量的学术、专业出版物销量总比不上"哈利·波特"，但这类书籍却能帮助公司打好品牌基础，使品牌可信赖。到目前为止，布鲁姆斯60%的书籍都是面向大众的读物，40%则是偏向专业型的读者，尽可能做到在大众读者与专业学术读者中取得平衡。①

三、布鲁姆斯伯里与中国

近年来，布鲁姆斯伯里也在积极拓展中国市场，希望通过建立一个新的渠道和专门的机制框架来帮助中国生产的图书走向全球市场。

2019年12月，布鲁姆斯伯里宣布与中国青年出版总社（以下简称"中青社"）共同成立一家合资公司，布鲁姆斯伯里计划在与中青社及其子公司中青雄狮合作成立的公司中出资约25万英镑（约228万元人民币）。②

虽然"哈利·波特"的热度已不如以往，但这家"哈利·波特"的出版商还是选择押

---

① 杜蔚：《专访世界畅销书"哈利·波特"出版商：我们将把重点放在中国市场》，http://www.nbd.com.cn/articles/2018-09-19/1256483.html，2018-09-19。

② fxeye财经：《哈利波特出版社即将进入中国，把国产IP大作推向世界》，https://www.sohu.com/a/358107729_120444999，2019-12-03。

注这个大市场。根据中国出版集团官网数据显示,"哈利·波特"引进中国17年间,在中国销量超过2000万册,平均每分钟销售38.05册。迄今为止,"哈利·波特"在全球累计销售超过5亿册,总共被译作70余种语言,甚至包括孟加拉语和僧伽罗语(斯里兰卡官方语言),J. K. 罗琳本人也多次位列全球收入最高作家榜。

布鲁姆斯伯里一直在积极拓展全球市场,如在纽约建立大规模的出版业务等,布鲁姆斯伯里(中国)总裁查德·查金理坦言:"现在,我们将主要着重点放在了中国市场。中国是一个很大的书籍市场,更为重要的是中国还是IP来源地。"在理查德·查金想象的完美世界中,沟通可以让西方和东方共同获得更高级别的知识文明水准。中国已成为"大众及学术图书的关键市场"。

布鲁姆斯伯里认为,中国的作者和出版商无法接触世界市场,并不是说质量不够好,而是世界出版市场太拥挤,没有足够的空间留给中国书籍。为此,布鲁姆斯伯里将通过建立一个新的渠道和专门的机制框架来帮助中国书籍走进全球市场。"我们会建立数据库、网络和利用媒体,在分销经营方面做出努力。同时也在和中国的一些出版社合作,我们把这个叫中国的全球化出版,一带一路的IP拓展。"理查德·查金表示。

在此次合作中,布鲁姆斯伯里将持有合资企业50%的股份,而中青社和中青雄狮分别持有剩下30%和20%的股份。目前,这家合资公司总部位置已定于北京,将授权在中国内地市场出版布鲁姆斯伯里及其他出版商的图书。布鲁姆斯伯里在华现有业务主要销售英文图书,并颁发这些图书的翻译许可,同时,中国内地的一些大品牌IP图书也有望在英国同步出版。布鲁姆斯伯里和中青社的强大联盟也将树立中英出版交流与合作的一个成功典范。

(改编自:http://www.dajianet.com/world/2011/0425/154121.shtml,2011 - 04 - 25,https://zhidao.dahe.cn/2017/10 - 28/207751.html,2017 - 10 - 28,以及其他相关资料)

附 录

一、演出经纪人员管理办法

第一章 总 则

第一条 为规范演出经纪活动，加强演出经纪人员管理，明确演出经纪活动当事人的权利与义务，保障演出市场健康发展，根据《营业性演出管理条例》（以下简称《条例》）及《营业性演出管理条例实施细则》（以下简称《实施细则》），制定本办法。

第二条 本办法所称演出经纪资格证书是专职演出经纪人员的从业资格证明，全国通用。

第三条 本办法所称演出经纪人员，包括在演出经纪机构中从事演出组织、制作、营销，演出居间、代理、行纪，演员签约、推广、代理等活动的从业人员；在县级文化主管部门备案的个体演出经纪人。

第四条 设立演出经纪机构，应当符合《条例》规定的条件，有 3 名以上取得演出经纪资格证书的专职演出经纪人员。

个体演出经纪人在县级文化主管部门备案时，应当出具演出经纪资格证书。

第五条 演出经纪人员在演出经纪活动中应当遵守公平、公正、公开、诚信的原则。

第六条 文化部指导监督中国演出行业协会组织实施演出经纪人员资格认定工作。各级文化主管部门负责本辖区内演出经纪人员经纪活动的监督管理。

第二章 演出经纪资格证书

第七条 中国演出行业协会负责演出经纪资格证书的核发与管理。

（一）制定演出经纪资格证书考试大纲。考试内容应当包括演出市场政策法规、演出市场基础知识、演出经纪实务以及从业规范、艺术基础理论。

（二）每年应当组织 2 次全国性考试。考试时间、考试地点应当提前 2 个月向社会公布，考试结束后 30 日内公布合格名单并核发演出经纪资格证书。

（三）统一印制演出经纪资格证书，证书全国统一编号。

第八条 凡年满 18 周岁以上，中专以上文化程度，具有完全民事行为能力的（含我国香港特别行政区、澳门特别行政区、台湾地区人员），可以通过考试取得演出经纪资格证书。

第九条　演出经纪资格证书有效期为5年。有效期满应当到原发证单位办理换证手续。逾期未办理的，应当注销演出经纪资格证书。

第十条　演出经纪人员从业单位发生变更的，演出经纪人员应当到原发证单位办理变更手续。

第十一条　任何单位和个人不得伪造、变造、出租、出借演出经纪资格证书。

第三章　从业规范

第十二条　演出经纪人员应当遵守以下规定：
（一）根据《条例》、《实施细则》以及相关法规的规定提供演出经纪服务；
（二）演出经纪合同中应当注明负责该项业务演出经纪人员的演出经纪资格证书证号；
（三）保存经纪业务记录；
（四）对所经纪的演出项目进行内容自审，保证演出内容健康合法；
（五）按规定参加演出经纪相关继续教育，提高业务素质和职业道德水平；
（六）法律法规规定的其他行为规则。

第十三条　演出经纪人员不得有下列行为：
（一）在演出经纪机构中从业的人员以个人名义从事演出经纪活动；
（二）在两家以上（含两家）演出经纪机构从业；
（三）隐瞒与经纪业务有关的重要事项，或者对经纪业务作虚假宣传；
（四）为含有《条例》第二十六条禁止内容的演出提供经纪服务；
（五）法律法规禁止的其他行为。

第十四条　演出经纪人员在经纪活动中应当保障演员合法权益，规范演员从业行为，协助演员提高业务素质，督促演员遵守职业道德。

第四章　监督管理

第十五条　文化主管部门颁发、换发演出经纪机构营业性演出许可证时，应当核验并登记演出经纪人员的演出经纪资格证书。

第十六条　文化主管部门审批营业性演出活动，应当核验负责该项业务演出经纪人员的演出经纪资格证书。

第十七条　中国演出行业协会应当加强对演出经纪人员的信用管理，对演出经纪人员违反职业道德和行业规范的行为，应当在行业内按规定处理。演出经纪机构受到行政处罚的，中国演出行业协会应当对负责该项经纪业务的演出经纪人员予以通报批评，情节严重的，中国演出行业协会应当注销其演出经纪资格证书，自注销之日起5年内不得重新申请。

第十八条　中国演出行业协会应当依托全国文化市场技术监管与服务平台，建立演出经纪人员档案，记录演出经纪资格证书取得、变更、撤销等信息，为行政审批、综合执法、公众查询提供服务。

第十九条　中国演出行业协会应当根据演出经纪业务特点，制定演出经纪人员分类、分级管理细则，加强对演出经纪人员的服务，健全继续教育制度，提高演出经纪人员素质与水平。

第二十条 中国演出行业协会组织演出经纪人员资格认定工作收取费用的,应当依法办理相关手续,接受社会监督。

第二十一条 本办法自 2013 年 3 月 1 日起施行。

二、营业性演出管理条例
(2016 年修订版)

第一章 总 则

第一条 为了加强对营业性演出的管理,促进文化产业的发展,繁荣社会主义文艺事业,满足人民群众文化生活的需要,促进社会主义精神文明建设,制定本条例。

第二条 本条例所称营业性演出,是指以营利为目的为公众举办的现场文艺表演活动。

第三条 营业性演出必须坚持为人民服务、为社会主义服务的方向,把社会效益放在首位,实现社会效益和经济效益的统一,丰富人民群众的文化生活。

第四条 国家鼓励文艺表演团体、演员创作和演出思想性艺术性统一、体现民族优秀文化传统、受人民群众欢迎的优秀节目,鼓励到农村、工矿企业演出和为少年儿童提供免费或者优惠的演出。

第五条 国务院文化主管部门主管全国营业性演出的监督管理工作。国务院公安部门、工商行政管理部门在各自职责范围内,主管营业性演出的监督管理工作。

县级以上地方人民政府文化主管部门负责本行政区域内营业性演出的监督管理工作。县级以上地方人民政府公安部门、工商行政管理部门在各自职责范围内,负责本行政区域内营业性演出的监督管理工作。

第二章 营业性演出经营主体的设立

第六条 文艺表演团体申请从事营业性演出活动,应当有与其业务相适应的专职演员和器材设备,并向县级人民政府文化主管部门提出申请;演出经纪机构申请从事营业性演出经营活动,应当有 3 名以上专职演出经纪人员和与其业务相适应的资金,并向省、自治区、直辖市人民政府文化主管部门提出申请。文化主管部门应当自受理申请之日起 20 日内作出决定。批准的,颁发营业性演出许可证;不批准的,应当书面通知申请人并说明理由。

第七条 设立演出场所经营单位,应当依法到工商行政管理部门办理注册登记,领取营业执照,并依照有关消防、卫生管理等法律、行政法规的规定办理审批手续。

演出场所经营单位应当自领取营业执照之日起 20 日内向所在地县级人民政府文化主管部门备案。

第八条 文艺表演团体变更名称、住所、法定代表人或者主要负责人、营业性演出经营项目,应当向原发证机关申请换发营业性演出许可证,并依法到工商行政管理部门办理变更登记。

演出场所经营单位变更名称、住所、法定代表人或者主要负责人,应当依法到工商行政管理部门办理变更登记,并向原备案机关重新备案。

第九条 以从事营业性演出为职业的个体演员（以下简称个体演员）和以从事营业性演出的居间、代理活动为职业的个体演出经纪人（以下简称个体演出经纪人），应当依法到工商行政管理部门办理注册登记，领取营业执照。

个体演员、个体演出经纪人应当自领取营业执照之日起20日内向所在地县级人民政府文化主管部门备案。

第十条 外国投资者可以与中国投资者依法设立中外合资经营、中外合作经营的演出经纪机构、演出场所经营单位；不得设立中外合资经营、中外合作经营、外资经营的文艺表演团体，不得设立外资经营的演出经纪机构、演出场所经营单位。

设立中外合资经营的演出经纪机构、演出场所经营单位，中国合营者的投资比例应当不低于51%；设立中外合作经营的演出经纪机构、演出场所经营单位，中国合作者应当拥有经营主导权。

设立中外合资经营、中外合作经营的演出经纪机构、演出场所经营单位，应当依照有关外商投资的法律、法规的规定办理审批手续。

中外合资经营、中外合作经营的演出经纪机构申请从事营业性演出经营活动，中外合资经营、中外合作经营的演出场所经营单位申请从事演出场所经营活动，应当通过省、自治区、直辖市人民政府文化主管部门向国务院文化主管部门提出申请；省、自治区、直辖市人民政府文化主管部门应当自收到申请之日起20日内出具审查意见报国务院文化主管部门审批。国务院文化主管部门应当自收到省、自治区、直辖市人民政府文化主管部门的审查意见之日起20日内作出决定。批准的，颁发营业性演出许可证；不批准的，应当书面通知申请人并说明理由。

第十一条 香港特别行政区、澳门特别行政区的投资者可以在内地投资设立合资、合作、独资经营的演出经纪机构、演出场所经营单位；香港特别行政区、澳门特别行政区的演出经纪机构可以在内地设立分支机构。

台湾地区的投资者可以在内地投资设立合资、合作经营的演出经纪机构、演出场所经营单位，但内地合营者的投资比例应当不低于51%，内地合作者应当拥有经营主导权；不得设立合资、合作、独资经营的文艺表演团体和独资经营的演出经纪机构、演出场所经营单位。

依照本条规定设立的演出经纪机构申请从事营业性演出经营活动，依照本条规定设立的演出场所经营单位申请从事演出场所经营活动，应当向省、自治区、直辖市人民政府文化主管部门提出申请。省、自治区、直辖市人民政府文化主管部门应当自收到申请之日起20日内作出决定。批准的，颁发营业性演出许可证；不批准的，应当书面通知申请人并说明理由。

依照本条规定设立演出经纪机构、演出场所经营单位的，还应当遵守我国其他法律、法规的规定。

第三章 营业性演出规范

第十二条 文艺表演团体、个体演员可以自行举办营业性演出，也可以参加营业性组台演出。

营业性组台演出应当由演出经纪机构举办;但是,演出场所经营单位可以在本单位经营的场所内举办营业性组台演出。

演出经纪机构可以从事营业性演出的居间、代理、行纪活动;个体演出经纪人只能从事营业性演出的居间、代理活动。

第十三条 举办营业性演出,应当向演出所在地县级人民政府文化主管部门提出申请。县级人民政府文化主管部门应当自受理申请之日起3日内作出决定。对符合本条例第二十六条规定的,发给批准文件;对不符合本条例第二十六条规定的,不予批准,书面通知申请人并说明理由。

第十四条 除演出经纪机构外,其他任何单位或者个人不得举办外国的或者香港特别行政区、澳门特别行政区、台湾地区的文艺表演团体、个人参加的营业性演出。但是,文艺表演团体自行举办营业性演出,可以邀请外国的或者香港特别行政区、澳门特别行政区、台湾地区的文艺表演团体、个人参加。

举办外国的或者香港特别行政区、澳门特别行政区、台湾地区的文艺表演团体、个人参加的营业性演出,应当符合下列条件:

(一)有与其举办的营业性演出相适应的资金;

(二)有2年以上举办营业性演出的经历;

(三)举办营业性演出前2年内无违反本条例规定的记录。

第十五条 举办外国的文艺表演团体、个人参加的营业性演出,演出举办单位应当向演出所在地省、自治区、直辖市人民政府文化主管部门提出申请。

举办香港特别行政区、澳门特别行政区的文艺表演团体、个人参加的营业性演出,演出举办单位应当向演出所在地省、自治区、直辖市人民政府文化主管部门提出申请;举办台湾地区的文艺表演团体、个人参加的营业性演出,演出举办单位应当向国务院文化主管部门会同国务院有关部门规定的审批机关提出申请。

国务院文化主管部门或者省、自治区、直辖市人民政府文化主管部门应当自受理申请之日起20日内作出决定。对符合本条例第二十六条规定的,发给批准文件;对不符合本条例第二十六条规定的,不予批准,书面通知申请人并说明理由。

第十六条 申请举办营业性演出,提交的申请材料应当包括下列内容:

(一)演出名称、演出举办单位和参加演出的文艺表演团体、演员;

(二)演出时间、地点、场次;

(三)节目及其视听资料。

申请举办营业性组台演出,还应当提交文艺表演团体、演员同意参加演出的书面函件。

营业性演出需要变更申请材料所列事项的,应当分别依照本条例第十四条、第十六条规定重新报批。

第十七条 演出场所经营单位提供演出场地,应当核验演出举办单位取得的批准文件;不得为未经批准的营业性演出提供演出场地。

第十八条 演出场所经营单位应当确保演出场所的建筑、设施符合国家安全标准和消防安全规范,定期检查消防安全设施状况,并及时维护、更新。

演出场所经营单位应当制定安全保卫工作方案和灭火、应急疏散预案。

演出举办单位在演出场所进行营业性演出,应当核验演出场所经营单位的消防安全设施检查记录、安全保卫工作方案和灭火、应急疏散预案,并与演出场所经营单位就演出活动中突发安全事件的防范、处理等事项签订安全责任协议。

第十九条 在公共场所举办营业性演出,演出举办单位应当依照有关安全、消防的法律、行政法规和国家有关规定办理审批手续,并制定安全保卫工作方案和灭火、应急疏散预案。演出场所应当配备应急广播、照明设施,在安全出入口设置明显标识,保证安全出入口畅通;需要临时搭建舞台、看台的,演出举办单位应当按照国家有关安全标准搭建舞台、看台,确保安全。

第二十条 审批临时搭建舞台、看台的营业性演出时,文化主管部门应当核验演出举办单位的下列文件:

(一)依法验收后取得的演出场所合格证明;

(二)安全保卫工作方案和灭火、应急疏散预案;

(三)依法取得的安全、消防批准文件。

第二十一条 演出场所容纳的观众数量应当报公安部门核准;观众区域与缓冲区域应当由公安部门划定,缓冲区域应当有明显标识。

演出举办单位应当按照公安部门核准的观众数量、划定的观众区域印制和出售门票。

验票时,发现进入演出场所的观众达到核准数量仍有观众等待入场的,应当立即终止验票并同时向演出所在地县级人民政府公安部门报告;发现观众持有观众区域以外的门票或者假票的,应当拒绝其入场并同时向演出所在地县级人民政府公安部门报告。

第二十二条 任何人不得携带传染病病原体和爆炸性、易燃性、放射性、腐蚀性等危险物质或者非法携带枪支、弹药、管制器具进入营业性演出现场。

演出场所经营单位应当根据公安部门的要求,配备安全检查设施,并对进入营业性演出现场的观众进行必要的安全检查;观众不接受安全检查或者有前款禁止行为的,演出场所经营单位有权拒绝其进入。

第二十三条 演出举办单位应当组织人员落实营业性演出时的安全、消防措施,维护营业性演出现场秩序。

演出举办单位和演出场所经营单位发现营业性演出现场秩序混乱,应当立即采取措施并同时向演出所在地县级人民政府公安部门报告。

第二十四条 演出举办单位不得以政府或者政府部门的名义举办营业性演出。

营业性演出不得冠以"中国"、"中华"、"全国"、"国际"等字样。

营业性演出广告内容必须真实、合法,不得误导、欺骗公众。

第二十五条 营业性演出不得有下列情形:

(一)反对宪法确定的基本原则的;

(二)危害国家统一、主权和领土完整,危害国家安全,或者损害国家荣誉和利益的;

(三)煽动民族仇恨、民族歧视,侵害民族风俗习惯,伤害民族感情,破坏民族团结,违反宗教政策的;

(四)扰乱社会秩序,破坏社会稳定的;

(五)危害社会公德或者民族优秀文化传统的;

（六）宣扬淫秽、色情、邪教、迷信或者渲染暴力的；
（七）侮辱或者诽谤他人，侵害他人合法权益的；
（八）表演方式恐怖、残忍，摧残演员身心健康的；
（九）利用人体缺陷或者以展示人体变异等方式招徕观众的；
（十）法律、行政法规禁止的其他情形。

第二十六条 演出场所经营单位、演出举办单位发现营业性演出有本条例第二十五条禁止情形的，应当立即采取措施予以制止并同时向演出所在地县级人民政府文化主管部门、公安部门报告。

第二十七条 参加营业性演出的文艺表演团体、主要演员或者主要节目内容等发生变更的，演出举办单位应当及时告知观众并说明理由。观众有权退票。

演出过程中，除因不可抗力不能演出的外，演出举办单位不得中止或者停止演出，演员不得退出演出。

第二十八条 演员不得以假唱欺骗观众，演出举办单位不得组织演员假唱。任何单位或者个人不得为假唱提供条件。

演出举办单位应当派专人对演出进行监督，防止假唱行为的发生。

第二十九条 营业性演出经营主体应当对其营业性演出的经营收入依法纳税。

演出举办单位在支付演员、职员的演出报酬时应当依法履行税款代扣代缴义务。

第三十条 募捐义演的演出收入，除必要的成本开支外，必须全部交付受捐单位；演出举办单位、参加演出的文艺表演团体和演员、职员，不得获取经济利益。

第三十一条 任何单位或者个人不得伪造、变造、出租、出借或者买卖营业性演出许可证、批准文件或者营业执照，不得伪造、变造营业性演出门票或者倒卖伪造、变造的营业性演出门票。

第四章 监督管理

第三十二条 除文化主管部门依照国家有关规定对体现民族特色和国家水准的演出给予补助外，各级人民政府和政府部门不得资助、赞助或者变相资助、赞助营业性演出，不得用公款购买营业性演出门票用于个人消费。

第三十三条 文化主管部门应当加强对营业性演出的监督管理。

演出所在地县级人民政府文化主管部门对外国的或者香港特别行政区、澳门特别行政区、台湾地区的文艺表演团体、个人参加的营业性演出和临时搭建舞台、看台的营业性演出，应当进行实地检查；对其他营业性演出，应当进行实地抽样检查。

第三十四条 县级以上地方人民政府文化主管部门应当充分发挥文化执法机构的作用，并可以聘请社会义务监督员对营业性演出进行监督。

任何单位或者个人可以采取电话、手机短信等方式举报违反本条例规定的行为。县级以上地方人民政府文化主管部门应当向社会公布举报电话，并保证随时有人接听。

县级以上地方人民政府文化主管部门接到社会义务监督员的报告或者公众的举报，应当作出记录，立即赶赴现场进行调查、处理，并自处理完毕之日起7日内公布结果。

县级以上地方人民政府文化主管部门对作出突出贡献的社会义务监督员应当给予表

彰；公众举报经调查核实的，应当对举报人给予奖励。

第三十五条 文化主管部门应当建立营业性演出经营主体的经营活动信用监管制度，建立健全信用约束机制，并及时公布行政处罚信息。

第三十六条 公安部门对其依照有关法律、行政法规和国家有关规定批准的营业性演出，应当在演出举办前对营业性演出现场的安全状况进行实地检查；发现安全隐患的，在消除安全隐患后方可允许进行营业性演出。

公安部门可以对进入营业性演出现场的观众进行必要的安全检查；发现观众有本条例第二十三条第一款禁止行为的，在消除安全隐患后方可允许其进入。

公安部门可以组织警力协助演出举办单位维持营业性演出现场秩序。

第三十七条 公安部门接到观众达到核准数量仍有观众等待入场或者演出秩序混乱的报告后，应当立即组织采取措施消除安全隐患。

第三十八条 承担现场管理检查任务的公安部门和文化主管部门的工作人员进入营业性演出现场，应当出示值勤证件。

第三十九条 文化主管部门依法对营业性演出进行监督检查时，应当将监督检查的情况和处理结果予以记录，由监督检查人员签字后归档。公众有权查阅监督检查记录。

第四十条 文化主管部门、公安部门和其他有关部门及其工作人员不得向演出举办单位、演出场所经营单位索取演出门票。

第四十一条 国务院文化主管部门和省、自治区、直辖市人民政府文化主管部门，对在农村、工矿企业进行演出以及为少年儿童提供免费或者优惠演出表现突出的文艺表演团体、演员，应当给予表彰，并采取多种形式予以宣传。

国务院文化主管部门对适合在农村、工矿企业演出的节目，可以在依法取得著作权人许可后，提供给文艺表演团体、演员在农村、工矿企业演出时使用。

文化主管部门实施文艺评奖，应当适当考虑参评对象在农村、工矿企业的演出场次。

县级以上地方人民政府应当对在农村、工矿企业演出的文艺表演团体、演员给予支持。

第四十二条 演出行业协会应当依照章程的规定，制定行业自律规范，指导、监督会员的经营活动，促进公平竞争。

第五章　法律责任

第四十三条 有下列行为之一的，由县级人民政府文化主管部门予以取缔，没收演出器材和违法所得，并处违法所得8倍以上10倍以下的罚款；没有违法所得或者违法所得不足1万元的，并处5万元以上10万元以下的罚款；构成犯罪的，依法追究刑事责任：

（一）违反本条例第六条、第十条、第十一条规定，擅自从事营业性演出经营活动的；

（二）违反本条例第十二条、第十四条规定，超范围从事营业性演出经营活动的；

（三）违反本条例第八条第一款规定，变更营业性演出经营项目未向原发证机关申请换发营业性演出许可证的。

违反本条例第八条、第十条规定，擅自设立演出场所经营单位或者擅自从事营业性演出经营活动的，由工商行政管理部门依法予以取缔、处罚；构成犯罪的，依法追究刑事责任。

第四十四条 违反本条例第十三条、第十五条规定，未经批准举办营业性演出的，由县级人民政府文化主管部门责令停止演出，没收违法所得，并处违法所得 8 倍以上 10 倍以下的罚款；没有违法所得或者违法所得不足 1 万元的，并处 5 万元以上 10 万元以下的罚款；情节严重的，由原发证机关吊销营业性演出许可证。

违反本条例第十六条第三款规定，变更演出举办单位、参加演出的文艺表演团体、演员或者节目未重新报批的，依照前款规定处罚；变更演出的名称、时间、地点、场次未重新报批的，由县级人民政府文化主管部门责令改正，给予警告，可以并处 3 万元以下的罚款。

演出场所经营单位为未经批准的营业性演出提供场地的，由县级人民政府文化主管部门责令改正，没收违法所得，并处违法所得 3 倍以上 5 倍以下的罚款；没有违法所得或者违法所得不足 1 万元的，并处 3 万元以上 5 万元以下的罚款。

第四十五条 违反本条例第三十一条规定，伪造、变造、出租、出借、买卖营业性演出许可证、批准文件，或者以非法手段取得营业性演出许可证、批准文件的，由县级人民政府文化主管部门没收违法所得，并处违法所得 8 倍以上 10 倍以下的罚款；没有违法所得或者违法所得不足 1 万元的，并处 5 万元以上 10 万元以下的罚款；对原取得的营业性演出许可证、批准文件，予以吊销、撤销；构成犯罪的，依法追究刑事责任。

第四十六条 营业性演出有本条例第二十五条禁止情形的，由县级人民政府文化主管部门责令停止演出，没收违法所得，并处违法所得 8 倍以上 10 倍以下的罚款；没有违法所得或者违法所得不足 1 万元的，并处 5 万元以上 10 万元以下的罚款；情节严重的，由原发证机关吊销营业性演出许可证；违反治安管理规定的，由公安部门依法予以处罚；构成犯罪的，依法追究刑事责任。

演出场所经营单位、演出举办单位发现营业性演出有本条例第二十五条禁止情形未采取措施予以制止的，由县级人民政府文化主管部门、公安部门依据法定职权给予警告，并处 5 万元以上 10 万元以下的罚款；未依照本条例第二十六条规定报告的，由县级人民政府文化主管部门、公安部门依据法定职权给予警告，并处 5000 元以上 1 万元以下的罚款。

第四十七条 有下列行为之一的，对演出举办单位、文艺表演团体、演员，由国务院文化主管部门或者省、自治区、直辖市人民政府文化主管部门向社会公布；演出举办单位、文艺表演团体在 2 年内再次被公布的，由原发证机关吊销营业性演出许可证；个体演员在 2 年内再次被公布的，由工商行政管理部门吊销营业执照：

（一）非因不可抗力中止、停止或者退出演出的；

（二）文艺表演团体、主要演员或者主要节目内容等发生变更未及时告知观众的；

（三）以假唱欺骗观众的；

（四）为演员假唱提供条件的。

有前款第（一）项、第（二）项和第（三）项所列行为之一的，观众有权在退场后依照有关消费者权益保护的法律规定要求演出举办单位赔偿损失；演出举办单位可以依法向负有责任的文艺表演团体、演员追偿。

有本条第一款第（一）项、第（二）项和第（三）项所列行为之一的，由县级人民政府文化主管部门处 5 万元以上 10 万元以下的罚款；有本条第一款第（四）项所列行为的，由县级人民政府文化主管部门处5000元以上1万元以下的罚款。

第四十八条 以政府或者政府部门的名义举办营业性演出，或者营业性演出冠以"中国"、"中华"、"全国"、"国际"等字样的，由县级人民政府文化主管部门责令改正，没收违法所得，并处违法所得3倍以上5倍以下的罚款；没有违法所得或者违法所得不足1万元的，并处3万元以上5万元以下的罚款；拒不改正或者造成严重后果的，由原发证机关吊销营业性演出许可证。

营业性演出广告的内容误导、欺骗公众或者含有其他违法内容的，由工商行政管理部门责令停止发布，并依法予以处罚。

第四十九条 演出举办单位或者其法定代表人、主要负责人及其他直接责任人员在募捐义演中获取经济利益的，由县级以上人民政府文化主管部门依据各自职权责令其退回并交付受捐单位；构成犯罪的，依法追究刑事责任；尚不构成犯罪的，由县级以上人民政府文化主管部门依据各自职权处违法所得3倍以上5倍以下的罚款，并由国务院文化主管部门或者省、自治区、直辖市人民政府文化主管部门向社会公布违法行为人的名称或者姓名，直至由原发证机关吊销演出举办单位的营业性演出许可证。

文艺表演团体或者演员、职员在募捐义演中获取经济利益的，由县级以上人民政府文化主管部门依据各自职权责令其退回并交付受捐单位。

第五十条 违反本条例第八条第一款规定，变更名称、住所、法定代表人或者主要负责人未向原发证机关申请换发营业性演出许可证的，由县级人民政府文化主管部门责令改正，给予警告，并处1万元以上3万元以下的罚款。

违反本条例第七条第二款、第八条第二款、第九条第二款规定，未办理备案手续的，由县级人民政府文化主管部门责令改正，给予警告，并处5000元以上1万元以下的罚款。

第五十一条 有下列行为之一的，由公安部门或者公安消防机构依据法定职权依法予以处罚；构成犯罪的，依法追究刑事责任：

（一）违反本条例安全、消防管理规定的；

（二）伪造、变造营业性演出门票或者倒卖伪造、变造的营业性演出门票的。

演出举办单位印制、出售超过核准观众数量的或者观众区域以外的营业性演出门票的，由县级以上人民政府公安部门依据各自职权责令改正，没收违法所得，并处违法所得3倍以上5倍以下的罚款；没有违法所得或者违法所得不足1万元的，并处3万元以上5万元以下的罚款；造成严重后果的，由原发证机关吊销营业性演出许可证；构成犯罪的，依法追究刑事责任。

第五十二条 演出场所经营单位、个体演出经纪人、个体演员违反本条例规定，情节严重的，由县级以上人民政府文化主管部门依据各自职权责令其停止营业性演出经营活动，并通知工商行政管理部门，由工商行政管理部门依法吊销营业执照。其中，演出场所经营单位有其他经营业务的，由工商行政管理部门责令其办理变更登记，逾期不办理的，吊销营业执照。

第五十三条 因违反本条例规定被文化主管部门吊销营业性演出许可证，或者被工商行政管理部门吊销营业执照或者责令变更登记的，自受到行政处罚之日起，当事人为单位的，其法定代表人、主要负责人5年内不得担任文艺表演团体、演出经纪机构或者演出场所经营单位的法定代表人、主要负责人；当事人为个人的，个体演员1年内不得从事营业性演出，个体演出经纪人5年内不得从事营业性演出的居间、代理活动。

因营业性演出有本条例第二十五条禁止情形被文化主管部门吊销营业性演出许可证，或者被工商行政管理部门吊销营业执照或者责令变更登记的，不得再次从事营业性演出或者营业性演出的居间、代理、行纪活动。

因违反本条例规定2年内2次受到行政处罚又有应受本条例处罚的违法行为的，应当从重处罚。

第五十四条 各级人民政府或者政府部门非法资助、赞助，或者非法变相资助、赞助营业性演出，或者用公款购买营业性演出门票用于个人消费的，依照有关财政违法行为处罚处分的行政法规的规定责令改正。对单位给予警告或者通报批评。对直接负责的主管人员和其他直接责任人员给予记大过处分；情节较重的，给予降级或者撤职处分；情节严重的，给予开除处分。

第五十五条 文化主管部门、公安部门、工商行政管理部门的工作人员滥用职权、玩忽职守、徇私舞弊或者未依照本条例规定履行职责的，依法给予行政处分；构成犯罪的，依法追究刑事责任。

第六章　附　则

第五十六条 民间游散艺人的营业性演出，省、自治区、直辖市人民政府可以参照本条例的规定制定具体管理办法。

第五十七条 本条例自2005年9月1日起施行。1997年8月11日国务院发布的《营业性演出管理条例》同时废止。

三、营业性演出管理条例实施细则
（2017年修订版）

第一章　总　则

第一条 根据《营业性演出管理条例》（以下简称《条例》），制定本实施细则。

第二条 《条例》所称营业性演出是指以营利为目的、通过下列方式为公众举办的现场文艺表演活动：

（一）售票或者接受赞助的；

（二）支付演出单位或者个人报酬的；

（三）以演出为媒介进行广告宣传或者产品促销的；

（四）以其他营利方式组织演出的。

第三条 国家依法维护营业性演出经营主体、演职员和观众的合法权益，禁止营业性演出中的不正当竞争行为。

第二章　营业性演出经营主体

第四条 文艺表演团体是指具备《条例》第六条规定条件，从事文艺表演活动的经营单位。

第五条 演出经纪机构是指具备《条例》第六条规定条件，从事下列活动的经营单位：

（一）演出组织、制作、营销等经营活动；

（二）演出居间、代理、行纪等经纪活动；

（三）演员签约、推广、代理等经纪活动。

第六条 演出场所经营单位是指具备《条例》第七条规定条件，为演出活动提供专业演出场地及服务的经营单位。

第七条 依法登记的文艺表演团体申请从事营业性演出活动，应当向文化主管部门提交下列文件：

（一）申请书；

（二）营业执照和从事的艺术类型；

（三）法定代表人或者主要负责人的身份证明；

（四）演员的艺术表演能力证明；

（五）与业务相适应的演出器材设备书面声明。

前款第四项所称演员的艺术表演能力证明，可以是下列文件之一：

（一）中专以上学校文艺表演类专业毕业证书；

（二）职称证书；

（三）演出行业协会颁发的演员资格证明；

（四）其他有效证明。

第八条 依法登记的演出经纪机构申请从事营业性演出经营活动，应当向文化主管部门提交下列文件：

（一）申请书；

（二）营业执照；

（三）法定代表人或者主要负责人的身份证明；

（四）演出经纪人员的资格证明。

法人或者其他组织申请增设演出经纪机构经营业务的，应当提交前款第（一）项、第（四）项规定的文件。

第九条 依法登记的演出场所经营单位，应当自领取证照之日起20日内，持证照和有关消防、卫生批准文件，向所在地县级文化主管部门备案，县级文化主管部门应当出具备案证明。备案证明式样由文化部设计，省级文化主管部门印制。

个体演员可以持个人身份证明和本实施细则第七条第二款规定的艺术表演能力证明，个体演出经纪人可以持个人身份证明和演出经纪人员资格证明，向户籍所在地或者常驻地县级文化主管部门申请备案，文化主管部门应当出具备案证明。备案证明式样由文化部设计，省级文化主管部门印制。

第十条 依法登记的中外合资经营、中外合作经营的演出经纪机构申请从事营业性演出经营活动，除了提交本实施细则第八条规定的文件外，还应当提交下列文件：

（一）可行性研究报告、合同、章程；

（二）外商投资企业批准证书；

（三）合资、合作经营各方协商确定的董事长、副董事长、董事或者联合管理委员会主任、副主任、委员的人选名单及身份证明；

（四）其他依法需要提交的文件。

中外合资、合作经营演出经纪机构的董事长或者联合委员会的主任应当由中方代表担任，并且中方代表应当在董事会或者联合委员会中居多数。

第十一条 依法登记的中外合资经营、中外合作经营的演出场所经营单位申请从事演出场所经营活动，应当提交下列文件：

（一）申请书；

（二）营业执照；

（三）可行性研究报告、合同、章程；

（四）外商投资企业批准证书；

（五）合资、合作经营各方协商确定的董事长、副董事长、董事或者联合管理委员会主任、副主任、委员的人选名单及身份证明；

（六）其他依法需要提交的文件。

中外合资、合作经营演出场所经营单位的董事长或者联合委员会的主任应当由中方代表担任，并且中方代表应当在董事会或者联合委员会中居多数。

第十二条 香港特别行政区、澳门特别行政区的演出经纪机构经批准可以在内地设立分支机构，分支机构不具有企业法人资格。

香港特别行政区、澳门特别行政区演出经纪机构在内地的分支机构可以依法从事营业性演出的居间、代理活动，但不得从事其他演出经营活动。香港特别行政区、澳门特别行政区的演出经纪机构对其分支机构的经营活动承担民事责任。

香港特别行政区、澳门特别行政区的演出经纪机构在内地设立分支机构，必须在内地指定负责该分支机构的负责人，并向该分支机构拨付与其所从事的经营活动相适应的资金。

第十三条 香港特别行政区、澳门特别行政区的投资者在内地依法登记的独资经营的演出经纪机构申请从事营业性演出经营活动，除提交本实施细则第八条规定文件外，还应当提交下列文件：

（一）可行性研究报告；

（二）投资者的身份证明；

（三）台港澳侨投资企业批准证书；

（四）其他依法需要提交的文件。

第十四条 香港特别行政区、澳门特别行政区的投资者在内地依法登记的独资经营的演出场所经营单位申请从事演出场所经营活动，应当提交下列文件：

（一）申请书；

（二）营业执照；

（三）可行性研究报告；

（四）法定代表人的身份证明；

（五）台港澳侨投资企业批准证书；

（六）其他依法需要提交的文件。

第十五条　香港特别行政区、澳门特别行政区投资者在内地依法登记的合资、合作经营的演出经纪机构申请从事营业性演出经营活动，香港特别行政区、澳门特别行政区投资者在内地依法登记的合资、合作经营的演出场所经营单位申请从事演出场所经营活动，参照本实施细则第十条第一款、第十一条第一款的规定办理。

台湾地区的投资者在大陆依法登记的合资、合作经营的演出经纪机构申请从事营业性演出经营活动，台湾地区的投资者在大陆依法登记的合资、合作经营的演出场所经营单位申请从事演出场所经营活动，参照本实施细则第十条、第十一条的规定办理。

第三章　演出管理

第十六条　申请举办营业性演出，应当在演出日期 3 日前将申请材料提交负责审批的文化主管部门。

申请举办营业性涉外或者涉港澳台演出，应当在演出日期 20 日前将申请材料提交负责审批的文化主管部门。

第十七条　申请举办营业性演出，应当持营业性演出许可证或者备案证明，向文化主管部门提交符合《条例》第十六条规定的文件。

申请举办临时搭建舞台、看台的营业性演出，还应当提交符合《条例》第二十条第（二）、（三）项规定的文件。

对经批准的临时搭建舞台、看台的演出活动，演出举办单位还应当在演出前向演出所在地县级文化主管部门提交符合《条例》第二十条第（一）项规定的文件，不符合规定条件的，演出活动不得举行。

《条例》第二十条所称临时搭建舞台、看台的营业性演出是指符合《大型群众性活动安全管理条例》规定的营业性演出活动。

《条例》第二十条第（一）项所称演出场所合格证明，是指由演出举办单位组织有关承建单位进行竣工验收，并作出的验收合格证明材料。

申请举办需要未成年人参加的营业性演出，应当符合国家有关规定。

第十八条　申请举办营业性涉外或者涉港澳台演出，除提交本实施细则第十七条规定的文件外，还应当提交下列文件：

（一）演员有效身份证明复印件；

（二）2 年以上举办营业性演出经历的证明文件；

（三）近 2 年内无违反《条例》规定的书面声明。

文化主管部门审核涉外或者涉港澳台营业性演出项目，必要时可以依法组织专家进行论证。

第十九条　经省级文化主管部门批准的营业性涉外演出，在批准的时间内增加演出地的，举办单位或者与其合作的具有涉外演出资格的演出经纪机构，应当在演出日期 10 日前，持省级文化主管部门批准文件和本实施细则第十七条规定的文件，到增加地省级文化主管部门备案，省级文化主管部门应当出具备案证明。

第二十条　经批准到艺术院校从事教学、研究工作的外国或者港澳台艺术人员从事营业性演出的,应当委托演出经纪机构承办。

第二十一条 歌舞娱乐场所、旅游景区、主题公园、游乐园、宾馆、饭店、酒吧、餐饮场所等非演出场所经营单位需要在本场所内举办营业性演出的,应当委托演出经纪机构承办。

在上述场所举办驻场涉外演出,应当报演出所在地省级文化主管部门审批。

第二十二条 申请举办含有内地演员和香港特别行政区、澳门特别行政区、台湾地区演员以及外国演员共同参加的营业性演出,可以报演出所在地省级文化主管部门审批,具体办法由省级文化主管部门制定。

国家另有规定的,从其规定。

第二十三条 在演播厅外从事电视文艺节目的现场录制,符合本实施细则第二条规定条件的,应当依照《条例》和本实施细则的规定办理审批手续。

第二十四条 举办募捐义演,应当依照《条例》和本实施细则的规定办理审批手续。

参加募捐义演的演职人员不得获取演出报酬;演出举办单位或者演员应当将扣除成本后的演出收入捐赠给社会公益事业,不得从中获取利润。

演出收入是指门票收入、捐赠款物、赞助收入等与演出活动相关的全部收入。演出成本是指演职员食、宿、交通费用和舞台灯光音响、服装道具、场地、宣传等费用。

募捐义演结束后10日内,演出举办单位或者演员应当将演出收支结算报审批机关备案。

举办其他符合本实施细则第二条所述方式的公益性演出,参照本条规定执行。

第二十五条 营业性演出经营主体举办营业性演出,应当履行下列义务:

(一)办理演出申报手续;

(二)安排演出节目内容;

(三)安排演出场地并负责演出现场管理;

(四)确定演出票价并负责演出活动的收支结算;

(五)依法缴纳或者代扣代缴有关税费;

(六)接受文化主管部门的监督管理;

(七)其他依法需要承担的义务。

第二十六条 举办营业性涉外或者涉港澳台演出,举办单位应当负责统一办理外国或者港澳台文艺表演团体、个人的入出境手续,巡回演出的还要负责其全程联络和节目安排。

第二十七条 营业性演出活动经批准后方可出售门票。

第二十八条 营业性演出不得以假唱、假演奏等手段欺骗观众。

前款所称假唱、假演奏是指演员在演出过程中,使用事先录制好的歌曲、乐曲代替现场演唱、演奏的行为。

演出举办单位应当派专人对演唱、演奏行为进行监督,并做出记录备查。记录内容包括演员、乐队、曲目的名称和演唱、演奏过程的基本情况,并由演出举办单位负责人和监督人员签字确认。

第二十九条 举办营业性演出,应当根据舞台设计要求,优先选用境内演出器材。

第三十条 举办营业性演出,举办单位或者个人可以为演出活动投保安全责任保险。

第三十一条　鼓励演出经营主体协作经营，建立演出院线，共享演出资源。

第三十二条　各级文化主管部门应当将营业性演出的审批事项向社会公布。

第三十三条　文化主管部门对体现民族特色和国家水准的演出，应当依照有关规定给予补助和支持。

县级以上人民政府有关部门可以依照《条例》的有关规定和财务管理制度，鼓励和支持体现民族特色和国家水准的演出。

第三十四条　文化主管部门或者文化行政执法机构检查营业性演出现场，应当出示文化市场行政执法证件，演出举办单位应当配合。

第三十五条　文化主管部门可以采用技术手段，加强对营业性演出活动的监管。

第三十六条　各级文化主管部门应当建立演出经营主体基本信息登记和公布制度、演出信息报送制度、演出市场巡查责任制度，加强对演出市场的管理和监督。

第三十七条　演出行业协会是演出经营主体和演出从业人员的自律组织。

全国性演出行业协会负责组织实施演员、演出经纪人员等演出从业人员的资格认定工作。

各级文化主管部门可以委托演出行业协会开展有关工作，并加强指导和监督。

第四章　演出证管理

第三十八条　文艺表演团体和演出经纪机构的营业性演出许可证包括1份正本和2份副本，有效期为2年。

营业性演出许可证由文化部设计，省级文化主管部门印制，发证机关填写、盖章。

第三十九条　文化主管部门吊销文艺表演团体或者演出经纪机构的营业性演出许可证，应当通知工商行政管理部门变更其经营范围或者吊销营业执照。

文艺表演团体和演出经纪机构的营业性演出许可证，除文化主管部门可以依法暂扣或者吊销外，其他任何单位和个人不得收缴、扣押。

第四十条　吊销、注销文艺表演团体营业性演出许可证的，应当报省级文化主管部门备案。吊销、注销演出经纪机构营业性演出许可证的，应当报文化部备案。

第四十一条　文化主管部门对文艺表演团体和演出经纪机构实施行政处罚的，应当将处罚决定记录在营业性演出许可证副本上并加盖处罚机关公章，同时将处罚决定通知发证机关。

第五章　罚　则

第四十二条　违反本实施细则第十七条的规定，未在演出前向演出所在地县级文化主管部门提交《条例》第二十条规定的演出场所合格证明而举办临时搭建舞台、看台营业性演出的，由县级文化主管部门依照《条例》第四十四条第一款的规定给予处罚。

第四十三条　举办营业性涉外或者涉港澳台演出，隐瞒近2年内违反《条例》规定的记录，提交虚假书面声明的，由负责审批的文化主管部门处以3万元以下罚款。

第四十四条　违反本实施细则第十九条规定，经省级文化主管部门批准的涉外演出在批准的时间内增加演出地，未到演出所在地省级文化主管部门备案的，由县级文化主管部门依照《条例》第四十四条第一款的规定给予处罚。

第四十五条 违反本实施细则第二十条规定，经批准到艺术院校从事教学、研究工作的外国或者港澳台艺术人员擅自从事营业性演出的，由县级文化主管部门依照《条例》第四十三条规定给予处罚。

第四十六条 违反本实施细则第二十一条规定，非演出场所经营单位擅自举办演出的，由县级文化主管部门依照《条例》第四十三条规定给予处罚。

第四十七条 非演出场所经营单位为未经批准的营业性演出提供场地的，由县级文化主管部门移送有关部门处理。

第四十八条 违反本实施细则第二十三条规定，在演播厅外从事符合本实施细则第二条规定条件的电视文艺节目的现场录制，未办理审批手续的，由县级文化主管部门依照《条例》第四十三条规定给予处罚。

第四十九条 违反本实施细则第二十四条规定，擅自举办募捐义演或者其他公益性演出的，由县级以上文化主管部门依照《条例》第四十三条规定给予处罚。

第五十条 违反本实施细则第二十五条、第二十六条规定，在演出经营活动中，不履行应尽义务，倒卖、转让演出活动经营权的，由县级文化主管部门依照《条例》第四十五条规定给予处罚。

第五十一条 违反本实施细则第二十七条规定，未经批准，擅自出售演出门票的，由县级文化主管部门责令停止违法活动，并处3万元以下罚款。

第五十二条 违反本实施细则第二十八条规定，演出举办单位没有现场演唱、演奏记录的，由县级文化主管部门处以3000元以下罚款。

以假演奏等手段欺骗观众的，由县级文化主管部门依照《条例》第四十七条的规定给予处罚。

第五十三条 县级以上文化主管部门或者文化行政执法机构检查营业性演出现场，演出举办单位拒不接受检查的，由县级以上文化主管部门或者文化行政执法机构处以3万元以下罚款。

第五十四条 上级文化主管部门在必要时，可以依照《条例》和本实施细则的规定，调查、处理由下级文化主管部门调查、处理的案件。

下级文化主管部门认为案件重大、复杂的，可以请求移送上级文化主管部门调查、处理。

第六章 附 则

第五十五条 本实施细则由文化部负责解释。

第五十六条 本实施细则自2009年10月1日起施行，2005年8月30日发布的《营业性演出管理条例实施细则》同时废止。

四、艺术品经营管理办法

第一章 总则

第一条 为了加强对艺术品经营活动的管理，规范经营行为，繁荣艺术品市场，保护创作者、经营者、消费者的合法权益，制定本办法。

第二条 本办法所称艺术品，是指绘画作品、书法篆刻作品、雕塑雕刻作品、艺术摄影作品、装置艺术作品、工艺美术作品等及上述作品的有限复制品。本办法所称艺术品不包括文物。

本办法规范的艺术品经营活动包括：

（一）收购、销售、租赁；

（二）经纪；

（三）进出口经营；

（四）鉴定、评估、商业性展览等服务；

（五）以艺术品为标的物的投资经营活动及服务。

利用信息网络从事艺术品经营活动的适用本办法。

第三条 文化部负责制定艺术品经营管理政策，监督管理全国艺术品经营活动，建立艺术品市场信用监管体系。

省、自治区、直辖市人民政府文化行政部门负责艺术品进出口经营活动审批，建立专家委员会，为文化行政部门开展的内容审查、市场监管相关工作提供专业意见。

县级以上人民政府文化行政部门负责本行政区域内艺术品经营活动的日常监督管理工作，县级以上人民政府文化行政部门或者依法授权的文化市场综合执法机构对从事艺术品经营活动违反国家有关规定的行为实施处罚。

第四条 加强艺术品市场社会组织建设。鼓励和引导行业协会等社会组织制定行业标准，指导、监督会员依法开展经营活动，依照章程，加强行业自律，推动诚信建设，促进行业公平竞争。

第二章 经营规范

第五条 设立从事艺术品经营活动的经营单位，应当到其住所地县级以上人民政府工商行政管理部门申领营业执照，并在领取营业执照之日起15日内，到其住所地县级以上人民政府文化行政部门备案。

其他经营单位增设艺术品经营业务的，应当按前款办理备案手续。

第六条 禁止经营含有以下内容的艺术品：

（一）反对宪法确定的基本原则的；

（二）危害国家统一、主权和领土完整的；

（三）泄露国家秘密、危害国家安全或者损害国家荣誉和利益的；

（四）煽动民族仇恨、民族歧视、破坏民族团结，或者侵害民族风俗、习惯的；

（五）破坏国家宗教政策，宣扬邪教、迷信的；

（六）宣扬恐怖活动，散布谣言，扰乱社会秩序，破坏社会稳定的；

（七）宣扬淫秽、色情、赌博、暴力或者教唆犯罪的；

（八）侮辱或者诽谤他人，侵害他人合法权益的；

（九）违背社会公德或者民族优秀文化传统的；

（十）蓄意篡改历史、严重歪曲历史的；

（十一）有法律、法规和国家规定禁止的其他内容的。

第七条　禁止经营以下艺术品：

（一）走私、盗窃等来源不合法的艺术品；

（二）伪造、变造或者冒充他人名义的艺术品；

（三）除有合法手续、准许经营的以外，法律、法规禁止交易的动物、植物、矿物、金属、化石等为材质的艺术品；

（四）国家规定禁止交易的其他艺术品。

第八条　艺术品经营单位不得有以下经营行为：

（一）向消费者隐瞒艺术品来源，或者在艺术品说明中隐瞒重要事项，误导消费者的；

（二）伪造、变造艺术品来源证明、艺术品鉴定评估文件以及其他交易凭证的；

（三）以非法集资为目的或者以非法传销为手段进行经营的；

（四）未经批准，将艺术品权益拆分为均等份额公开发行，以集中竞价、做市商等集中交易方式进行交易的；

（五）法律、法规和国家规定禁止的其他经营行为。

第九条　艺术品经营单位应当遵守以下规定：

（一）对所经营的艺术品应当标明作者、年代、尺寸、材料、保存状况和销售价格等信息。

（二）保留交易有关的原始凭证、销售合同、台账、账簿等销售记录，法律、法规要求有明确期限的，按照法律、法规规定执行；法律、法规没有明确规定的，保存期不得少于5年。

第十条　艺术品经营单位应买受人要求，应当对买受人购买的艺术品进行尽职调查，提供以下证明材料之一：

（一）艺术品创作者本人认可或者出具的原创证明文件；

（二）第三方鉴定评估机构出具的证明文件；

（三）其他能够证明或者追溯艺术品来源的证明文件。

第十一条　艺术品经营单位从事艺术品鉴定、评估等服务，应当遵守以下规定：

（一）与委托人签订书面协议，约定鉴定、评估的事项，鉴定、评估的结论适用范围以及被委托人应当承担的责任；

（二）明示艺术品鉴定、评估程序或者需要告知、提示委托人的事项；

（三）书面出具鉴定、评估结论，鉴定、评估结论应当包括对委托艺术品的全面客观说明，鉴定、评估的程序，做出鉴定、评估结论的证据，鉴定、评估结论的责任说明，并对鉴定、评估结论的真实性负责；

（四）保留书面鉴定、评估结论副本及鉴定、评估人签字等档案不得少于5年。

第十二条 文化产权交易所和以艺术品为标的物的投资经营单位，非公开发行艺术品权益或者采取艺术品集中竞价交易的，应当执行国家有关规定。

第三章 艺术品进出口经营活动

第十三条 艺术品进出口经营活动包括：

（一）从境外进口或者向境外出口艺术品的经营活动；

（二）以销售、商业宣传为目的在境内公共展览场所举办的，有境外艺术品创作者或者境外艺术品参加的各类展示活动。

第十四条 从境外进口或者向境外出口艺术品的，应当在艺术品进出口前，向艺术品进出口口岸所在地省、自治区、直辖市人民政府文化行政部门提出申请并报送以下材料：

（一）营业执照、对外贸易经营者备案登记表；

（二）进出口艺术品的来源、目的地；

（三）艺术品图录；

（四）审批部门要求的其他材料。

文化行政部门应当自受理申请之日起5日内作出批准或者不批准的决定。批准的，发给批准文件，申请单位持批准文件到海关办理手续；不批准的，书面通知申请人并说明理由。

第十五条 以销售、商业宣传为目的在境内公共展览场所举办有境外艺术品创作者或者境外艺术品参加的展示活动，应当由举办单位于展览日45日前，向展览举办地省、自治区、直辖市人民政府文化行政部门提出申请，并报送以下材料：

（一）主办或者承办单位的营业执照、对外贸易经营者备案登记表；

（二）参展的境外艺术品创作者或者境外参展单位的名录；

（三）艺术品图录；

（四）审批部门要求的其他材料。

文化行政部门应当自受理申请之日起15日内作出批准或者不批准的决定。批准的，发给批准文件，申请单位持批准文件到海关办理手续；不批准的，书面通知申请人并说明理由。

第十六条 艺术品进出口口岸所在地省、自治区、直辖市人民政府文化行政部门在艺术品进出口经营活动审批过程中，对申报的艺术品内容有疑义的，可提交专家委员会进行复核。复核时间不超过15日，复核时间不计入审批时限。

第十七条 同一批已经文化行政部门内容审核的艺术品复出口或者复进口，进出口单位可持原批准文件到进口或者出口口岸海关办理相关手续，文化行政部门不再重复审批。

第十八条 任何单位或者个人不得销售或者利用其他商业形式传播未经文化行政部门批准进口的艺术品。

个人携带、邮寄艺术品进出境，不适用本办法。个人携带、邮寄艺术品超过海关认定的自用、合理数量，海关要求办理进出口手续的，应当参照本办法第十四条办理。

以研究、教学参考、馆藏、公益性展览等非经营性用途为目的的艺术品进出境，应当参照本办法第十四条或者第十五条办理进出口手续。

第四章 法律责任

第十九条 违反本办法第五条规定的，由县级以上人民政府文化行政部门或者依法授权的文化市场综合执法机构责令改正，并可根据情节轻重处 10000 元以下罚款。

第二十条 违反本办法第六条、第七条规定的，由县级以上人民政府文化行政部门或者依法授权的文化市场综合执法机构没收非法艺术品及违法所得，违法经营额不足 10000 元的，并处 10000 元以上 20000 元以下罚款；违法经营额 10000 元以上的，并处违法经营额 2 倍以上 3 倍以下罚款。

第二十一条 违反本办法第八条规定的，由县级以上人民政府文化行政部门或者依法授权的文化市场综合执法机构责令改正，没收违法所得，违法经营额不足 10000 元的，并处 10000 元以上 20000 元以下罚款；违法经营额 10000 元以上的，并处违法经营额 2 倍以上 3 倍以下罚款。

第二十二条 违反本办法第九条、第十一条规定的，由县级以上人民政府文化行政部门或者依法授权的文化市场综合执法机构责令改正，并可根据情节轻重处 30000 元以下罚款。

第二十三条 违反本办法第十四条、第十五条规定，擅自开展艺术品进出口经营活动，及违反第十八条第一款规定的，由县级以上人民政府文化行政部门或者依法授权的文化市场综合执法机构责令改正，违法经营额不足 10000 元的，并处 10000 元以上 20000 元以下罚款；违法经营额 10000 元以上的，并处违法经营额 2 倍以上 3 倍以下罚款。

第五章 附 则

第二十四条 本办法规定的行政许可、备案、专家委员会复核的期限以工作日计算，不含法定节假日。

第二十五条 本办法由文化部负责解释。

第二十六条 本办法自 2016 年 3 月 15 日起施行。2004 年 7 月 1 日公布的《美术品经营管理办法》同时废止。

五、国际足联球员经纪人规则

依照《国际足联章程运用规则》第 17 条第 2 款有关规定及 1990 年 12 月 13 日会议通过的决议，国际足联执委会 1994 年 5 月 20 日会议上通过下述规则。

引 言

1. 本规则对球员经纪人从事球员跨国转会的活动进行管理。
2. 规则第 1、3、4、5 章内容同样适用于国内有关活动。
3. 各国家足球协会视其需要可制定国内球员经纪人管理规则，管理从事各协会内部球员转会的活动。此类规则需经国际足联审批并应包含引言第 2 款提出章节的主要原则（参阅第二十二条）。

一、总则

第一条

1. 球员和俱乐部与其他球员或俱乐部进行接触时，有权聘请一名顾问，代表他们或维护他们的利益。该顾问（以下称球员经纪人）必须持有国际足联颁发的许可证（各类转会许可证）或国内足协颁发的许可证（只限国内转会的许可证）。

2. 球员和俱乐部不允许雇佣未取得许可证的经纪人（参阅第十六条、第十八条）。

3. 上述第2款不适用以下情况：球员经纪人是球员近亲；球员或俱乐部经纪人是国内或其永久居住国的注册律师。

二、授予许可证

第二条

1. 任何希望成为球员经纪人的个人应向所在国足球协会递交书面申请。若申请者住在别国，应向其法定居住国所在足球协会递交申请。此类情况只适用在法定居住国已居住至少5年的申请者。

2. 申请者在申请中应附上无犯罪记录的警方证明或类似文件以证明个人的良好名声。

3. 只有自然人（与法人相对）可申请许可证。不受理任何来自公司或组织的申请。

第三条

1. 不受理有犯罪记录或名声不好的申请者的申请。

2. 如申请者能证明减轻处罚，国际足联球员资格委员会可视情况破例受理申请，对此特殊情况所做的决定为最终决定。

第四条

申请球员经纪人许可证的个人在任何情况下不应在国际足联、洲际联合会、国家足球协会、足球俱乐部或此类相关机构中任职。

第五条

1. 各国家足球协会应决定所受理的申请是否合格。

2. 若申请合格，国家足球协会应与申请者个人进行面试。

3. 如申请被国家足球协会否决，可向国际足联球员资格委员会申请并由其做最终裁决。

第六条

1. 国家足球协会进行个人面试时，应了解：

（A）申请者是否正确掌握足球规则（即国际足联、洲际联盟及申请者法定所在国足球协会的章程和规则）；

（B）熟通民法（自然法的基本原则）和责任法（契约法）；

（C）具有指导聘请他的球员或俱乐部的基本能力。

2. 国家足协应按下述内容进行面试：

（A）由足协负责此项事务的官员进行面试；

（B）另一名足协代表（可为某委员会推举的代表）参与面试。

3. 国际足联应颁发提要指导国家足协如何进行面试。

4. 国家足协对面试不能收取任何费用。

第七条

1. 面试之后，国家足协应通知申请人是否符合第六条第 1 款规定的条件。

2. 若面试未通过，申请人可要求第二次面试。此次面试应由不同于第一次的足协官员和代表进行。

3. 若第二次面试仍未通过，国际足联应通知申请人拒发许可证。但该申请人一年以后可重新申请。

4. 若申请人一年后的第三次面试仍未通过，可要求国际足联球员资格委员会进行面试，该委员会对其所做判决为最终判决。

第八条

1. 若申请人通过面试，国家足协应相应通知本人，并向国际足联和洲联合会通报备案。

2. 洲联合会或国际足联有权拒发许可证。一旦拒发，其不得从事球员经纪人活动。国际足联的有关决定为最终裁决。

第九条

1. 若颁发许可证，申请人应向国际足联出示总金额为 20 万瑞士法郎的银行保证金。保证金应由瑞士银行提供，并不可撤回。

2. 只有国际足联有权使用该保证金，若经纪人的行为造成球员或俱乐部的损失，并与国际足联的规则相抵触，经纪人的保证金将用来补偿由此而造成的损失。20 万瑞士法郎保证金的总金额不属受害方补偿的限额。

国际足联有权询问涉及此类纠纷的国家足协或洲际联合会。

3. 若从保证金额中支付如上述第 2 款所述情况的费用，该经纪人许可证则被临时吊销。若保证金额重新达到规定数额，则许可证继续有效。

4. 任何球员经纪人投诉的一方应将投诉以书面形式交国际足联。此类投诉应在事发一年以内提出，若有关经纪人终止活动，应在 6 个月内投诉。

第十条

1. 由所在国家足协承认的球员组织可以以该组织的名义设银行保证金。

2. 银行保证金用于承担至多 3 张许可证引起的风险。享有担保的许可证拥有者必须是开立保证金的球员组织的合法成员，同时必须通过第六条第 1 款要求的面试。取得许可证的申请人姓名应在开设的银行保证金上注明。

第十一条

1. 收到银行出具的保证金后，国际足联则向申请人颁发球员经纪人许可证。该许可证仅限本人使用，不得转让。

2. 国际足联至少每年公布一次球员经纪人名单，并通报各国际足协和洲际联合会。

三、球员经纪人的权利与义务

第十二条

获球员经纪人许可证者享有以下权利：

（A）与任何不属于或不再属于其俱乐部的球员接触（参阅国际足联队员身份及转会规则第十二、十三条）；

（B）代表聘请他的球员或俱乐部与他人协商或签订合同；

（C）为任何聘请他的球员解决有关事宜；

（D）为任何聘请他的俱乐部解决有关事宜。

第十三条

1. 只有在球员经纪人和有关球员与俱乐部签署书面合同的情况下，该经纪人方可代表球员或俱乐部从事上述第十二条规定的活动。

2. 该合同期限为二年，但可在双方同意情况下续约。

第十四条

球员经纪人应履行以下义务：

（A）必须始终遵守国家足协、洲际联合会以及国际足联的章程及规则；

（B）必须保证每次转会均应遵守上述各项规章制度；

（C）不能诱导任何正执行俱乐部合同的球员中止合同或不执行合同规定的权利和义务；

（D）在同一次转会过程中只能代表一方。

第十五条

1. 任何球员经纪人若滥用职权或不履行义务将受处罚。

2. 处罚如下：

（A）劝告、批评或警告；

（B）罚款；

（C）暂停许可证；

（D）吊销许可证。

上述处罚可同时并罚。

3. 只有国际足联才能采取上述处罚，并为最终处罚。

四、球员义务

第十六条

除第一条第3款规定外，任何寻求从球员经纪人获得帮助的球员应与按上述条款规定取得许可证的经纪人进行接触。

第十七条

1. 若球员接受未取得许可证的经纪人的服务，国际足联有权：

（1）在考虑任何协议纠纷中球员地位时，将考虑上述因素；

（2）对球员作出下述处罚：

（A）劝告、批评或警告；

（B）处以不超过 5 万瑞士法郎的罚款；

（C）不超过一年禁赛处罚。

上述处罚可同时并罚。

2. 只有国际足联才能采取上述处罚，并为最终处罚。

五、俱乐部义务

第十八条

1. 任何俱乐部希望提供球员服务只允许：

（1）与球员本人协商，或

（2）按本章程有关条例规定与获得许可证的经纪人协商，但本章程第一条第 3 款规定除外。

2. 任何俱乐部应直接向有关俱乐部支付球员训练费或发展费用，严格禁止把此笔部分或全部金额作为酬劳转付给球员经纪人。

第十九条

1. 违反第十八条中一款或多款规定的俱乐部将受下列处罚：

（A）劝告、批评或警告；

（B）暂停部分或全部俱乐部管理机构；

（C）处罚不超过 10 万瑞士法郎的罚款；

（D）禁止参与国内与/或国际球员转会活动；

（E）禁止参与国内与/或国际足球活动。

任何俱乐部违反上述规定而参与的活动均视为无效。上述处罚可同时并罚。

2. 只有国际足联才能采取上述处罚，并为最终处罚。

六、特殊条款

第二十条

1. 球员经纪人终止活动后应将许可证交还国际足联。若未上交，该经纪人的许可证将被吊销且公之于众。

2. 国际足联应公布已终止活动的经纪人名单。

3. 保证金只有从经纪人停止活动（包括上交或吊销许可证）逾期 6 个月才被取消，以补偿解决的第三方要求。

第二十一条

国际足联球员资格委员会是负责监督并对本规则有关的各项事宜作出裁决的官方机构。

第二十二条

1. 国家足协若有必要制定自己的管理规定用来管理从事国内球员转会活动的球员经纪人，必须制定与上述规定类似的面试制度。

2. 有关国家足协同样必须保证经纪人提供不少于 5 万瑞士法郎金额的银行保证金。

七、最后条款

第二十三条

任何不属于上述规定的事项应交国际足联执委会受理，不得上诉。

第二十四条

国际足联执委会1994年5月20日会议通过上述规则，并在1995年12月11日会议上修正。修正后的规则于1996年1月1日起正式生效。

六、出版管理条例
（2016年修订版）

第一章　总　则

第一条　为了加强对出版活动的管理，发展和繁荣有中国特色社会主义出版产业和出版事业，保障公民依法行使出版自由的权利，促进社会主义精神文明和物质文明建设，根据宪法，制定本条例。

第二条　在中华人民共和国境内从事出版活动，适用本条例。

本条例所称出版活动，包括出版物的出版、印刷或者复制、进口、发行。

本条例所称出版物，是指报纸、期刊、图书、音像制品、电子出版物等。

第三条　出版活动必须坚持为人民服务、为社会主义服务的方向，坚持以马克思列宁主义、毛泽东思想、邓小平理论和"三个代表"重要思想为指导，贯彻落实科学发展观，传播和积累有益于提高民族素质、有益于经济发展和社会进步的科学技术和文化知识，弘扬民族优秀文化，促进国际文化交流，丰富和提高人民的精神生活。

第四条　从事出版活动，应当将社会效益放在首位，实现社会效益与经济效益相结合。

第五条　公民依法行使出版自由的权利，各级人民政府应当予以保障。

公民在行使出版自由的权利的时候，必须遵守宪法和法律，不得反对宪法确定的基本原则，不得损害国家的、社会的、集体的利益和其他公民的合法的自由和权利。

第六条　国务院出版行政主管部门负责全国的出版活动的监督管理工作。国务院其他有关部门按照国务院规定的职责分工，负责有关的出版活动的监督管理工作。

县级以上地方各级人民政府负责出版管理的部门（以下简称出版行政主管部门）负责本行政区域内出版活动的监督管理工作。县级以上地方各级人民政府其他有关部门在各自的职责范围内，负责有关的出版活动的监督管理工作。

第七条　出版行政主管部门根据已经取得的违法嫌疑证据或者举报，对涉嫌违法从事出版物出版、印刷或者复制、进口、发行等活动的行为进行查处时，可以检查与涉嫌违法活动有关的物品和经营场所；对有证据证明是与违法活动有关的物品，可以查封或者扣押。

第八条　出版行业的社会团体按照其章程，在出版行政主管部门的指导下，实行自律管理。

第二章　出版单位的设立与管理

第九条　报纸、期刊、图书、音像制品和电子出版物等应当由出版单位出版。

本条例所称出版单位，包括报社、期刊社、图书出版社、音像出版社和电子出版物出版社等。

法人出版报纸、期刊，不设立报社、期刊社的，其设立的报纸编辑部、期刊编辑部视为出版单位。

第十条　国务院出版行政主管部门制定全国出版单位总量、结构、布局的规划，指导、协调出版产业和出版事业发展。

第十一条　设立出版单位，应当具备下列条件：

（一）有出版单位的名称、章程；

（二）有符合国务院出版行政主管部门认定的主办单位及其主管机关；

（三）有确定的业务范围；

（四）有30万元以上的注册资本和固定的工作场所；

（五）有适应业务范围需要的组织机构和符合国家规定的资格条件的编辑出版专业人员；

（六）法律、行政法规规定的其他条件。

审批设立出版单位，除依照前款所列条件外，还应当符合国家关于出版单位总量、结构、布局的规划。

第十二条　设立出版单位，由其主办单位向所在地省、自治区、直辖市人民政府出版行政主管部门提出申请；省、自治区、直辖市人民政府出版行政主管部门审核同意后，报国务院出版行政主管部门审批。设立的出版单位为事业单位的，还应当办理机构编制审批手续。

第十三条　设立出版单位的申请书应当载明下列事项：

（一）出版单位的名称、地址；

（二）出版单位的主办单位及其主管机关的名称、地址；

（三）出版单位的法定代表人或者主要负责人的姓名、住址、资格证明文件；

（四）出版单位的资金来源及数额。

设立报社、期刊社或者报纸编辑部、期刊编辑部的，申请书还应当载明报纸或者期刊的名称、刊期、开版或者开本、印刷场所。

申请书应当附具出版单位的章程和设立出版单位的主办单位及其主管机关的有关证明材料。

第十四条　国务院出版行政主管部门应当自受理设立出版单位的申请之日起60日内，作出批准或者不批准的决定，并由省、自治区、直辖市人民政府出版行政主管部门书面通知主办单位；不批准的，应当说明理由。

第十五条　设立出版单位的主办单位应当自收到批准决定之日起60日内，向所在地省、自治区、直辖市人民政府出版行政主管部门登记，领取出版许可证。登记事项由国务院出版行政主管部门规定。

出版单位领取出版许可证后，属于事业单位法人的，持出版许可证向事业单位登记管理机关登记，依法领取事业单位法人证书；属于企业法人的，持出版许可证向工商行政管理部门登记，依法领取营业执照。

第十六条 报社、期刊社、图书出版社、音像出版社和电子出版物出版社等应当具备法人条件，经核准登记后，取得法人资格，以其全部法人财产独立承担民事责任。

依照本条例第九条第三款的规定，视为出版单位的报纸编辑部、期刊编辑部不具有法人资格，其民事责任由其主办单位承担。

第十七条 出版单位变更名称、主办单位或者其主管机关、业务范围、资本结构，合并或者分立，设立分支机构，出版新的报纸、期刊，或者报纸、期刊变更名称的，应当依照本条例第十二条、第十三条的规定办理审批手续。出版单位属于事业单位法人的，还应当持批准文件到事业单位登记管理机关办理相应的登记手续；属于企业法人的，还应当持批准文件到工商行政管理部门办理相应的登记手续。

出版单位除前款所列变更事项外的其他事项的变更，应当经主办单位及其主管机关审查同意，向所在地省、自治区、直辖市人民政府出版行政主管部门申请变更登记，并报国务院出版行政主管部门备案。出版单位属于事业单位法人的，还应当持批准文件到事业单位登记管理机关办理变更登记；属于企业法人的，还应当持批准文件到工商行政管理部门办理变更登记。

第十八条 出版单位中止出版活动的，应当向所在地省、自治区、直辖市人民政府出版行政主管部门备案并说明理由和期限；出版单位中止出版活动不得超过180日。

出版单位终止出版活动的，由主办单位提出申请并经主管机关同意后，由主办单位向所在地省、自治区、直辖市人民政府出版行政主管部门办理注销登记，并报国务院出版行政主管部门备案。出版单位属于事业单位法人的，还应当持批准文件到事业单位登记管理机关办理注销登记；属于企业法人的，还应当持批准文件到工商行政管理部门办理注销登记。

第十九条 图书出版社、音像出版社和电子出版物出版社自登记之日起满180日未从事出版活动的，报社、期刊社自登记之日起满90日未出版报纸、期刊的，由原登记的出版行政主管部门注销登记，并报国务院出版行政主管部门备案。

因不可抗力或者其他正当理由发生前款所列情形的，出版单位可以向原登记的出版行政主管部门申请延期。

第二十条 图书出版社、音像出版社和电子出版物出版社的年度出版计划及涉及国家安全、社会安定等方面的重大选题，应当经所在地省、自治区、直辖市人民政府出版行政主管部门审核后报国务院出版行政主管部门备案；涉及重大选题，未在出版前报备案的出版物，不得出版。具体办法由国务院出版行政主管部门制定。

期刊社的重大选题，应当依照前款规定办理备案手续。

第二十一条 出版单位不得向任何单位或者个人出售或者以其他形式转让本单位的名称、书号、刊号或者版号、版面，并不得出租本单位的名称、刊号。

出版单位及其从业人员不得利用出版活动谋取其他不正当利益。

第二十二条 出版单位应当按照国家有关规定向国家图书馆、中国版本图书馆和国务院出版行政主管部门免费送交样本。

第三章 出版物的出版

第二十三条 公民可以依照本条例规定，在出版物上自由表达自己对国家事务、经济和文化事业、社会事务的见解和意愿，自由发表自己从事科学研究、文学艺术创作和其他文化活动的成果。

合法出版物受法律保护，任何组织和个人不得非法干扰、阻止、破坏出版物的出版。

第二十四条 出版单位实行编辑责任制度，保障出版物刊载的内容符合本条例的规定。

第二十五条 任何出版物不得含有下列内容：

（一）反对宪法确定的基本原则的；
（二）危害国家统一、主权和领土完整的；
（三）泄露国家秘密、危害国家安全或者损害国家荣誉和利益的；
（四）煽动民族仇恨、民族歧视，破坏民族团结，或者侵害民族风俗、习惯的；
（五）宣扬邪教、迷信的；
（六）扰乱社会秩序，破坏社会稳定的；
（七）宣扬淫秽、赌博、暴力或者教唆犯罪的；
（八）侮辱或者诽谤他人，侵害他人合法权益的；
（九）危害社会公德或者民族优秀文化传统的；
（十）有法律、行政法规和国家规定禁止的其他内容的。

第二十六条 以未成年人为对象的出版物不得含有诱发未成年人模仿违反社会公德的行为和违法犯罪的行为的内容，不得含有恐怖、残酷等妨害未成年人身心健康的内容。

第二十七条 出版物的内容不真实或者不公正，致使公民、法人或者其他组织的合法权益受到侵害的，其出版单位应当公开更正，消除影响，并依法承担其他民事责任。

报纸、期刊发表的作品内容不真实或者不公正，致使公民、法人或者其他组织的合法权益受到侵害的，当事人有权要求有关出版单位更正或者答辩，有关出版单位应当在其近期出版的报纸、期刊上予以发表；拒绝发表的，当事人可以向人民法院提起诉讼。

第二十八条 出版物必须按照国家的有关规定载明作者、出版者、印刷者或者复制者、发行者的名称、地址，书号、刊号或者版号，在版编目数据，出版日期、刊期以及其他有关事项。

出版物的规格、开本、版式、装帧、校对等必须符合国家标准和规范要求，保证出版物的质量。

出版物使用语言文字必须符合国家法律规定和有关标准、规范。

第二十九条 任何单位和个人不得伪造、假冒出版单位名称或者报纸、期刊名称出版出版物。

第三十条 中学小学教科书由国务院教育行政主管部门审定；其出版、发行单位应当具有适应教科书出版、发行业务需要的资金、组织机构和人员等条件，并取得国务院出版行政主管部门批准的教科书出版、发行资质。纳入政府采购范围的中学小学教科书，其发行单位按照《中华人民共和国政府采购法》的有关规定确定。其他任何单位或者个人不得从事中学小学教科书的出版、发行业务。

第四章　出版物的印刷或者复制和发行

第三十一条　从事出版物印刷或者复制业务的单位，应当向所在地省、自治区、直辖市人民政府出版行政主管部门提出申请，经审核许可，并依照国家有关规定到工商行政管理部门办理相关手续后，方可从事出版物的印刷或者复制。

未经许可并办理相关手续的，不得印刷报纸、期刊、图书，不得复制音像制品、电子出版物。

第三十二条　出版单位不得委托未取得出版物印刷或者复制许可的单位印刷或者复制出版物。

出版单位委托印刷或者复制单位印刷或者复制出版物的，必须提供符合国家规定的印刷或者复制出版物的有关证明，并依法与印刷或者复制单位签订合同。

印刷或者复制单位不得接受非出版单位和个人的委托印刷报纸、期刊、图书或者复制音像制品、电子出版物，不得擅自印刷、发行报纸、期刊、图书或者复制、发行音像制品、电子出版物。

第三十三条　印刷或者复制单位经所在地省、自治区、直辖市人民政府出版行政主管部门批准，可以承接境外出版物的印刷或者复制业务；但是，印刷或者复制的境外出版物必须全部运输出境，不得在境内发行。

境外委托印刷或者复制的出版物的内容，应当经省、自治区、直辖市人民政府出版行政主管部门审核。委托人应当持有著作权人授权书，并向著作权行政管理部门登记。

第三十四条　印刷或者复制单位应当自完成出版物的印刷或者复制之日起2年内，留存一份承接的出版物样本备查。

第三十五条　单位从事出版物批发业务的，须经省、自治区、直辖市人民政府出版行政主管部门审核许可，取得《出版物经营许可证》。

单位和个体工商户从事出版物零售业务的，须经县级人民政府出版行政主管部门审核许可，取得《出版物经营许可证》。

第三十六条　通过互联网等信息网络从事出版物发行业务的单位或者个体工商户，应当依照本条例规定取得《出版物经营许可证》。

提供网络交易平台服务的经营者应当对申请通过网络交易平台从事出版物发行业务的单位或者个体工商户的经营主体身份进行审查，验证其《出版物经营许可证》。

第三十七条　从事出版物发行业务的单位和个体工商户变更《出版物经营许可证》登记事项，或者兼并、合并、分立，应当依照本条例第三十五条的规定办理审批手续。

从事出版物发行业务的单位和个体工商户终止经营活动的，应当向原批准的出版行政主管部门备案。

第三十八条　出版单位可以发行本出版单位出版的出版物，不得发行其他出版单位出版的出版物。

第三十九条　国家允许设立从事图书、报纸、期刊、电子出版物发行业务的中外合资经营企业、中外合作经营企业、外资企业。

第四十条　印刷或者复制单位、发行单位不得印刷或者复制、发行有下列情形之一的出版物：

（一）含有本条例第二十五条、第二十六条禁止内容的；

（二）非法进口的；

（三）伪造、假冒出版单位名称或者报纸、期刊名称的；

（四）未署出版单位名称的；

（五）中学小学教科书未经依法审定的；

（六）侵犯他人著作权的。

第五章　出版物的进口

第四十一条　出版物进口业务，由依照本条例设立的出版物进口经营单位经营；其他单位和个人不得从事出版物进口业务。

第四十二条　设立出版物进口经营单位，应当具备下列条件：

（一）有出版物进口经营单位的名称、章程；

（二）有符合国务院出版行政主管部门认定的主办单位及其主管机关；

（三）有确定的业务范围；

（四）具有进口出版物内容审查能力；

（五）有与出版物进口业务相适应的资金；

（六）有固定的经营场所；

（七）法律、行政法规和国家规定的其他条件。

第四十三条　设立出版物进口经营单位，应当向国务院出版行政主管部门提出申请，经审查批准，取得国务院出版行政主管部门核发的出版物进口经营许可证后，持证到工商行政管理部门依法领取营业执照。

设立出版物进口经营单位，还应当依照对外贸易法律、行政法规的规定办理相应手续。

第四十四条　出版物进口经营单位变更名称、业务范围、资本结构、主办单位或者其主管机关，合并或者分立，设立分支机构，应当依照本条例第四十二条、第四十三条的规定办理审批手续，并持批准文件到工商行政管理部门办理相应的登记手续。

第四十五条　出版物进口经营单位进口的出版物，不得含有本条例第二十五条、第二十六条禁止的内容。

出版物进口经营单位负责对其进口的出版物进行内容审查。省级以上人民政府出版行政主管部门可以对出版物进口经营单位进口的出版物直接进行内容审查。出版物进口经营单位无法判断其进口的出版物是否含有本条例第二十五条、第二十六条禁止内容的，可以请求省级以上人民政府出版行政主管部门进行内容审查。省级以上人民政府出版行政主管部门应出版物进口经营单位的请求，对其进口的出版物进行内容审查的，可以按照国务院价格主管部门批准的标准收取费用。

国务院出版行政主管部门可以禁止特定出版物的进口。

第四十六条　出版物进口经营单位应当在进口出版物前将拟进口的出版物目录报省级以上人民政府出版行政主管部门备案；省级以上人民政府出版行政主管部门发现有禁止进

口的或者暂缓进口的出版物的，应当及时通知出版物进口经营单位并通报海关。对通报禁止进口或者暂缓进口的出版物，出版物进口经营单位不得进口，海关不得放行。

出版物进口备案的具体办法由国务院出版行政主管部门制定。

第四十七条 发行进口出版物的，必须从依法设立的出版物进口经营单位进货。

第四十八条 出版物进口经营单位在境内举办境外出版物展览，必须报经国务院出版行政主管部门批准。未经批准，任何单位和个人不得举办境外出版物展览。

依照前款规定展览的境外出版物需要销售的，应当按照国家有关规定办理相关手续。

第六章　监督与管理

第四十九条 出版行政主管部门应当加强对本行政区域内出版单位出版活动的日常监督管理；出版单位的主办单位及其主管机关对所属出版单位出版活动负有直接管理责任，并应当配合出版行政主管部门督促所属出版单位执行各项管理规定。

出版单位和出版物进口经营单位应当按照国务院出版行政主管部门的规定，将从事出版活动和出版物进口活动的情况向出版行政主管部门提出书面报告。

第五十条 出版行政主管部门履行下列职责：

（一）对出版物的出版、印刷、复制、发行、进口单位进行行业监管，实施准入和退出管理；

（二）对出版活动进行监管，对违反本条例的行为进行查处；

（三）对出版物内容和质量进行监管；

（四）根据国家有关规定对出版从业人员进行管理。

第五十一条 出版行政主管部门根据有关规定和标准，对出版物的内容、编校、印刷或者复制、装帧设计等方面质量实施监督检查。

第五十二条 国务院出版行政主管部门制定出版单位综合评估办法，对出版单位分类实施综合评估。

出版物的出版、印刷或者复制、发行和进口经营单位不再具备行政许可的法定条件的，由出版行政主管部门责令限期改正；逾期仍未改正的，由原发证机关撤销行政许可。

第五十三条 国家对在出版单位从事出版专业技术工作的人员实行职业资格制度；出版专业技术人员通过国家专业技术人员资格考试取得专业技术资格。具体办法由国务院人力资源社会保障主管部门、国务院出版行政主管部门共同制定。

第七章　保障与奖励

第五十四条 国家制定有关政策，保障、促进出版产业和出版事业的发展与繁荣。

第五十五条 国家支持、鼓励下列优秀的、重点的出版物的出版：

（一）对阐述、传播宪法确定的基本原则有重大作用的；

（二）对弘扬社会主义核心价值体系，在人民中进行爱国主义、集体主义、社会主义和民族团结教育以及弘扬社会公德、职业道德、家庭美德有重要意义的；

（三）对弘扬民族优秀文化，促进国际文化交流有重大作用的；

（四）对推进文化创新，及时反映国内外新的科学文化成果有重大贡献的；

（五）对服务农业、农村和农民，促进公共文化服务有重大作用的；

（六）其他具有重要思想价值、科学价值或者文化艺术价值的。

第五十六条 国家对教科书的出版发行，予以保障。

国家扶持少数民族语言文字出版物和盲文出版物的出版发行。

国家对在少数民族地区、边疆地区、经济不发达地区和在农村发行出版物，实行优惠政策。

第五十七条 报纸、期刊交由邮政企业发行的，邮政企业应当保证按照合同约定及时、准确发行。

承运出版物的运输企业，应当对出版物的运输提供方便。

第五十八条 对为发展、繁荣出版产业和出版事业作出重要贡献的单位和个人，按照国家有关规定给予奖励。

第五十九条 对非法干扰、阻止和破坏出版物出版、印刷或者复制、进口、发行的行为，县级以上各级人民政府出版行政主管部门及其他有关部门，应当及时采取措施，予以制止。

第八章　法律责任

第六十条 出版行政主管部门或者其他有关部门的工作人员，利用职务上的便利收受他人财物或者其他好处，批准不符合法定设立条件的出版、印刷或者复制、进口、发行单位，或者不履行监督职责，或者发现违法行为不予查处，造成严重后果的，依法给予降级直至开除的处分；构成犯罪的，依照刑法关于受贿罪、滥用职权罪、玩忽职守罪或者其他罪的规定，依法追究刑事责任。

第六十一条 未经批准，擅自设立出版物的出版、印刷或者复制、进口、发行单位，或者擅自从事出版物的出版、印刷或者复制、进口、发行业务，假冒出版单位名称或者伪造、假冒报纸、期刊名称出版出版物的，由出版行政主管部门、工商行政管理部门依照法定职权予以取缔；依照刑法关于非法经营罪的规定，依法追究刑事责任；尚不够刑事处罚的，没收出版物、违法所得和从事违法活动的专用工具、设备，违法经营额1万元以上的，并处违法经营额5倍以上10倍以下的罚款，违法经营额不足1万元的，可以处5万元以下的罚款；侵犯他人合法权益的，依法承担民事责任。

第六十二条 有下列行为之一，触犯刑律的，依照刑法有关规定，依法追究刑事责任；尚不够刑事处罚的，由出版行政主管部门责令限期停业整顿，没收出版物、违法所得，违法经营额1万元以上的，并处违法经营额5倍以上10倍以下的罚款；违法经营额不足1万元的，可以处5万元以下的罚款；情节严重的，由原发证机关吊销许可证：

（一）出版、进口含有本条例第二十五条、第二十六条禁止内容的出版物的；

（二）明知或者应知出版物含有本条例第二十五条、第二十六条禁止内容而印刷或者复制、发行的；

（三）明知或者应知他人出版含有本条例第二十五条、第二十六条禁止内容的出版物而向其出售或者以其他形式转让本出版单位的名称、书号、刊号、版号、版面，或者出租本单位的名称、刊号的。

第六十三条 有下列行为之一的，由出版行政主管部门责令停止违法行为，没收出版物、违法所得，违法经营额1万元以上的，并处违法经营额5倍以上10倍以下的罚款；违法经营额不足1万元的，可以处5万元以下的罚款；情节严重的，责令限期停业整顿或者由原发证机关吊销许可证：

（一）进口、印刷或者复制、发行国务院出版行政主管部门禁止进口的出版物的；

（二）印刷或者复制走私的境外出版物的；

（三）发行进口出版物未从本条例规定的出版物进口经营单位进货的。

第六十四条 走私出版物的，依照刑法关于走私罪的规定，依法追究刑事责任；尚不够刑事处罚的，由海关依照海关法的规定给予行政处罚。

第六十五条 有下列行为之一的，由出版行政主管部门没收出版物、违法所得，违法经营额1万元以上的，并处违法经营额5倍以上10倍以下的罚款；违法经营额不足1万元的，可以处5万元以下的罚款；情节严重的，责令限期停业整顿或者由原发证机关吊销许可证：

（一）出版单位委托未取得出版物印刷或者复制许可的单位印刷或者复制出版物的；

（二）印刷或者复制单位未取得印刷或者复制许可而印刷或者复制出版物的；

（三）印刷或者复制单位接受非出版单位和个人的委托印刷或者复制出版物的；

（四）印刷或者复制单位未履行法定手续印刷或者复制境外出版物的，印刷或者复制的境外出版物没有全部运输出境的；

（五）印刷或者复制单位、发行单位或者个体工商户印刷或者复制、发行未署出版单位名称的出版物的；

（六）印刷或者复制单位、发行单位或者个体工商户印刷或者复制、发行伪造、假冒出版单位名称或者报纸、期刊名称的出版物的；

（七）出版、印刷、发行单位出版、印刷、发行未经依法审定的中学小学教科书，或者非依照本条例规定确定的单位从事中学小学教科书的出版、发行业务的。

第六十六条 出版单位有下列行为之一的，由出版行政主管部门责令停止违法行为，给予警告，没收违法经营的出版物、违法所得，违法经营额1万元以上的，并处违法经营额5倍以上10倍以下的罚款；违法经营额不足1万元的，可以处5万元以下的罚款；情节严重的，责令限期停业整顿或者由原发证机关吊销许可证：

（一）出售或者以其他形式转让本出版单位的名称、书号、刊号、版号、版面，或者出租本单位的名称、刊号的；

（二）利用出版活动谋取其他不正当利益的。

第六十七条 有下列行为之一的，由出版行政主管部门责令改正，给予警告；情节严重的，责令限期停业整顿或者由原发证机关吊销许可证：

（一）出版单位变更名称、主办单位或者其主管机关、业务范围，合并或者分立，出版新的报纸、期刊，或者报纸、期刊改变名称，以及出版单位变更其他事项，未依照本条例的规定到出版行政主管部门办理审批、变更登记手续的；

（二）出版单位未将其年度出版计划和涉及国家安全、社会安定等方面的重大选题备案的；

（三）出版单位未依照本条例的规定送交出版物的样本的；
（四）印刷或者复制单位未依照本条例的规定留存备查的材料的；
（五）出版进口经营单位未将其进口的出版物目录报送备案的；
（六）出版单位擅自中止出版活动超过180日的；
（七）出版物发行单位、出版物进口经营单位未依照本条例的规定办理变更审批手续的；
（八）出版物质量不符合有关规定和标准的。

第六十八条　未经批准，举办境外出版物展览的，由出版行政主管部门责令停止违法行为，没收出版物、违法所得；情节严重的，责令限期停业整顿或者由原发证机关吊销许可证。

第六十九条　印刷或者复制、批发、零售、出租、散发含有本条例第二十五条、第二十六条禁止内容的出版物或者其他非法出版物的，当事人对非法出版物的来源作出说明、指认，经查证属实的，没收出版物、违法所得，可以减轻或者免除其他行政处罚。

第七十条　单位违反本条例被处以吊销许可证行政处罚的，其法定代表人或者主要负责人自许可证被吊销之日起10年内不得担任出版、印刷或者复制、进口、发行单位的法定代表人或者主要负责人。

出版从业人员违反本条例规定，情节严重的，由原发证机关吊销其资格证书。

第七十一条　依照本条例的规定实施罚款的行政处罚，应当依照有关法律、行政法规的规定，实行罚款决定与罚款收缴分离；收缴的罚款必须全部上缴国库。

第九章　附　则

第七十二条　行政法规对音像制品和电子出版物的出版、复制、进口、发行另有规定的，适用其规定。

接受境外机构或者个人赠送出版物的管理办法、订户订购境外出版物的管理办法、网络出版审批和管理办法，由国务院出版行政主管部门根据本条例的原则另行制定。

第七十三条　本条例自2002年2月1日起施行。1997年1月2日国务院发布的《出版管理条例》同时废止。

参考文献

一、相关著作

1. 汪京. 文化经纪人 [M]. 北京：中国经济出版社，2006.
2. 褚岩. 文化经纪人概论 [M]. 北京：中国电影出版社，2009.
3. 徐建军. 红地毯：我为明星做经纪人 [M]. 北京：中国广播电视出版社，2008.
4. 张宣. 明星是怎样制造的 [M]. 北京：现代出版社，2008.
5. 蔡文. 明星课：中国演艺经纪人访谈实录 [M]. 北京：国际文化出版公司，2005.
6. [美] 罗伯特·斯雷特. 好莱坞首席明星代理人：迈克尔·奥维茨传 [M]. 李斯，译. 海口：海南出版社，2001.
7. 强海涛. 网络经纪人 [M]. 北京：东方出版社，2006.
8. 卢燕，李亦中. 聚焦好莱坞：文化与市场对接 [M]. 北京：北京大学出版社，2006.
9. 张舰. 模特手册：做个成功的职业模特 [M]. 北京：中国摄影出版社，2005.
10. 王倩. 完全模特手册 [M]. 北京：中国轻工业出版社，2007.
11. 张玉峰，王跃. 体育经纪实务 [M]. 上海：华东理工大学出版社，2006.
12. 马铁. 新编体育经纪人 [M]. 北京：中国经济出版社，2007.
13. 徐爱丽，陈书睿. 体育经纪人实务 [M]. 上海：复旦大学出版社，2012.
14. 王宝安. 体验价值：中国顶级收藏家与经纪人谈艺术品市场 [M]. 北京：文物出版社，2007.
15. 陈少峰，朱嘉. 中国文化产业十年 [M]. 北京：金城出版社，2010.
16. 胡月明. 演出经纪人 [M]. 北京：人民体育出版社，2002.
17. 秦春荣. 艺术品拍卖 [M]. 上海：上海大学出版社，2004.
18. 秦春荣. 艺术品投资 [M]. 上海：上海大学出版社，2005.
19. 章利国. 艺术市场学 [M]. 杭州：中国美术学院出版社，2005.
20. 何鸿. 艺术品市场管理与研究 [M]. 杭州：中国美术学院出版社，2011.
21. 中央美术学院艺术市场分析研究中心. 艺术财富：一 [M]. 长沙：湖南美术出版社，2006.

22. 中央美术学院艺术市场分析研究中心. 艺术财富之全球艺术市场新格局 [M]. 长沙：湖南美术出版社，2007.
23. 中央美术学院艺术市场分析研究中心. 艺术财富之全球化与中国艺术市场 [M]. 长沙：湖南美术出版社，2008.
24. 李万康. 艺术市场学概论 [M]. 上海：复旦大学出版社，2005.
25. 胡晓明，肖春晔. 艺术管理 [M]. 广州：中山大学出版社，2011.
26. 修海林，李吉提. 西方音乐的历史与审美 [M]. 北京：中国人民大学出版社，1999.
27. 修海林，李吉提. 中国音乐的历史与审美 [M]. 北京：中国人民大学出版社，1999.
28. 易中天. 艺术的特征 [M]. 长沙：湖南人民出版社，2006.
29. 王宏建. 艺术概论 [M]. 北京：文化艺术出版社，2000.
30. 罗兵. 国际艺术品贸易 [M]. 北京：中国传媒大学出版社，2009.
31. 陈少峰，张立波. 文化产业商业模式 [M]. 北京：北京大学出版社，2011.
32. 以太资本. 网红经济学 [M]. 北京：人民邮电出版社，2016.
33. 胡晓军. 网红经济 [M]. 北京：北京工业大学出版社，2017.
34. 冯天瑜，何晓明，周积明. 中华文化史 [M]. 上海：上海人民出版社，1999.
35. 许南明，等. 电影艺术词典 [M]. 北京：中国电影出版社，2005.
36. [英] 理查德·戴尔. 明星 [M]. 严敏，译. 北京：北京大学出版社，2010.
37. [匈] 巴拉兹·贝拉. 电影美学 [M]. 何力，译. 北京：中国电影出版社，2003.
38. [美] 路易斯·贾内梯. 认识电影 [M]. 焦雄屏，译. 北京：世界图书出版公司，2007.
39. [美] 丹尼尔·贝尔. 资本主义文化矛盾 [M]. 赵一凡，蒲隆，任晓晋，译. 北京：生活·读书·新知三联书店，1989.
40. 闫玉刚. 国际演出与文化会展贸易 [M]. 北京：中国传媒大学出版社，2008.

二、相关论文

1. 林洪桐.《英雄》与"明星制"[J]. 当代电影，2003（2）.
2. 陈晓云. 明星研究：维度和方法 [J]. 当代电影，2015（4）.
3. [美] R·科尔多瓦. 明星制的起源 [J]. 肖模，译. 世界电影，1995

(2).

4. 师灿斌. 体育经纪人在构建体育产业链中的应用研究［J］. 河北体育学院学报, 2006 (2).
5. 牛辉. 美国、中国体育经纪人之比较研究［J］. 大观周刊, 2013 (12).
6. 刘浩东. 明星制与电影产业［J］. 北京电影学院学报, 2003 (4).
7. 吾信光. 我眼中的"出版经纪人"［J］. 出版广角, 2011 (5).
8. 张秀娟. 2018 艺术品鉴定评估行业观察［EB/OL］. http://collection.sina.com.cn/plfx/2018 - 06 - 11/doc - ihcufqih1253175.shtml.
9. 艺恩咨询. 2018 中国艺人经纪行业趋势洞察［EB/OL］. http://www.endata.com.cn/, 2018 - 03 - 29.
10. 高洪浩. 艺人经纪迎变革, 艺人公司如何完成明星孵化［J］. 财经, 2017 - 08 - 07.
11. 姜晴云. 关于体育经纪人, 你需要知道的几件事［J］. 体育商业评论, 2017 - 03 - 27.
12. 聂建华. 中国演出市场现状分析及发展策略探究［J］. 文化产业, 2009 (5).
13. 朱琳慧. 2019 年中国音乐市场发展前景与趋势分析［EB/OL］. https://www.qianzhan.com/analyst/detail/220/190816 - 12bfb9fb.html, 2019 - 08 - 19.
14. 刘健勋. 2018 年演出行业市场现状及发展趋势［EB/OL］. https://www.qianzhan.com/analyst/detail/220/190828 - fbd95efb.html, 2019 - 08 - 31.
15. 朱茜. 十张图读懂 2018 年演出行业主要市场现状［EB/OL］. https://www.qianzhan.com/analyst/detail/220/190830 - cb552c7f.html, 2019 - 09 - 02.
16. 罗平. 体育经纪人的基本特征及制度管理［J］. 上海体育学院学报, 1999 (2).
17. 刘丹. 版权代理人与"中国文学走出去": 以《解密》英译本版权输出为例［J］. 中国版权, 2016 (6).
18. 余韬. 试论明星研究及其在中国发展的特点［J］. 淮北师范大学学报, 2011 (2).
19. 克劳锐, 智颖. 2019 网红电商生态发展白皮书［J］. 中国广告, 2019 (12).
20. 林爱莲. 文物拍卖中定向拍卖的法律思考［J］. 上海政法学院学报, 2008 (4).